Par l'abbé Velvert.

Appartient à la
Bibl. du Roi.

R.

EXPOSITION
SUCCINTE
ET
COMPARAISON
DE LA DOCTRINE DES ANCIENS
ET *DES NOUVEAUX PHILOSOPHES.*

TOME PREMIER. PARTIE I.

Quatre Vol. *in-12*, prix 7 liv. 4 sous brochés.

A PARIS;

Chez MEQUIGNON, junior, Libraire, rue de la Harpe, au coin de celle de Richelieu-Sorbonne.

M. DCC. LXXXVII.
Avec Approbation, & Privilége du Roi.

EXPOSITION SUCCINTE
ET
COMPARAISON
DE LA DOCTRINE DES ANCIENS ET DES NOUVEAUX PHILOSOPHES.

Plan qu'on se propose dans cet ouvrage.

I.

N ne prétend point ici examiner à fond tous les systêmes des anciens Philosophes. Le détail seroit immense & peu utile. Il y a d'ailleurs de si grandes variations dans leurs sentimens, & même des contradictions & des inconséquences si palpables, qu'il seroit souvent impossible de les concilier, non-seulement les uns avec les autres, mais encore chacun avec soi-même, ainsi que Cicéron le leur reproche dans son premier livre *de naturâ Deorum*.

Tome I. A

L'Abbé d'Olivet ayant donné au public des Remarques fur la Théologie des Philofophes Grecs, M. d'Argens fit un examen critique de ces remarques (a), & crut appercevoir dans ces Philofophes le contraire de ce que l'Abbé y avoit vû. « On ne doit point s'en étonner, » dit un Auteur moderne (b); il n'eſt pas dif- » ficile de trouver tout ce que l'on veut dans les » ouvrages de ces anciens maîtres, ou dans ce » que les Auteurs nous ont confervé de leur » doctrine, parce qu'elle fourmille de contra- » dictions & d'équivoques ». On auroit tort cependant d'en conclure qu'on ne peut con- noître au moins le fond de leurs fyſtêmes fur pluſieurs points effentiels de la Philofophie. S'ils font obfcurs & inconféquens dans plu- fieurs endroits de leurs ouvrages, ils s'expri- ment clairement dans d'autres. Le deffein qu'on fe propofe, de comparer leurs dogmes avec ceux des incrédules de nos jours, oblige de fe borner 1°. à ce qu'ils ont penfé dans leur Mé- taphyfique fur la nature de Dieu, & fur celle de l'homme; & dans leur Phyfique fur les principes conſtitutifs de l'univers : 2°. aux prin- cipes de leur morale, & aux conféquences qu'ils en ont tirées, ou qui fuivent néceffaire- ment de ces principes. Nous négligerons tout ce qui regarde la Logique & les queſtions de Phyfique qui n'ont aucun rapport à la Religion. Nous en rapporterons feulement quelques traits en paſſant, qui prouveront que ces anciens Philofophes étoient la plupart des Logiciens très-foibles, & de très-mauvais Phyficiens.

---

a Cet examen eſt inféré dans le fecond tome de *la Philofophie du bon fens.*
(*b*) M. Holland.

Nous avons tiré tout ce que nous dirons sur cet objet, soit de leurs propres ouvrages, soit des Auteurs qui nous ont transmis les principaux articles de leur doctrine; tels que Cicéron, Plutarque, Diogene Laerce, Aulugelle, Eusebe, S. Clément d'Alexandrie, Arnobe, Lactance, S. Augustin, &c., & parmi les modernes, Vossius & plusieurs autres savans qui ont examiné ces matieres avec plus ou moins d'étendue.

I I.

ANTIQUITÉ DES PHILOSOPHES.

Dans tous les temps & dans tous les pays il y a eu des Philosophes ou des Sages qui ont porté différens noms chez les divers peuples. On peut regarder en un certain sens les Patriarches comme les plus anciens Philosophes, mais bien différens de ceux qui s'appliquerent à l'étude des choses divines & naturelles parmi les autres nations. Car non-seulement ils conserverent la connoissance du vrai Dieu & de sa providence, & celle de l'origine du monde, de la création de l'homme, de sa chûte, de la spiritualité & de l'immortalité de l'ame, &c.; mais ils furent encore les dépositaires des promesses, que Dieu fit à l'homme tombé, de lui envoyer un Sauveur, mystere absolument inconnu à tous les Philosophes de l'antiquité.

Les Caldéens, les Babyloniens, les Assyriens eurent parmi eux des Sages aussi bien que les Egyptiens. Ceux-ci passent pour les auteurs de l'Astronomie, de la Géométrie & même de tous les arts, tels que la Médecine, l'Architecture, la Sculpture, la Peinture, &c.,

comme les Phéniciens, de l'Arithmétique.

Les Perfans eurent aufli leurs Mages, & parmi les Juifs mêmes qui connoiſſoient tous le vrai Dieu, & qui lui rendoient le culte qu'il leur avoit lui-même prefcrit, il y avoit des hommes célebres qui s'appliquoient d'une maniere fpéciale à l'étude de la fageſſe, & à celle des chofes naturelles. Il eſt dit de Salomon (c) qu'il « furpaſſoit la fageſſe de tous » les orientaux & de tous le. Egyptiens, & » qu'il étoit plus fage que tous les hommes : » plus qu'Ethan Ezraite, qu'Heman, Charcol » & Dorda enfans de Mahol ».

Les Indiens avoient leurs Bracmanes ou Gymnofophiſtes, les Afriquains leurs Philofophes Atlantiques dont S. Auguſtin fait mention, & qui avoient pour fondateur Atlas Roi de Mauritanie. Les Scythes ont eu leurs Anacharſis, & les autres peuples du feptentrion leurs Philofophes Hyperboréens. Les Druides étoient fameux parmi les Gaulois, & avoient fuccédé aux Sarronides & aux Bardes. Confucius a paſſé parmi les Chinois pour un grand Philofophe, auſſi-bien que Foé, &c. L'hiſtoire des Yncas du Pérou nous enfeigne que les Péruviens ont eu des Philofophes qu'ils appelloient les Amantas.

Mais ce font principalement les Egyptiens, les Caldéens, les Perfes & les Grecs qui ont furpaſſé tous les autres dans les connoiſſances philofophiques, qui s'y font appliqués avec plus de foin & de perféverance, & dont nous connoiſſons plus clairement les fentimens.

(c) Livre 3 des Rois, ch. 4.

III.

DUALISME.

C'est le premier & le plus ancien systême philosophique.

Le plus ancien systême philosophique que l'on connoisse est celui du Dualisme, c'est-à-dire, des deux principes coéternels, causes de tout le bien & de tout le mal moral & physique, qui arrivent dans le monde. Cette erreur se perd dans les siecles les plus reculés, & elle venoit visiblement des fausses idées qui avoient défiguré ce que les anciennes Traditions avoient enseigné aux hommes, d'un côté sur la divinité source de tout bien, & de l'autre sur le démon qui avoit entraîné dans le péché nos premiers parens. On trouve des traces de ce systême du Dualisme dans toutes les nations; & presque toutes les Religions de l'Amérique en sont infectées.

Nous apprenons de Plutarque (*d*) & de plusieurs autres Auteurs, que les Prêtres Egyptiens admettoient ces deux principes comme la base de leur doctrine particuliere. Mais ils la tenoient très-secrete, & ne la communiquoient point aux peuples qu'ils entretenoient dans les superstitions les plus folles de l'idolâtrie.

Il en étoit de même dans la Caldée, la Médie & sur-tout dans la Perse, avec cette différence que la doctrine du Dualisme y étoit beaucoup plus répandue qu'en Egypte, & qu'elle y faisoit

---

(*d*) Plutarq. de Isid. & Arisid.

même un point de la Religion nationale.

IV.

Exposition du système du Dualisme chez les Caldéens, les Medes & les Perses.

On appelloit chez ces peuples le bon principe *Oromaze*, ou la lumiere, & le mauvais principe *Arimane*, ou les ténebres; & c'est pourquoi ils adoroient le soleil, la lune, les étoiles & le feu, comme une émanation d'*Oromaze* principe de tout bien; & ils détestoient *Arimane* comme l'origine de tous les maux.

Suivant le système que nous exposons, ces deux principes se combattent sans cesse. Delà le mélange plus ou moins considérable du bien & du mal dans l'univers.

La conséquence qu'on tiroit de cette doctrine, c'est 1°. qu'il y a deux ames dans chaque homme; une bonne, qui est l'ouvrage & l'émanation d'*Oromaze*; l'autre mauvaise, qui ne pouvant sortir de la substance divine, vient nécessairement du mauvais principe *Arimane*.

2°. Que la mauvaise ame combat continuellement contre la bonne, pour se rendre maitresse du corps humain, de même qu'Arimane combat sans cesse contre Oromaze pour l'empire de l'univers.

3°. Que quand la bonne ame est la plus forte, elle fait le bien; & quand la mauvaise ame a le dessus, elle opere des actions vicieuses.

Ainsi, dans cet ancien système, point de liberté pour le bien ni pour le mal, dès que l'homme se trouve infailliblement entraîné & nécessité à l'un ou à l'autre.

On peut se rappeller à ce sujet ce qui est dit dans la Cyropédie liv. 5, au sujet de l'aventure d'Araspe à qui Cyrus Roi de Perse avoit confié le soin de garder la belle Panthée. Ce prince l'avertit du danger. Araspe n'en fut point effrayé. Il promit de résister à ses penchans, & crut même pouvoir assurer qu'il n'auroit point à combattre. Cette confiance présomptueuse fut punie. L'amour se glissa dans le cœur d'Araspe; mais Cyrus en prévint l'effet, dès que Panthée l'en eut averti. Araspe confus vint déplorer sa faute aux pieds de son Général. « Ah, seigneur, s'écria-t-il, j'éprouve » sensiblement que j'ai deux ames..... si je » n'avois qu'une ame, la même pourroit-elle » à la fois être bonne & mauvaise, aimer » en même-temps le bien & le mal, vouloir » une chose & ne la vouloir pas ?.... Il est » incontestable qu'il y a deux ames en moi; » que, lorsque la bonne est la plus forte, » elle fait le bien; & que, lorsque la mauvaise » l'emporte, elle opere de mauvaises actions ». Erreur qui venoit dans ces peuples de ce qu'ils ne pouvoient expliquer ce combat continuel de la chair contre l'esprit, que nous éprouvons tous, & qui est une suite du péché originel dont ils n'avoient aucune idée.

Or ce dogme de la double ame étoit un mystere qui passoit la portée du peuple, & que les Mages seuls, c'est-à-dire, les Prêtres & les Théologiens des pays dont nous parlons, croyoient pouvoir comprendre.

Insensiblement toute cette doctrine s'affoiblit dans l'esprit même des Mages. Le culte du soleil, des astres & du feu, se trouva négligé;

& celui des idoles se répandit dans la Médie & la Babylonie, comme on l'apprend des saintes Ecritures (e) & des Auteurs profanes: mais il ne fut jamais adopté par les Perses. Ils ont eu en horreur dans tous les temps l'adoration des Idoles.

V.

ZOROASTRE,

Réformateur du Magisme chez les Perses.

Tout le monde convient que Zoroastre, le premier des Philosophes dont il soit fait mention, travailla à détruire ce culte des Idoles qui s'étoit introduit dans la Médie & la Babylonie, & à rétablir l'ancienne Religion dans la Perse. Mais en quel temps vivoit-il? Les Philosophes Grecs qui le respectent infiniment lui donnoient une antiquité fabuleuse. Eudoxe, Platon, Aristote, Hermippas placent Zoroastre cinq à six mille ans avant la naissance de Platon, ou même avant la guerre de Troye. D'autres plus raisonnables & mieux instruits le font beaucoup moins ancien. S. Justin le croit contemporain de Ninus. Xantus de Lydie le fait vivre six cents ans avant l'expédition de Xercès en Grece. Arnobe pense qu'il florissoit du temps de Cyrus. Enfin Pline (f) distingue deux Zoroastres, l'un ancien, l'autre plus jeune, qui vivoit, selon lui, du temps de Darius fils d'Hystape Roi de Perse, dans le

---

(e) V. les Prophetes, & en particulier Ezéchiel, Jérémie & Baruch.
(f) Plin. l. 30, c. 1.

troisieme siecle des Olympiades. C'est le sentiment le plus vraisemblable, & qui est embrassé aujourd'hui par un grand nombre de savans.

Ces hommes distingués par leur érudition croient que le premier Zoroastre vivoit du temps de Cyaxare, premier Roi des Medes dans le deuxieme siecle des Olympiades, qu'il vint à bout avec la protection de ce Prince de réformer le Magisme, & que cette réforme consista à détruire le culte des Idoles, à renouveller la doctrine des deux principes, & à rétablir dans toute son étendue le culte du soleil, des astres & du feu : on prétend qu'il fut tué par les Scythes dans la Bactriane.

Au reste, si malgré le témoignage de Pline, & les preuves qu'on verra plus bas, l'on prétendoit avec plusieurs savans qu'il n'y a eu parmi les Perses qu'un seul Zoroastre réformateur du Magisme, ce ne pourroit être que celui dont nous allons parler, & que nous appellons le second Zoroastre.

Il parut en Perse dans le troisieme siecle des Olympiades. Il vivoit dès le temps de Cyrus qui mourut la quatrieme année de la soixante-quatrieme Olympiade : mais ce ne fut que sous le regne de Darius fils d'Hystaspe, & par la confiance singuliere dont ce prince l'honora, qu'il fut établi chef des Mages, & qu'il entreprit une nouvelle réforme du Magisme. La preuve de ce fait, c'est que tous les anciens veulent que Pythagore ait été disciple de Zoroastre : or Pythagore vivoit dans le temps de Cyrus, de Cambyse & de Darius fils d'Hystaspe, Rois de Perse ; & cela montre en même-temps que les Philosophes qui parlent d'un Zoroastre très ancien, ont dû nécessairement admettre avec Pline un autre Zoroaſtre dont la doctrine eſt plus récente & plus connue.

La principale différence qu'il y eut entre la réforme de ce dernier & celle du premier Zoroaſtre, c'eſt que celui-ci n'imaginoit rien au deſſus d'Oromaze, au lieu que le ſecond Zoroaſtre annonçoit un Dieu ſupérieur à tous les agens de la nature, & dont Oromaze lui-même n'étoit qu'une émanation. Mais en établiſſant ce dogme, il conſervoit toujours la religion du ſoleil, des aſtres & du feu, qui étoit en uſage parmi les Perſes. Il y ajouta ſeulement de nouvelles divinités ſubalternes; parce que le ſoleil & les aſtres ayant un mouvement réglé, & le feu étant répandu dans la matiere pour la vivifier, ces êtres divins ne pouvoient guere veiller à la conſervation de l'univers. Il en conclut que le Dieu ſouverain devoit avoir d'autres miniſtres qui ne fuſſent pas attachés à des lieux fixes, & qui puſſent ſe tranſporter promptement en tout lieu pour exécuter ſes deſſeins.

Zoroaſtre enſeignoit que le Dieu ſuprême eſt antérieur à l'univers, qu'il l'avoit fabriqué, & qu'il gouvernoit tout ou par lui même ou par ſes miniſtres : mais comme il n'admettoit point le dogme de la création, il croyoit que les materiaux de ce grand ouvrage avoient été tirés du chaos, & que ce chaos étoit coéternel à Dieu.

On trouve dans la ſavante diſſertation de M. Moſheim, qui eſt à la fin du deuxieme volume de ſa traduction de Cudworth, & dans l'hiſtoire du Manichéiſme de M. de Beauſobre, des recherches immenſes, qui prouvent que non-ſeulement Zoroaſtre, mais tous les autres Philoſophes ont regardé la création comme impossible, & qu'ils se fondoient sur cet axiome mal entendu : *on ne fait rien de rien ; ex nihilo nihil fit* : c'est-à-dire, que non-seulement ils pensoient que le néant n'est point un sujet sur lequel on puisse opérer pour le transformer en être, ou qui puisse contribuer à l'existence de quoi que ce soit, mais encore que Dieu ne peut faire passer à l'existence actuelle une substance qui n'est que possible.

Il y eut même des Juifs qui pendant leur séjour à Babylone, prirent un goût décidé pour la Philosophie des Gentils, & qui tomberent dans la même erreur, quoique l'Ecriture leur enseignât si clairement que Dieu a créé le ciel & la terre. On connoît entr'autres parmi les Juifs une secte très-ancienne appellée *la Cabale* qui s'est distinguée par une Métaphysique outrée, & par l'interprétation allégorique qu'elle donne aux saintes Ecritures. Or les Cabalistes ont pour principe fondamental que la création proprement dite est impossible.

Mais avant d'aller plus loin, il est bon de remarquer que les Philosophes qui reconnoissoient un Dieu suprême, se sont partagés entre deux hypotheses par rapport au chaos & à la formation du monde. Les uns n'admettoient qu'un seul principe, savoir ce Dieu souverain : les autres en admettoient deux, un actif & un passif, Dieu & la matiere.

Dans la premiere hypothese, Dieu seul avant l'existence du monde étoit toutes choses. Dans la suite, il sortit, pour ainsi dire, hors de lui-même ; des rayons de splendeur s'échapperent de sa substance & se répandirent dans les régions inférieures de l'espace. Ces projections qui s'affoiblissoient à mesure qu'elles s'éloignoient de leur origine furent les matériaux du monde. Celles qui par leur activité conserverent plus d'analogie avec la substance divine, formerent les sublimes intelligences sur lesquelles le Dieu souverain se repose en partie du soin de l'univers. Celles qui eurent moins d'activité formerent les ames des hommes & des animaux. Enfin la matiere, quoique sortie de Dieu, est comme la lie & l'écume de ces projections & de ces émanations. Aussi fut-elle précipitée par son propre poids dans les régions les plus basses; & si elle a des défauts, elle les doit, non à la source d'où elle est sortie, mais à l'éloignement où elle se trouve de son origine. Un jour viendra que dissoute par le feu, elle reprendra son ancienne légereté & se réunira à son principe. Tel est le systême des Juifs Cabalistes, de l'école d'Alexandrie, de quelques Platoniciens, & d'autres dont on parlera dans la suite.

Dans l'autre hypothese on distingue deux sortes de substances absolument différentes; la matiere ὕλη & l'esprit νοῦς. La matiere est comme la charpente de l'édifice du monde, sans laquelle il n'auroit point de solidité; mais cette substance est sans action & sans vie; & se porte par instinct à des mouvemens désordonnés. L'esprit au contraire est une substance intelligente, lumineuse, ignée, toujours en action; & cette substance est répandue dans tout l'univers pour le régler, le vivifier & l'empêcher de retomber dans le chaos. Or de ces deux substances si diverses, l'une, savoir l'esprit, est sortie de Dieu par émanation, & est partagée en différens individus plus ou moins parfaits: l'autre, savoir la matiere, ne tient point son être de

Dieu, mais elle est éternelle comme lui. Elle n'est pas mauvaise en elle-même, mais elle est le principe du mal, & elle ne se prête qu'avec peine aux vues de Dieu, qui sait néanmoins l'assujettir à ses desseins & la faire plier sous ses ordres.

Or, pour revenir à Zoroastre, quelle est celle de ces deux hypotheses qu'il a suivie ? La question seroit bientôt décidée si nous avions les écrits de cet ancien Philosophe ; mais d'un côté quelques savans soutiennent que le *Zendavesta* qu'on lui attribue, & que les Ghêbres (c'est-à-dire les Persans qui tiennent encore aujourd'hui à la doctrine du Dualisme) ont conservé, n'est pas son ouvrage : & de l'autre ceux qui prétendent que cet écrit est véritablement de Zoroastre, conviennent en même-temps qu'on y a ajouté beaucoup de choses, & que d'ailleurs il est écrit en caracteres si anciens qu'aucun Persan ne le peut lire, & que les Ghêbres même ne l'entendent presque pas. Dans cette incertitude plusieurs Auteurs ont attribué à Zoroastre la premiere hypothese ; mais il paroît par les Philosophes Grecs qui ont parlé de sa doctrine, & qui se sont fait gloire d'être ses disciples tels que Pythagore, Platon, &c. qu'il a suivi la seconde.

Selon cette supposition, Zoroastre pensoit 1°. que Dieu dans le temps marqué pour la formation de l'univers tira la matiere du chaos où elle étoit plongé de toute éternité. 2°. Que pour lui donner le mouvement & la vie, il détacha de son propre être une portion de lumiere & de feu qui pénétra dans les pores les plus intimes de cette substance brute. 3°. Que Dieu étant un Océan immense de lumiere ne reçut aucun affoiblissement par la séparation de cette petite partie de sa substance ; mais cette portion, qui de toute éternité ne formoit qu'un individu avec son principe, eut alors une subsistance propre, & devint une personne distincte du Dieu souverain. 4°. Que cette portion détachée est dans sa totalité le plus grand des Dieux. C'est le principe immédiat du bien, de la vie, du mouvement, du bon ordre & de toutes les productions utiles. C'est l'Oromaze des Perses, la seconde intelligence si vantée dans les oracles Caldaïques, à laquelle, disent-ils, *le pere a livré le gouvernement de l'univers après l'avoir construit*, c'est l'ame du monde des Pythagoriciens, le Demiurgue des Platoniciens. 5°. Que cette ame universelle, à l'exemple du Dieu souverain, souffrit des émanations : ces nouvelles portions eurent aussi leur existence à part, & des pensées propres & personnelles. 6°. Que ces ames particulieres sont plus ou moins considérables à raison de ce qu'elles tiennent de la grande ame, & du canton de l'univers qu'elles ont à régir immédiatement. Oromaze habite les plus hautes régions, environné des étoiles fixes. Delà il gouverne le monde inférieur par les esprits détachés de sa substance, & sur-tout par le soleil & les six autres planetes. 7°. Que le soleil & ces planetes ne sont pas la seule émanation d'Oromaze; la terre, l'air & l'eau sont pénétrés d'un feu invisible sans lequel tout seroit mort dans la nature. 8°. Enfin, qu'outre ces émanations générales, les ames des hommes, des animaux & des plantes sont un feu divin sorti de la grande ame pour donner la vie à des corps organisés.

Mais il faut bien remarquer que dans le système de Zoroastre la substance divine & tout ce qui en émane est un feu, mais un feu intellectuel qui n'est apperçu que des esprits. Si le soleil, la lune, les astres & le feu que nous voyons n'étoient autre chose que ce feu divin, ils ne pourroient agir sur nos sens ; mais ce sont des êtres mixtes composés d'esprit & de matiere, & c'est le matériel qui les rend visibles.

Il s'ensuit de toute cette doctrine que l'ame des hommes & des animaux est une portion d'Oromaze, qui est lui-même une portion du Dieu suprême, & que par conséquent ces ames ont une origine céleste.

Dans cette hypothese, comment ces ames qu'on suppose une portion du Dieu suprême ont-elles pû pécher & devenir le jouet des passions ? L'origine du désordre seroit donc dans la substance de Dieu même. Cette substance pure & inaltérable auroit pû se corrompre & s'abandonner au vice. Voilà le grand problême dont les Philosophes se sont fort occupés, & dont ils ont cherché long-temps la solution.

Les anciens Mages, comme on l'a vu, ne connoissoient rien au-dessus d'Oromaze. Il étoit le principe de tout bien, comme Arimane le principe de tout mal. Zoroastre réforma ce dogme absurde en admettant un Dieu souverain. Suivant cette doctrine, Oromaze n'est plus le Dieu suprême, mais la premiere & la plus noble de ses émanations. Par là ce Philosophe faisoit disparoître le combat indécent entre Arimane & Dieu. Le combat entre deux puissances subalternes paroissoit moins odieux, d'autant plus que Zoroastre enseignoit que le grand Dieu sauroit un jour mettre des bornes à l'usurpation d'Arimane, & le reléguer dans les ténébres.

Zoroastre conservoit donc ce dogme du Magisme, qu'Arimane étoit le principe du mal. Mais quelle idée s'en formoit-il ? Croyoit-il qu'Arimane existoit indépendamment du Dieu suprême ? Croyoit-il que ce fût un être distingué de la matiere & dont il étoit l'ame & la vie ?

Quant à la premiere question, il est constant que jamais Zoroastre ni les Mages ses disciples n'ont pensé qu'Arimane pût être l'ouvrage de Dieu par émanation, & encore moins par création, puisqu'ils la regardoient comme impossible. Ils croyoient donc qu'Arimane étoit un être coéternel à Dieu. D'où il s'ensuit que Zoroastre étoit Dualiste en ce sens qu'il reconnoissoit deux substances éternelles & contraires, & qu'il admettoit dans l'univers deux principes immédiats des biens & des maux. Mais comme, dans son système, ces deux principes étoient subordonnés au Dieu suprême, & qu'ils ne faisoient dans le monde que ce que Dieu avoit réglé, Zoroastre pouvoit dire avec fondement que le Dieu suprême étoit l'unique principe dans l'univers, tant par rapport à sa composition que par rapport aux événemens physiques ou moraux qui doivent en résulter. En ce sens les anciens Mages étoient Dualistes, & Zoroastre ne l'étoit pas.

Quant à la seconde question, Zoroastre & les Mages ne croyoient pas que la matiere fût essentiellement mauvaise, ni qu'Arimane en fût l'ame inséparable. Ils la regardoient comme une substance purement passive, indifférente au bien & au mal, se laissant occuper sans résistance par le principe actif qui veut s'en emparer, susceptible de mouvemens réguliers ou désordonnés, selon l'esprit qui l'anime & la régit. Qu'est-ce donc qu'Arimane dans le système de Zoroastre ? C'est un pur esprit dans son genre, comme Oromaze dans le sien, mais un esprit dont la substance est aussi mauvaise par sa nature que celle d'Oromaze est bonne. On ne peut lui refuser la puissance, l'intelligence, l'activité; mais ces qualités ne peuvent opérer que le mal & le désordre. Arimane est un feu ; car tout esprit, selon les Mages, est de nature ignée, mais un feu ténébreux qui ne peut que détruire. Ainsi dans le système de Zoroastre & des Mages ses disciples, l'univers est composé de trois substances différentes, savoir de celle d'Oromaze, de celle d'Arimane, & de la matiere. Ils pouvoient donc dire que le monde a trois principes, & ils le disoient quelquefois; néanmoins l'usage de n'en distinguer que deux prévalut, parce qu'il ne s'agissoit que des principes actifs, & qu'une matiere qui par elle-même est morte & sans action, ne paroissoit mériter que très-improprement le nom de principe.

Ces préliminaires établis, il est aisé d'appercevoir en quoi consistoit précisément le système & la réforme de Zoroastre.

De toute éternité, il existe deux substances : la lumiere & les ténébres. Le Dieu suprême habitoit dans la lumiere, ou plutôt il étoit la lumiere même. Arimane régnoit dans les ténébres, & la matiere lui étoit assujettie, non qu'Arimane eut aucun droit sur elle, mais parce que Dieu n'en avoit pas besoin Ces deux Empires étoient séparés par un vuide immense. Cette séparation dura jusqu'à la construction de l'univers. Le Dieu suprême chargea Oromaze son premier né de la direction de ce bel ouvrage, & s'en réserva la surintendance. Oromaze quitta donc la sphere sublime de la lumiere, & descendit dans le vuide avec un détachement de la substance céleste ; mais comprenant qu'un monde d'éther & de feu n'auroit pas assez de consistance, il alla puiser dans le chaos la maticre nécessaire à ses desseins, & la mêlant avec le feu, il construisit un ouvrage parfait. Il établit la terre, lui donna la fécondité, forma les animaux, & enfin un homme & une femme qui devoient être la tige du genre humain. Au dessus de l'air qui environne la terre, & qui n'est qu'une matiere subtilisée & liquéfiée par des flammes invisibles, nagent à diverses distances le soleil, la lune & les Planetes. Les astres sont établis pour veiller sur la terre, l'éclairer, l'échauffer & y verser de salutaires influences. Cet ouvage fini, Oromaze se retira dans la voûte éthérée qu'il parsema d'étoiles brillantes : & c'est delà qu'enveloppant l'univers qu'il a formé, il le contemple avec complaisance. Mais il ne jouit pas longtemps du repos qu'il s'étoit préparé. Arimane piqué de l'affront qu'il croyoit avoir reçu ne respiroit que la vengeance. Il tacha de s'insinuer dans le nouvel Empire, & y étant arrivé, il attaqua d'abord les deux plus nobles habitans. Delà s'élevant vers le ciel, il entreprit de détruire l'ouvrage de la création. Ce n'étoit pas au Dieu suprême qu'il déclaroit la guerre, il n'eut pas osé porter jusque là son audace. Il n'attaquoit qu'Oromaze auquel il ne se croyoit pas inférieur. Le combat fût terrible. Oromaze remporta la victoire, & peut-être l'eut-il exterminé, si le Dieu suprême n'eut retenu son fils en remettant à quelques milliers d'années son parfait triomphe. Il ordonna donc qu'Arimane ne pût s'élever au-dessus des régions sublunaires ; mais en lui permettant d'y rester jusqu'au temps marqué par ses décrets, il ne lui en laissa point l'empire absolu. Il consentit seulement qu'il y combattît contre les ames issues de la lumiere, assuré que s'il y remportoit quelques avantages passagers, il ne seroit jamais pleinement maître de ces bas lieux. Le séjour d'Arimane dans ces régions sublunaires y causa d'affreux bouleversemens. Les biens & les maux y furent entassés, & par malheur les derniers y dominent.

Mais pour concevoir la cause de ce mélange funeste, il faut se ressouvenir qu'Oromaze, pour vivifier la matiere & l'assujettir à des mouvemens réglés, avoit mis dans les corps, en qualité d'ames, une portion de la substance céleste. Arimane de son côté y fit entrer une portion de la substance ténébreuse. Ainsi voilà des milliers d'ames aux mains les unes contre les autres, & se disputant la possession de chaque corps. Mais ce combat ne doit durer que jusqu'au temps marqué par la providence, où Arimane sera relegué par le Dieu suprême dans le chaos d'où il est sorti ; & alors les ames n'étant plus portées au mal, & les corps étant vivifiés de nouveau par la résurrection, l'homme se trouvera dans le même état de perfection où Oromaze l'avoit établi avant qu'Arimane s'insinuât dans son empire. Enfin lorsque cet état de bonheur aura duré autant qu'il plaira au Dieu suprême, la matiere retournera dans le chaos, & les différentes portions de la substance céleste, qui avoient été séparées de la divinité, se réuniront à leur principe.

Les Perses ont toujours conservé ce dogme de la résurrection des corps.

Quoique le dessein de Zoroastre fut de rendre sa réforme durable, & de répandre même parmi le peuple la connoissance de l'Etre souverain, le succès ne répondit point à son attente. Le peuple continua toujours à borner son culte à celui du soleil, de la lune, des planetes & du feu. Les Mages eux-mêmes, quelque temps après le regne de Darius fils d'Hystaspe, oublierent insensiblement le Dieu suprême que Zoroastre leur avoit découvert. Ils ne s'occuperent plus que des Dieux inférieurs, & retomberent par là dans l'ancien Dualisme, c'est-à-dire, dans le systême des deux principes coéternels, Oromaze & Arimane, l'un principe de tout bien, & l'autre de tout mal.

Il est évident que tout ce systême de Zoroastre a des rapports frappans avec l'histoire de la création du monde rapportée par Moyse, mais travestie & accommodée à la Religion des Perses. Aussi nombre de savans sont-ils persuadés que le second Zoroastre étoit Juif, qu'il étoit du nombre des captifs de Babylone, qu'il embrassa la religion des Perses, & qu'il fit un mélange bizarre de la religion des Juifs avec la leur. Mais quand ce fait ne seroit pas aussi constant que ces savans le supposent, il paroît au moins certain que ce Philosophe avoit eu de grandes liaisons avec les Juifs, & qu'il étoit au fait de leur religion. En effet dans le *Zendavesta* conservé jusqu'à présent par les Ghêbres (ouvrage qu'ils attribuent à Zoroastre, & qui porte tous les caracteres de vérité & d'antiquité que l'on puisse désirer) il est parlé d'Adam & d'Éve, d'Abraham, de Joseph, de Moyse, de Salomon &c. Comme l'Écriture sainte en parle : & parmi les prieres contenues dans le *Zend*, c'est-à-dire, dans la Liturgie, on trouve plusieurs Pseaumes de David. Voyez sur cela les Mémoires de l'Académie sur la religion des Perses, dont nous avons tiré ce que nous venons de dire de la doctrine de Zoroastre. V. aussi les lettres de quelques Juifs à M. de Voltaire tom. 2, pag. 118 & suivantes, 3 édit. 1772.

Mais si le systême de ce Philosophe fut bientôt oublié dans la Perse, il se répandit dans la Grece & l'Italie, au moins quant à sa substance, par le canal de deux hommes célébres, Pythagore & Hostanés disciples de Zoroastre. C'est ce que nous examinerons dans la suite, après avoir exposé la doctrine des premiers Grecs, & des plus anciens Philosophes de la Grece sur la divinité & sur l'origine du monde.

V I.

*Systême des premiers Grecs sur la Divinité &
sur l'origine du monde.*

Il ne paroît pas que les Grecs de la plus haute antiquité ayent eu aucune connoissance de la doctrine des Mages de Perse & de Caldée, ni qu'ils se soyent fort inquiétés de l'origine des choses, ni des désordres dont le monde est rempli. On voit par leur Théogonie, production d'une Philosophie grossiere, qu'ils ne reconnoissoient d'être éternel que le chaos ; c'est-à-dire, cet assemblage immense & confus de materiaux qui dans la suite formerent l'univers. Les Dieux s'y trouvoient comme tous les autres êtres, mais alors ils n'existoient qu'en germe, si l'on peut ainsi parler ; la divinité proprement dite ne commença qu'avec le monde, lorsque l'esprit igné rompant enfin les barrieres éternelles qui s'opposoient à son activité, répandit une heureuse fermentation dans toutes les parties de la nature, mit les élémens dans la place qui leur convenoit, établit l'ordre où régnoit l'anarchie & fit briller la lumiere dans le séjour de la nuit. Dans ce système la nuit & les ténébres n'étoient point un objet d'horreur, comme chez les Babyloniens & les Perses. Tout étant sorti de la nuit on l'honoroit comme la mere commune des Dieux & des hommes. On célébroit ses louanges par des hymnes mystiques.

C'est ce qu'Hésiode le plus ancien auteur Grec que nous ayons avec Homere, expose très-clairement dans son poëme *de la génération des Dieux* (g). Il commence d'abord par le chaos qu'il fait éternel. Il parle ensuite de la terre & de l'amour. Il ajoute que l'Erebe & la nuit furent engendrés du chaos, & que l'Ether & le jour sortirent du mariage de l'Erebe & de la nuit, & que la terre sans nul mariage engendra le ciel & la mer. Et s'étant mariée avec le ciel, elle en-

---

(g) De Deorum generat. v. 116 & suiv.

gendra l'Océan, Rhea, Themis, Thetis, Saturne &c. Le mariage extraordinairement fécond n'apportoit guere de satisfaction à la terre ; car le ciel son mari enfermoit tous ses enfans à mesure qu'ils naissoient. Elle les anima à la vengeance, & fit si bien que Saturne emporta d'un coup de faulx à son pere les parties naturelles & les jetta dans la mer. Elles produisirent une écume d'où naquit la Déesse Vénus. Les fils de Saturne & de Rhéa furent, Vesta, Cerès, Junon, Pluton, Neptune, Jupiter. Voilà ce qu'on trouve dans le poëme d'Hésiode qui vivoit entre la guerre de Troie & les Olympiades.

Cicéron, dans son livre de *la nature des Dieux* (h), nous apprend qu'il y avoit d'autres généalogistes des Dieux, qui disoient que l'éther & le jour enfans de l'Erebe & de la nuit étoient le pere & la mere du ciel, & avoient pour freres & sœurs l'amour, la fraude, la crainte, le travail, l'envie, le destin, la vieillesse, la mort, la misere, les songes, &c.

Enfin d'autres enseignoient que la nuit, femme de l'Erebe, selon les auteurs qu'on vient de citer, étoit l'antique Vénus mere & femme de *l'amour principe* de toutes choses, ainsi qu'on l'a démontré dans les Mémoires de l'Académie.

La plus grande absurdité de ces hypotheses insensées étoit de dire que les Dieux, qui selon ces anciens Philosophes, étoient doués d'une science infinie, avoient été formés d'un principe aveugle qui ne connoît rien. Car on ne regardoit pas le chaos, le ciel, la terre,

___
(h) L. 3. c. 17. De nat. Deor.

la mer comme des êtres pensans. Comment donc pouvoient-ils avoir été la cause totale de ces natures divines ? Mais il faut observer avec Plutarque (1) que ces anciens Poëtes & Philosophes supposoient que l'ame de l'homme est matérielle, & qu'ils n'avoient aucune idée de la spiritualité. Or dès là qu'ils trouvoient possible qu'au commencement les hommes fussent nés, ainsi que plusieurs l'ont enseigné, ou du limon de la terre, ou de quelque liqueur tombée du ciel, ils pouvoient de même croire très-possible ce que les Poëtes débitoient de la naissance de Vénus, &c. ils ne devoient pas trouver étrange que par la fermentation qui, selon eux, débrouilla le chaos, ou qui forma divers degrés de raréfaction & de condensation dans l'étendue infinie, les étoiles eussent commencé d'exister au firmament, & les Dieux au Ciel, comme les plantes & les animaux sur le globe de la terre. L'opinion commune de ces anciens sur la nature divine ne mettoit qu'une différence du plus au moins entre les Dieux & les hommes. Cela posé, rien n'empêchoit qu'on ne s'imaginât que les parties de la matiere qui s'étoient le plus finement subtilisées avoient composé des Dieux, puisque celles qui étoient demeurées massives & crasses, &, qui, comme la lie & le sédiment du tout, avoient composé la terre, ne laissoient pas de se convertir en hommes. Notez de plus qu'on s'imaginoit que pour animer ces parties crasses & terrestres, il suffisoit qu'il tombât du ciel quelques parties plus subtiles : & delà vient sans doute que le poëte Lucrece, fameux Epicurien & Maté-

───────────────────────────

(1) Plutarq. *de placitis Philosophorum* l. 4, c. 3.

rialiste reconnoît que les corps vivans ont une origine céleste. *Cœlesti sumus omnes semine oriundi* (k).

Les Grecs avoient reçu cette idée du chaos, principe de toutes choses, des Egyptiens & des Phéniciens, dont ils descendoient la plûpart : & elle venoit sans doute des premieres traditions sur l'origine du monde qui, s'étoient obscurcies avec le temps dans l'esprit de ces peuples, & que Moyse nous a conservées au commencement de la Genese dans ces paroles «. Au commencement Dieu créa le Ciel » & la terre. La terre étoit informe & toute » nue. Les ténèbres couvroient la face de » l'abîme, & l'esprit de Dieu étoit porté sur » les eaux. Or Dieu dit : Que la lumiere soit ; » & la lumiere fût : Dieu vit que la lumiere » étoit bonne & il sépara la lumiere d'avec » les ténèbres », &c. L'idée du vrai Dieu s'étant insensiblement obscurcie, après le déluge & la dispersion des peuples, on oublia le Créateur du Ciel & de la terre. On supposa que la matiere étoit éternelle, & qu'avant la construction du monde, elle n'étoit qu'une masse informe, sans ordre, sans action, sans harmonie. C'est ce qu'on appelle le chaos, & l'on bâtit sur cette fausse supposition toutes les chimeres que nous venons d'exposer.

VII.

SECTE IONIQUE.

Thalès fondateur de cette secte.

La secte ionique est la plus ancienne de

(k) Lucrece de rerum nat, l, a, vers 990.

Tome I. B

toutes les sectes philosophiques dont nous parlerons dans la suite. Elle eut pour fondateur Thalès, de Milet en Ionie, dans le deuxieme siecle des Olympiades. Il étoit fils d'Examius qui descendoit de Cadmus, & il fut un des sept sages de la Grece. On prétend qu'instruit par les prêtres d'Egypte, où il avoit voyagé, il rapporta dans sa patrie la connoissance d'un Etre suprême, souverainement intelligent, aussi distingué du chaos par sa substance que par ses perfections. Et en effet Cicéron nous apprend dans son premier livre *de naturâ Deorum*, que Thalès a enseigné que Dieu a formé de l'eau tout l'univers *Deum ex aquâ cuncta fingere*. Mais il se contredit lui-même, quelques lignes plus bas, en assurant qu'Anaxagore est le premier des Grecs, *primus omnium* qui ait attribué à un être parfait & souverainement intelligent la construction du monde. Et c'est pourquoi S. Augustin (*l*) ne fait aucun cas du témoignage de Cicéron, & dit au contraire que Thalès n'avoit point fait intervenir cette intelligence divine dans la formation de l'univers. *Nihil autem huic operi, quod, mundo considerato, tam admirabile aspicimus, EX DIVINA MENTE proposuit.* Ce Philosophe enseignoit formellement que l'eau est le principe de toutes choses & par conséquent des Dieux comme de tous les autres êtres : doctrine qu'il avoit puisée dans Homere (*m*) qui dit dans son Iliade : *Oceanumque Deorum parentem & matrem Tethin*. Ce qui a trompé plusieurs Au-

---

(*l*) S. Aug. de civitat. Dei, l. 8.

(*m*) L. 14. vers 204.

teurs sur le vrai sentiment de Thalès, c'est que Diogene Laerce *de vita Philosophorum* L. I, après avoir observé que selon Thalès, l'eau est le principe de toutes choses, ajoute, qu'il disoit en même-temps que Dieu, n'ayant point été produit, étoit le plus ancien de tous les êtres, *antiquissimum rerum omnium quæ sunt, Deus, ingenitus enim*, & que le monde étoit l'ouvrage de Dieu, *mundus à Deo enim factus est*. Mais il paroît par le sentiment de ses disciples que nous rapporterons plus bas, qu'il n'entendoit, par ce Dieu improduit qui avoit formé le monde, que l'eau, qu'il regardoit comme le principe de tout, & un principe éternel & indépendant, mais non intelligent, comme le remarque S. Augustin (*suprà*), car quoiqu'il nommât *Dieu* ce principe universel & incréé, il ne pouvoit pas le considérer comme une cause intelligente antérieurement aux êtres particuliers qu'il formoit, puisqu'il les produisoit de lui-même & en lui-même comme une cause immanente, & non pas comme une cause extérieure & distincte de la matiere. Dans cette hypothese, lorsque Thalès, au rapport de Diogene Laerce, (*suprà*) disoit encore que le monde est animé & plein d'esprits *animatum mundum & dæmonibus plenum*, cela ne peut signifier autre chose, sinon que l'eau principe éternel de toutes choses, le Dieu improduit avoit formé une ame (materielle) répandue dans tous les corps & des esprits particuliers semblables aux Dieux qu'on adoroit dans le paganisme.

Si lorsque Cicéron a avancé que, suivant Thalès Dieu, a tiré de l'eau l'univers il prenoit le terme de *Dieu* dans le sens qu'on vient d'exposer, on ne pourroit plus l'accuser de s'être contrédit, en ajoutant au même endroit qu'Anaxagore est le premier des Grecs qui ait reconnu une intelligence souveraine distinguée de la matiere. Mais ce qui nous arrête sur ce point, c'est que Cicéron semble distinguer, de la substance de l'eau principe de toutes choses dans le systême de Thalès, le Dieu qu'il fait admettre à ce Philosophe, & supposer que ce Dieu s'est servi de la substance de l'eau pour former le monde.

Au reste Thalès n'est pas le premier qui ait soutenu que l'eau est le principe de toutes choses : il avoit emprunté cette doctrine des plus anciens poëtes de la Grece. On a vû plus haut que c'étoit le systême d'Homere, & peut-être celui-ci l'avoit-il appris de Pronapide d'Athenes, à qui on a attribué un ouvrage écrit en vers, & intitulé le *premier monde ou de la formation du monde*. Car Tatien met ce Pronapide parmi les Auteurs qui ont vécu avant Homere, & Diodore de Sicile dit qu'il a été le maître de ce poëte (*n*).

Thalès s'appliqua particuliérement à la physique & à l'astronomie. Il trouva en quelle raison est le diametre du soleil au cercle décrit par cet astre autour de la terre. Il l'enseigna à un homme qui lui offrit pour récompense tout ce qu'il voudroit. Il ne lui demanda que de ne point s'attribuer cette découverte, mais de convenir de bonne foi devant tout le monde que la gloire de cette invention lui étoit due.

On dit que ce fut lui qui divisa l'année en 365 jours, & qu'il avoit appris cela des Egyp-

---

(*n*) V. la dissertation *de dogmate Thaletis quod aqua fit principium omnium*, imprimé à Hall. en Saxe 1760.

tiens. Et en effet le Ciel des Egyptiens étant sans nuages, ils ont été les premiers à observer le cours des astres, & ces observations les ont conduits à régler le cours de l'année sur celui du soleil. Diodore de Sicile remarque que dans les temps même les plus reculés l'année étoit composée chez eux de 365 jours & six heures.

On prétend encore que ce fut Thalès qui communiqua aux Grecs d'Ionie, & par eux à toute la Gréce, la connoissance de l'étoile polaire & son usage pour la navigation. On croit qu'il avoit appris ce secret des Phéniciens.

Enfin l'on rapporte de lui quelques maximes de morale qui n'ont pour base que l'amour « propre. Il disoit par exemple que la » plus difficile chose du monde étoit de se » connoître soi-même, la plus facile de con- » seiller autrui, & la plus douce l'accomplis- » sement de ses désirs, — que la félicité du » corps consiste dans la santé, & celle de » l'esprit dans le savoir : — qu'il ne faut rien » dire à personne qui nous puisse nuire, & » vivre avec ses amis comme pouvant être » nos ennemis, &c. ».

Epiménide Philosophe de Crète vivoit du temps de Thalès, mais on ne connoît point sa doctrine.

ANAXIMANDRE.

Anaximandre étoit fils de Praxiades & disciple de Thalès. Il devint après la mort de celui-ci chef de l'école Ionique. Il ne suivit point, au moins en tout, selon S. Augustin (*suprà*) le sentiment de son maître. Car Anaxi-

mandre, dit ce Pere, « ne croyoit pas comme
» lui que l'eau fut le principe de toutes cho-
» ses ; mais son opinion étoit que chaque
» chose avoit son principe particulier : qu'ainsi
» les principes des choses étoient infinis &
» engendroient une infinité de mondes qui
» mouroient & renaissoient successivement
» après avoir achevé le temps de leur durée ».
S. Augustin ajoute qu'Anaximandre ne donnoit point de part à Dieu dans l'univers.
Il ne le pouvoit pas dans un pareil système ;
il lui auroit fallu admettre autant de Dieux
que de principes des choses.

C'est vraisemblablement ce qu'a voulu dire
Cicéron (o) dans ces paroles laconiques sur le
sentiment d'Anaximandre : *Anaximandri opi-
nio est nativos esse Deos, longis intervallis
orientes occidentesque, eoque innumerabiles
esse mundos.*

Voilà tout ce que les anciens nous apprennent de la doctrine de ce Philosophe.
Quelque absurde qu'elle soit, elle l'est moins
que celle de Thalès, qui établissoit que l'eau
étoit le seul & unique principe des différentes natures corporelles & spirituelles. C'étoit
dire d'un côté, que la terre, l'air, le feu,
les métaux, les plantes, les animaux, &c. &
de l'autre que la pensée, l'amour, la volonté, le sentiment, &c. n'étoient que des
parcelles d'eau diversement modifiées. Anaximandre au contraire établissoit au moins des
principes différens pour chaque nature particuliere.

---

o) Cicéron l. 1 de naturâ Deor.

ANAXIMENE.

Anaximene fils d'Ariftocles fuccéda à Anaximandre dans la direction de l'école Ionique. Il ne fuivit point la doctrine de ce Philofophe fur l'origine du monde, & il s'écarta de celle de Thalès, en ce qu'il enfeignoit que l'air eft le principe de toutes chofes, au lieu que Thalès difoit que c'étoit l'eau. Ainfi le chaos d'Héfiode étoit en général un affemblage des matériaux qui ont fervi à la conftruction de l'univers, celui de Thalès un amas immenfe d'eau, & celui d'Anaximene un amas immenfe d'air.

S. Auguftin remarque qu'Anaximene faifoit mention des Dieux, mais qu'il ne croyoit pas que l'air eut été fait par leur puiffance; il penfoit au contraire que les Dieux mêmes en avoient été produits. *Anaximenes omnes rerum caufas infinito aeri dedit, nec Deos negavit aut tacuit, fed ipfos ex aere ortos credidit* (p). Cicéron avoit dit que ce Philofophe a établi que l'air eft Dieu, & que ce Dieu a été produit, qu'il eft immenfe & infini & toujours en mouvement. *Anaximenes aera Deum ftatuit, eumque gigni, effeque immenfum & infinitum & femper in motu* (q). Mais il ne paroît pas que Cicéron ait bien rapporté le fentiment d'Anaximene; car puifque celui-ci donnoit à l'air, la nature de principe de toutes chofes, l'immenfité & l'infinité, il faut croire qu'il le fuppofoit éter-

---

(p) S. Aug. l. 8 de civit. Dei, c. 2.
(q) Cicéron de nat. Deor. l. 1, c. 10.

nel & non produit, & que s'il l'appelloit Dieu sous cette notion, il ne croyoit point la génération de Dieu à cet égard. Lors donc qu'il disoit, suivant le témoignage de S. Augustin, que l'air infini avoit été la cause de tous les êtres, & que les Dieux mêmes en avoient été produits, il ne lui attribuoit point le nom & la nature de Dieu au même sens qu'il l'atttribuoit aux Dieux qui devoient à l'air leur origine. Voilà visiblement sa pensée : il vouloit bien appeller Dieu l'air immense & infini qu'il regardoit comme le principe de toutes choses, mais il ne prétendoit pas que Saturne, Jupiter, &c. & les autres Dieux qu'on adoroit dans le paganisme fussent cet air-là, ou l'eussent produit. Il prétendoit au contraire que cet air étoit leur principe comme celui des autres êtres. Il donnoit à ce principe un mouvement perpétuel, & delà on peut conclure qu'il le prenoit pour une cause immanente, qui produisoit en elle-même une infinité d'effets.

Au reste Cicéron en nous apprenant qu'Anaximene donnoit à l'air le nom de Dieu, jette beaucoup de lumiere sur le sentiment de Thalès son maître, tel que nous l'avons exposé ci-dessus, & montre que quand Thalès paroissoit admettre, suivant Diogene Laerce, un Dieu éternel & infini, il n'entendoit par ce terme *Dieu* que la substance de l'eau, dont l'univers, disoit-il, avoit été formé. Et par là l'on peut concilier très-aisément l'opinion de ceux qui pensent que Thalès avoit reçu des prêtres d'Egypte la connoissance de Dieu. Ces prêtres le lui avoient sans doute représenté comme un être intelligent ; mais ce sage de la Grece se sera contenté d'appliquer cette idée de Dieu à la substance de l'eau qu'il disoit être le principe de tout, & Anaximene à son exemple aura appliqué à l'air la même idée.

DIOGENE D'APOLLONIE.

Diogene d'Apollonie dans l'île de Crête, fut disciple d'Anaximene, selon Diogene Laerce & S. Clément d'Alexandrie. Il réforma un peu le sentiment de son maître; il convenoit avec lui que l'air étoit le principe de toutes choses, mais il ajoutoit, dit S. Augustin (*suprà*), que rien n'avoit pû être produit par la puissance de l'air, sans une vertu divine dont il étoit empreigné, *Diogenes, Anaximenis alter auditor, aerem quidem dixit rerum esse materiam de quâ omnia fierent, sed eum esse compotem divinæ rationis, sine quâ nihil ex eo fieri posset.*

Cicéron (r) a représenté d'une maniere plus succinte ce Dogme de Diogenes : *Quid aer dit-il, quo Diogenes Apolloniates utitur Deo: quem sensum habere potest aut quam formam Dei?* Ce passage contient toute la substance de celui de S. Augustin, & aboutit au même sens qui est de dire que selon Diogene, l'air étoit Dieu. Il enseignoit, suivant S. Augustin, qu'il y avoit deux choses dans l'air; 1°. une matiere dont tous les corps de l'univers pouvoient être produits : 2°. une vertu divine sans laquelle rien ne pouvoit être produit de cette matiere. N'étoit-ce pas de la matiere & de la vertu divine faire un tout, ou un composé, dans lequel si l'air étoit la

---

(r) Cicéron de nat. Deor. l. 1, c. 12.

matiere, la vertu divine étoit l'ame ou la forme. Or comme c'est la forme qui spécifie le composé & lui donne le nom, il s'ensuit que l'air animé d'une vertu divine devoit être appellé Dieu; & par conséquent lorsque Cicéron suppose que l'air étoit Dieu dans le système de Diogene, il ne suppose que ce qui résulte nécessairement de l'exposition que S. Augustin a donnée de la doctrine de ce Philosophe.

Aristote, *de animâ*, observe que, selon Diogene, l'ame de l'homme étoit d'air, & qu'elle connoissoit & se mouvoit en tant qu'elle étoit de nature aérienne. Paroles qui font voir que Diogene donnoit à l'air la nature de premier principe, de premier moteur, la connoissance & la subtilité comme des attributs qui constituoient *per modum unius* une seule & même substance qui étoit Dieu, & qui produisoit en lui-même cette infinité de mondes que ce Philosophe reconnoissoit, selon Diogene Laerce, L. 9. Le même Aristote loue Diogene d'Apollonie d'avoir reconnu que, si toutes choses n'étoient point faites d'un seul principe, il ne pourroit point y avoir d'action & de réaction. Car le froid & le chaud ne peuvent point se métamorphoser l'un en l'autre. Ils demandent donc un sujet commun qui soit successivement froid & chaud (s) Aristote trouvoit son compte dans cette notion générale, lui qui ôtoit aux quatre élémens la nature de premier principe pour la donner à un seul être qu'il appelloit *matiere premiere*.

Plutarque prétend que Diogene donnoit

(s) Aristot. de generat. & corrup. l. 1, c. 6.

une ame aux animaux comme aux hommes, compoſée d'entendement & d'air, *rationis & aeris participes eſſe*, mais qu'il étoit aux bêtes l'intelligence & même la ſenſation actuelle, croyant que leur temperamment épais & groſſier hebétoit en elle l'activité.

Selon Diogene Laerce, Diogene d'Apollonie admettoit un vuide infini. Plutarque aſſure au contraire que tous les Phyſiciens ſucceſſeurs de Thalès juſqu'à Platon rejetterent le vuide. (L. I. chap. 18.)

ANAXAGORAS.

Anaxagore naquit à Clazomene ville d'Ionie. Il étoit noble, riche, & ſi généreux qu'il laiſſa tout ſon patrimoine à ſes parens, pour vivre pauvre & s'appliquer plus aiſément à la philoſophie, ſans ſe mêler d'aucune affaire publique. Cicéron le repréſente comme grave & ſérieux, & quelques Auteurs aioutent qu'on ne l'a jamais vû rire ni ſourire. Il fut diſciple d'Anaximene, & devint après lui chef de l'école Ionique.

On a vû que tous les Philoſophes qui précéderent Anaxagore dans cette école étoient de purs Matérialiſtes. Il fut le premier parmi les Grecs qui reconnut un eſprit pur, une intelligence ſouveraine, diſtinguée de la matiere, & antérieure à la formation du monde. Les autres hypotheſes ne faiſoient précéder le monde que par le chaos, ou par l'eau, ou par l'air. Ainſi elles devoient donner un commencement aux natures intelligentes, non moins qu'aux natures groſſieres. Tout étoit ſorti du premier principe par voie de génération ou de production; au lieu que dans le système d'Anaxagore, le monde avoit été construit sous la direction d'un esprit éternel & infini, qui avoit démêlé & arrangé les parties de la matiere renfermée dans le chaos Car ce Philosophe soutenoit comme tous les autres l'éternité de la matiere. *Anaxagoras*, dit Cicéron (*suprà*) PRIMUS OMNIUM *rerum descriptionem & modum mentis infinitæ vi ac ratione designari ac confici voluit*. S. Augustin & d'autres observent la même chose.

Cicéron, nous l'avons remarqué, avoit dit quelques lignes plus haut, que Thalès a enseigné le *premier* que Dieu avoit tout formé de la substance de l'eau. Quelques Auteurs en ont conclu que Thalès reconnoissoit une intelligence souveraine & distinguée de la matiere; & pour concilier cet endroit de Cicéron avec ce qu'il vient de nous dire d'Anaxagoras, ils supposent qu'Anaxagore fut le premier qui publia cette doctrine, & que ses prédécesseurs s'étoient seulement contentés de la débiter dans leurs auditoires. Ce n'est pas là éclaircir, mais proposer des conjectures sans fondement. Un pareil dénouement supposeroit que le Dieu de Thalès & de ses successeurs étoit une intelligence infinie, un esprit pur distingué de la matiere. Cependant on a vû qu'ils ne disent pas un seul mot de cette intelligence pure & sans mélange, mais que Thalès donnoit le nom de Dieu ou de principe de toutes choses à l'eau, & Anaximene à l'air; qu'Anaximandre ne fait aucune mention d'un Etre supérieur à la matiere, & que Diogenes confondoit avec l'air la vertu divine, qui, selon lui, l'avoit mise en action pour la construction de l'univers : ce qu'on peut dire de plus plausible, c'est que, s'ils avoient effectivement l'idée d'un être spirituel & infini, elle étoit étrangement défigurée dans leur esprit.

Il paroît plus naturel de penser qu'Anaxagore a tiré des Perses la connoissance du vrai Dieu, soit par le canal de Pythagore qui avoit appris la même vérité de Zoroastre, ou plutôt par celui d'Hostanès : car on ne voit nulle part qu'Anaxagore ait eu des liaisons avec Pythagore. Cet Hostanès étoit de Perse & disciple de Zoroastre. Pline nous apprend qu'il suivit Xercès fils de Darius, fils d'Hystaspes, dans son expédition contre la Grece vers la fin du 3e. siecle des Olympiades, & que les Grecs reçurent l'enseignement de cet étranger avec une avidité qui tenoit de la fureur. *Hic maximè Hostanes ad rabiem, non aviditatem modo scientiæ ejus, Græcorum populos egit* (t). Anaxagore vint au monde dans la soixante-dixieme Olympiade, vingt ans avant la fameuse bataille de Salamine qui fût si fatale à Xercès. Par conséquent il put voir Hostanès, ou du moins des personnes qui avoient conversé avec lui.

Anaxagore admettoit autant de sortes de principes que de corps composés. Car il supposoit que chaque espece de corps étoit formé de plusieurs petites parties semblables qu'il appelloit *homœomeries* (ὁμοιομερείας *similaritates*) dit Diogene Laerce. C'est-à-dire, qu'il pensoit que l'intelligence qui avoit formé le monde avoit trouvé dans une matiere infinie, une infinité de sortes de très-petits corpuscules qui se ressembloient, & qui par un mélange confus étoient entourés d'autres corpuscules

---

(t) Pline l. 30, c. 1.

qui ne leur reſſembloient pas. Cette intelligence ſuprême joignit enſemble les corpuſcules de même eſpece, & par ce moyen-là elle fit un aſtre, là une pierre, ailleurs de l'eau, de l'air, du bois, &c. Cette action fit que l'univers fut partagé en pluſieurs amas de particules ſemblables, mais de telle maniere que les particules d'un amas ne reſſembloient point aux particules d'un autre. Il n'y avoit de la reſſemblance qu'entre les particules d'un même amas. Quand il dit donc que tout étoit compoſé de particules ſemblables, il faut donner au mot *tout* non pas le ſens collectif, mais le ſens diſtributif, ſans quoi l'on auroit autant raiſon de dire que le monde a été formé de parties diſſemblables, que de dire qu'il a été fait de parties ſemblables. S. Auguſtin ſe ſert du terme diſſemblable. *Anaxagoras*, dit - il, *dixit ex infinitâ materiâ, quæ conſtaret DISSIMILIBUS inter ſe particulis, &c.* Cependant dans les anciens manuſcrits, on lit, comme dans Diogene Laerce, *SIMILIBUS inter ſe particulis*, mais toujours dans le ſens qu'on vient d'expliquer. Ce ſyſtême avoiſinoit celui d'Anaximandre.

Anaxagore diſoit que les animaux au commencement furent formés de la terre & d'une humidité chaude, qu'enſuite ils s'engendrerent les uns les autres. *Animantes primò ex humore & calore terrâque manaſſe, poſteà ex invicem natos eſſe*, dit Diogene Laerce. Il diſoit encore que nos ames étoient une portion de la ſubſtance divine, au moins quant à l'entendement & à la raiſon νοῦς; & que les bêtes avoient auſſi une ame douée d'entendement (Ariſtote l. 1 de animâ, c. 2.). Il penſoit que le ciel & la terre périroient un jour, qu'alors la matiere rentreroit dans le chaos, & qu'à la mort de chaque homme l'entendement ious se reunissoit à Dieu son principe. Il mettoit le souverain bien ou la fin de la vie de l'homme dans la contemplation des choses naturelles. C'est pourquoi comme on lui demandoit un jour, pourquoi êtes-vous né ? Il répondit : pour contempler le soleil, la lune & les étoiles. Enfin Anaxagore soutenoit, selon Plutarque, que plusieurs choses arrivoient par nécessité, d'autres par la destinée, d'autres par délibération, d'autres par cas fortuit. C'est ce qui fait dire à S. Clément d'Alexandrie qu'il n'admettoit point de providence.

Ce Philosophe enseignoit encore que les yeux ne sont point capables de discerner la vraie couleur des objets, que nos sens en général sont trompeurs, & qu'ainsi c'est à la raison, & non point à eux, de juger des choses. Il cultiva beaucoup la géométrie & l'astronomie, sans négliger la physique ; mais il tomba sur les objets de ces sciences dans des erreurs absurdes & ridicules. Il disoit, par exemple, que le soleil étoit un peu plus grand que le Péloponnese. Selon Plutarque, il croyoit que cet astre étoit une pierre, selon S. Cyrille d'Alexandrie & S. Augustin, que c'étoit une pierre enflammée, selon d'autres, une masse de fer enflammée. Platon dit qu'il croyoit que le soleil étoit une pierre, & la lune une terre, & que Socrate se moquoit de cette idée. Regardant la lune comme une terre, il enseignoit qu'elle avoit des habitans, des colines & des vallées, &c. Il écrivit aussi sur la quadrature du cercle.

Ce fut sous Anaxagore que l'école d'Ionie fut transportée à Athenes. Il eut pour disciples dans cette ville Périclès & Euripide ; quelques-uns ajoutent Thémiſtocle & Socrate. Mais la chronologie ne permet pas de le penſer de Thémiſtocle. Il y a cependant quelques auteurs qui attribuent cette tranſlation de l'école d'Ionie à Athenes, non pas à Anaxagore, mais à Archelaüs ſon ſucceſſeur.

Anaxagore fut accuſé d'impiété par Cléon, pour avoir dit que le ſoleil eſt une maſſe de matiere enflammée. On vouloit que ce fût une divinité. D'autres prétendent que Thucydide le déféra non-ſeulement comme impie, mais comme coupable de trahiſon. Il fut condamné au banniſſement & à cinq cents talens d'amende. Périclès qui avoit été ſon diſciple ne trouva point de meilleur moyen de le ſauver, que de le faire ainſi chaſſer d'Athenes. Ces faits ſont rapportés différemment par les auteurs. Anaxagore mourut à Lampſaque, âgé de ſoixante-douze ans. Diogene Laërce dit qu'il eſt le premier qui ait écrit des livres, mais il paroît qu'il ſe trompe. Selon Phavorin, Alcmaon diſciple de Pythagore, écrivit le premier ſur la phyſique. S. Auguſtin aſſure que Thalès a fait des livres : & ſi la tradition des Grecs rapportée par Suidas eſt vraie, le Philoſophe Phérécide maître de Pithagore eſt le premier qui ait écrit des ouvrages de philoſophie. Pithagore en écrivoit auſſi.

Enfin Anaxagore, après avoir beaucoup étudié & médité, avouoit lui-même que ſes hypotheſes ne le contentoient pas. Il croyoit, dit Lactance, que tout étoit rempli de ténebres ; *circumfuſa eſſe tenebris omnia.* (l. 3, c. 28.)

ARCHELAUS.

Ce qui nous reste des sentimens de ce Philosophe dans les Auteurs qui les rapportent, est si concis, qu'on a de la peine à s'en former une idée distincte. Selon Diogene Laerce (l. 1), il a cru que les deux causes des générations étoient la chaleur & l'humidité, & que l'eau, l'air, la terre, le feu étoient sortis de ces deux principes. Au contraire, selon Plutarque, Archelaüs enseignoit que l'air infini, la condensation & la raréfaction de l'air, l'une le feu, l'autre l'eau, étoient les principes de toutes choses. Ce qui peut signifier qu'il admettoit l'air pour la matiere premiere, & le feu & l'eau pour les élémens. Mais si l'on en croit S. Augustin, ce n'étoit point là son opinion : car ce pere (*u*) lui attribue le dogme d'Anaxagoras touchant les *homœomeries*, & touchant l'intelligence qui les avoit assemblés « Archelaüs, dit-il, pensoit comme
» son maître Anaxagore que toutes choses
» étoient tellement formées de petites parties
» dissemblables (dans les anciens manuscrits;
» *semblables* v. suprà) qu'il y avoit une in-
» telligence qui joignoit ensemble & engen-
» çoit ces corps éternels, c'est-à-dire, ces
» petites parties, pour en composer tout ce que
» nous voyons ». Il paroît que S. Augustin a raison : car Simplicius observe (*x*) qu'Archelaüs tâchant d'apporter quelque système qui lui fut particulier, ne laisse pas de donner le

---

(*u*) S. Aug. l. 8 de civit. Dei.
(*x*) Simplicius in 1 lib. physic. Arist.

même principe qu'Anaxagore, c'est-à-dire, une infinité de particules semblables.

Archelaüs reconnoissoit un bien & un mal moral; mais il ajoutoit que les seules loix humaines étoient la source de ce bien & de ce mal; c'est-à-dire, qu'il n'admettoit point de droit naturel, ni la différence du bien & du mal en soi, mais seulement le droit positif. Et par conséquent il croyoit que toutes sortes d'actions sont indifférentes de leur nature, & qu'elles ne deviennent bonnes ou mauvaises que selon qu'il a plu aux hommes d'établir certaines loix. Les prédécesseurs d'Archelaüs dans l'école Ionique pensoient-ils de même ? C'est ce qu'on ignore. Mais les faux principes qu'ils avoient sur la nature de l'ame, & la Providence, devoient les conduire naturellement à cette erreur grossiere, qui ouvre la porte à mille désordres, & renverse les bonnes mœurs & l'équité naturelle.

Archelaüs étoit d'Athenes, selon les uns, & de Milet, selon d'autres.

VIII.

SECTE ITALIQUE.

Pythagore fondateur de cette secte.

Les opinions varient sur la patrie de Pythagore. Les uns veulent qu'il soit Tyrrhénien, d'autres le font Syrien comme son maître Phérécide. D'autres le font naître dans l'île de Céphalonie, & d'autres dans l'île de Samos. C'est le sentiment le plus commun. S. Augustin (y)

_____
(y) S. Aug. Epist. 3.

dit qu'il paſſa du métier d'athlete à celui de Philoſophe. Il vivoit du temps d'Anaximandre diſciple de Thalès, dans le troiſieme ſiecle des Olympiades, & ſe mit ſous la conduite de Phérécide, natif de l'île de Scyros, qui floriſſoit vers la cinquante-cinquieme Olympiade, & qui avoit été diſciple de Pittacus, l'un des ſept Sages de la Grece. Théopompe cité par Diogene Laerce, aſſure que Phérécide eſt le premier qui ait écrit de la nature des Dieux. S. Auguſtin (*ſuprà*) dit qu'il enſeignoit l'immortalité de l'ame. D'autres Auteurs le donnent comme très-ſavant dans l'art de deviner ou conjecturer.

Pythagore ne trouvant ni dans l'enſeignement de Phérécide, ni dans les autres Sages de ſon temps, les lumieres qu'il deſiroit, paſſa eu Egypte, delà en Caldée, en Perſe, & juſques dans les Indes, pour acquérir de nouvelles connoiſſances. Il ſe mit ſpécialement ſous la diſcipline de Zoroaſtre qu'il trouva en Perſe, & « il apprit de lui, dit Porphire, quels ſont » les principes conſtitutifs de l'univers, & de » quelle maniere on peut ſe purifier des ſouil- » lures dont l'homme de bien doit avoir hor- » reur ». Enfin, après avoir beaucoup voyagé, Pythagore vint en Italie où il fonda ſa ſecte qui fut appellée *Italique*, parce qu'il ſéjourna long-temps dans cette partie de l'Italie qu'on nommoit la grande Grece, & qui eſt aujourd'hui la Calabre au royaume de Naples. On croit que c'étoit ſous le regne de Tarquin le Superbe qu'il vint dans ce pays-là.

Pythagore admettoit un Dieu ſuprême, &, ſelon Plutarque « deux principes indépendans. » Il donnoit au premier l'eſſence divine, la bonté, l'entendement », c'eſt-à-dire, qu'il le regardoit comme une émanation du Dieu souverain & le principe de tout bien. Il donnoit » à l'autre la nature d'un Démon, le mal & » la matiere »; c'est-à-dire, qu'il le regardoit comme le principe de tous les désordres qui arrivent dans la nature. Il se représentoit le bon principe comme l'ame du monde; &, n'admettant point la création, il vouloit que nos ames fussent des émanations de ce principe divin. Il pensoit qu'elles avoient toutes été formées en même temps, & qu'à la mort de chaque homme, son ame passoit dans le corps d'un autre, ou même dans le corps des animaux par une opération physique & nécessaire. C'est ce qu'on appelle le dogme de la métempsycose, que Pythagore apprit des Egyptiens, selon les uns, & des Indiens, selon d'autres. Après une longue révolution d'années, toutes ces ames doivent se réunir au principe dont elles sont émanées. Pythagore enseignoit encore que le bon principe avoit tiré de sa substance un nombre considérable de Dieux qui lui étoient inférieurs, & dont il se servoit pour le gouvernement de l'univers. Car il croyoit que la Providence divine gouvernoit les hommes. Il admettoit, malgré cela, une certaine destinée ἱμαρμένη qui présidoit aux divers événemens qui arrivent dans le monde.

On reconnoît ici le fond de la doctrine de Zoroastre, que Pythagore avoit apprise de la bouche même de ce Philosophe. Mais il s'en écartoit sur l'origine du mal, & sur la métempsycose. C'est ce que nous exposerons plus en détail lorsque nous rendrons compte de la doctrine de Platon, qui se faisoit gloire de suivre celle de Pythagore, & qui l'a développée dans ses écrits d'une maniere beaucoup plus claire

& plus précise que les autres disciples & historiens de la vie & des dogmes de ce Philosophe. Ainsi nous nous bornerons pour le présent à sa maniere d'enseigner, à sa morale, & au but qu'il se proposoit dans la Philosophie.

Pythagore fut le premier des anciens Sages qui prit le nom de Philosophe. Il trouvoit le titre de Sage trop superbe. Il aima mieux celui d'amateur de la sagesse. Il prit des Egyptiens une maniere d'enseigner mystérieuse dont on ne sait pas trop le secret. Il se servoit des nombres comme de symboles pour débiter ses opinions; & il les faisoit si fort entrer dans tous ses discours qu'il établissoit pour maxime fondamentale de sa philosophie que l'unité est le principe de toutes choses. A ces nombres, il joignit une certaine harmonie, par laquelle il expliquoit la perfection de chaque chose. La santé, selon lui, la vertu, l'ame, Dieu même n'étoient qu'une harmonie, & il n'y a rien de plus connu que l'harmonie imaginée par ce Philosophe pour régler le mouvement des corps célestes. Cicéron en fait une belle description dans son ouvrage intitulé : *Le songe de Scipion*.

La morale de Pythagore n'avoit rien de réglé non plus que celle de Thalès : il la proposoit comme le reste, sur-tout à ceux qui n'étoient point initiés, sous des enveloppes mystérieuses. Par exemple, pour faire entendre *qu'il ne falloit point irriter les grands*, il disoit qu'il ne falloit pas découvrir le feu avec une épée. Il disoit qu'*il ne faut point manger le cœur*, pour n'être point ingénieux à se tourmenter soi-même. Il disoit encore : *ne point retourner lorsqu'on est parti* pour ne plus songer à la vie lorsqu'on est près de partir. On peut voir un gr nd nombre de ces maximes obscures & énigmatiques de Pythagore dans Plutarque, dans Diogene Laerce, & dans Porphyre.

Mais faut-il mettre au nombre de ces maximes énigmatiques l'ordre qu'il donnoit à ses disciples de ne point manger de féves ? Les sentimens sont partagés là-dessus. Les uns prétendent qu'il faut prendre cet ordre littéralement, & ceux qui pensent ainsi alleguent entr'autres raisons que Pythagore fut instruit par les Egyptiens. Or, selon Hérodote, les Egyptiens s'abstenoient de féves. Ils n'en semoient point, & s'ils en trouvoient, ils n'y touchoient point. Les Prêtres mêmes n'osoient jetter les yeux sur ce légume, qu'ils tenoient pour immonde. Cependant Aristoxene disciple de Pythagore dit qu'il mangeoit des féves, & qu'il en mangeoit même souvent ; mais ceux qui prétendent qu'il n'en mangeoit point, se contentent de répondre qu'Aristoxene s'est trompé. Aristote prétend que Pythagore défendit de manger des féves, parce qu'elles ressemblent, disoit-il, aux parties de la génération, & qu'elles excitent à la luxure. Or ce Philosophe étoit opposé à la génération, parce que, selon lui, c'étoit précipiter une ame dans une prison ; car c'est ainsi qu'il regardoit le corps ; il étoit cependant marié. Une autre raison d'Aristote, c'est que les féves sont semblables à la nature de l'univers ; ce qui n'est pas fort clair. Cicéron dit que cette interdiction des féves étoit fondée sur ce qu'elles échauffent, & par-là irritent l'esprit, & l'empêchent d'avoir la tranquillité nécessaire pour découvrir la vérité. A l'égard de ceux qui veulent que cette défense ne soit qu'un précepte moral, & que Pythagore ne l'ait entendu que dans un sens allégorique, ils se figurent qu'il a défendu par-là à ses disciples de se mêler du gouvernement, parce qu'en certaines villes on donnoit avec des féves son suffrage dans l'élection des Magistrats. Dans ce cas il n'auroit pas été conséquent; car il se mêloit lui-même du gouvernement, & tâchoit de former de bons législateurs, comme on le verra plus bas.

Selon Stobée & Hieroclès, Pythagore vouloit que l'étude de la philosophie tendît à rendre les hommes semblables à Dieu. *Plato, quemadmodum Pythagoras, finem dixerunt Deï similitudinem.* Ce qui ne peut arriver que par la connoissance de la vérité. Mais pour connoître la vérité, il faut la rechercher avec une ame purifiée, qui ait dompté les passions du corps *purgationem à vitiis & perfectionem :* purification qui s'acquiert par les œuvres de bienfaisance à l'égard des hommes & par la conversation avec les Dieux. La Philosophie, fait-on dire encore à Pythagore dans les vers dorés (ouvrage attribué à ce Philosophe, mais composé par un de ses disciples) la philosophie purifie l'homme de ses passions, elle le sépare de la matiere & de tous les corps terrestres; elle le délivre des liens & de la prison de son corps; elle le perfectionne, elle le porte, elle l'éleve vers les choses du Ciel; *purgat à malis, separat à materiâ & corpore, liberat à vinculis & carcere, perficit, evehit, portat sursum.*

Pythagore ne se borna pas à des disciples communs, il porta ses instructions, dit Plutarque, jusques dans les palais des grands, comprenant que, s'il gagnoit les princes & les magistrats, il ameneroit plus aisément tous les autres hommes à la philosophie, chacun suivant sa portée; & en effet il forma des disciples qui furent de grands législateurs, tels que Zaleucus, Charondas & plusieurs autres (z).

Si on en croit Porphire (a) quand Pythagore vint en Italie, il changea la police d'un grand nombre de villes & y rétablit la liberté. En une seule exhortation il gagna & attacha à sa philosophie plus de 2000 hommes: il leur apprit à dompter leurs passions, à étouffer tous les mouvemens d'avarice & d'ambition, à mettre tous leurs biens en commun & à aimer le silence, la retraite & la contemplation. « Pythagore, dit Platon, est le
» premier qui enseigna que tout devoit être
» commun entre les amis; & ses disciples
» particuliers, suivant cette maxime, met-
» toient tout ce qu'ils avoient en commun,
» vivant ensemble comme des freres. Ils re-
» nonçoient au vin, aux femmes, & à man-
» ger de la viande, ne portant point de sou-
» liers, & laissant croître leurs cheveux &
» leur barbe. Pythagore exigeoit qu'ils fussent
» d'abord cinq ans sans parler ».

Mais ce fut principalement à Crotone en Italie, où il demeura vingt ans, que ses exhortations & son éloquence produisirent de plus grands fruits. Il porta les habitans de cette ville plongés dans la débauche à fuir le luxe & la bonne chere, & à vivre selon les regles de la morale. Il persuada aux maris

_____

(z) V. Iamblique dans la vie de Pythagore, l. 1, c. 30, & Seneque Epist. 90.
(a) V. Thomassin, méthode d'étudier & d'enseigner la philosophie l. 1, c. 15.

de renvoyer leurs concubines, de se contenter de leurs femmes & de n'user du mariage qu'avec modération, & dans la vue d'avoir des enfans sains & robustes. Il obtint même des dames qu'elles se défissent de leurs beaux habits & de tous leurs ornemens, & qu'elles offrissent un sacrifice à la principale divinité de leur ville du prix qu'elles en retireroient (*b*).

Mais les moyens que prit Pythagore pour persuader ses maximes ne font honneur ni à sa religion ni à sa bonne foi. Cela paroît par l'histoire qu'Hermippas son disciple rapporte dans Diogene Laerce (*c*). Il dit que ce Philosophe étant arrivé en Italie s'enferma dans un lieu souterrain, après avoir prié sa mere de tenir un registre exact de tout ce qui se passeroit. Quand il fut resté dans cet endroit autant de temps qu'il le jugea à propos, sa mere, comme ils en étoient convenus, lui fit tenir ses tablettes. Il y vit les dates & les autres circonstances des événemens. Il sortit de ce lieu-là avec un visage pâle & tout défait. Il assembla le peuple, & il assura qu'il revenoit des enfers, qu'il y avoit vû les ames d'Homere & d'Hésiode dans d'affreux supplices pour toutes les fictions & les impudicités qu'ils avoient forgées des Dieux. Il disoit encore qu'il y avoit vû dans les tourmens les maris qui s'éloignoient de leurs femmes pour avoir des concubines, &c. Et pour le persuader il récita tout ce qui s'étoit fait dans le pays pendant son séjour aux enfers. Il fit gémir & pleurer toute l'assemblée, tant ses

---

(*b*) Iambliq. vie de Pythag. l. 1, c. 3, & Justin l. 20, c. 4.
(*c*) Diogene l. 8, n. 41.

Auditeurs furent touchés de ce récit. Ils ne doutèrent plus que ce ne fût un homme divin, & il leur persuada par là sa morale & les loix qu'il vouloit établir parmi ses peuples.

Un pareil fait montre sans réplique que dans le fond Pythagore n'étoit qu'un fourbe & un politique, qui abusoit de la crédulité des peuples pour se les attacher & les dominer. Il est vrai qu'il leur proposoit de bonnes maximes pour la conduite des mœurs, mais, outre qu'elles étoient mélangées de plusieurs faux principes, la vérité ne se persuade point par le mensonge. Il est évident qu'il ne l'aimoit pas, & qu'il n'avoit ni conscience, ni religion. Il n'avoit point de conscience, puisque la métempsicose ne lui permettant d'admettre après la mort ni enfer pour les méchans, ni un lieu de récompense pour les bons, il agissoit contre sa pensée en réalisant les enfers qu'il ne croyoit point. Il n'avoit point non plus de religion. Car il ne s'en tint pas au Politheisme de Zoroastre qui étoit déja une grande erreur, mais il reconnoissoit encore, dit Macrobe, les faux Dieux du Paganisme, au moins extérieurement, & leur rendoit le culte populaire; excepté qu'il évitoit & n'aimoit point les sacrifices sanglans, parce qu'il croyoit que les ames des hommes passoient par la métempsicose dans le corps des animaux. On dit qu'il adora spécialement un autel consacré à Apollon dans l'île de Délos, parce qu'on n'y sacrifioit aucun animal. De plus il ne vouloit pas qu'on communiquât au peuple la connoissance du vrai Dieu. Ce dogme capital étoit réservé pour les Philosophes & pour ceux qui étoient initiés aux mysteres.

On a fait passer Pythagore pour Magicien

à cause des prodiges que les Auteurs de sa vie lui attribuent. Ils rapportent qu'il avoit un miroir sur lequel il écrivoit, & qu'en le présentant à la lune, lorsqu'elle est pleine il lisoit dans cette planete tout ce qui étoit écrit sur le miroir. Ils ajoutent qu'il avoit paru avec une cuisse d'or aux jeux Olympiques, qu'il se fit saluer par le fleuve Nessus, qu'il apprivoisa une ourse, qu'il arrêta le vol d'un aigle, qu'il chassa par sa seule parole un bœuf qui gâtoit un champ de féves, qu'il se fit voir en un même jour & à la même heure à Crotone & à Metapont, qu'il prédisoit les choses futures, &c. Mais il est clair que ce sont de purs contes inventés par quelques-uns de ses disciples, afin de le faire passer aux yeux de la populace pour un homme divin (V. Iambliq. vie de Pythagore).

Mais si ce Philosophe n'étoit pas magicien, on ne peut nier que ce ne fut un vrai charlatan, qui n'avoit pour but que de se faire une vaine réputation. Cela paroît non-seulement par sa prétendue descente aux enfers, mais encore parce qu'il se vantoit de se ressouvenir dans quel corps il avoit été avant que d'être Pythagore. Il ne remontoit cependant que jusqu'au siecle du siége de Troye. Il disoit d'abord qu'il avoit été Athalide fils putatif de Mercure; quelque temps après il fut Euphorbas, & reçut de Menelas une blessure au siége de Troye. Après la mort d'Euphorbas, il fut Hermotime, & puis un pêcheur de Délos nommé Pirrhus, & enfin Pythagore (*d*). Il en oublioit sans doute quelques-uns, car il n'est pas croyable

---

(*d*) Diogene Laerce, l. 8.

qu'il n'eût passé que dans trois corps depuis le siége de Troye jusqu'au troisieme siecle des Olympiades : peut-être auroit-il été relégué dans le corps de quelque animal sans s'en ressouvenir. Un homme capable de débiter de pareilles rêveries ne peut être qu'un fourbe du premier ordre, ou un insensé qui réalise les fantômes de son imagination déréglée. On voit par ce que nous venons de dire, que Pythagore ne découvroit pas à tout le monde le mystere de la métempsycose : il le réservoit pour ses principaux disciples.

Ce Philosophe, quoiqu'ennemi du mariage, avoit une femme nommée Théano fille de Broncin Crotoniate, que quelques-uns disent n'avoir été que sa disciple. Cependant il eut d'elle un fils nommé Télanges, & une fille nommée Damo qu'il éleva dans la Philosophie. On dit qu'en mourant, il lui recommanda de ne point donner ses écrits à lire publiquement, & qu'elle ne voulut pas les vendre quoiqu'on lui en offrit une bonne somme. En effet les anciens assurent qu'il avoit composé plusieurs ouvrages que nous n'avons plus, & dont Diogene Laerce fait mention. Il excelloit particulierement dans les Mathématiques ; il inventa de nouvelles regles d'Arithmétique, & perfectionna la Géométrie. On prétend qu'il a enseigné comme plusieurs autres anciens que c'étoit la terre & non pas le ciel qui tournoit.

On ne sait ni le lieu ni le genre de mort de Pythagore. Selon Justin & Valere Maxime, il mourut tranquillement à Métapont, où il s'étoit retiré après avoir séjourné à Crotone pendant vingt ans. Selon d'autres, comme il demeuroit à Crotone chez Milon avec ses disciples, un homme qu'il n'avoit point voulu recevoir dans cette société, mit le feu à sa maison & le brûla. Dicéarque avance qu'il mourut de faim à Métapont, ayant été quarante jours sans manger. D'autres disent qu'au retour d'un voyage qu'il fit à Délos, pour fermer les yeux à son maître Phérécide, il y mourut lui-même en s'abstenant de nourriture. Enfin d'autres assurent qu'il mena tous ses disciples au secours des Agrigentins, ensuite contre ceux de Syracuse, & qu'ayant été battu, il fut tué en fuyant autour d'un champ de féves. Plusieurs lui donnent quatre-vingts ans de vie, & d'autres quatre-vingt-dix, quatre-vingt-dix-neuf, & même cent quatre ans.

Les plus célèbres disciples de Pythagore furent Zaleucus, Zamolxis, Charondas, trois fameux législateurs, Ocellus de Lucanie, Architas de Tarente, Philolaüs de Crotone qui a enseigné le premier que la terre se mouvoit autour de son axe. Quelques-uns croient que Nicétas de Syracuse est l'inventeur de cette découverte. Vossius & de Launoi dans ses dissertations sur les Philosophes, marquent beaucoup d'autres disciples de Pythagore. Nous n'en faisons point mention, parce que la plupart de ceux dont ils parlent n'ont pas suivi le système de ce Philosophe. D'autres ont été eux-mêmes fondateurs de nouvelles sectes, & d'autres enfin vivoient avant lui. Son successeur fut Aristæus fils de Damophon Crotoniate, selon Iamblique; mais la plupart des anciens conviennent que ce fut son fils Thélanges qu'il avoit eu de Théano.

Philosophes des Indes, ou Gymnosophistes.

On vient de voir que Pythagore avoit emprunté son système de la métempsycose des Philosophes Indiens, chez lesquels il avoit voyagé : & c'est pourquoi S. Ephrem & d'autres appellent ce dogme *l'erreur Indienne*, (Aulugele, l. 4, chap. 11) prétend qu'il l'avoit appris des Egyptiens. Cela prouve au moins que les Prêtres d'Egypte pensoient sur ce point comme les Philosophes Indiens, & Pythagore pouvoit avoir pris cette doctrine des uns & des autres, qui n'admettoient par conséquent ni peines ni récompenses après la mort.

Ces Philosophes d'Orient sont appellés *Gymnosophistes*, parce qu'ils alloient nuds. S. Augustin (e) dit qu'ils avoient une ceinture qui couvroit les parties naturelles : ce qu'on peut appuyer par le témoignage de Nicolas de Damas, & de Diodore. Il y a cependant des auteurs qui rapportent que plusieurs de ces Philosophes portoient une espece de chemise. Ils étoient divisés en *Bracmanes* & en *Germanes* : & les plus considérables de ceux-ci s'appelloient *Hylobiens*, à cause qu'ils demeuroient dans les bois. Tous ces Philosophes menoient une vie très-frugale, renonçant à la viande & au vin, & ne vivant, selon Porphire, que de fruits & de ris. Ils admettoient la pluralité des femmes. Les plus parfaits vivoient en continence. Ils n'adoroient point d'idole, mais ils reconnoissoient une intelligence souveraine qui avoit formé le monde, qui le gouvernoit & le pénétroit par-tout. Ils ajoutoient que l'eau étoit le principe du monde que cette intelligence avoit formé. Ainsi ils croyoient la matiere éternelle, & n'avoient

---

(e) S. August. l. 14, de civit. Dei, c. 17.

aucune idée de la création proprement dite. Par une suite de ce principe, ils devoient regarder notre ame, qu'ils croyoient intelligente, comme une émanation du Dieu suprême. Il y a apparence que c'est leur dogme de la métempsycose qui les portoit à ne rien manger de tout ce qui avoit été animé : d'où il s'ensuit qu'ils donnoient aux bêtes une ame semblable à celle des hommes ; avec cette différence que quand l'ame d'un homme entroit dans le corps d'une bête, ses opérations étoient moins vives & moins réfléchies à cause de la grossiereté des organes des animaux.

Quant à la morale, ces Philosophes enseignoient que les accidens de cette vie ne sont ni un bien ni un mal. Ils élevoient leurs disciples avec beaucoup de soin. Ils leur demandoient chaque jour, avant qu'on se mît à table, à quoi ils avoient employé la matinée, & chacun étoit obligé de produire quelque bonne action morale, ou quelque progrès dans les sciences, sans quoi on le renvoyoit au travail sans lui donner à manger. Pline (*f*) dit que les Gymnosophistes d'Orient contemploient d'un œil fixe & immobile le soleil depuis son lever jusqu'à son coucher, & qu'ils se tenoient debout toute une journée tantôt sur un pied, tantôt sur un autre, au milieu des sables brûlans. Mais cette narration paroît fabuleuse, d'autant plus que les autres auteurs qui parlent de ces Philosophes ne font aucune mention de cette posture gênante.

Selon Lucien, *de morte peregrini*, les Gymnosophistes Indiens se brûloient eux-mêmes

___

(*f*) Pline, l. 7, c. 2.

tout vivans. Il faudroit un autre témoignage que celui de Lucien pour autoriser ce fait. Ce que dit Strabon paroît plus croyable. Il remarque que c'étoit une chose honteuse parmi eux que d'être malade, ensorte que ceux qui vouloient éviter cette ignominie, se brûloient eux-mêmes. C'est ainsi que Calanus se fit brûler à la suite d'Alexande-le-Grand.

Outre les Gymnosophistes d'Orient, il y en avoit aussi dans l'Afrique. Ils demeuroient sur une montagne d'Ethiopie assez près du Nil, sans aucune maison ni cellule. Ils ne formoient point de communauté, & ne sacrifioient point en commun comme ceux des Indes. Chacun avoit son petit quartier où il faisoit à part ses exercices & ses études. Si l'on en croit Philostrate (g) ils descendoient des Gymnosophistes Indiens ou Bracmanes. On disoit qu'ils avoient été originairement sujets du Roi Gangès, qu'ils l'avoient tué, que les autres Indiens depuis ce parricide les chasserent du pays, & qu'ils vinrent s'établir dans la partie de l'Afrique qu'on a nommée *Ethiopie*.

Il y a encore des Bracmanes dans les Indes & dans la Chine. Ils tirent ce nom comme les anciens, du prophete Brachma, que quelques-uns font Roi des Indes ; à qui Dieu, selon les Bracmanes, donna des livres sacrés que ceux-ci conservent avec soin sans les communiquer au vulgaire.

Les Bracmanes actuels de l'Indostan croient, comme les anciens, la métempsycose, & ne mangent point de viande. Ils disent que la production du monde consista au commencement en ce que toutes choses sortirent du sein

---

(g) Philostrate, vie d'Appollonius, l. 6.

de Dieu, & que l'univers périra par un retour de ces mêmes choses à leur premiere origine. C'est la doctrine des Cabalistes. (V. suprà.)

Les Bracmanes de Siam croient que notre terre périra un jour par le feu, & que de ses cendres il en renaîtra une autre, où il n'y aura plus de mer, ni de vicissitudes de saisons, mais un printemps éternel.

Les Bracmanes de la côte du Coromandel enseignent qu'il y a tout-à-la-fois plusieurs mondes, en divers endroits de l'univers, & qu'un même monde périt & se renouvelle en certains périodes de temps.

Enfin les Bracmanes de la Chine assurent que le monde n'est qu'une illusion, un songe, un prestige; & que les corps, pour exister véritablement, doivent cesser d'être en eux-mêmes pour se confondre avec le néant (c'est-à-dire le vuide), qui par sa simplicité fait la perfection de tous les êtres. Quant à la morale, ils poussent si loin l'apathie & l'indifférence, qu'il faut devenir comme une pierre pour en acquérir la perfection. Non-seulement ils enseignent que le Sage ne doit avoir aucune passion, mais qu'il ne lui est pas permis d'avoir même aucun désir; de sorte qu'il doit continuellement s'appliquer à ne vouloir rien, à ne penser à rien, à ne sentir rien, & à bannir de son esprit toute idée de vertu, ensorte qu'il n'y ait rien en lui de contraire à la parfaite quiétude de l'ame. Nous développerons davantage dans la suite la doctrine de plusieurs de ces sectes de Bracmanes.

IX.
SECTE ÉLÉATIQUE.

Xénophane fondateur de cette secte.

Xénophane, natif de Colophon, florissoit vers la soixantieme Olympiade. Il étoit contemporain d'Anaximandre, selon Diogene Laerce (l. 9.). Ainsi ceux qui le font disciple d'Archelaüs & contemporain de Socrate, se trompent. Il composa plusieurs poëmes sur les matieres de philosophie qu'on traitoit alors communément en vers. Il en composa deux mille sur la fondation de Colophon sa patrie, & sur celle de la Laconie d'Elée. Il fit aussi des vers contre Homere & contre Hésiode sur les sotises qu'ils ont chantées des faux Dieux. Banni de sa patrie il se retira en Sicile, il demeura à Zanele (aujourd'hui *Messine*), & à Catane, & y fonda la secte Eléatique, dit Cicéron, *de nat. Deorum*, l. 1. Plusieurs attribuent l'établissement de cette secte à Phédon d'Elée, qui après avoir été fait esclave & s'être racheté, s'adonna à l'étude de la Philosophie. Dans ce cas Xénophane auroit été son disciple, & auroit établi en Sicile la même secte. On ne sait rien de la doctrine de ce Phédon, ni du temps précis où il vivoit. Quoi qu'il en soit, Xénophane est regardé comme l'auteur de la doctrine soutenue dans la secte Eléatique. Cicéron expose son système de la maniere la plus obscure, lorsqu'il dit que, suivant Xénophane, l'entendement est Dieu, & que tout ce qui est infini est Dieu (*h*).

___

(*h*) Cicéron de nat. Deor. l. 1, c. 11.

Ce grand orateur s'exprime plus clairement dans un autre endroit (*i*), où il attribue à Xénophane de penser qu'il n'y a qu'un seul être, & que cet être est immuable, éternel & le vrai Dieu. *Unum esse omnia, neque id esse mutabile & id esse verum Deum, neque natum usquam sed sempiternum.* S. Clément d'Alexandrie (*k*) dans des vers qu'il rapporte de Xénophane, lui fait dire de même, *simul Deum esse omnia, mentem, prudentiam, æternitatem.* Aristote est encore plus clair. Xénophane, dit-il (*l*), enseigna que toutes choses n'étoient qu'un seul être, qu'il n'y avoit point de génération ni de corruption, & que cet être unique demeuroit toujours le même, & ne pouvoit être sujet à aucun changement. *Hic quidquid esset, unum duntaxat esse, quod ab eo diversum esset, id non esse; generari nihil, nihil corrumpi, moveri omnino nihil statuebat.* Et c'est en ce sens qu'il faut entendre ces paroles assez obscures d'Aristote (*m*), *ad totum cœlum respiciens Xenophanes ipsum unum ait esse Deum.*

Xenophanes enseignoit donc que Dieu n'est autre chose que l'infinité de la nature accompagnée d'entendement comme dit Cicéron, & voici comment il tachoit de prouver son système 1o. Il enseignoit, comme les autres Philosophes que rien ne se fait de rien, c'est-à-dire, pour ôter toute équivoque qu'une chose qui n'a pas toujours existé ne peut jamais exister. Il concluoit delà que tout ce qui est a

---

(*i*) Idem quæst. Acad. l. 2, c. 37.
(*k*) S. Clém. Strom. l. 5.
(*l*) De Philosophiâ l. 8, apud Euseb. l. 14, c. 17.
(*m*) Meth. l. 1, c. 5.

toujours été. Or, ajoutoit-il, ce qui a toujours été eſt éternel. Ce qui eſt éternel eſt infini. Ce qui eſt infini eſt unique. Car s'il contenoit pluſieurs êtres, l'un termineroit l'autre. Il ne feroit donc pas infini. De plus, difoit-il, ce qui eſt unique eſt par-tout ſemblable à foi-même : car s'il enfermoit quelque différence, il ne feroit pas un être, mais pluſieurs êtres. Enfin cet être unique éternel & infini doit être immobile & immuable, car s'il pouvoit changer de place, il y auroit quelque chofe au delà de lui; il ne feroit donc pas infini, & fi fans changer de place, il pouvoit être altéré, quelque chofe qui ne feroit pas de tout temps commenceroit à être produite, & quelque chofe qui auroit été de tout temps cefferoit d'être. Or, difoit-il, cela eſt impoſſible.

Cependant tout paroît changer dans la nature, ſe produire, s'alterer, &c. Xénophane répondoit en récufant le témoignage des fens, il difoit qu'ils nous trompent & qu'il n'eſt pas vrai qu'il ſe faſſe des générations dans la nature. Et comme l'on objectoit que les apparences même des fens ne changeroient pas, fi notre ame demeuroit toujours la même, & fi les êtres qui font hors de nous ne changeoient point, il fe débarraſſoit de cette objection en difant finalement que toutes chofes étoient incompréhenfibles dans la nature. (V. Ariſtoclès *ſuprà*, & Ariſtote de Xénophane, Zénone, Gorgia, &c.

Cet expofé de la doctrine de Xénophane montre d'un côté que ce Philofophe a le premier ouvert la porte au fyſtême de Spinofa, & de tous ceux qui avant ou après cet impie ont enfeigné l'unité de fubftance; & de l'autre qu'il a frayé la voie aux Académiciens & aux Pyrrhoniens. Diogene Laerce (L. 9.) dit positivement qu'il tenoit le système de l'incompréhensibilité. Plutarque (n) lui attribue de même d'avoir enseigné que nos sens & notre raison sont des facultés trompeuses. Enfin Xénophane lui-même dans des vers rapportés par Sextus Empiricus *adversus Mathematicos*, déclare nettement que personne ne peut parvenir à la connoissance claire & certaine de la vérité, & qu'encore qu'un homme rencontrât la vérité, il ne pourroit point savoir qu'il l'eut rencontrée. Il n'y a, continue t-il, que des opinions à attraper sur toutes choses. Sextus Empiricus (*suprà*) le met expressément au nombre de ceux qui nient qu'il y ait un *criterium veritatis*, ou une regle, ou une mesure de la vérité. Ainsi Xénophane ne donnoit tout son système que comme des vraisemblances & des probabilités.

Il ne parloit de même que probablement & selon les apparences en admettant quatre élémens & une infinité de mondes, & en disant que la lune est un pays habité par des hommes. Il prétendoit encore qu'on ne pouvoit prédire les choses futures, & que le bien surpassoit le mal dans la nature, c'est-à-dire, qu'il y a plus d'avantages, & d'agrémens dans la vie, que de peines & de miseres. Car dans son système il ne pouvoit avoir en vue ni le bien ni le mal moral. Xénophane ne reconnoissoit ni vertu ni vice proprement dit, ni récompense pour les bons, ni châtimens pour les méchans après cette vie, qui, selon lui, n'étoit qu'une pure illusion.

(n) Plutarq. apud Euseb. præp. Evang. l. 1. c. 8.

Plutarque nous apprend qu'il étoit pauvre, & la preuve qu'il en donne, c'est qu'il dit un jour à Hieron Roi de Siracuse qu'il n'avoit pas le moyen d'entretenir deux serviteurs.

La réponse que fit Xénophane à un homme à qui il avoit refusé de jouer aux dés est digne d'un Philosophe. Cet homme l'appella poltron. *Oui*, répondit-il, *je le suis extrêmement par rapport aux actions honteuses.*

X.

PARMÉNIDE,

Zénon d'Elée & Melissus.

Parmenides d'Elée, fils de Pirès, fut disciple & successeur de Xénophane dans la secte Eléatique. Eusebe (*o*) nous apprend qu'il enseignoit, comme son maître, que l'univers est éternel, & immobile, & un seul être ; qu'il demeure toujours le même quant à la réalité des choses, & que les générations ne sont fondées que sur un faux préjugé des sens.

Aristote (*p*) remarque que néanmoins dans l'explication des choses de la nature, les Philosophes de la secte de Xénophane raisonnoient suivant les apparences : & il dit en particulier de Parménide, qu'il enseignoit que réellement il n'y a qu'un être, mais que selon les apparences, il y en a plusieurs, & qu'il s'est accommodé à l'apparence, & a supposé deux principes de toutes choses, le

---

(*o*) Euseb. præp. Evang. l. 1, c. 8.
(*p*) Aristot. metaph. l. 1, c. 5.

chaud & le froid, le feu & la terre, ce qui n'est pas fort lumineux. Voilà tout ce qu'on sait de Parménides.

Zénon d'Elée son disciple florissoit vers la soixante-neuvieme Olympiade. Aristote lui donne la gloire d'être l'Auteur de la dialectique, c'est-à-dire, d'avoir trouvé le premier cette suite naturelle de principes & de conséquences dont il forma un art en forme de dialogues, qui pour cet effet fut appellé *Dialectique, ou science de la logique, art de perfectionner le raisonnement*, & alors on cessa de traiter en vers la philosophie. Mais cette Dialectique de Zénon sembloit n'avoir été destinée qu'à tout brouiller. Loin d'éclaircir & de perfectionner le raisonnement, il ne s'en servoit que pour chicaner, disputer contre tous ceux qui se présentoient, & tacher par des subtilités sans fin de les réduire au silence, quelque opinion qu'ils embrassassent : ce qui aboutissoit à rendre tout incertain & problématique.

Zénon d'Elée croyoit comme Parménides & Xénophane qu'il n'y a qu'un seul Etre dans la nature ; cependant Seneque (Epist. 88) lui reproche d'avoir cru qu'il n'y a rien du tout dans l'univers. *Si Protagoræ credo*, dit-il, *nihil in rerum natura est, nisi dubium, si Nausiphani, hoc unum certum nihil esse certi. Si Parmenidi nihil est præter unum, si Zenoni, ne unum quidem*. Et voici, selon Aristote (q), comment Zénon tâchoit de prouver cette extravagance. S'il y a un être, il est indivisible ; car l'unité ne sauroit être divisée. Or ce qui est indivisible n'est rien, puisqu'il ne

_____
(q) Aristot. métaph. l. 3. c. 4.

faut point compter entre les êtres ce qui est de telle nature qu'étant ajouté à un autre, il ne produit point d'augmentation, & qu'étant retranché d'un autre il ne cause point de diminution. On ne peut donc pas dire qu'il y ait un être. Aristote traite ce raisonnement de ridicule ; mais il y a tout lieu de croire que Zénon ne le faisoit pas sérieusement, & qu'il ne cherchoit qu'à embarrasser ses auditeurs ; autrement on ne pourroit se dispenser de le mettre au nombre des parfaits insensés. Il parloit sans doute avec plus de sincérité, quoique aussi peu sensément, lorsqu'il argumentoit contre l'existence du mouvement qu'il soutenoit impossible, car c'étoit une suite du système de sa secte qui n'admettoit, comme on l'a prouvé, qu'un être unique, éternel, infini, *immobile*, & immuable. Aristote nous a conservé plusieurs de ses objections sur cette matiere & les a réfutées. Bayle, dans son Dictionnaire historique & critique, trouve pitoyable cette réfutation d'Aristote ; mais de peur de passer pour fou, il avoue qu'il y a du mouvement, & soutient en même temps que c'est une chose inexplicable & incompréhensible dans la nature. Il est vrai que les Philosophes anciens & modernes ne s'accordent ni sur la définition ni sur la nature du mouvement local, mais ils n'en nient pas pour cela l'existence, & plusieurs répondent très-bien aux objections de Zénon. Nous ne croyons pas devoir nous arrêter à cette discussion qu'on peut voir dans tous les traités de philosophie. Nous remarquerons seulement que pour dire qu'il n'y a point de mouvement, il faudroit soutenir en même temps qu'il n'y a point

d'étendue. Mais alors en quoi feroit-on consister l'essence & la nature de la matiere ? Seroit-ce dans des points mathématiques ? Tout le monde convient qu'ils n'existent point réellement. Seroit-ce dans des atômes indivisibles ? Cette indivisibilité d'une chose qu'on ne peut concevoir sans parties ne peut être qu'une chimere. Il y a donc de l'étendue. Or s'il y a de l'étendue, elle est essentiellement divisible, & si elle est divisible, il y a du mouvement, ou du moins il est possible. Qu'il y ait après cela des difficultés, même insolubles si l'on veut, sur le mouvement, comme sur mille autres objets de la nature, cela montre seulement les bornes de notre esprit, & qu'au lieu de tant raisonner sur des choses qu'on ne comprend pas, il faut s'en tenir à l'expérience. On peut dire sur toute ces difficultés ce que M. Nicole observe sur celles de la divisibilité de la matiere à l'infini : « l'utilité qu'on peut tirer de
» ces spéculations n'est pas seulement d'ac-
» quérir ces connoissances qui sont d'elles-
» mêmes assez stériles, mais c'est d'appren-
» dre à connoître les bornes de notre esprit,
» & à lui faire avouer, malgré qu'il en ait,
» qu'il y a des choses qui sont, quoiqu'il
» ne soit pas capable de les comprendre. Et
» c'est pourquoi, il est bon de le fatiguer à
» ces subtilités, afin de dompter sa présomp-
» tion, & de lui ôter la hardiesse d'opposer
» jamais ses foibles lumieres aux vérités que
» l'Église lui propose, sous prétexte qu'il ne
» les peut comprendre. Car presque toute la
» vigueur de l'esprit de l'homme est contrainte
» de succomber au plus petit atôme de la
» matiere, & d'avouer qu'il voit clairement

» qu'il est infiniment divisible sans pouvoir
» comprendre comment cela se peut faire.
» N'est-ce pas pécher visiblement contre la
» raison que de réfuser de croire les effets
» merveilleux de la toute-puissance de Dieu
» qui est d'elle-même incompréhensible par
» cette raison que notre esprit ne peut les
» comprendre (r) » ?

Diogene le Cinique réfutoit Zénon plus simplement que les autres. Quelquefois il se levoit tout-d'un-coup, il faisoit plusieurs tours de côté & d'autre dans son école, & ses disciples lui demandant la raison de cet espèce d'enthousiasme, il leur répondoit : *je réfute Zénon*. Bayle (*suprà*) trouve cela ridicule ; mais au moins faut-il avouer que cette réfutation est à la portée des plus simples, & même qu'elle est très-raisonnable vis-à-vis d'un sophiste qui combat un point d'évidence & d'expérience reconnu généralement par tous les hommes.

On a vû que le fameux Périclès d'Athenes avoit été disciple d'Anaxagore. Il l'avoit d'abord été de Zénon d'Elée, mais il préféra avec raison la doctrine d'Anaxagore aux folies de celui-ci.

Melissus de Samos fils d'Ithagenes fut disciple de Parménide & de Zénon d'Elée. Il croyoit comme ses maîtres, au rapport d'Eusebe (*suprà*) & de Diogene Laerce (L. 9), que ce tout qui compose l'univers, est infini, immuable, immobile & unique, qu'il est semblable à lui-même, & rempli de tous côté sans qu'il y ait aucun vuide. Il soutenoit en conséquence qu'il n'y avoit point de mouve-

---

(r) Nicol. Art de penser, quatrieme partie, c. 1.

ment dans la nature, quoiqu'il paroisse qu'il y en ait. Il disoit encore qu'il ne falloit rien avancer comme certain de la divinité parce qu'on n'en pouvoit avoir de connoissance parfaite. C'étoit une suite du systême d'incertitude universelle introduit par Xénophane. Mélissus vivoit dans le quatrieme siecle des Olympiades.

XI.

SECTE DES MÉGARIENS.

Euclyde fondateur de cette secte.

Euclyde, natif de Mégare, fonda dans le quatrieme siecle des Olympiades une secte qui passe pour une branche, ou plutôt pour une continuation de l'école de Xénophane, de Parmenides & de Zénon d'Elée. Selon Cicéron, Strabon & Diogene Laerce, Euclyde fut disciple de Socrate dont on parlera plus bas; mais au lieu de s'attacher à la doctrine des mœurs, à l'exemple de son maître, il se mit à subtiliser sur la Logique. Ceux qui suivirent sa méthode furent nommés *Mégariens*, & ensuite *Disputeurs*, & enfin *Dialecticiens*. On ne connoît gueres le détail de ses opinions, si ce n'est qu'il paroît avoir suivi la doctrine de la secte Eléatique; car il disoit qu'il n'y a qu'un bien unique que l'on appelle tantôt Dieu, tantôt intelligence, prudence, justice, bonté, &c. Il n'employoit que des conclusions dans ses disputes, c'est-à-dire, qu'au lieu de réfuter les argumens qu'on lui opposoit, il en tiroit seulement les conséquences à l'infini, *donc, donc, donc,* &c. pour en faire voir la fausseté : ce qui rendoit la dispute vive & pressante. Euclyde enseignoit qu'il n'y a point de puissance séparée de son acte, c'est-à-dire, qu'une cause qui ne produit point actuellement son effet n'a pas le pouvoir de le produire, paradoxe renouvellé par Spinosa. Aristote (s) a réfuté cette erreur d'Euclyde.

Eubulide qui lui succéda fut l'inventeur de divers sophismes captieux & embarrassans. On leur donna divers noms, comme le *menteur*, le *trompeur*, l'*Electre*, le *Voilé*, le *Cornu*, le *Chauve*, le *sorite*. On trouve dans Gassendi (t) une explication de tous ces sophismes fortifiée d'exemples. Nous dirons un mot du *sorite*. C'étoit un amas d'interrogations où l'on ne trouvoit aucun bout. On prétendoit faire voir par ce sophisme que l'esprit de l'homme ne parvient jamais à la connoissance du point fixe qui sépare les qualités opposées, ou qui détermine précisément la nature de chaque chose. En quoi consiste, demandoit-on, le peu, le beaucoup, le long, le large, le petit, le grand, &c. Trois grains de bled font-ils un monceau ? Non. Quatre le font-ils ? Non. On continuoit d'interroger sans cesse de grain à grain, & si enfin on répondoit, voici le monceau, on prétendoit que la réponse étoit absurde, puisqu'elle supposoit qu'un seul grain constituoit la différence de ce qui n'est pas monceau & de ce qui l'est. Le *Chauve* étoit une espece de sorite. Un cheveu arraché, disoit-on, rend-il chauve ? non, &c. On se moqueroit aujourd'hui de pareilles er-

---

(s) Arist. métaph. l. 9, c. 3.
(t) Gassendi, de logicâ, c. 3.

goteries : mais les Philosophes prenoient la chose au sérieux. Il falloit répondre en forme & ils étoient fort embarrassés. Athénée (L. 9.) remarque que plusieurs de ces prétendus sages sécherent sur pied en s'attachant trop à méditer sur ces objets, & qu'ils y contracterent une maigreur qui leur fit perdre la vie. Seneque parlant du mauvais effet de la dialectique de ces Philosophes subtilisans, disoit *vide quantum malum fecerit nimia subtilitas, & quam infesta sit veritati.*

Alexinus succéda à Eubulide dans l'école de Mégare, & Diodore à Alexinus. Ces deux Philosophes ne le céderent point à leurs maîtres en fait de subtilités & de sophismes.

XII.

STILPON,

Et les autres principaux Athées de l'antiquité.

Stilpon, natif de Mégare, fut disciple ou d'Euclyde même, ou des disciples d'Euclyde; & quoiqu'il fût comme chef d'une école particuliere, il étoit regardé néanmoins comme de la secte des Mégariens. Stilpon entra parfaitement dans le génie de ces Philosophes. C'étoit un disputeur à toute outrance, & un grand inventeur de sophismes. Il attiroit tout le monde par son éloquence, & par la subtilité de son esprit. Etant à Athenes, les artisans quittoient leur boutique pour le voir. Quelqu'un lui ayant dit : On vous admire comme une bête sauvage ; vous vous trompez, répondit-il, on m'admire comme un homme véritable.

Entr'autres systêmes de Stilpon, il rejettoit

les termes universels. Qui dit l'homme en général, selon lui, ne dit rien ni de celui-ci, ni de celui-là; il ne parle pas plutôt de l'un que de l'autre. Il ne dit donc rien de personne. Il prétendoit sans doute que l'espece n'est point affirmée des individus, & qu'ainsi c'est une chimere que les especes. L'homme n'est point plutôt celui-ci que celui-là, il ne signifie pas mieux Jean que Pierre. Il ne signifie donc personne.

En niant ainsi les attributs universels, on ne sauroit admettre des individus qui se ressemblent. Il faut qu'on dise que deux êtres, dont l'attribut de substance seroit affirmé véritablement, seroient une seule & même substance: ce qui est dire en termes équivalens qu'il n'y a qu'une substance dans tout l'univers; & c'est peut-être où Stilpon vouloit en venir. Le sens commun est ici d'accord avec la philosophie. Un paysan conçoit clairement que toute l'essence de l'homme convient à chaque homme, & doit être affirmée de chaque homme, & que néanmoins chaque homme est distinct de tous les autres. Il conçoit donc clairement que la même essence qui est affirmée de Pierre n'est point affirmée de Paul, mais que l'essence qui est affirmée de l'un, est semblable à celle qu'on affirme de l'autre. Les Scotistes se sont égarés là-dessus pitoyablement avec leur *universale formale à parte rei*.

Stilpon étoit fort enclin au vin & aux femmes: mais, dit Cicéron (*v*), il corrigea par l'étude de la philosophie les mauvaises inclinations de son tempéramment. Plutarque & Athénée louent sa vertu. Ils en jugeoient par

---

(*v*) Cicéron de fato, cap. 5.

l'extérieur. Quelle vertu que celle d'un philosophe Mégarien, & d'un impie décidé. Car on compte Stilpon parmi les Philosophes qui ont donné ouvertement & sans détour dans l'Athéïsme, & c'est ce qui le fit bannir par l'Aréopage. Il eut pour principaux disciples Asclépiade, natif de Phlie au Péloponnese, Ménémede, &c. Nous allons dire un mot des autres Athées de l'antiquité, c'est-à-dire, de ceux qui nioient à pleine bouche la divinité, & qui pour cet effet furent poursuivis avec vigueur par l'autorité publique.

PROTAGORAS.

Ce Philosophe étoit d'Abdere en Thrace, & fut disciple de Démocrite. Il enseigna à Athenes, & fut exilé à cause de sa doctrine. Il se sauva dans une petite barque, & voyagea dans les îles. Il mourut en allant en Sicile, âgé de soixante-dix ans, selon les uns, & de quatre-vingt-dix selon d'autres. Il a vécu dans les troisieme & quatrieme siecles des Olympiades. Protagoras étoit plus subtil que solide. Il raisonnoit ordinairement par dilemmes, & laissoit l'esprit en suspens sur toutes les questions qu'il proposoit jusqu'à l'existence même des Dieux. Voici comment il commence un de ces ouvrages : « Je ne puis dire s'il y a des Dieux, » ou s'il n'y en a point. Plusieurs choses m'em- » pêchent de le savoir, &c. ». Ce fut ce livre qui le fit chasser d'Athenes, & qui fut brûlé publiquement. Protagoras soutenoit encore que l'ame n'est pas différente des sens, & que tout ce que représentent les sens est véritable. Platon a fait un dialogue contre lui.

PRODICUS.

Prodicus natif de Julis dans l'île de Céa, l'une des Cyclades, étoit disciple de Protagoras. Il fut un des plus célebres sophistes de la Grece, & eut pour disciple Euripide, Socrate, Theramene & Isocrate. Selon Platon l'envie de gagner de l'argent le porta à tenir école. Il la tenoit à Athenes. Il aimoit beaucoup à se divertir, & alloit de ville en ville faire parade de son éloquence. Les Athéniens le firent mourir comme corrupteur de la jeunesse, dit Suidas. C'est qu'il leur enseignoit l'irreligion. Sextus Empiricus, adv. Mathem. le compte parmi les Athées, aussi bien que Cicéron (l. 1, de natur. Deor.). Il enseignoit que c'étoit la politique qui avoit inventé la Religion, & l'opinion des Dieux immortels.

DIAGORAS.

Diagoras, né dans l'île de Mélos, l'une des Cyclades, philosophoit à Athenes du temps de Socrate. Sextus Empiricus, & d'autres rapportent qu'il fut d'abord attaché à la religion de son pays, & même superstitieux; mais qu'ensuite il devint l'un des plus déterminés Athées qu'on ait vus, à cause d'un tort considérable qu'on lui fit impunément. Il en conclud qu'il n'y avoit point de Providence ni de Dieux. Il ne reconnoissoit d'autre divinité que la nature. Valere Maxime (x) lui attribue seulement d'avoir enseigné qu'il ne

---

(x) Valere Maxime, l. 1, c. 1.

favoit point s'il y avoit des Dieux, & que s'il y en avoit, il n'en connoissoit pas la nature; mais il confond visiblement Diagoras avec Protagoras dont on a parlé plus haut.

Les Athéniens citerent Diagoras pour lui faire rendre compte de sa doctrine, mais il s'enfuit. Sur quoi ils mirent sa tête à prix, ils firent promettre à son de trompe un talent à quiconque le tueroit, & deux à quiconque l'ameneroit vif. Ce malheureux Philosophe qui s'étoit embarqué pour fuir, fit naufrage & périt. Les Athéniens le pourfuivoient avec d'autant plus de zele, dit Tatien (y), qu'il faifoit favoir à tout le monde ce que c'étoit que les mysteres de la Théologie, (on en parlera dans la fuite) qu'il s'en moquoit, & qu'il détournoit de s'y faire initier tous ceux qui en avoient envie.

S. Clément d'Alexandrie (z) a cru que Diagoras, & plusieurs autres de ceux qui ont passé pour Athées ne l'étoient pas, mais qu'on les en accusoit parce qu'ils rejettoient la Religion Païenne. Il s'est trompé au sujet de Diagoras. Tous les Auteurs anciens témoignent qu'il étoit vraiment Athée, & qu'il rejettoit absolument, & fans nulle distinction, l'existence de toute divinité. V. Cicéron, Sextus Empiricus, Tatien, &c.

THÉODORE.

Théodore, surnommé l'Athée, vivoit dans le quatrieme siecle des Olympiades, & fut dif-

---

(y) Tatien orat. cont. Græcos.
(z) S. Clément d'Alexandrie, admonit. ad gentes.

ciple d'Anniceris & d'Aristipe. Il croyoit que toutes choses tendoient à la joie ou à la douleur, & que l'une consiste dans la prudence, & l'autre dans la folie & le déréglement. Il approuvoit tous les crimes, soutenant qu'ils n'étoient pas honteux de leur nature, mais par la seule opinion du peuple. Sa maniere étoit de surprendre ses auditeurs par des interrogations captieuses, & de les faire donner dans des sentimens Athées : ce qui fut cause qu'on le chassa d'Athenes, ou même qu'on le fit mourir. (V. Diogene Laerce, l. 2.)

BION.

Bion natif de Boristhenes en Scythie, après avoir suivi plusieurs Philosophes, s'attacha à Théodore l'Athée. C'étoit un homme vain & rempli de son propre mérite. On dit que dans une maladie dangereuse, il avoua son erreur, & reconnut l'existence des Dieux V. Diogene, L. 4, Plutarque, &c.

SIMONIDE.

Simonide de Cios, île de la mer Egée, vivoit dans le troisieme & le quatrieme siecle des Olympiades. Il s'appliqua à la poésie, & fut un des meilleurs poëtes de son temps, sur-tout pour les Elegies. Il se mêloit aussi de philosophie. Ce qui porte à le mettre au nombre des Athées, est la conversation qu'il eut un jour avec Hiéron I Roi de Siracuse. Ce Prince lui ayant demandé ce que c'est que Dieu, Simonide répondit qu'il avoit besoin d'une journée pour examiner cette question. Cet terme expiré, Simonide pria

Hiéron de lui accorder encore deux jours ;
& au bout de ces deux jours il continua
toujours à demander du temps. Hiéron surpris de cette conduite en voulut savoir la
cause, & Simonide répondit que plus il examinoit la question, plus elle lui paroissoit obscure. Tertullien qui croyoit que la chose s'étoit passée entre Thalès & Crésus Roi de Lydie,
observe que le moindre artisan chrétien en sait
plus sur ce point que les plus fameux Philosophes de l'antiquité. Bayle en conséquence le
traite du haut en bas dans son dictionnaire critique, & tache de justifier la réponse de Simonide, en ce sens qu'il est impossible de comprendre Dieu, & qu'il n'y a que lui seul qui se
connoisse parfaitement. La Mothe le Vayer
(lettre 116) soutient la même chose. Mais cette
réflexion ne paroît pas raisonnable : car Hiéron,
en homme sensé, ne demandoit sans doute
qu'une définition de Dieu conforme aux lumieres naturelles : & si Simonide eut consulté ces
lumieres, il auroit dû répondre que ce que
nous connoissons de Dieu consiste à savoir
qu'il est un pur esprit distingué de la matiere,
un esprit éternel, immense, infini & sans aucun
mélange d'imperfection ; & Hieron auroit dû se
contenter de cette définition. Au reste il est
clair que ce Simonide étoit un impie, puisqu'il enseignoit, de l'aveu même de Bayle,
qu'il faut traiter toutes les choses de cette vie
comme un jeu, & ne s'appliquer sérieusement
à quoi que ce soit. Il disoit encore que la nécessité & le destin étoit une chose avec laquelle
les Dieux mêmes ne vouloient pas se commettre & entrer en lice ; c'est-à-dire, qu'il n'admettoit d'autre Dieu que le destin, & qu'il se
mocquoit de tout ce qu'on appelloit divinité.

XIII.

HÉRACLITE.

Héraclite fils de Blyson, ou selon d'autres d'Héracion, étoit d'Ephese, & vivoit vers la fin du troisieme siecle des Olympiades. Il disoit qu'il avoit appris tout ce qu'il savoit de lui-même par la méditation, sans le secours d'aucun maître. La connoissance qu'il avoit des infirmités humaines & son tempérament mélancolique lui tiroient à tout moment les larmes des yeux. Cette habitude, jointe au stile énigmatique qu'il affectoit, le fit surnommer le Philosophe *ténébreux*, ou *pleureur*.

Héraclite composa plusieurs traités, mais celui *de la nature*, qui étoit un recueil de toute la philosophie, quoique très-obscur, fut estimé. Socrate à qui Euripide en envoya une copie, n'en put comprendre qu'une partie, il la trouva bonne, & dit qu'il ne doutoit pas que la portion qu'il n'entendoit pas ne fût aussi très-bonne. Darius Roi de Perse ayant vu cet ouvrage fit proposer à Héraclite de venir à sa cour, mais celui-ci le réfusa brusquement. La conversation des hommes ne faisant qu'irriter l'humeur chagrine de ce Philosophe, il prit une si grande aversion pour eux, qu'il se retira sur une montagne pour y vivre d'herbes avec les bêtes sauvages : ce qui lui causa une hydropisie. Il revint à la ville consulter les Médecins, mais il leur exposa sa maladie si énigmatiquement qu'ils ne purent rien comprendre à ce qu'il leur disoit. Au lieu de leur parler plus clairement il les laissa là, & fut s'enfouir dans un fumier, comptant que cette opération le guériroit. Ce remede n'ayant rien fait, il se laissa mourir à l'âge de soixante ans. A l'égard de la doctrine d'Héraclite, il croyoit, selon Cicéron, Diogene Laerce, & Plutarque, que le feu est le principe de toutes choses, & par conséquent que tout est composé de feu, & animé d'un esprit de feu ; que ce composé s'en forme par hasard, & que tous les changemens qu'il éprouve le font aussi par hasard ; que l'univers est fini, qu'il n'y a qu'un monde formé de feu comme tout le reste, & que tout par divers retours redeviendra feu un jour. Le développement d'un pareil système seroit sans doute fort curieux, mais il ne nous est rien resté des écrits d'Héraclite.

On dit qu'il pensoit qu'une même chose peut être & ne pas être en même temps. Cela suffiroit seul pour caractériser son génie ; mais Aristote (a) remarque qu'il a pû avancer ce paradoxe sans le croire vrai.

XIV.

LEUCIPPE ET DÉMOCRITE.

On n'est pas d'accord sur le lieu de la naissance de Leucippe. Presque tous les Auteurs conviennent qu'il a inventé le système des Atômes. Possidonius (b) l'attribue à un Philosophe Phénicien nommé Moschus, qui vivoit, selon lui, avant le siege de Troye. Mais on ne peut pas faire grand fond sur son témoignage. Cicéron, dont Possidonius avoit été maître, lui donne

---

(a) Aristote Métaph. l. 3. c. 3.
(b) Possidonius apud Strabon, l. 16.

un esprit fabuleux, & Sextus Empiricus se défie de son exactitude.

Leucippe enseignoit que les Atômes & le vuide sont le principe de toutes choses; mais il n'a dit nulle part que chaque Atôme fut animé, & il s'est exposé par-là à de terribles objections, comme Epicure. Ces Atômes dans son système sont de petit corpuscules imperceptibles, éternels, indivisibles & par conséquent sans parties. N'étant point animés, qu'est-ce qui leur a communiqué le mouvement? Et n'ayant point de parties, comment la matière qui est essentiellement étendue a-t-elle pu se former de ces corpuscules? Tout cela implique contradiction: nous examinerons de nouveau cette question dans l'article d'Epicure.

Démocrite, disciple de Leucippe, vint au monde la troisieme année de la soixante-dix-septieme Olympiade, c'est-à-dire, au commencement du quatrieme siecle de cette fameuse époque. Il étoit plus vieux d'un an que Socrate. Il voyagea en Egypte, en Perse, en Caldée, dans les Indes pour y chercher la science, & dépensa tout son bien à ses voyages. Ce Philosophe ne fut jamais à Athenes dont apparemment il méprisoit l'école; ou s'il y fut, comme plusieurs l'ont cru, il ne s'y fit connoître de personne. Démocrite cultiva la Physique, la Morale, les Mathématiques, les belles-Lettres & les beaux arts, & composa un grand nombre de livres. On dit qu'il rioit toujours, c'est-à-dire, qu'il étoit d'une humeur gaye, & qu'il se mocquoit de tout; bien différent d'Héraclite qui pleuroit & gémissoit continuellement sur les miseres humaines.

Démocrite tenoit comme son maître le système des Atômes, avec cette différence qu'il leur donnoit une ame qui les animoit de toute éternité, & que S. Augustin (c) appelle une certaine vertu animale & spirituelle *vis quædam animalis & spiritualis*. Il évitoit par-là les plus fortes objections qu'on faisoit contre la doctrine de Leucippe. Selon Cicéron (d), il ne » connoissoit point d'autres Dieux que la natu-» re, les images & les idées des objets, » & l'acte de l'entendement par lequel nous » les connoissons ». *Democritus tum imagines earumque circuitus in Deorum numero refert, tum illam naturam quæ imagines fundat ac mittat, tum scientiam intelligentiamque nostram.* C'est-à-dire, qu'il n'admettoit d'autre Dieu que les Atômes mêmes & la force éternelle qui les animoit & qui leur avoit donné la forme qui constitue ce que nous appellons la nature. Par une suite de ces horribles principes, Démocrite, comme Leucippe, attribuoit tout, jusqu'aux actions humaines, à un destin nécessitant, & croyoit que notre derniere fin est la tranquillité de l'esprit, & la jouissance paisible des biens du monde. L'un & l'autre n'admettoit ni vertu ni vice proprement dit, ni mérite ni récompense ni châtiment après la mort qui n'étoit dans leur système qu'une dissolution d'Atômes qui reprénoient une autre forme. Quoique Démocrite s'appliquât à diverses sortes de sciences, il ne croyoit pas néanmoins qu'on pût en avoir de connoissance certaine, & par cette incer-

---

(c) S. Augustin Epist. 56.
(d) Cicéron de naturâ Deor. l. 1, c. 38.

titude générale, il a frayé la route aux Pyrrhoniens, comme Xénophane. Il avoit coutume de dire que la vérité étoit cachée au fond d'un puits. Il soutenoit qu'il n'y avoit rien de réel que les Atômes & le vuide, & que tout le reste ne consistoit qu'en opinion.

Platon haïssoit Démocrite, & peu s'en fallut qu'il ne brulât tous ses livres. Les habitans d'Abdere, compatriotes de ce dernier, ne faisoient pas plus de cas de sa doctrine. On dit qu'ils lui envoyerent le Médecin Hippocrate pour guérir son cerveau. Ce Philosophe vécut cent & neuf ans selon quelques Auteurs, cela est fort douteux. Tout ce qu'on peut assurer, c'est qu'il vécut très-long-temps. Sans condamner absolument le mariage, il ne l'approuvoit pas. C'étoit, disoit-il, se charger de soins importuns, & se détourner d'occupations plus nécessaires. Tertullien prétend qu'il se creva les yeux parce qu'il ne pouvoit regarder les femmes sans en ressentir quelque émotion. On ne sait où il a pris ce fait, aucun des anciens n'en parle. Aulugele dit simplement qu'il se creva les yeux, afin de n'être point détourné de la méditation par les objets extérieurs. Cela n'est gueres croyable. Ne pouvoit-il pas alors fermer les yeux ? Peut-être les perdit-il par son grand âge.

MÉTRODORE DE CHIOS.

Ce Philosophe fut disciple de Démocrite, selon Suidas (*in Democretum*) d'autres comme Eusebe (e) assurent qu'il le fut de Nessus qui

---

(e) Eusеb. præp. Evang. l. 14, c. 16.

l'avoit été de Démocrite. Métrodore enseignoit l'éternité de l'univers. Il disoit que s'il avoit commencé, il avoit été produit de rien : ce qu'il regardoit comme impossible. Il le faisoit infini par une raison tirée de son éternité, & immobile par une raison tirée de son infinité. (C'est le système de Xénophane, *suprà*) on compte Métrodore de Chios parmi ceux qui ont nié la certitude, à l'exemple de ses maîtres. (V Sextus Empiricus *adv. Mathematicos*) Il voulut se mêler de physique & d'astronomie ; mais il le fit d'une maniere pitoyable. Car il disoit que les nuées & ensuite la pluie se formoient de l'air condensé, & que la pluie qui tomboit sur le soleil l'éteignoit ; mais que la raréfaction qui succédoit à cette extinction le rallumoit, qu'à la longue cet astre s'épaississoit par la sécheresse, & que l'eau brillante lui servoit de matiere pour produire des étoiles. Voilà suivant Plutarque (*f*), comment il rendoit raison de l'alternative des jours & des nuits, & en général des éclipses.

Les Auteurs parlent d'un autre Métrodore plus ancien, qui étoit de Lampsaque, & ami d'Anaxagoras.

ANAXARQUE.

Anaxarque, Philosophe de la ville d'Abdere, fut disciple de Métrodore de Chios. Plusieurs disent qu'il l'avoit été de Démocrite même : si le fait est vrai, cela n'a pû être que vers la fin de la vie de ce Philosophe. Anaxarque fut très-considéré d'Alexandre le grand, qui le consultoit

---

(*f*) Plutarq. in strom. apud Euseb. præp. Evang. c. 8.

sur tout. Il suivit ce prince dans ses expéditions de Perse. Un jour étant à sa table, Alexandre lui demanda si le repas lui paroissoit bien ordonné. Oui, répondit-il, il n'y manque que la tête d'un certain grand seigneur : ce qu'il dit en regardant Nicocréon tyran de Cypre son ennemi. Ce dernier en fut si piqué qu'après la mort d'Alexandre, il fit prendre Anaxarque, & ordonna qu'on le pilât dans un mortier avec des pilons de fer. Et comme le Philosophe bravoit le tyran, celui-ci le menaça de lui faire couper la langue. Aussitôt Anaxarque la coupa lui-même avec ses dents & la lui jetta au visage. Semblable à Démocrite & à Métrodore ses maîtres, il doutoit de tout, & disoit souvent qu'il ne savoit pas même s'il savoit quelque chose. V. Cicéron, *de natura Deor.* L. 3 & Diogene Laerce, L. 9. Anaxarque fut le maître du fameux Pyrrhon, fondateur de la secte qui porte son nom.

XV.

SOCRATE.

Socrate fils de Sophronisque sculpteur & de Panagerete sage-femme, étoit Athénien. Il étudia sous Anaxagore & Archelaüs chef de l'école Ionique à Athènes. Il faisoit profession de croire, comme ces Philosophes, un Dieu suprême qui avoit formé le monde d'une matiere éternelle ; mais il s'opposoit à ce qu'on recherchât trop curieusement l'artifice avec lequel il l'avoit disposé, & il blâmoit Anaxagore de ce qu'il l'avoit tenté. Outre ce Dieu souverain, Socrate admettoit des Dieux inférieurs, & croyoit, au rapport de Xénophon son disciple, que ces Dieux étoient jaloux de leurs secrets, & qu'ils se fâchoient contre les hommes qui vouloient porter jusques là leur curiosité. Son proverbe favori en parlant de la Divinité étoit : *quod suprà nos, nihil ad nos* (g). Par une suite de ces principes il ne vouloit point qu'on s'appliquât trop à l'astronomie ni aux autres sciences semblables, mais qu'on n'en apprît simplement que ce qui est nécessaire pour le commerce de la vie. Et c'est ce qui le porta à s'attacher uniquement à la morale, & à cultiver cette partie de la philosophie que les Philosophes qui l'avoient précédé avoient ignorée ou négligée. Il recommandoit d'abord l'amour du repos comme la plus belle de toutes les possessions, & le moyen le plus propre & le plus efficace pour découvrir la sagesse. Il soutenoit que les richesses & les grandeurs n'avoient rien d'honnête, & qu'elles étoient au contraire la source de tous les maux. Bien loin de croire, comme son maître Archelaüs, que nos actions ne sont bonnes ou mauvaises, que selon qu'il a plû aux hommes d'établir certaines loix purement arbitraires. (*V suprà*), il admettoit la différence du bien & du mal en soi, & exhortoit continuellement ses disciples à la vertu, comme au seul bien qui soit digne de l'homme. Il leur prêchoit la sincérité, la modération des désirs, l'amour de ce qui est juste, la tempérance, la chasteté, la patience, le détachement des choses du monde, &c. & il leur en donnoit l'exemple. Mais 1°. Ce n'étoit qu'une vertu superbe qu'il attribuoit à ses propres. Cela paroît en ce qu'un homme, qui se disoit physionomiste, ayant dit de lui

_____

(g) Minutius Felix, p. 112.

qu'il étoit brutal, impudique & ivrogne, Socrate avoua qu'il avoit eu du penchant pour ces vices, mais qu'il s'en étoit corrigé par la raison : il ne s'en étoit pas néanmoins tellement corrigé qu'il ne bût quelquefois outre mesure ; mais il n'en avoit point de scrupule, parce qu'il portoit très-bien le vin, & qu'il n'y avoit personne qui pût lui tenir tête, sans qu'il s'en fut jamais trouvé incommodé. Ce n'est pas là être temperant. 2°. Socrate gâtoit toutes ses belles maximes de morale, en ce qu'il ne les proposoit jamais qu'en doutant, & comme de simples opinions, en sorte qu'il laissoit une pleine liberté à ses disciples de les adopter ou de les rejetter. Il disoit sans cesse qu'il ne savoit qu'une chose, c'est qu'il étoit tout-à-fait ignorant, & qu'il ne savoit rien du tout : en conséquence il ne faisoit qu'énoncer ses principes, sans décider absolument s'ils étoient vrais & incontestables : il les abandonnoit à la discussion de ceux qui l'écoutoient, & préparoit les voies au Septicisme par ces incertitudes, comme avoient fait presque tous les Philosophes qui vivoient avant lui. Cependant cette maniere d'enseigner de Socrate n'empêchoit pas qu'il n'eut un grand talent pour persuader tout ce qu'il vouloit, & pour faire adopter les opinions qu'il embrassoit, & qu'il n'enseignoit que comme opinions. On craignoit tant son éloquence, que les trente tyrans d'Athenes, voyant bien qu'il ne leur étoit pas favorable, lui défendirent d'enseigner la jeunesse.

On dit que Socrate enseignoit l'immortalité de l'ame, des récompenses pour les bons & des châtimens pour les méchans après la mort. Mais il faudroit savoir d'abord ce qu'il entendoit par l'ame. Il la croyoit spirituelle, & comme il rejettoit, avec les autres Philosophes, la possibilité de la création proprement dite, il pensoit, comme eux, qu'elle étoit au moins quant à l'entendement *νοῦς* une émanation de la substance divine. Que devenoit donc selon Socrate, cette partie détachée de la divinité à la mort de chaque homme ? Se réunissoit-elle à son principe ? Passoit-elle de corps en corps par la métempsycose ? Etoit-elle unie à une ame matérielle qui subsistât après cette vie ? Dans les deux premiers hypotheses, Socrate ne pouvoit admettre de peines ni de récompenses après la mort, & dans la derniere comment concevoir qu'un composé de substance divine & de matiere puisse faire le mal librement & mériter des châtimens ? Tout cela donne lieu de croire, ou que Socrate n'avoit pas de système sur ces différents points, ou qu'il n'admettoit ni peines ni récompenses après la mort ; & s'il paroissoit en admettre, que ce n'étoit simplement que pour se conformer à l'opinion publique. On ne peut supposer le contraire sans le faire tomber dans un plus grand nombre d'inconséquences & d'absurdités.

Quoique Socrate fît profession publique de la religion des Athéniens, il se moquoit intérieurement de leurs superstitions ; & comme il ne pût s'empêcher de le témoigner en certaines occasions, il fut accusé d'impiété par Anire & Mélite. On le condamna sans beaucoup d'examen à boire du jus de ciguë, & l'on s'en repentit après sa mort. Lorsqu'on lui annonça qu'il avoit été condamné à mort par les Athéniens dans l'Aréopage, & *eux*

répondit-il, *ils l'ont été par la nature*. Mais *c'est injustement*, lui dit sa femme : *voudrois-tu* reprit-il, *que ce fût justement* ? Cette femme s'appelloit Xantippe, elle étoit extrêmement fâcheuse, & causoit souvent du chagrin à Socrate. Alcibiade lui demanda un jour comment il pouvoit se résoudre à vivre avec une pareille femme ? « Par la même raison, répliqua-
» t-il, que ceux qui veulent apprendre à
» bien monter un cheval, montent les plus
» fougueux, & se rendent capables par-là de
» monter toutes sortes de chevaux. Ainsi,
» continua-t-il en souffrant de Xantippe, j'ac-
» quere assez de patience pour souffrir de toute
» autre personne ». (Diog. Laerce, L. XI.)
Socrate étoit ami sincere, & disoit souvent qu'il n'y a point de meilleur héritage qu'un bon ami. Il eut un grand nombre de disciples, entr'autres Xénophon, Criton, Glycon, Cebès, Simias, & par-dessus tous Aristippe, Anthistène & Platon qui fonderent différentes sectes philosophiques. Il leur recommandoit trois choses la sagesse, la pudeur & le silence.

Socrate mourut à l'âge de soixante-dix-huit ans. Quelques Auteurs, même ecclésiastiques, l'ont comblé des plus grands éloges, & paroissent n'avoir point désespéré de son salut. Erasme va jusqu'à dire dans un de ses dialogues qu'autant de fois qu'il lisoit la belle fin de Socrate, il ne pouvoit presque ne pas s'écrier : *O saint Socrate, priez pour nous. Vix mihi tempero quin dicam : Sancte Socrates, ora pro nobis.* De deux choses l'une : ou ces Auteurs croyoient qu'on peut être sauvé sans croire au Médiateur, ou que la connoissance du Médiateur avoit été révélée à Socrate par une faveur particuliere de Dieu. La premiere

Idée seroit une hérésie formelle plus fausse & plus dangereuse encore que celle des Pélagiens, dont l'erreur sur ce point, selon S. Augustin, consistoit à promettre un lieu de félicité après la mort aux infideles, qui auroient vécu selon la loi naturelle. Mais ces hérétiques les excluoient formellement du salut éternel, parce qu'ils convenoient avec l'Église Catholique, qu'on ne peut entrer dans le Ciel, & jouir de la possession de Dieu que par la foi en Jesus-Christ. 2°. Dire que la connoissance du Médiateur a été révélée à Socrate par une faveur particuliere, c'est non-seulement un fait controuvé & dénué de tout fondement, mais encore démenti par toute l'histoire, & qui, quand il seroit vrai, ne pourroit supposer le salut de Socrate. Car elle ne l'a jamais représenté que comme un Philosophe flottant, qui ne débitoit ses maximes de morale que comme de simples opinions plus ou moins probables; qui faisoit extérieurement profession de la religion païenne, quoiqu'il en connût la fausseté; qui ne croyoit devoir qu'à ses propres forces les actions extérieures de vertu qu'il s'imaginoit pratiquer; & qui le jour même de sa mort fit un acte formel d'idolâtrie, en ordonnant qu'on immolât un coq à Esculape : toutes choses incompatibles avec la foi, même la moins distincte au Médiateur.

Nous terminerons cet article par le jugement que S. Augustin a porté de Socrate, jugement très-modéré, & bien différent des excès où sont tombés les Auteurs ecclésiastiques dont on vient de parler. « Socrate, » dit ce Pere, est le premier qui a rapporté à toute la philosophie aux mœurs », car avant

» lui les Philosophes s'appliquoient plutôt à
» la recherche de la nature. Quoiqu'il
» connût *le vrai Dieu*, & qu'il enseignât qu'on
» doit se purifier par une bonne vie pour s'é-
» lever jusqu'aux choses éternelles ; il est
» constant néanmoins qu'il attaqua par des
» railleries fines & délicates, & tourna en
» ridicule ceux qui croyoient savoir quelque
» chose, en confessant son ignorance, ou en
» dissimulant sa science sur les questions même
» de morale où il sembloit qu'il s'est appliqué
» tout entier. C'est ce qui lui suscita quel-
» ques ennemis, qui sur des accusations faus-
» ses touchant les choses divines le firent
» condamner à se donner la mort à lui-même
» par un verre de ciguë. Mais Athènes qui
» l'avoit condamné publiquement le regretta
» depuis par un deuil public, & tout le mon-
» de conçut une telle indignation contre ses
» accusateurs, que l'un fut mis en pieces par le
» peuple, & l'autre obligé de se bannir vo-
» lontairement pour se garantir de la même
» peine. Socrate donc étant également célèbre
» par sa vie & par sa mort, laissa plusieurs
» sectateurs qui traiterent, à l'envi l'un de l'au-
» tre, les questions de morale, où il s'agit du
» souverain bien sans lequel l'homme ne peut
» être heureux. Et comme on ne voit pas clai-
» rement, quelle a été là-dessus son opinion,
» parce que sa méthode étoit de remuer plu-
» sieurs questions & de ne rien établir, cela
» fut cause qu'ils en prirent ce que bon leur
» sembla ; & ils s'accorderent si peu sur ce qui
» regarde le souverain bien, que ce qui semble
» presque incroyable des disciples d'un même
» maître, les uns le mirent dans la volupté,
» comme Aristippe, les autres dans la vertu,

» comme Anthisthène, & les autres en d'au-
» tres chofes qu'il feroit trop long de rappor-
» ter » (h).

XVI.

SECTE CYRÉNAIQUE.

Ariſtippe fondateur de cette ſecte.

Ariſtippe de Cyrene diſciple de Socrate floriſſoit vers la fin du quatrieme ſiecle des Olympiades devint auteur d'une nouvelle ſecte de Philoſophes qui furent nommés Cyrénéens, & fut accuſé d'avoir le premier exigé des récompenſes
de ſes diſciples. Ariſtippe faiſoit conſiſter le
ſouverain bien dans la volupté. C'étoit-là toute
ſa morale. Il la pratiquoit exactement; car il aimoit la bonne chere, & tout ce qui peut flatter
les ſens: bien différent de ſon maître Socrate
qui vivoit avec frugalité, & travailloit continuellement à réprimer ſes paſſions. Ce Philoſophe voluptueux demeura long-temps à la cour
de Denis le tyran. Un jour ce prince lui dit
qu'on voyoit les Philoſophes chez les grands,
mais qu'on ne voyoit jamais les grands chez les
Philoſophes, Ariſtippe, qui avoit la repartie vive, répondit, *C'eſt que les médecins ſont ordinairement chez les malades.*

L'école d'Ariſtippe mettoit deux mouvemens
dans l'ame, qui étoient le principe de tous les
autres, ſavoir la douleur & le plaiſir. Elle dé-
finiſſoit le plaiſir un mouvement de douceur,
& la douleur un mouvement de violence. On y
enſeignoit que les plaiſirs étoient ſemblables,

(h) S. Aug. l. 8, de civit. Dei, c. 3.

& que l'un ne différoit pas de l'autre. On n'y consideroit la vertu qu'autant qu'elle pouvoit servir à la volupté, comme les hommes n'estiment une médecine qu'à cause qu'elle est utile à leur santé. Enfin l'on méprisoit souverainement dans cette école la Dialectique & la Physique.

Aristippe eut pour disciples, outre sa fille Aréta, Héséchias qui représentoit si vivement les calamités de la vie, que la crainte d'y tomber portoit souvent ses auditeurs à se donner la mort : ce qui obligea l'un des Ptolémées roi d'Egypte, dont la ville de Cyrene dépendoit, à lui défendre de traiter en public cette matiere. Cet Héséchias fut le chef des Cyrénéens dits Héségiatiques ; Anniceris le fut de celle des Anniceriens, & Théodore un autre des disciples d'Aristippe, le fut de celle des Théodoriens ou Athées (i). On a parlé plus haut de ce Théodore dans l'article des principaux Athées de l'antiquité. Une secte telle que celle d'Aristippe, qui mettoit le souverain bonheur de l'homme dans la volupté, ne pouvoit gueres aboutir qu'à former des Athées. On ne voit pas néanmoins dans les Auteurs qu'Aristippe le fut : mais quelle idée se formoit-il de la Divinité, de la nature de l'ame, de son état après la mort ? C'est ce qu'ils nous ont laissé ignorer.

―――――――――――――――――――
(i) V. Diog. Laerce, l. 2, Cicer. de nat. Deor. Vossius.

XVII.

SECTE DES CYNIQUES.

Anthisthene fondateur de cette secte.

Anthistene disciple de Socrate & fondateur des Cyniques étoit Athénien. Il établit son école au port de Pirée, mais depuis, ses disciples s'établirent dans un fauxbourg d'Athenes appellé *Cynosarges*. Plusieurs pensent que c'est delà que leur est venu le nom de Cyniques. D'autres disent qu'on les appelloit ainsi parce qu'ils n'étoient occupés qu'à aboyer contre le luxe & à mordre, pour ainsi dire, les mœurs des hommes ; ce qui est plus vraisemblable. Les anciens ne nous ont point conservé le détail des opinions d'Anthisthene. Il paroît qu'il pensoit comme Socrate sur la Divinité, & qu'il s'occupa peu de la recherche des choses naturelles, & de ce que l'homme devient après cette vie. A l'exemple de son maître, il se borna à la morale ; mais la sienne étoit aigre, outrageante & peu épurée. Elle consistoit plus dans la critique de la conduite des hommes que dans l'exposition claire & méthodique de leurs devoirs. Il ne donnoit pas cependant dans les doutes & les incertitudes de Socrate. Très-opposé au systême voluptueux d'Aristippe son condisciple, il faisoit consister le souverain bonheur dans la vertu ; mais c'étoit une vertu fausse & pleine d'orgueil, qui se bornoit à régler l'extérieur, à faire parade d'une vaine constance, à se complaire en soi-même, & à mépriser tous ceux qui ne suivoient pas les maximes de sa secte.

DIOGÈNE.

Diogene le Cynique nâquit à Sinople ville de Pont, dont il fut chaſſé pour le crime de fauſſe monnoie. Son pere qui étoit banquier en avoit auſſi été chaſſé pour le même crime. Diogene ſe retira à Athènes ; il ſe mit ſous la conduite d'Anthiſtene, & après la mort de ce Philoſophe, il remplit ſa place & devint chef de l'école des Cyniques. Il portoit un bâton, une beſace, & paſſa une grande partie de ſa vie dans un tonneau qui lui ſervoit de logis. Diogene n'en étoit pas plus humble : il regardoit toute la terre du haut en bas ; & ſe croyant ſupérieur au reſte des Philoſophes, il exerçoit une cenſure magiſtrale ſur tout le genre humain. Dieu punit cet orgueil en l'abandonnant aux paſſions les plus honteuſes. Comme ce n'eſt point un mal de diner dans les rues, il y dînoit ſouvent, & concluoit qu'il pouvoit de même y faire, devant tout le monde, ſes néceſſités naturelles, uſer du mariage, &c. *Solebat omnia pa'am facere, & quæ ad cererem & quæ ad venerem pertinent*, dit Diogene Laerce (L. 6. n. 76.). Ce même Auteur ajoute qu'il alloit juſqu'à commettre publiquement le péché de moleſſe. En un mot c'étoit un effronté & un impudent des plus infâmes. Cela n'empêchoit pas néanmoins qu'il ne déclamât fortement contre le luxe, l'avarice, l'ambition, la vengeance & la vanité des occupations humaines. Il ne ménageoit perſonne. Un jour Alexandre le grand l'étant venu voir, il lui fit une grimace en le tutoyant, & lui dit : *N'as-tu pas peur, Alexandre, que je ne te morde; car je ſuis un chien enragé contre ton luxe, con-*

tre les excès, contre la majesté trop insolente : & comme Alexandre lui cachoit la lumiere du soleil, *Range-toi*, dit-il, *& ne m'ôtes pas l'avantage de jouir de la lumiere commune*. En général Diogene avoit la repartie prompte & pleine de sel. On l'appelloit *un Socrate fou*. Pour montrer combien les hommes vertueux étoient rares, il se promenoit en plein jour la lanterne à la main, pour *chercher*, disoit-il, *un homme*, dans les lieux où il y avoit le plus de monde.

En passant par l'île d'Egine, Diogene fut pris par les Pirates. Ils l'emmenerent dans l'île de Crete & l'exposerent en vente. Le crieur lui ayant demandé : *Que savez-vous faire ?* Il répondit : *Je sais commander aux hommes*. Et ayant apperçu un Corinthien, nommé Xéniade, qui passoit, il dit au crieur ; « vendez moi à « cet homme-là, car il a besoin de maître ». Xéniade acheta Diogene, & l'emmena à Corinthe. Il le fit précepteur de ses enfans, & lui donna même l'intendance de sa maison. Diogene s'en acquitta à la satisfaction de son maître. Quelques-uns de ses amis voulant le racheter ; « vous êtes des sots, leur dit-il, les lions ne » sont pas esclaves de ceux qui les nourrissent; « mais ceux-ci sont les valets des lions ». Diogene vieillit dans cette maison, & quelques-uns disent qu'il y mourut la premiere année de la cent quatorzieme Olympiade. Il eut pour successeur dans l'école des Cyniques, Cratès de Thebes, auquel succéda Métroclès le Maronite, qui pour se délivrer des miseres de la vieillesse s'étouffa lui-même.

Diogene se mocquoit quelquefois des Dieux que la populace adoroit. C'est ce qui l'a fait soupçonner d'athéïsme par quelques Auteurs, mais sans raison. Il y a tout lieu de penser qu'il faisoit profession de croire l'existence d'un Dieu souverain qui pénétroit & gouvernoit l'univers. On lui attribue même dans Diogene Laerce (L. 6.) cette parole décisive *Cuncta Deo plena sunt*. Il est certain que les anciens ne l'ont jamais mis au rang des Athées.

Il faut bien remarquer que la secte des Cyniques ne donnoit pas dans les impudicités de Diogene. Aucun Auteur ne leur a reproché de pareils excès ; ils passoient au contraire pour des Philosophes très-vertueux, mais trop mordans.

XVIII.

SECTE PLATONICIENNE

ou première Académie.

Platon fondateur de cette secte.

Outre Aristippe & Anthisthene, Socrate avoit deux autres disciples qui lui étoient fort attachés. Le premier se nommoit Criton Athénien. Il aimoit tant son maître qu'il lui fournissoit tout ce dont il avoit besoin (car Socrate n'étoit pas riche). Il voulut aussi que ses quatre enfans, Critobule, Hermogenes, Crésippe & Epigenes, fussent disciples de ce Philosophe. Criton selon Diogene Laerce (L. 2.) composa dix-sept dialogues de morale, & il se borna là sans penser à établir aucune secte nouvelle.

L'autre disciple qui fit beaucoup d'honneur à Socrate fut Platon fils d'un nommé Ariston. Il naquit à Athenes la premiere année de la quatre-vingt-huitieme Olympiade. Il s'adonna d'ab d à la peinture, ensuite à la poësie, enfin il s'attacha à la philosophie & commença à étudier sous Socrate à l'âge de vingt ans; mais il ne put être son disciple que pendant huit ans, Socrate étant mort la premiere année de la quatre-vingt-quinzieme Olympiade. On dit, qu'après la mort de ce Philosophe, Platon étudia sous Cratile Philosophe d'Athènes qui avoit été disciple d'Héraclite; ensuite il se mit à voyager, & fut en Egypte pour y consulter les prêtres qui passoient pour d'habiles Philosophes. Il voulut même aller jusque dans les Indes afin d'y conférer avec les Gimnosophistes; mais les guerres d'Asie rompirent toutes ses mesures. De retour à Athènes il y enseigna la philosophie dans le lieu nommé *Académie*: terme qui signifié *place* ou *endroit public*, d'où ses disciples furent nommés Académiciens. Il fit trois voyages en Sicile pour découvrir la cause des feux du mont Ethna. En revenant du dernier de ces voyages il fut pris par des Pirates & fait esclave; mais Annicéris disciple d'Aristippe le racheta.

Nous avons observé dans l'article de Socrate que ce Philosophe vouloit qu'on ne s'appliquât qu'à la morale, c'est-à-dire, à ce qui pouvoit régler les mœurs, & contribuer au bonheur de l'homme. Platon qui étoit un genie vif & plein de feu ne pouvoit goûter ces tempérammens de Socrate. Il étoit fort éloigné de se renfermer comme son maître dans la philosophie morale, quoiqu'il ne la négligeât pas. Il fut Géomètre, Métaphysicien, Physicien, Législateur. Aux lumieres sur l'existence de Dieu, & sur la spiritualité de l'ame qu'il tenoit de Socrate & de plusieurs autres Philosophes de la Grece, il joignit, comme on a vû, celle des prêtres d'Egypte chez lesquels il voyagea; il conféra dans la suite avec les plus célébres Pythagoriciens, Acrion, Architas, Timée, Euritus, &c., & ils lui découvrirent la doctrine secrete que Pythagore avoit apprise de son maitre Zoroastre chef des Mages de Perse, & son systême particulier de la Métempsycose qu'il avoit appris des prêtres d'Egypte & des Philosophes Indiens. Platon trouva tout ce qu'il cherchoit dans la doctrine de Pythagore & de Zoroastre; il l'étudia, il se la rendit propre, il en fit un systême suivi, tant sur la Divinité & sur la nature de notre ame, que sur les principes constitutifs de l'univers, & l'origine du mal qui en trouble toute l'économie. On peut donc regarder Pythagore & Platon comme les défenseurs d'un même systême sur tous ces objets. Si le dernier ajouta quelque chose aux idées du fondateur de la secte Italique, ce ne fut que pour les développer. Aussi Platon a-t-il toujours été regardé comme le plus digne & le plus fidele interprete de Pythagore. Dans l'article de ce dernier Philosophe, nous n'avons parlé qu'en passant de la doctrine dont il s'agit; nous reservant d'en traiter plus au long dans l'article présent, & c'est ce que nous allons exécuter.

Pythagore & Platon reconnoissoient un Dieu suprême, une souveraine & très parfaite intelligence qui avoit formé l'univers, mais en même temps ils étoient fort embarrassés lorsqu'ils consideroient que le mal & des désordres sans nombre couvrent la face de la terre, & que l'homme, ce chef-d'œuvre du Dieu suprême, est visiblement souillé, & déchû de sa perfection originelle. C'est delà qu'ils partoient dans l'examen qu'ils faisoient de l'origine des choses.

choses. Quelle peut être la cause, disoient-ils, d'un phénomene si surprenant? Il ne peut rien sortir que de bon & de bien ordonné d'une cause qui est la Sainteté & l'Ordre même. D'un autre côté, il ne peut rien arriver dans le monde à l'insçu & sans la permission de celui qui l'a formé. Le Dieu souverain est trop sage pour n'avoir pas prévu l'introduction du mal, trop bon pour ne s'y être pas opposé, trop puissant pour ne l'avoir pas empêché. Voilà la grande difficulté qui tourmentoit Pythagore & Platon, & qu'ils s'efforcerent de résoudre.

Ces deux Philosophes prirent pour principe fondamental l'axiome suivant, que nous exprimons dans les propres termes de Platon (k) : « Dieu est l'unique cause de tous les biens ; » mais pour les maux, il n'en peut être la cause. » Il faut les attribuer à tout autre qu'à lui ».
τῶν μὲν ἀγαθῶν οὐδένα ἄλλον αἰτιατέον, τῶν δὲ κακῶν ἄλλαττα δεῖ ζητεῖν τὰ αἴτια, ἀλλ' οὐ τὸν θεόν.

Cette maxime étoit aussi le principe favori de Zoroastre & des Mages. Et il faut avouer qu'en la prenant dans une certaine généralité, elle est d'une vérité frappante ; mais nos Philosophes la prenoient dans un sens faux & trop étendu, & ç'a été la source de toutes leurs erreurs.

1°. Ils confondoient le mal physique & le mal moral, & les soustrayoient également à la puissance & à l'opération de Dieu. Tous les peuples croyoient que Dieu, ou les Dieux, étoient auteurs des maux de punition. Nos Philosophes paroissoient aussi le penser, pour ne pas s'écarter des opinions populaires ; mais dans leur systé-

---

(k) Platon, de Repub. l. 2.

me les maux physiques n'étoient point à proprement parler de vraies punitions infligées par justice, mais des suites de la nature, ou des remedes purifians, pour débarrasser l'ame des souillures qu'elle contracte par sa demeure dans un corps grossier.

2°. La maxime de Platon a besoin de restriction, même quant au mal moral ; car quoique Dieu n'en soit pas l'auteur, il est pourtant certain que ce désordre n'arrive que par sa permission, & que le péché entre dans l'ordre de sa providence. Les Païens mêmes n'ont pas ignoré cette vérité. Nos Philosophes étoient bien éloignés de l'avouer. Il ne peut arriver aucun désordre dans le monde, disoient-ils, que parce que Dieu ne le peut empêcher, ou parce qu'il ne le veut pas. Il faut donc donner des bornes à sa puissance ou à sa bonté. Dans cette alternative, ils n'hésitoient pas à prendre le premier parti. » Dieu empêche le mal autant qu'il » peut, dit Platon ; il ne s'est introduit dans le » monde que malgré lui ». Βυηλκθεις υ θεὸς ἀγαθά μεν. παντα φαῦλον δε μηδεν εἶναι κα τα δυνατόν.

3°. Nos Philosophes se trompoient encore dans la maniere dont ils concevoient la nature du désordre moral. Au lieu d'en chercher la cause dans la défectibilité de la créature, ils le regardoient, non comme une simple privation de rectitude, mais comme une qualité très-réelle, dont ils recherchoient la cause efficiente & formelle. Or, disoient-ils, il est impossible qu'une substance entiérement bonne produise un mauvais effet ; car l'effet doit être analogue à la cause. Une qualité mauvaise ne peut sortir du fond même d'une substance qui n'auroit rien de mauvais. Donc ce n'est ni dans la substance de Dieu, ni dans ce qu'elle a produit, qu'on doit chercher l'origine du mal, mais dans une substance tout-à-fait étrangere à la Divinité.

Il s'agit de savoir quelle étoit cette substance étrangere à Dieu. Zoroastre & les Mages s'expliquoient sur cela sans aucun ménagement. « De toute éternité, disoient-ils, il existe
» un esprit aussi mauvais que Dieu est bon. Dieu
» est la lumiere & l'ordre. Arimane, le mauvais
» esprit, n'est que ténébres & désordre. Voilà
» l'origine du mal, qui ne s'est introduit dans
» le monde que quand Arimane a trouvé le
» moyen de s'y glisser ». Par conséquent puisque le monde subsistoit avant qu'Arimane y entrât, les Mages étoient contraints de distinguer trois substances coéternelles, Dieu, Arimane, & la Matiere.

Quoi qu'en dise Plutarque (*l*), il ne paroît pas que Pithagore & Platon aient été jusqueslà. Au lieu d'admettre trois genres d'êtres éternels, ils n'en reconnoissoient que deux. Dieu, lumiere pure, sans mélange d'imperfection ; & la Matiere, substance mêlée de bon & de mauvais, mais dont la bonté est très-inférieure à celle de Dieu, & dont le mauvais n'alloit pas jusqu'à la noirceur de l'Arimane des Perses. Il est aisé de prouver par les écrits des Pythagoriciens, & par ceux de Platon, que nos Philosophes érigeoient la Matiere en Principe éternel, & même en quelque sorte en Principe antipatique à la Divinité. Ce sont les propres termes de Platon d'après Timée de Locres. « Il y a, dit-il, deux Principes éter-

---

(*l*) Voy. ce que Plutarque attribue à Pythagore dans l'article de ce Paragraphe *suprà*.

» nels & opposés, savoir l'Esprit, & la Nécessité
» ou la Matiere » : Δυο ἀν ἀϊδὶ ἀϊχαὶ ἰναντίαι νοῦς ἢ ἀνάγκη ου ὕλη. car Pythagore & Platon se servent également de ces deux termes pour exprimer la matiere.

Mais quelle est, selon ces Philosophes, la nature de cette Matiere éternelle ? Pour en juger, considerons-la avec eux dans son état primitif, c'est-à-dire, dans le chaos. Ils semblent d'abord en parler diversement ; car d'un côté ils disent que la Matiere est sans forme & sans qualité, indifférente à tout ; & de l'autre, ils la voient dans le chaos agitée par des *mouvemens désordonnés; inordinatè movebatur antequam mundus esset* (*m*), & par des *passions violentes*, comme dit Platon (*n*). Aussi l'appelle-t-il *nécessité, aveugle destinée*. C'est une nature tellement inclinée au désordre, qu'il est impossible de la corriger fonciérement.

Pour lever cette contradiction apparente, il faut distinguer avec Plutarque (*o*) la Matiere & l'ame qui l'agite. La Matiere considérée dans ce qu'elle a de brut, & comme le principe des corps, est par elle-même sans forme & sans qualité, indifférente au mouvement & au repos, sans pouvoir se modifier elle-même. L'ame seule est principe d'action : par conséquent, selon Pythagore & Platon, la Matiere devoit être vivifiée dans le chaos même par une ame inséparable de sa substance. Nos Philosophes d'ailleurs donnoient à la Matiere dans le chaos

---

(*m*) Platon in Timæo apud Arist. de Cœlo, l. 3, c. 3.

(*n*) Platon in phileb.

(*o*) Plutarq. de procreatione anim.

de la sensibilité, des tendances, des inclinations, mais brutales & désordonnées, & surtout une répugnance naturelle à se plier au joug du bon ordre & de la raison. Platon disoit qu'elle étoit *rebelle, inobsequens*, & que le mal venoit d'elle, *& ab ea prava esse* : ψυχὴν ἄτακτον καὶ κακοποιόν. Il ajoutoit qu'elle avoit une ame désordonnée, ennemie du bien, & principe du mal : ἐναντίαν καὶ ἀντίπαλον τῇ ἀγαθουργῷ φύσει. (p) Toutes ces qualités désignent un esprit.

Il paroît par cet exposé, que c'est plutôt dans l'ame, que dans le corps de la Matiere, que Pythagore & Platon cherchoient l'origine du mal. Car les ténèbres où le corps étoit plongé dans le chaos, n'étoient qu'une simple privation de lumiere; au lieu que l'ame insensée & turbulente avoit une tendance positive au désordre. Mais cette ame n'est rien moins que l'Arimane des Perses; car la puissance *mouvante & imaginative* étoit quelque chose de bon, & pouvoit être dirigée vers le bien, comme elle le fut en effet, selon nos Philosophes; au lieu qu'Arimane, tout pairi de malice & de perversité, ne pouvoit jamais que nuire, quelque part qu'il fût placé.

On voit par là, 1°. combien se sont égarés quelques admirateurs de Platon qui ont voulu lui faire honneur du dogme de la Création proprement dite, même par rapport à la matiere. Ils n'entendoient pas le langage philosophique dont il se sert, ainsi qu'on le leur a démontré dans plusieurs Ouvrages, lorsqu'ils prenoient pour création ce qu'il enseigne sur

---

(p) Juste-Lipse, Phys. Stoic., l. 1, diss. 14, cite Plutarque de Iside & Osirid.

la construction de l'Univers. Platon croyoit la création impossible, comme les autres Philosophes; & c'est ce qui l'a obligé de dire que l'entendement humain est une portion détachée de la substance de l'Etre suprême, & que la Matiere étoit un principe éternel. D'ailleurs, comment auroit-il pu attribuer la matiere à Dieu par une création proprement dite, en enseignant qu'elle n'avoit d'action, dans le chaos, avant la formation de l'univers, que par *des mouvemens désordonnés*, & par les *passions* violentes de l'esprit, éternel comme elle, qui l'agitoit? Comment l'auroit-il appellée *nécessité*, *aveugle destinée*? Dieu, dans les principes mêmes de Platon, pouvoit-il être l'auteur de tous ces désordres?

2°. On voit combien plusieurs de ceux qu'on appelle nouveaux Platoniciens, se sont encore plus égarés, lorsqu'ils ont cru appercevoir dans les écrits de Platon le système des émanations substantielles dans le sens des Juifs cabalistes; c'est-à-dire, qu'ils faisoient avancer à Platon que la matiere émanoit de Dieu, aussi-bien que les esprits. Quelques Pythagoriciens attribuoient la même doctrine à leur Maître, & la regardoient comme l'hypothèse spéciale de Zoroastre. Plutarque & Calcidius les ont très-bien réfutés par rapport à Pythagore & à Platon, & l'on a vu plus haut que ce n'étoit point non plus la doctrine de Zoroastre. Quel étoit en effet le but de ces Philosophes? Ils cherchoient l'origine du mal hors de Dieu. Pythagore & Platon crurent trouver ce mauvais principe dans la matiere; mais si la matiere étoit sortie de Dieu par émanation, nos Philosophes n'en auroient pas été plus avancés, puisque le mal viendroit toujours inévitablement d'une mauvaise production de Dieu ; & par conséquent de Dieu même, au moins médiatement. Ainsi ils ne pouvoient se dispenser de donner à la Matiere une existence éternelle, & tout-à-fait indépendante de Dieu. Saint Justin l'avoit bien compris : « Platon, » dit-il, assure que la matiere existe par elle-» même, afin qu'on ne puisse pas l'accuser de » faire Dieu auteur du péché ». (*Cohort. ad Gentes.*)

On peut maintenant entrer sans obstacle dans l'exposition du système cosmographique imaginé par nos Philosophes. Dieu, disoient-ils, voyant le chaos, cet immense amas absolument inutile, & d'un aspect hideux, résolut d'en tirer un ouvrage conforme à l'original divin que ses idées lui présentoient. Des parties les plus subtiles il forma le ciel, les astres, le soleil, les planettes, & prit ce qu'il y avoit de plus doux & de moins turbulent dans l'ame de la Matiere, pour donner la vie & l'action à cette belle machine. Mais cette ame naturellement portée au désordre, auroit bientôt replongé toutes choses dans la premiere confusion, si Dieu ne l'eût réprimée & corrigée, en mêlant avec elle un esprit divin, écoulement de sa substance, qui, par l'intelligence & la raison, dirige vers le bon ordre le mouvement spontané de cette ame matérielle. Ainsi l'ame de l'Univers n'est point un être simple, mais un être composé, où la partie supérieure domine l'inférieure, & du tout résulte un animal parfait, où se trouve l'intelligence ou l'esprit divin νοῦς, l'ame vivifiante ou sensible, ψυχή, & le corps organisé. Cette supposition d'un animal immense plein de vie & de sentiment, paroissoit admirable aux Pythagoriciens, & seule capable de donner une idée juste de l'harmonie de l'univers. Plusieurs d'entr'eux s'y fixerent tellement, qu'ils oublierent le Dieu suprême, & ne reconnurent d'autres divinités que le νοῦς renfermé dans les limites du monde ; mais Pythagore & ses plus habiles disciples, Platon sur-tout, ne tomberent point dans cette erreur, & ne regarderent le νοῦς ou la partie divine de l'ame du monde, que comme une émanation du Dieu suprême. Ils appelloient aussi λόγος, la seconde intelligence, le demiurgue, réservant au Dieu souverain le titre de pere, & de pere par excellence.

Dieu, selon nos Philosophes, ne se contenta pas de donner une ame à l'univers. Des parcelles restées inutiles, il forma des génies inférieurs à l'ame générale, subordonnés entre eux, & distingués en diverses classes. Ce sont ces génies qu'on appelle proprement *les Dieux*. Le ciel, les astres & l'air en furent peuplés : Dieu les chargea de divers ministeres, & leur confia le soin de plusieurs ouvrages de détail qui ne méritoient pas qu'il y mît immédiatement la main. Cet incident fut adroitement ménagé par Platon, pour amener la catastrophe ou le bouleversement qui est arrivé dans l'univers. Ces Dieux n'ayant qu'une intelligence bornée fort inférieure à celle de Dieu, & même à celle de l'ame du monde, étoient susceptibles de négligence, de distraction & d'erreur. Mortels par la partie de leur être, qu'ils tenoient de la matiere, ils n'étoient immortels que par la partie de l'esprit divin qu'ils avoient en partage, & ne pouvoient prétendre à leur entiere immortalité, que par une attention scrupuleuse à se conformer aux ordres du Dieu suprême. Aussi ce Dieu leur fait-il, dans Platon, un discours pathétique pour les exhorter, par le motif de leur propre intérêt, à suivre exactement ses vues.

La formation de l'homme étoit proprement confiée à ces Dieux inférieurs. Ils le construisirent sur le modele de l'univers, afin que ce fût comme un petit monde abrégé. A l'ame sensible & au corps subtil ils joignirent une portion de l'esprit divin, selon le pouvoir qui leur en avoit été donné. Si Dieu lui-même eût présidé immédiatement à cet ouvrage, il n'est pas douteux qu'il n'eût fait la température des principes contraires dans une proportion qui leur eut assuré une consistance stable. Mais les Dieux, n'ayant pas la même dextérité, ne surent pas établir un équilibre assez parfait entre la partie sensible de l'ame, & la partie intelligente. Le sensible l'emporta, l'homme se livra aux passions charnelles, & s'asservit à la matiere. C'est ainsi que Platon prétendoit mettre à couvert la puissance & la sagesse du Dieu souverain.

Cependant les Dieux irrités de la défection de l'homme céleste, le chasserent de son premier séjour, & le précipiterent dans les bas lieux de l'univers, où réside avec la lie de la matiere ce que l'ame matérielle ψυχὴ a de plus désordonné; & pour punir l'homme, ils l'enfermerent dans un corps grossier dont les vapeurs offusquent son intelligence, & lui font perdre le souvenir de son premier état. Dans ce nouveau séjour l'homme se corrompt de plus en plus, & son ame, à la mort du corps, est envoyée par les Dieux dans d'autres corps humains, & même dans ceux des animaux d'un caractere analogue à la vie précédente qu'il a menée sur la terre. Ces changemens se perpétueront jusqu'au temps marqué par le Dieu suprême pour l'entiere purification de l'ame dans les enfers; mais cette purification peut être abrégée par la philosophie, par la théurgie, par la pratique fidelle de la vertu : moyens par lesquels l'ame dompte les passions charnelles, & se dégageant des liens qui l'attachent au corps grossier, recouvre peu-à-peu ses ailes pour s'envoler dans la céleste patrie. Alors l'homme redeviendra céleste, & dans le même état où il étoit d'abord avant sa défection. Et finalement quand le Dieu suprême aura donné ce spectacle pendant le temps qu'il a résolu par ses décrets, la matiere retombera dans le chaos, & toutes les portions détachées de la substance divine qui formoient l'ame universelle du monde, & celles des Dieux & des hommes, se réuniront à leur principe.

Ainsi, selon nos Philosophes, l'homme céleste étoit composé de trois parties, savoir de l'esprit divin, de l'élixir de l'ame matérielle & d'un corps délié, tel que les Poëtes en donnoient aux Dieux. A ces trois parties que l'homme terrestre conserve toujours, il s'en joint deux autres, savoir le corps grossier, & l'ame déréglée jointe à ce corps. Il y a donc, selon eux, dans l'homme terrestre deux corps & trois ames. Les Platoniciens tantôt distinguoient ces trois ames, & tantôt ils en parloient comme n'en faisant qu'une, mais partagée par des qualités contraires.

Il faut encore observer, après Plutarque (q), que Pythagore & Platon admettoient, outre les Dieux inférieurs dont on a parlé, d'autres

_____

(q) Plutarq. de Isid. & Osirid.

génies ou démons *δαιμονες*. Ces génies étoient moins parfaits & moins puissans que les Dieux, & tenoient le milieu entre Dieu & les hommes; c'est-à-dire, qu'ils n'étoient ni hommes ni Dieux. Ceux-ci les avoient formés, comme les hommes, de nature corporelle & spirituelle, capables de plaisir & de douleur, & d'autres affections semblables; mais soit qu'ils n'eussent pas mieux réussi à l'égard de plusieurs, qu'à l'égard des hommes, dans la proportion qu'ils avoient mise entre la partie sensible & la partie intelligente de leur être, soit par quelqu'autre événement, il y eut un nombre de ces génies qui devinrent méchans & malfaisans. Ils présidoient à la magie, & à tout ce qui peut affliger & tourmenter les hommes. Les autres au contraire demeurerent bons & bienfaisans. Ils recevoient le culte qu'on rendoit aux Dieux, ils leur présentoient les prieres des hommes, & rapportoient aux hommes les faveurs qu'ils avoient obtenues des Dieux; ils inspiroient les prédictions des augures, & rendoient les réponses des oracles, &c. En un mot ils étoient les protecteurs des hommes, & les ministres des Dieux qui les appliquoient à différentes fonctions dans le détail du gouvernement du monde. V. Apulée (*r*).

Tel étoit en substance le système de Pythagore & de Platon, embrassé & suivi plus ou moins par les deux célebres sectes qu'ils ont établies. Les traits de conformité de leur doctrine avec celle de Zoroastre (*suprà*), sont extrêmement frappans. Il y a néanmoins de grandes différences, qu'il est aisé d'apperce-

___
(*r*) Apulée apud August. l. 8; de civit. Dei.

voir en comparant leurs systêmes respectifs. Nos Philosophes s'étoient appropriés les principes de Zoroastre, non comme des disciples qui copient leur maître, mais en génies supérieurs, qui donnent aux leçons qu'ils reçoivent le ton de leur propres idées.

Remarquons seulement deux différences essentielles. La premiere, c'est que Pythagore & Platon ne reconnoissoient pas dans l'ame de la matiere, qu'ils considéroient comme le principe & l'origine du mal, une malice & une perversité telle que celle de l'Arimane des Perses. Cette ame qu'ils disoient *turbulente, insensée, & tendante positivement au mal*, étoit cependant, selon eux, quelque chose de bon, & pouvoit être dirigée vers le bien ; au lieu qu'Arimane étoit essentiellement mauvais, & incapable de tout bien. 2°. Nos Philosophes n'avoient garde de croire, comme Zoroastre & les Mages, que chaque homme à la fin des temps ressusciteroit avec le corps qu'il avoit pendant sa vie mortelle ; ç'auroit été dans son hypothèse lui faire conserver une prison pour le temps de la délivrance générale. D'où il s'ensuit que la métempsycose, inalliable avec le dogme de la résurrection, étoit une invention de Pythagore, ou plutôt qu'il l'avoit adoptée des Egyptiens ou des Indiens, chez lesquels elle s'est conservée jusqu'à nos jours.

Mais Pythagore & Platon ne gagnerent rien au changement qu'ils firent dans le systême de Zoroastre sur l'origine du mal, soit qu'on la considere du côté de Dieu, ou du côté de l'homme.

1°. Du côté de Dieu. Car lorsque Dieu permit aux Dieux inférieurs de former l'homme, ignoroit-il ce qui devoit arriver ? Pourquoi ne s'en est-il pas chargé lui-même ? ou sachant que les Dieux ne réussiroient pas à mettre la température des principes contraires dans une proportion suffisante, pourquoi ne leur a t-il pas donné des instructions plus sûres & plus précises ? Dieu n'a donc pas fait tout ce qu'il pouvoit pour empêcher le mal. Non-seulement il l'a permis, mais il s'est conduit de façon que le désordre étoit immanquable. Ainsi Platon par son système retomboit dans les inconvéniens qu'il vouloit éviter.

2°. Nos Philosophes n'expliquoient pas mieux le péché, à le considérer du côté de l'homme pécheur. Le dénouement de Zoroastre & des Mages, savoir deux ames contraires, l'une essentiellement bonne, l'autre essentiellement mauvaise, étoit absurde. Celui imaginé par Pythagore & Platon ne l'est pas moins. Au lieu de deux ames, ils en mettoient trois dans l'homme terrestre. Eh ! comment trois ames peuvent-elles former un seul *moi* ? Mais en supposant même ces trois ames, dans laquelle des trois résidera le péché ? L'esprit divin ou le νοῦς n'en est pas susceptible. La substance divine dont il découle, est essentiellement bonne ; elle n'est pas libre pour le mal. D'un autre côté, l'ame subtile & l'ame déréglée étant par leur nature destituées de raison, & portées aux instincts & aux passions, ne peuvent avoir de liberté ni pour le bien ni pour le mal. On cherche où réside le crime ; on demande quel est le criminel ; & on ne trouve ni l'un ni l'autre.

Il est donc clair que dans le système de Pythagore & de Platon, comme dans celui de Zoroastre, l'homme péche & fait le bien sans liberté, & par conséquent le bien ni le mal ne lui sont point imputables. Or si le bien ne lui est point imputable, il ne peut mériter de récompense; & si le mal ne lui est point non plus imputable, il ne doit point être puni. Aussi les Platoniciens ne regardoient pas les miseres de cette vie comme une punition proprement dite du péché, mais comme une simple purification des taches & des souillures que l'ame déréglée, jointe au corps grossier, nous faisoit contracter. On verra plus bas que Pythagore & Platon, quoiqu'ils parussent admettre des peines & des récompenses après la mort, dans une vie future, n'en admettoient point réellement, & qu'ils étoient d'accord sur ce point avec tous les autres Philosophes de l'antiquité.

Quelle foule d'autres erreurs monstrueuses dans le systême de ces deux Philosophes!

1°. Si, comme ils l'enseignent, le mal physique & moral s'est introduit dans le monde, malgré le Dieu souverain, qui a fait, disent-ils, tout ce qu'il a pu pour l'empêcher, ce Dieu souverain de Pythagore & de Platon n'est donc pas un être tout-puissant; il n'est donc pas Dieu.

2°. Si l'entendement & la raison dans chacun des Dieux inférieurs, & dans chacun des hommes, est une portion détachée de la substance divine, & ces Dieux & les hommes sont de même nature que l'Etre souverain quant à cette portion; & le Dieu suprême n'est point un être simple, mais divisible, & réellement divisé & déchiré en une infinité de parties, qui ont chacune une substance propre, & qui forment des individus réellement distingués les uns des autres. C'est ce qu'on objectoit à nos

Philosophes, & à tous ceux qui pensoient comme eux dans Cicéron (L. 1. *de nat. Deorum*), par ces paroles remarquables : *Pythagoras qui censuit Deum animum esse per naturam rerum omnem intentum & commeantem, ex quo nostri animi caperentur, non vidit distractione humanorum animorum discerpi ac dilacerari Deum; & cùm miseri animi essent, quod plerisque contingeret, tum Dei partem esse miseram, quod fieri non potest. Cur autem quicquam ignoraret anima hominis, si Deus esset?* C'étoient les Philosophes matérialistes & les Académiciens qui proposoient cette objection, que les Pythagoriciens & les Platoniciens ont toujours laissée sans réponse.

3°. Il y a plus. Dans le système de nos deux Philosophes, cette portion de substance divine qui devroit dominer sur la matiere, est maitrisée dans l'homme terrestre par l'esprit déréglé auquel elle est unie, & devient le jouet des passions, qui la tyranisent & l'obscurcissent. Quoi de plus indigne de la divinité ?

4°. Si l'ame subtile & l'ame grossiere sont capables de passions, d'instinct, de mouvemens désordonnés, elles doivent être spirituelles : & cependant, selon Pythagore & Platon, ce sont des ames matérielles. Ils confondoient donc visiblement la matiere avec l'esprit.

5°. Si la matiere & l'esprit qui l'anime étoient coéternels à Dieu, comme l'enseignent les mêmes Philosophes, Dieu ne seroit ni le seul être nécessaire & éternel, ni le principe de toutes choses ; il auroit un égal, au moins quant à l'existence.

6°. Admettre, comme ils faisoient, une ame universelle & une infinité de Dieux inférieurs & de génies, outre le Dieu souverain, &

leur offrir un culte religieux, n'étoit-ce pas introduire un polithéifme d'autant plus infenfé, qu'eux & leurs difciples ne rendoient aucun culte au grand Dieu, principe de tous les autres ?

On admire quelquefois outre mefure les lumieres de Pythagore & de Platon; on les oppofe aux Matérialiftes, parce qu'ils établiffent l'immortalité, & l'immortalité de l'ame. Mais comment l'établiffent-ils ? En admettant trois ames dans chaque homme, dont deux font matérielles, & par conféquent mortelles & corruptibles, & la troifieme une portion de la fubftance divine. Comment prouver dans un pareil fyftême l'immortalité de l'ame ? On dira bien que la portion divine fubfifte toujours après la mort, mais on ne montrera jamais que les deux autres ames foient immortelles. On pourra fuppofer au contraire, fans abfurdité, qu'elles périffent avec le corps groffier, & que la portion divine fe réuniffant alors à fon principe, l'homme ne fubfiftera plus, ni quant à l'ame, ni quant au corps.

D'ailleurs, fi la fubftance de l'ame étoit divine, au moins en partie, 1°. en adorant les Dieux inférieurs, c'étoit donc la fubftance divine qui s'adoroit elle-même, qui fe prioit, qui s'offroit des facrifices. 2°. L'ame même des hommes fur la terre feroit une divinité qui mériteroit nos adorations réciproques. Cette derniere conféquence fut admife parmi les anciens jufqu'à un certain point. On commença par rendre des honneurs divins aux fondateurs des Empires. On mit enfuite au rang des Dieux des hommes d'un mérite affez commun, tel, par exemple, qu'Efculape, &c.; mais on tint ferme affez long-temps à ne décerner ces honneurs qu'aux morts, & les Philosophes comme les autres y prêtoient les mains, se persuadant sans doute que les morts qu'on honoroit ainsi, étoient parvenus à l'entiere purification. Ensuite au siecle d'Auguste & dans les suivans, on poussa la flatterie jusqu'à adorer, & mettre au nombre des Dieux, des Princes encore vivans. Il faut dire à la louange des Perses qu'ils ne se laisserent jamais entamer sur cet article, & Zoroastre les confirma puissamment dans l'horreur qu'ils avoient déja pour l'adoration des morts. On pourroit néanmoins pousser vivement sur ce point ce fameux Philosophe. Mais lorsque les Grecs se furent emparés de l'empire des Perses, ils diviniserent comme ailleurs les grands personnages, & sur-tout les Princes. Nous en voyons un exemple entr'autres dans une lettre qu'Antiochus-Eupator écrivoit aux Juifs, & qui commence ainsi : « Le Roi notre pere (Antiochus » Epiphanès) ayant été transféré entre les » Dieux, &c. (*s*).

Mais pour revenir à Platon, toute sa philosophie étoit comprise dans dix dialogues qu'il avoit composés, & où il exprimoit ses sentimens sous les personnages de Socrate & de Timée ; & ceux des autres, sous les personnages de Gorgias & de Protagoras. Sa maniere d'enseigner étoit à-peu-près la même que celle de Socrate. Il expliquoit les matieres en forme de dialogues, & par des interrogations & des réponses. Ce qui lui a fait dire dans un de ses dialogues, intitulé *Le Cratile*, qu'un *parfait Dialecticien est celui qui fait bien inter-*

(*s*) Machab. l. 2, c. 11, v. 23.

roger & bien répondre. Il se servoit ordinairement de la définiton & de la division dans les matieres qu'il traitoit, mais à l'exemple de Socrate son maître il s'attachoit beaucoup plus à réfuter les opinions des autres, qu'à en établir aucune. Persuadé qu'on ne peut faire la démonstration d'aucune science, il ne décidoit que fort rarement, & c'est à quoi le conduisoit naturellement sa méthode de ne considérer les choses que par leur idée. Comme cette méthode est en quelque sorte le principe universel de la philosophie de Platon, nous ne pouvons nous dispenser d'en parler.

On a vu que, dans le système de ce Philosophe, il y a dans chaque homme trois ames, dont l'une est une portion de la substance divine. Il croyoit que cette portion unie à son principe connoissoit toutes choses, mais qu'étant unie à un corps, & sur-tout à un corps grossier, elle contractoit, par cette union, l'ignorance; & partant de ce principe, il disoit que les sens étoient les premiers qui discernoient le vrai & le faux, mais il ajoutoit que c'étoit à l'ame d'en juger, & que ce n'étoit qu'à son jugement qu'il falloit s'en rapporter, parce que sans s'arrêter à la superficie des choses, elle en pénétroit le fond, c'est-à-dire, l'essence, qui de soi-même est éternelle & immuable, & à laquelle il donnoit le nom d'*Idée*. Ainsi le Philosophe, selon Platon, ne devoit s'appliquer qu'à connoître les choses dans leur principe original, par la voie des idées, qu'à consulter, pour ainsi dire, la Sagesse éternelle, qui est la source & le principe de toutes ces idées; d'où vient que Platon appelloit la Philosophie un désir ardent de sonder la sagesse de Dieu : ὄρεξιν τῆς θείας σοφίας, & c'est à quoi ses disciples s'exerçoient continuellement. On voit dans la vie de S. Justin, martyr, qui avant sa conversion étoit un fameux Platonicien, qu'alors « l'intelligence des êtres incor- » porels le ravissoit (ce sont ses paroles) & que » la contemplation des idées sembloit lui don- » ner des ailes pour s'élever au-dessus de lui- » même » (t). Mais bien loin que cette contemplation des idées conduisît effectivement les Platoniciens à la connoissance claire & nette de la vérité, elle jettoit mille nuages dans leur esprit, ensorte qu'ils faisoient profession de ne rien savoir. Car expliquant les choses par ces idées simples, éternelles, immuables, ils les réduisoient à l'état où ils s'imaginoient qu'elles doivent être, & non à celui où elles sont en effet; c'est-à-dire, revêtues d'une infinité de qualités qui les dépouillent de cette grande simplicité sous laquelle ces Philosophes les envisageoient : & en cela ils suivirent l'exemple de Platon, leur maître, qui n'établissoit rien comme démontré, & qui disoit, au rapport de Diogène-Laerce (v), « qu'il laissoit la vérité aux Dieux & » aux enfans des Dieux, & qu'il se contentoit de » rechercher ce qui est vraisemblable : *Se verita-* » *tem quidem Diis, Deorumque filiis relinquere,* » (aiebat Plato) ; *id autem quod sit verisimile,* » *indagare* » : d'où Diogènes le met au nombre des Sceptiques. Mais au moins ces paroles prouvent-elles que, s'il ne l'étoit pas au point d'Arcesilas & de Pyrrhon, dont on parlera plus bas, il leur préparoit les voies.

On a observé dans l'article de Pythagore qu'il

_____

(t) Baillet, vie de S. Justin.
(v) Diog. Laerce, l. 9, n. 72.

établissoit pour maxime fondamentale de sa Philosophie, que l'unité est le principe de toutes choses, & qu'il y ajoutoit une certaine harmonie, par laquelle il expliquoit la perfection de chaque chose. Cela revient visiblement aux idées de Platon. Par *unité*, Pythagore paroît avoir entendu le fond, l'essence, la nature de chaque chose, ce sans quoi on ne la peut concevoir; & par *harmonie*, les différentes qualités qui l'ornent & la perfectionnent. Mais croyoit-il, comme Platon, que nous ne connoissons les choses que d'une maniere vraisemblable, & que dans le fond nous ne savons rien, nous ne démontrons rien? Il y a tout lieu de le penser. Au moins étoit-ce l'opinion des premiers disciples de Pythagore, comme il paroît par Alcmeon de Crotone, l'un des plus célébres, qui disoit, selon Cicéron, *de nat. Deor.* (*L.* 1.) que « les Dieux savoient manifestement » les choses, mais que les hommes ne fai- » soient que conjecturer ».

La morale de Platon est en substance la même que celle de Socrate, avec cette différence, qu'on trouve dans celle de Platon plus d'art & de principes. Il pose pour base de cette morale la fin des actions humaines. « La fin de l'homme » dans chaque action, dit-il, est son bien, & la » fin derniere de toutes ses actions est son sou- » verain bien. Ce souverain bien, c'est Dieu qui » renferme tous les biens; & la vertu est le seul » chemin qui puisse conduire à la possession de » ce bien suprême, en reprimant les mouvemens » des passions & des convoitises, qui nous por- » tent à l'amour des biens particuliers ». C'est par là que Platon entre dans le détail de nos devoirs, & de l'usage que nous devons faire de toutes les choses du monde. Il dit que les biens du corps, la santé, la force, les richesses, le crédit, la qualité & la gloire, servent comme de soutien à la vertu, pourvu qu'on en fasse un bon usage; mais que le sage peut être heureux sans toutes ces choses, & qu'il n'aura un bonheur parfait qu'après la mort. Ces principes joints à la connoissance de Dieu que Platon enseignoit, ont prévenu en sa faveur plusieurs même des anciens Peres de l'Eglise, qui parlent de lui avec éloge, & qui le mettent au-dessus de tous les autres Philosophes; mais on rabat beaucoup de tous ces éloges, lorsque l'on considere qu'il ne s'exprime ainsi que par politique ; & que, quoiqu'il parlât souvent du bonheur réservé aux sages après cette vie, & même des peines que les impies subiroient dans les enfers, il ne le faisoit que pour s'accommoder à la religion populaire, qu'il jugeoit utile pour retenir les hommes dans leur devoir, mais qu'il regardoit comme une fable, s'imaginant qu'après la mort la portion divine de l'ame des hommes se réunissoit à son principe, soit tout-d'un-coup à l'égard des sages, soit après les vicissitudes de la Métempsycose à l'égard des ames vulgaires. Il n'y a pas même d'apparence que Platon crût véritable le système de la Métempsycose. Mais il avoit besoin de ce dénouement pour ne pas égaler le sort des sages & des impies, & il se servoit de même de l'idée des enfers pour ceux qui persévéroient dans le crime, sans avoir pû être purifiés par la Métempsycose. C'est ce qu'on verra plus au long dans les réflexions générales sur la doctrine de ces anciens Philosophes.

Parmi les Ouvrages de Platon, il s'en trouve un intitulé, *de la République*, sur lequel les savans se sont beaucoup exercés. Cet ouvrage renferme les maximes nécessaires pour un bon

Gouvernement; mais d'un côté il porte les choses à la derniere perfection, & de l'autre, comme la nature du gouvernement civil varie suivant le génie des peuples, & que ce qui convient à une nation, ne convient point à une autre, il n'est guères possible de suivre exactement le systême législatif de ce Philosophe. On peut cependant en tirer avantage, en appliquant ses principes aux divers genres de gouvernemens politiques suivant les temps, les lieux, les génies, les coutumes reçues, les circonstances, &c.

Quant à la Physique & à l'Astronomie, Platon croyoit que le monde est fini, & de figure sphérique : le temps, selon lui, n'est autre chose que le mouvement du ciel, & n'a commencé qu'à la formation du monde. Il ne subsistoit point dans le chaos. Ce Philosophe plaçoit la lune au-dessus de la terre, le soleil au-dessus de la lune, & les étoiles & les planetes au-dessus du soleil. Il donnoit à la terre un mouvement particulier, &c.

On dit qu'il profita beaucoup des Ouvrages d'Epicharme, Pythagoricien de Sicile, qui avoit écrit sur la Physique, la Morale & la Médecine, & qui mourut à quatre-vingt-dix-neuf ans (x).

Platon avoit étudié sous Socrate avec le fameux Capitaine Grec Xénophon. Nous apprenons de Diogène-Laerce qu'ils ne vécurent pas toujours en bonne intelligence (y), c'est-à-dire, qu'ils n'étoient pas toujours du même sentiment. Xénophon a laissé un grand nombre d'Ouvrages, entre lesquels on trouve plusieurs traités

---

(x) Diogene-Laerce, l. 8.
(y) Idem, l. 2.

de Philosophie qui renferment à-peu-près la même doctrine que celle de Platon.

On parlera dans la suite des principaux Disciples de ce Philosophe. Nous dirons seulement ici que Léon le Bizantin, qui s'étoit d'abord attaché à Platon, passa dans la secte des Péripatéticiens, selon quelques Auteurs; mais ce changement de secte ne peut s'accorder avec ce que l'histoire dit de ce Léon de Bizance; car elle nous apprend que le Roi Philippe de Macédoine, pere d'Alexandre-le-Grand, ayant rendu suspecte sa fidélité aux Bizantins, il s'enfuit, & s'étrangla. Platon mourut à Athènes âgé de quatre-vingt-un ans, la premiere année de la cent-neuvieme Olympiade, étant né la premiere année de la quatre-vingt-huitieme; ainsi il vécut quarante-huit ans dans le quatrieme siecle des Olympiades, & trente-trois dans le cinquieme.

XIX.

De la magie de Zoroastre, & de la Théurgie des Philosophes Grecs.

Avant de passer à l'exposition de la doctrine des Sectes postérieures à celle de Platon, il nous reste à parler de la Magie de Zoroastre, & de la Théurgie des Philosophes de la Grece, dont nous avons dit un mot dans les discussions précédentes.

Magie signifie la science des Mages, celle qui apprenoit à l'homme à s'élever au commerce le plus intime avec la Divinité, & qui enseignoit la maniere de se rendre les Dieux favorables, & d'en obtenir ce qu'on désire. Les Prêtres des autres nations passoient pour ignorans & pour grossiers dans un art si nécessaire, en comparaison des Prêtres d'Orient ; & comme ces Prêtres étoient connus sous le nom de *Mages*, on donna le nom de *Magie* à la science dont il faisoit profession. On a vu qu'Hostanès, disciple du second Zoroastre, en donna les premieres leçons aux Grecs, qui les reçurent avec avidité, & Zoroastre passa dès-lors dans leur esprit pour le plus grand Philosophe qui eût paru sur la terre.

La Magie de Zoroastre, si vantée par Platon, Aristote, &c., fut long-temps en honneur, mais enfin les abus énormes qui s'y glisserent sous le voile d'un nom respecté, la rendirent odieuse, même dans le sein du Paganisme. Des imposteurs couroient le monde, & par des pratiques détestables prétendoient forcer les Dieux à découvrir les secrets de l'avenir, & à les favoriser dans l'exécution des projets les plus criminels. Cela rendit très-odieux les noms de *Mage* & de *Magie*. Or la plupart de ces imposteurs venoient d'Orient, & principalement de Chaldée : ce qui fit qu'on regarda tous les Mages, & Zoroastre lui-même, comme les inventeurs & les fauteurs d'un art diabolique.

Les Philosophes ne pouvant souffrir qu'on enveloppât toute Magie dans la même condamnation, en distinguerent de deux sortes ; la Théurgie & la Goëtie. La Magie Théurgique consistoit à s'adresser aux Dieux bienfaisans par des prieres, des sacrifices, des cérémonies, pour en obtenir des avantages, & pour s'élever, par l'union que l'on contractoit avec eux, jusqu'à la source suprême de tous les êtres. Dans la Magie Goëtique au contraire, on ne s'adressoit qu'aux génies malfaisans,

dont

dont on ne pouvoit obtenir la protection que par des cruautés & des crimes. On l'appelloit Goëtie, du terme Grec γη qui signifie *terre*, parce que l'on supposoit que les mauvais génies résidoient ordinairement dans les entrailles de la terre.

On ne peut imputer à Zoroastre la pratique de la magie Goëtique. Mais a-t-il enseigné la Théurgie, telle qu'Apulée, Plotin, Porphyre, Jamblique, la concevoient? Ces Philosophes sont des Platoniciens, qui vivoient dans les premiers siecles de l'ére chrétienne, & qui se sont beaucoup occupés des mysteres de la Théurgie: (on en parlera dans la suite.) Pour décider cette question, il faut se former des idées nettes de cette espece de Magie. Platon dit positivement qu'elle consistoit *dans le service des Dieux*; & elle étoit fondée sur ce principe, que les ames humaines, esprits du dernier ordre, enfoncées dans la matiere, & souillées par les impressions qu'elles en reçoivent, ne sont pas capables de s'élever immédiatement jusqu'au Dieu souverain, & d'entrer en commerce avec lui; qu'il faut par conséquent qu'elles aient d'abord recours à des divinités subalternes, plus proportionnées à leur foiblesse. Or Zoroastre a enseigné cette espece de Théurgie, comme il paroît par les mysteres de Mythra, ou du Soleil, dont il étoit l'inventeur ou le restaurateur, & qui ne le cédoient point à ceux d'Egypte & de Gréce.

La Théurgie des Philosophes Grecs n'étoit dans le fond que ces mysteres du Paganisme que les Grecs & les autres Nations avoient reçus non-seulement d'Hostanès, disciple de Zoroastre, mais encore des Egyptiens, qui passent pour les Auteurs de ces sortes de myst-

Tome I. F

teres. Outre le culte public que l'on rendoit aux faux Dieux du Paganisme, il y avoit un culte secret auquel on n'admettoit, dit Strabon, (Geograph. L. 10.) que ceux qui y avoient été preparés par certaines cérémonies qu'on appelloit *initiations*; & c'est ce culte secret, qu'on rendoit aux principales Divinités, qui s'appelloit *les mysteres* de ces Dieux. En Egypte les plus fameux de ces mysteres étoient ceux d'Isis & d'Osiris, & en Grece ceux d'Eleusis célébrés à Athenes, en l'honneur de Cerès.

Mais qu'enseignoit-on à ceux qui étoient initiés à ces mysteres? Pour confirmer le dogme d'une Providence universelle qui présidoit à la conduite de l'Univers, on tâchoit de leur persuader le dogme des peines & des récompenses d'une autre vie. Origene & Celse (z), les deux plus savans écrivains de leur parti, s'accordent sur ce point. Mais comme le dogme d'un état futur ne paroît pas suffisant pour justifier les voies mystérieuses de la Providence, on y ajouta celui de la Métempsycose; c'est-à-dire, que chaque homme avoit déja existé avant sa naissance, comme on l'apprend de Cicéron (a) & de Porphyre (b).

Dans la vue d'imprimer plus fortement & plus facilement l'idée & la persuasion d'un état futur, on enseignoit que les initiés seroient plus heureux après cette vie, que les

---

(z) V. Orig. contra Celf. l. 3, p. 160; l. 4, p. 167, & l. 8, p. 408.

(a) Cicér. fragm. ex lib. de Consol.

(b) Porphyre, de abst. l. 4, ff. 16.

autres mortels; & que tandis que les ames des profanes seroient enfoncées dans la boue & demeureroient dans l'obscurité, celles des initiés s'envoleroient aux Iles fortunées, au séjour des Dieux. Voy. Platon in Phœdon, & Stobée, Scom. 119. Ces promesses flatteuses étoient nécessaires pour l'établissement du dogme d'une autre vie; mais afin que l'on ne crût pas que l'initiation seule suffisoit, indépendamment de la vertu, on répétoit continuellement que le but des mysteres étoit de rétablir l'ame dans sa pureté primitive, « dans » cet état naturel de perfection dont elle est » déchue», ainsi que s'exprime Platon, *suprà*. Tout ce qui se trouve ordonné dans les mysteres, dit Épictete (*c*), n'a été institué par nos ancêtres, que pour l'instruction des hommes, & la correction des mœurs. Voy. Porphyre (*d*). Quiconque aspiroit à être initié, devoit avoir une réputation sans tache, & n'être soupçonné d'aucun crime, selon Suétone (*e*). On s'obligeoit par un engagement solemnel à vivre selon les regles les plus étroites de la vertu : ce qui fait dire à Tertullien (*f*) « que » dans les mysteres on se servoit de la vé» rité contre la vérité même »; & à S. Augustin (*g*), que le diable y faisoit illusion, en promettant la purification de l'âme & la perfection, *Diabolum animas deceptas illusasque præ-*

___

(*c*) Epictete apud Arrian. Diff. l. 3, c. 21.
(*d*) Porphyre, de abst. l. 4, ff. 22.
(*e*) Suetone, vitâ Neron. c. 34.
(*f*) Tertullien, Apolog. c. 47.
(*g*) S. August. de Trin. l. 3, c. 10.

cipitasse , quum polliceretur purgationem animæ per eas , quas teletas appellant.

Soumis à des institutions si exactes, animés par de si grandes espérances les initiés étoient regardés comme les seuls hommes heureux. Plus on étoit initié d'ancienne date, plus on étoit respectable, dit Aristophanès. Ce fut bientôt en certains endroits une honte de ne le pas être : les hommes, les femmes, les enfans mêmes se faisoient initier.

Toutes les cérémonies de cette initiation étoient mystérieuses, & se pratiquoient sous le sceau du secret le plus inviolable, afin d'exciter par cela même la curiosité des hommes : on les célébroit dans la nuit pour inspirer aux initiés une sorte d'horreur religieuse, & ils étoient accompagnés d'une grande diversité de spectacles, qui varioient suivant les pays, afin d'en graver & d'en perpétuer les impressions.

Une deuxieme raison qui portoit à tenir ces mysteres secrets, c'est qu'on enseignoit aux initiés certaines choses, dit Varron (*h*), qu'il n'étoit point à propos que les autres connussent.

Mais comment les mysteres ont-ils été inventés pour exciter la curiosité, si l'on y cachoit certaines vérités, ainsi que Varron le suppose ? Pour lever cette contradiction apparente, il faut distinguer d'après l'histoire deux sortes de mysteres, les grands, & les petits ; *la simple initiation*, ou *l'autopsie*. C'est des petits mysteres, ou de la simple initiation, qu'on doit dire qu'ils étoient institués pour engager le

---

(*h*) Varron apud Aug. L. 4 de civit. Dei, c. 31.

peuple à y entrer; & les grands myſteres, ou l'autopſie, étoient deſtinés à cacher certaines vérités au commun des hommes. Les premiers n'étoient qu'une préparation aux ſeconds, & on y admettoit tout le monde. Le ſecret de ces premiers myſteres n'avoit pour objet que les cérémonies & les ſpectacles qui les accompagnoient, dont le but étoit d'exciter la curioſité du peuple, afin d'avoir cette occaſion de lui indiquer plus efficacement les vérités déja connues, & indiſpenſablement néceſſaires, pour le maintien de la ſociété, c'eſt-à-dire, les dogmes de la Providence & d'un état futur. On faiſoit un noviciat plus ou moins long, avant que d'être admis aux grands myſteres, ou à l'autopſie, & peu en étoient jugés dignes. S. Clément d'Alexandrie dit poſitivement que c'étoit ces derniers qui renfermoient les inſtructions ſecretes (*i*).

Or en quoi conſiſtoient ces inſtructions ſecretes, réſervées pour les grands myſteres? C'étoit de dévoiler aux initiés le faux de la Mythologie Païenne. Dans les petits myſteres, dit Proclus (*k*), on faiſoit voir aux initiés une variété de choſes, de formes & d'eſpeces différentes, qui repréſentoient la premiere génération des Dieux populaires; on expliquoit leur généalogie, on faiſoit paſſer en revue tous ces Dieux céleſtes & infernaux; on chantoit un hymne en l'honneur de chacun: & c'eſt ce que S. Clément appelle, la théologie des Idoles. Mais dans les grands myſteres on découvroit l'erreur où étoit

---

(*i*) S. Clém. Stromon. 5.
(*k*) Proclus in Plota theol. l. 1, c. 3.

le commun des hommes sur cet objet. On apprenoit aux initiés, que Jupiter, Mars, Mercure, Cérès, & les autres Divinités licentieuses, n'étoient que des hommes comme les autres, qui durant leur vie avoient été sujets aux mêmes passions; qu'ayant été à divers égards les bienfaiteurs du genre humain, la postérité les avoit déifiés par reconnoissance, & avoit indiscretement consacré leurs vices, avec leurs vertus. Les Dieux imaginaires & scandaleux étant ainsi rejettés, la cause suprême de toutes choses prenoit naturellement leur place; on enseignoit aux initiés qu'il y a un être souverain & éternel, qui a formé l'Univers, & dont la puissance & la providence s'étendent à tout. Alors on donnoit à l'initié le titre d'*Epoptes*, qui signifie celui qui voit clairement les choses; au lieu qu'auparavant il s'appelloit *Mystès*, qui signifie tout le contraire.

En enseignant dans les grands mysteres l'existence de l'Etre souverain, on y enseignoit en même temps celles des Divinités inférieures, émanées de sa substance pour présider au gouvernement des différentes parties de l'Univers: aucun ancien n'a jamais combattu cette idée. Ce que la doctrine secrette des grands mysteres détruisoit, c'étoit le Polithéisme vulgaire, ou l'adoration des hommes déifiés après leur mort. Cependant, malgré cet enseignement des mysteres, les initiés étoient obligés, sous peine de passer pour Athées, & d'être punis comme tels, de rendre aux fausses Divinités, dont on leur avoit montré l'origine fabuleuse, le culte extérieur qu'on leur offroit dans chaque pays. Hypocrisie qui prouve sans réplique, 1°. qu'on agissoit plutôt dans tout cela par politique, que par le désir sincere de conduire les hommes à la vérité & à la perfection. 2°. Qu'en leur faisant rejetter le Polithéisme vulgaire, on leur en faisoit admettre un autre, qui n'étoit guères moins absurde, dans cette foule de Dieux du second ordre, émanés de la substance même du Dieu suprême.

Ce sont-là les secrets que l'on enseignoit dans les grands mysteres, & qui, au jugement de Varron, ne devoient point être généralement connus. On s'imaginoit que le Polithéisme vulgaire étoit si fort enraciné parmi le peuple, qu'il étoit impossible de le détruire sans renverser toute la société, & la mettre en combustion ». Il est dangereux, disoit Platon, (*in Timæo*) de donner à la multitude » une idée vraie de Dieu. Il est difficile de » découvrir le Pere, & la deuxieme intelli- » gence émanée de lui, qui a formé l'Uni- » vers; & après avoir découvert cette vérité, » il est dangereux de la faire connoître à » tout le monde ». Anaxagore, Pythagore, & les Stoïciens pensoient de même, au rapport de Joseph contre Appion. On ne révéloit donc la doctrine des grands mysteres qu'avec beaucoup de circonspection, & à ceux-là seulement qu'on prévoyoit n'en devoir point abuser. Et les loix étoient si severes sur ce point, qu'on condamnoit à la mort quiconque trahissoit ce secret inviolable (*l*). Ce fut le cas de Diagoras : il eut l'indiscrétion de révéler les mysteres Éleusiniens. En conséquence on le fit passer pour Athée, on le chassa d'Athènes,

---

(*l*) Voy. Sam. Petit in leg. Atticas, p. 38.

& sa tête fut mise à prix (m). Outre Varron, & Platon, on peut encore consulter sur la doctrine qui s'enseignoit dans les grands mystères, Plutarque, *de defectu oracul.* Porphyre *de abstin.*; S. Clément d'Alexandrie, Strom. 5, *& alibi*; Eusèbe, *Præp. Evang.* L. 13. Jambliq. vie de Pythagore; S. Cyprien, *de idol. vanit.* S. Augustin, L. 8 *de Civit. Dei*, c. 5, &c.

Enfin après avoir découvert l'illusion du Polithéisme vulgaire, & établi l'existence d'un être suprême, & des Dieux inférieurs émanés de sa substance, le Mystagogue ou Hyérophante donnoit aux initiés des regles de conduite, qui ne sont que des maximes de la droite raison, & leur promettoit après la mort un état de bonheur & de paix, qui ravissoit Isocrate (Panég) Cicéron, *de legib.* L. 2, c. 14. Porphyre, &c., tandis que les profanes seroient enfoncés dans l'ordure, dans la boue, & dans l'obscurité, jusqu'à ce qu'une longue suite d'années, les eût purgés & purifiés (Voy. Platon dans son Phedon.) Nous avons déja observé, & nous le verrons encore dans la suite, que Platon, & les autres Philosophes, n'en croyoient rien; mais il falloit mettre une différence entre les initiés, & ceux qui ne l'étoient pas, pour entrer dans les vues de politique qui avoient fait instituer les mystères; & assurément un grand nombre des initiés ne les ignoroient pas, mais ils s'y conformoient & pratiquoient extérieurement la vertu; non pour obtenir des récompenses, & éviter des châtimens après leur mort, ils ne

---

(m) Suidas sur Diagoras.

les croyoient pas ; mais pour se faire une réputation, suivre le plan du gouvernement civil auquel souvent ils avoient part, & se distinguer du commun des hommes.

Ces mysteres devinrent dans la suite prodigieusement corrompus ; & cette corruption vint de deux causes principales, de débauche & de magie.

1°. Elle vint de l'obscurité où on les célébroit, & du secret exact qu'on y observoit. La nuit fournissant à des hommes vicieux l'occasion d'entreprendre des choses criminelles, & le secret les encourageant à les exécuter, il s'y passoit des choses horribles ; & ces abus s'enracinerent de telle sorte, qu'il ne fut plus possible d'y remédier. Tels furent les mysteres de Bacchus, que le Sénat Romain abolit enfin par un décret dans toute l'Italie, ceux de Vénus, de Cupidon, &c. Divinités que l'on supposoit inspirer des passions déréglées, & y présider. Il n'est point étonnant que les initiés aient été portés à s'abandonner aux débauches qui faisoient les délices de ces faux Dieux ; & en ce cas, la doctrine cachée des mysteres venoit trop tard, pour y remedier dans ceux à qui on la révéloit.

2°. Un autre abus rendit les mysteres odieux. Ce fut *la Magie*, qui s'insinua insensiblement dans le plus grand nombre. Nous avons déja observé que ce nom lui venoit des Mages de Chaldée, dont plusieurs se répandirent en divers pays, & y enseignerent des pratiques détestables, en s'adressant aux génies malfaisans, soit pour découvrir les secrets de l'avenir, soit pour faire du mal aux hommes. Or cette science diabolique qui conserva le nom de *Magie*, s'introduisit dans les mysteres, & l'on donna le même nom à toutes les autres opérations semblables, qui ne pouvoient venir que des mauvais esprits. Ils se servirent des circonstances mêmes des mysteres pour séduire & tromper les hommes. Les spectacles dont on les accompagnoit, & où l'on faisoit paroître les divinités infernales, & les ombres des morts, donnerent lieu à la Nécromanie, genre de Magie qui consiste principalement dans l'évocation des démons, & l'évocation des ombres. De la doctrine de la Métempsycose qu'on y enseignoit, naquit celle des Métamorphoses, & de celle-ci naquit ce genre de Magie qui consiste en des transformations illusoires, &c.

Mais dans l'origine, comme on l'a remarqué d'abord, le mot de *Magie* ne se prenoit point dans ce sens odieux. Il ne signifioit que la science des Mages, c'est-à-dire, leur doctrine sur les deux principes, Oromaze & Arimane, & sur le Dieu suprême dont Oromaze & les autres divinités inférieures étoient émanées. Ainsi la Magie de Zoroastre, & celle des anciens Mages, n'étoient autre chose que les mysteres de Mithra, ou du soleil, dans lesquels on dévoiloit cette doctrine aux initiés. Mais comme on confondit dans la suite la Magie de Zoroastre avec celle des imposteurs de Chaldée, dont nous avons parlé, les Philosophes grecs qui avoient reçu avec avidité, dit Pline (*suprà*), celle de Zoroastre par le canal d'Hostanès & de Pythagore, & qui l'avoient embrassée avec les différences que nous avons marquées dans l'article de Platon, distinguerent avec grand soin ces deux sortes de Magies, & donnerent à la Magie de Zoroastre, telle qu'ils l'avoient exposée, le nom de

Théurgie, ou de Magie Théurgique, c'est-à-dire, d'opération divine. Or c'est cette Théurgie qui s'enseignoit dans les mysteres, & surtout dans ceux qui étoient sous la direction des Pythagoriciens & des Platoniciens.

X X.

Successeurs de PLATON *dans la régence de la premiere Académie, & en particulier de* XÉNOCRATE.

Pseusippe, neveu de Platon, lui succéda dans la régence de la premiere Académie, & ne survécut son oncle que de huit ans. Tertullien dit qu'il mourut de honte d'avoir été surpris en adultere. Xénocrate succéda à Pseusippe, à l'age de vingt-cinq ans. Après Xénocrate, Polemon son disciple présida à l'école de Platon, & après Polemon, Crantor & Cratès furent chargés du même emploi, & finirent la premiere Académie. Crantor fut le premier qui composa des commentaires sur les ouvrages de Platon. Xénocrates qui succéda à Pseusippe dans l'école de Platon, étoit fils d'Agathenor d'Athènes. Etant jeune il gagna le prix, (c'étoit une couronne d'or) destiné au plus grand buveur dans la cour de Denys le tyran, (prince ivrogne). Il n'en eut pas moins la réputation d'être très-sobre, & réglé dans ses mœurs. Le proverbe des anciens pour exprimer la sobriété, étoit *le fromage de Xénocrates*. Il buvoit si peu chez lui, que le vin mis en perce perdoit toute sa force avant que le tonneau fût vuidé, & qu'il jettoit quelquefois les provisions qu'il faisoit, parce qu'elles étoient gâtées & moisies. Etant du nombre des Ambassadeurs d'Athènes à la cour de Philippe Roi de Macédoine, ce Prince, suivant sa coutume, les corrompit tous, à l'exception de Xénocrates, qui ne se laissa point gagner: aussi Philippe le traita-t-il très-incivilement. La réputation de sa probité étoit si grande, qu'il fut le seul que les magistrats d'Athènes dispenserent de confirmer son témoignage par le serment. Xénocrates étoit extrêmement grave & sérieux : c'est pourquoi Platon l'exhortoit à sacrifier aux Grâces. Il aimoit la retraite : on ne le voyoit presque jamais dans les rues ; & quand il y paroissoit, la jeunesse débauchée fuyoit sa rencontre. Il avoit beaucoup de compassion pour les hommes, & même pour les bêtes. Ennemi du plaisir, des louanges & des richesses, il les fuyoit comme un poison. Alexandre le Grand, qui l'estimoit beaucoup, lui envoya trente talens d'or. Xénocrates les lui renvoya, en lui faisant dire que l'argent est nécessaire aux Rois, & non pas aux Philosophes. Les Athéniens le vendirent, parce qu'il étoit si pauvre, qu'il ne put payer la capitation. Démétrius-Phalereus, autre Philosophe, l'acheta, paya la dette aux Athéniens, & le remit aussi-tôt en liberté. Selon Cicéron (n), Xénocrates admettoit huit divinités principales, savoir, le soleil, la lune, les cinq autres Planetes, & le ciel des étoiles fixes ; c'est-à-dire, qu'il admettoit huit émanations principales de la divinité qui habitoit dans ces astres. En bon Platonicien, il devoit reconnoître la deuxieme intelligence de Platon, qui étoit l'ame universelle du monde,

---

(n) Cicéron, de nat. Deor. l. 1, c. 13.

& la principale émanation du Dieu suprême; & peut-être entendoit-il par la divinité qui habitoit le ciel, cette ame universelle du monde, & qu'il ne reconnoissoit point de Dieu qui lui fût supérieur. Car plusieurs Platoniciens, ainsi que nous l'avons observé dans l'article de Platon, oublierent le Dieu suprême, que Pythagore & Platon avoient enseigné, pour s'en tenir uniquement à l'ame du monde, au-dessus de laquelle ils n'admettoient point d'autre Dieu.

Plutarque (*o*) nous apprend que dans la doctrine de Xénocrates l'ame des hommes est un *nombre ἀριθμός* qui se meut de lui-même. En ce cas il y a apparence, que les Grecs attachoient au mot ἀριθμός, une idée que nous n'attachons point au mot *nombre*. Peut-être Xénocrates vouloit-il signifier par-là une substance simple, immatérielle, au moins quant à la portion divine, impalpable, &c.

Ce Philosophe avoit l'esprit lourd & pésant; & ce ne fut qu'à force d'étude qu'il parvint à savoir quelque chose. Cette difficulté d'apprendre ne le découragea jamais. Il composa plusieurs ouvrages qui sont perdus. Il en fit un entr'autres, à la priere d'Alexandre, sur l'art de régner, qui fut estimé. Xénocrates vécut quatre-vingt-quatre ans. Il y eut un autre Xénocrates aussi Platonicien, dans le même temps.

(*o*) Plutarq. de procreat. animæ.

XXI.

SECONDE ACADÉMIE.

Arcesilaüs fondateur de cette nouvelle secte.

Arcesilaüs naquit à Pytane dans l'Eolide. Il vint à Athènes, fut disciple de Xanthus, & de Théophraste Péripatéticien, & enfin de Crantor, Platonicien, qui lui laissa tout son bien. Il succéda à Cratès dans la direction de l'école Platonique, & s'y rendit innovateur en établissant une nouvelle secte, qu'il nomma la deuxieme Académie, pour la distinguer de celle de Platon. Le fond de son système étoit de ne rien affirmer, mais de douter de tout, de discourir à perte de vue du pour & du contre, & de suspendre son jugement sur toutes choses, parce que, disoit-il, *il n'y a rien de certain.* « Arcesilaüs, dit Numéricus (*p*), » nioit & affirmoit les mêmes choses. Il se jet- » toit aveuglément à droite & à gauche ; il » faisoit gloire d'ignorer la différence du bien » & du mal. Il débitoit la premiere fantaisie » qui lui venoit dans l'esprit, & tout-d'un- » coup il la renversoit par plus de raisons qu'il » ne l'avoit établie. C'étoit une hydre qui se » déchiroit elle-même ».

On donne à cette suspension générale de l'esprit le nom d'*époque*, du terme Grec ἐποχή, *retentio, remora* ; mais Arcesilaüs ne s'en tint pas là ; il fut jusqu'à enseigner, selon Plu-

---

(*p*) Numer. apud Euseb. præp. Evang. l. 14, c. 13.

tarque (*q*) l'*Acatalepsie*, c'est-à-dire, le système de l'incompréhensibilité de toutes choses, & même à nier qu'il y eût des vérités. Ce Philosophe ne se piquoit pas d'être l'inventeur de ce système, il en donnoit la gloire, dit Plutarque, à Parmenide, à Socrate, à Platon, &c. Il est vrai que la secte Eléatique avoit mis au jour l'opinion de l'incompréhensibilité, & qu'elle avoit été suivie par Démocrite & plusieurs autres; mais Arcesilaüs alloit plus loin que Socrate & Platon : car du moins le premier convenoit qu'il savoit qu'il ne savoit rien ; ce qu'Arcesilaüs n'avouoit pas; & Platon disoit simplement, que nous ne connoissions les choses que par conjecture ; mais il ne croyoit pas pour cela qu'on ne pût absolument découvrir aucune vérité, ni que toutes choses fussent incompréhensibles. Il en faut dire autant de la plûpart des autres Philosophes, qui ne voyoient pas clair dans les choses divines & naturelles, & qui en conséquence se contentoient d'opiner, au lieu d'affirmer : mais aucun d'eux ne s'est porté jusqu'aux excès d'Arcesilaüs, quoiqu'ils lui ayent frayé la voie.

On dit que ce qui commença à gâter l'esprit d'Arcesilaüs, c'est qu'étudiant avec Zénon sous Polemon, chef de l'école Platonique, Zénon prit le parti de ceux qu'on appelloit *Dogmatiques*, en donnant des définitions & des axiomes. Arcesilaüs le combattit par émulation d'école, & pour mieux réussir, il tâcha de renverser tous les fondemens des sciences, & de réduire toutes choses à l'incertitude.

(*q*) Plutarq. adverf. Colotem.

D'ailleurs, il crut trouver dans *l'époque* un rempart invincible pour arrêter les poursuites du sophiste Bion, & des sectateurs de Théodore l'Athée, frondeurs perpétuels des Philosophes. Voy. sur tout cela Cicéron, Questions Académiques, L. premier.

Arcesilaüs eut un grand nombre de disciples, & il les traitoit avec beaucoup d'honneur. Il faisoit d'abondantes aumônes, sans vouloir qu'on s'en apperçût ; mais avec cela il donna dans la débauche, & même dans des crimes contre nature. Il mourut d'avoir trop bu, & en délire, à soixante-quinze ans, la quatrieme année de la cent trente-quatrieme Olympiade, selon Diogene-Laerce.

XXII.

TROISIEME ACADÉMIE.

CARNEADES, fondateur de cette troisieme secte.

Lacyde, natif de Cyrène, fut le successeur d'Arcesilaüs dans la deuxieme Académie : il aimoit, comme son maître, à faire du bien sans qu'on le sût. Diogene-Laerce raconte qu'Attalus, Roi de Pergame, l'ayant mandé à sa cour, Lacyde lui répondit qu'il falloit regarder de loin le portrait des Rois, & il n'y vint pas (r). Selon Pline (s), ce Philosophe avoit une oie qui le suivoit par-tout, dans la maison & dehors, la nuit comme le jour.

(r) Diogene-Laerce, l. 4.
(s) Pline, l. 1, c. 22.

Cette oie étant morte, Lacyde lui fit faire des funérailles aussi magnifiques que si elle eût été son fils ou son frere : trait peu digne d'un Philosophe. Il mourut de paralysie pour avoir trop bu.

Diogene-Laerce prétend que ce fut ce Lacyde qui fonda la troisieme Académie (t); mais il vaut mieux s'en rapporter à Cicéron (u), qui assure que Lacyde retint la méthode de son maître, & que ce fut Carnéades qui la réforma dans le septieme siecle des Olympiades, plus de cent ans après l'établissement de la deuxieme Académie.

Carnéades enseignoit, comme Arcesilaüs, qu'il n'y a rien de certain, & que cette proposition, *Il n'y a rien de certain*, étoit elle-même incertaine & incompréhensible. Mais ils différoient 1°. en ce qu'Arcesilaüs alla jusqu'à nier qu'il y eût des vérités ; au lieu que Carnéades en convenoit, & prétendoit seulement que nous ne pouvions les discerner avec certitude. Il revenoit toujours à l'époque, dit Cicéron (x); il avouoit qu'il y a des vérités & des faussetés dans la nature, mais en ajoutant qu'elles sont si cachées, qu'on ne peut les discerner certainement les unes des autres. Ce qui fait dire à Numéricus (y), que Carnéades étoit plus dangereux qu'Arcesilaüs. Carnéades a même été jusqu'à déployer toutes ses subtilités contre cet axiome : *Les choses égales*

___

(t) Diogene-Laerce, l. 4.
(u) Cicéron, quæst. Academ. l. 4, c. 6.
(x) Cicéron, qu. Acad. c. ult.
(y) Apud Euseb. suprà.

à une troisieme, sont égales entre elles (z). Il y a néanmoins des personnes qui pensent qu'Arcesilaüs n'a jamais nié, au moins clairement, qu'il y eût des choses vraies en soi, mais seulement que tout étoit incertain par rapport à nous, & incompréhensible. Ce seroit en effet porter l'erreur jusqu'à la folie. 2°. Si cela est, il faudra réduire la réforme de Carnéades, en ce qu'Arcesilaüs nioit qu'il y eût même des choses probables, & que Carnéades non-seulement ne le nioit pas, mais qu'il vouloit au contraire que la vraisemblance nous déterminât à agir, pourvu qu'on ne prononçât absolument sur aucune question, & qu'on ne s'écartât jamais de ce principe Académique : *Il n'y a rien de certain*. Il y a plus, selon Cicéron (*a*), car il portoit l'indulgence jusqu'à permettre au Sage d'opiner en quelques rencontres. Malgré ce tempérament, quelques auteurs accusent Carnéades d'avoir retenu toute la doctrine d'Arcesilaüs ; & ils prétendent que ce n'étoit que pour empêcher ses adversaires de déclamer contre lui, & de le tourner en ridicule, qu'il leur accorda des degrés de vraisemblance, qui doivent déterminer l'homme sage à choisir tel ou tel parti dans la pratique de la vie civile. Il s'appercevoit bien, disent-ils, que sans cet échapatoire, il se verroit obligé d'avouer qu'il faut demeurer dans l'inaction durant tout le cours de la vie, & qu'on ne peut faire aucun choix,

---

(z) Voy. Gallien, de optimo dicendi genere.

(a) De nat. Deor. l. 1, Vossius, de Philosophorum sectis, p. 76.

ni se déterminer raisonnablement sur aucun objet, ce qui est le comble de l'extravagance. Mais ce qui semble montrer de plus en plus qu'il ne cherchoit qu'à se tirer d'embarras, c'est que le tempéramment qu'il apportoit, laissoit subsister en entier le système d'Arcesilaüs; car s'il enseignoit qu'il y a des choses probables, il enseignoit en même-temps qu'il n'étoit pas certain qu'elles fussent probables ou vraisemblables. Il restoit toujours dans l'incertitude sur l'apparence même de la vérité de ces choses. Ainsi tout ce qu'il pouvoit dire de plus fort, c'est qu'il paroissoit raisonnable de préférer dans la conduite de la vie ce qui sembloit vrai, à ce qui sembloit faux, & ce qui paroissoit probable ou plus probable. Principe que visiblement Arcesilaüs admettoit, & suivoit dans la pratique, quelque idée qu'il eût spéculativement sur l'incertitude, & l'incompréhensibilité de toutes choses.

Il ne paroît pas que Carnéades penchât pour la fatalité; il professoit une espèce de liberté, autant qu'un Académicien pouvoit l'admettre. Il la faisoit consister, selon Cicéron (*b*), dans un mouvement volontaire de l'ame dont elle est la cause, *quemdam animi motum voluntarium*. Mais ce mouvement est-il un mouvement spontané, ou un mouvement de choix? C'est sur quoi Cicéron ne s'explique pas. Au reste, quelque chose qu'ait pensé Carnéades sur cet objet, il ne pouvoit le regarder, suivant son système, que comme une opinion fort incertaine, aussi-bien que l'opinion contraire.

(*b*) Ciceron, de fato, c. 11.

Carnéades prétendoit que la fin de l'homme est de jouir des choses naturelles, & Cicéron remarque (c) qu'il ne tenoit ce sentiment que pour contredire les Stoïciens, qu'il n'aimoit point; & que s'il eût uni la vertu à cette félicité, il auroit rempli la mesure du vrai bonheur. Cicéron ajoute (d) que Carnéades bornoit la félicité à la jouissance du bien naturel, sans y comprendre le bien honnête, & qu'il tâchoit de pousser à bout sur cette matiere, non-seulement les Stoïciens, mais encore les Péripatéticiens, en leur prouvant que leur controverse du souverain bien n'étoit qu'une dispute de mots. Il faisoit voir à l'une de ces deux sectes, dont nous parlerons dans la suite, que les choses qu'elle appelloit *bien*, & que l'autre se contentoit d'appeller *commodité*, *utilité*, ne méritoient pas qu'on fît un pas pour les acquérir, puisque l'une ne leur attribuoit pas plus d'avantages que l'autre. Les Stoïciens avoient dit que la réputation, sans l'utilité, ne méritoit pas que l'on fît aucune démarche pour l'acquérir; mais ils ne purent résister à Carnéades, & ils se virent réduits à soutenir, dit Cicéron, qu'elle est digne de notre choix par elle-même (e).

Par une suite de leurs principes, Arcesilaüs & Carnéades ne considéroient pas la loi naturelle comme une regle fixe & immuable. Ils n'y trouvoient rien de plus certain que dans les objets purement spéculatifs; & ils

___

(c) Idem de finibus, l. 1, c. 13.
(d) Idem ibid, l. 5, c. 12.
(e) Idem ibid, c. 14.

disputoient vivement contre ceux qui en établissoient la certitude. C'est ce que nous apprenons encore de Cicéron. Ce grand Magistrat, dans ses livres *de legibus*, pose ce fondement qu'il y a un droit naturel, c'est-à-dire, des actions qui sont justes de leur nature, & que l'on est obligé de faire; non pas à cause que l'on vit dans une société, qui par une loi positive assujettit à la peine ceux qui ne les font point, mais à cause de la justice & de la droiture qui les accompagne, indépendamment de l'institution des hommes. Il soutient qu'il faut supposer cette vérité, si l'on veut batir sur des principes bien concertés; & cependant il n'espere pas que tout le monde les approuve. Il se promet seulement l'approbation des anciens Platoniciens, Speusippe, Xénocrate, Polémon, & celle des Péripatéticiens, des Stoïciens. Il ne se met point en peine de l'école d'Epicure; mais il demande quartier à Arcesilaüs & à Carnéades. *Perturbatricem autem harum omnium rerum Academiam hanc ab Arcesila & Carneade recentem exoremus ut sileat*, &c.

On raconte, en effet, que Carnéades harangua un jour pour la justice, & le lendemain contre la justice. Il ne laissoit pas cependant, au rapport de Quintillien, de se conduire dans ses actions selon la justice (*f*), apparemment parce qu'il la trouvoit plus vraisemblable que l'injustice.

Cette harangue se fit dans son ambassade de Rome, où la ville d'Athènes le députa avec Diogene le Stoïcien, & Critolaüs Péri-

---

(*f*) Quintillien Just. orat. l. 12, c. 1.

patéticien, pour obtenir du Sénat la décharge d'une taxe de cinq cents talens, à quoi les Sicyoniens avoient condamné les Athéniens pour avoir pillé la ville d'Orope. Ils obtinrent du Sénat que cette amende fût réduite à cent talens. Avant que d'avoir audience du Sénat, ils firent des harangues en préfence d'un grand nombre de perfonnes, & l'on admira en chacun d'eux un caractere particulier. La force & la rapidité furent celui de Carnéades. Caton le Cenfeur fut d'avis qu'on renvoyât inceffamment ces Ambaffadeurs, attendu qu'il étoit difficile de difcerner la vérité à travers les argumens de Carnéades. On difoit de même dans le Sénat que ces Athéniens avoient été moins envoyés pour obtenir quelque chofe par la voie de perfuafion, que pour forcer à faire tout ce qu'ils voudroient. Plutarque dit que la jeuneffe Romaine fut fi charmée des beaux difcours de Carnéades, qu'elle renonçoit aux plaifirs & à tout autre exercice, afin de fuivre la paffion de philofopher, qu'il lui avoit infpirée. Cela déplut fort à Caton. Il craignit qu'à l'avenir les jeunes gens n'aimaffent mieux étudier, qu'aller à la guerre, & il preffoit toujours pour qu'on renvoyât ces Ambaffadeurs, parce que, difoit-il, ils perfuadent tout ce qu'ils veulent. Leur éloquence, fur-tout celle de Carnéades, étoit d'autant plus dangereufe, qu'elle tendoit à rendre tout problématique, & à réduire l'homme à des indécifions perpétuelles. Rien de plus contraire au bien des Etats.

Carnéades a compofé des livres que nous n'avons plus. Il étoit fi appliqué à l'étude, qu'il négligeoit de couper fes ongles, & laiffoit croître fes cheveux; il oublioit même de manger; & il falloit lui mettre le pain à la main, &, pour ainsi dire, les morceaux dans la bouche. Il évitoit tous les festins. Ses disciples, aussi-bien que ceux de la deuxieme Académie, furent nommés Académiciens. Ce sont principalement les disciples de Carnéades que S. Augustin a réfutés dans ses livres contre les Académiciens, & en particulier ce principe renouvellé de nos jours par les Probabilistes (g), qu'on ne fait aucun mal, quelque chose que l'on fasse, lorsqu'on agit suivant une opinion qui paroît probable. Carnéades mourut la quatrieme année de la cent soixante-deuxieme Olympiade.

XXIII.

SECTE DES PYRRHONIENS.

Pyrrhon, fondateur de cette secte.

Pyrrhon étoit natif d'Elis au Péloponnèse. Il fut disciple d'Anaxarque (voyez *suprà*), & l'accompagna jusqu'aux Indes, pour voir les Gymnosophistes, apparemment à la suite d'Alexandre-le-Grand. Il avoit exercé le métier de Peintre avant que de s'attacher à la philosophie, & étoit contemporain d'Arcesilaüs, fondateur de la seconde Académie. Pyrrhon trouvoit par-tout des raisons d'affirmer, & des rai-

---

(g) Les Probabilistes ont renouvellé cette doctrine d'une maniere bien plus intolérable que les Académiciens: car ceux-ci permettoient de suivre le probable, parce qu'ils croyoient impossible de trouver un vrai certain; & nos Casuistes, quoique persuadés qu'il y a des regles sûres de morale, trouvent bon qu'on s'en écarte, en suivant une opinion fausse, mais probable.

sons de nier. C'est pourquoi il retenoit toujours son consentement après avoir examiné le pour & le contre sur toutes sortes de questions. Il cherchoit donc toute sa vie la vérité, & se ménageoit toujours quelque ressource pour ne pas tomber d'accord qu'il l'eût trouvée. Quoiqu'il ne soit pas l'auteur de cette maniere de philosopher, ainsi qu'on a pu s'en convaincre par tout ce que nous avons dit jusqu'à présent, elle ne laisse pas de porter son nom. L'art de disputer sur toutes choses, sans prendre jamais d'autre parti que de suspendre son jugement, s'appelle *Pyrrhonisme*.

La fin dans laquelle Pyrrhon & ses sectateurs établissoient leur souverain bien, étoit de posséder une situation d'esprit exempte de toute passion, par le moyen de l'*Ataraxie*, qui regle les opinions, & de la *Métriopathie*, qui modere les passions, de telle sorte que l'homme jouisse d'un parfait repos, tant à l'égard de la volonté que de l'entendement. Ils disoient qu'il n'y a que la seule époque ἐποχη, ou *suspension d'esprit*, qui puisse nous mettre dans cet état heureux. Cette *époque*, dont on a tant parlé, ne se peut acquérir que par un examen bien exact des apparences du vrai & du faux, qui se trouve en toutes choses. Pour cela les Pyrrhoniens avoient inventé un topique particulier qui contenoit dix moyens, pour examiner tout ce qu'on leur proposoit. Quelques-uns les ont réduits à trois, & ceux-ci se rapportent à un, qui est le plus général de tous. C'est celui de la relation, par lequel les Pyrrhoniens prétendent que nous ne jugeons que par comparaison; ce qu'ils énoncent en ces termes : *omnia sunt ad aliquid*. (Voy. Diog. Laerce & Vossius.)

Tous

Tous ces moyens de l'époque ont été très-bien exposés par Sextus-Empiricus (*h*) : on sent, en les lisant, que cette époque est un effort de subtilité; mais on voit en même-temps que cette subtilité ne peut donner aucune satisfaction. Elle se confond elle-même; car si elle étoit solide, elle prouveroit qu'il est certain qu'il faut douter.

On peut demander ici quelle différence il y avoit entre les Académiciens & les Pyrrhoniens. Il y en a qui font consister cette différence, en ce que les Académiciens comprenoient qu'on ne pouvoit rien comprendre, & que Pyrrhon ne le comprenoit pas. Ce seroit supposer que ce Philosophe enchérissoit sur les Académiciens. On appelloit les Pyrrhoniens *sceptiques*, *éphectiques*, *aporétiques*, c'est-à-dire, examinateurs, inquisiteurs, suspendans, doutans. Tout cela montre qu'ils supposoient qu'il étoit possible de trouver la vérité, & qu'ils ne décidoient pas, comme les Académiciens, qu'on ne pouvoit la trouver, & qu'elle étoit incompréhensible. On trouve dans Aulugelle (*i*) qu'ils condamnoient ceux qui assurent qu'elle l'est, & qu'il est absolument impossible de parvenir à la connoître. Et voilà, selon cet auteur, la différence des Pyrrhoniens & des Académiciens. Dans tout le reste ils se ressembloient parfaitement.

On voit dans Sextus-Empiricus (*k*) que les Pyrrhoniens admettoient l'existence des Dieux

---

(*h*) Sextus Empiricus, l. 2, Pyrrh. hyp. c. 1.
(*i*) Aulugelle, l. 11, c. 5.
(*k*) Sextus-Empiricus, suprà ibid.

Tome I. G

comme les autres Philosophes, qu'ils leur rendoient le culte ordinaire, & qu'ils ne nioient pas leur providence : il est certain néanmoins qu'ils n'ont rien cru de la nature divine qu'avec suspension d'esprit, ni rien confessé de tout ce qu'on vient de dire qu'en doutant, & pour s'acommoder aux coutumes de leur siecle (*l*). Des Philosophes de cette trempe ne pouvoient s'occuper du Dieu suprême, & des Dieux inférieurs des Pythagoriciens & des Platoniciens, ni des divinités profanes, ni du culte qu'on leur rendoit, ni de l'origine & de la construction du monde, ni de la nature de l'ame, ni du principe du mal, ni de l'état de l'homme après la mort, que comme de questions problématiques, dont il étoit très-difficile de découvrir la vérité, & sur lesquelles le parti le plus sage étoit de suspendre son jugement. Ils ne formoient donc aucune croyance, aucun système fixe, sur tous ces articles. Ils vivoient à l'aventure, sans être certains de l'existence du monde qu'ils habitoient, ni de leur propre existence, ni de celle d'aucune divinité. Démocrite, l'un de leurs précurseurs, dit positivement que la vérité, s'il y en a, est cachée dans un puits, & que l'idée même d'un Etre éternel & souverain ne consistoit qu'en opinion. Il en étoit de même de la morale. Pyrrhon enseignoit que « l'honneur & l'infamie des actions, leur justice ou leur injustice dépendent des loix humaines & de la coutume ». Si les Académiciens & les Sceptiques se conformoient à ces loix hu-

---

(*l*) Voy. La Mothe le Vayer, *de la vertu des Payens*, p. 226.

maines, ce n'est pas qu'ils les crussent justes & équitables. Ils n'en étoient pas certains, mais ils les suivoient, comme les autres, en suspendant leur jugement, parce qu'ils ne vouloient pas s'exposer aux suites de leur désobéissance. La secte de Carnéade alloit moins loin. Elle jugeoit au moins qu'il étoit probable qu'on devoit s'y conformer, & que cette probabilité suffisoit pour déterminer l'homme sage.

On peut se ressouvenir que cette doctrine de Pyrrhon avoit déja été mise au jour par Archelaüs, disciple d'Anaxagore (voyez *suprà*), avec cette différence qu'Archelaüs ne donnoit pas dans les suspensions & les incertitudes de Pyrrhon, & des Académiciens. Il reconnoissoit un bien & un mal moral, non pas en soi, mais par l'autorité des loix humaines pour le maintien de la société.

Pyrrhon, par une suite de ses principes, étoit d'une indifférence étonnante, n'aimant rien, ne désirant rien, & ne se fâchant de rien. Lorsqu'il parloit, dit Diog. Laerce, (L. 9), il s'embarrassoit fort peu qu'on l'écoutât ou non. Vivre ou mourir, étoit à ses yeux une chose parfaitement égale. Antigonus Carystius dit même qu'un chariot ou un précipice ne lui faisoient pas faire un pas en arriere ou de côté, & que ses amis qui le suivoient lui sauverent souvent la vie ; mais Œnésidemus, qui a écrit huit livres de la secte des Pyrrhoniens, nie le fait, & soutient que leur chef n'a jamais commis cette extravagance. Un jour son maître Anaxarque étant tombé dans un fossé, Pyrrhon, qui le vit, passa outre, sans daigner lui tendre la main. On le blâma comme de justice : mais Anaxarque ne s'en plaignit point,

& n'approuva pas qu'on censurât pour cela son disciple.

Pyrrhon ne composa jamais rien, de sorte qu'on ne peut juger de sa capacité par ses œuvres. Il vécut près de quatre-vingt-dix ans, & passa la meilleure partie de sa vie à Athènes. Il vivoit avec sa sœur, & se mêloit du ménage comme elle. Il portoit à vendre des poulets, des cochons de lait, &c., au marché. Il balayoit la maison, nettoyoit les meubles, comme s'il eût été la servante du logis. C'est que tout lui étoit indifférent, & qu'il ne croyoit pas qu'une chose valût mieux que l'autre. Cependant un jour il se fâcha contre sa sœur. On le lui reprocha, mais il s'en tira par une gasconnade. « Pensez-vous, répondit-il, que » pour une femme je veuille mettre en pra» tique la vertu » ?

Le système des Académiciens & des Pyrrhoniens est si extravagant, qu'on est étonné qu'il ait pu venir dans l'esprit des personnes raisonnables; & c'est pourquoi Sextus-Empiricus s'imaginoit qu'ils ne doutoient de tout qu'en apparence, & pour exercer leurs écoliers. Au moins ne comprend-t-on pas qu'ils aient porté la folie jusqu'au point de soutenir qu'ils ne savoient pas s'il existoit quelque chose ; car ils ne pouvoient douter qu'ils ne doutassent, ni s'imaginer que ce qui doute n'est rien, ou n'existe pas. Il faut donc dire qu'ils prétendoient excepter leur propre existence. De plus ils parloient de vérité, d'équité, de raison, de justice; ils en avoient donc l'idée. Or, comment pouvoient-ils douter, sans se faire illusion à eux-mêmes contre le témoignage clair & évident de leur conscience, que ces qualités ne fussent préférables au mensonge, à l'erreur, à la déraison, à l'injustice ? On pourroit pousser beaucoup plus loin ces réflexions.

XXIV.

SECTE DES PÉRIPATÉTICIENS.

ARISTOTE fondateur de cette secte.

Aristote naquit à Stagire, ville de Macédoine, la première année de la quatre-vingt-dix-neuvieme Olympiade. Il vint à Athènes à l'âge de dix-sept ans, & s'attacha à Platon, qu'il suivit pendant vingt ans. Il ramassa tout ce qu'il put trouver d'écrits sur la philosophie, à laquelle il s'appliqua avec un travail infatigable. On dit qu'il suppléa au voyage d'Egypte, qu'on croyoit alors nécessaire pour devenir savant, par des conférences qu'il eut à Athènes avec un Juif; mais ce fait, comme Bayle l'a très-bien montré, n'est appuyé sur aucun fondement; & ce que quelques Auteurs ajoutent, qu'il soit lui-même devenu Juif, est absolument controuvé. La réputation d'Aristote le fit choisir par Philippe, roi de Macédoine, pour être précepteur d'Alexandre-le-Grand son fils. Il enseigna à ce prince la physique, la morale, la politique, & une certaine philosophie, dit Plutarque, qu'il n'enseignoit à personne. Cette philosophie secrete consistoit à se mocquer intérieurement du Polythéisme vulgaire, & à l'autoriser à l'extérieur; à regarder toutes les religions comme un système politique nécessaire au maintien de la société, & à croire qu'il n'y a rien à espérer ni à craindre après la mort.

On prétend que pour faire de la peine à

Platon son ancien maître, dont il ne goûtoit pas la doctrine, au moins sur plusieurs points, il érigea, même de son vivant, une nouvelle école à Athènes : mais d'autres soutiennent qu'il ne fonda cette école qu'après la mort de ce Philosophe. Quoi qu'il en soit, les magistrats d'Athènes donnerent à Aristote le Lycée où il philosophoit avec ses disciples en se promenant, d'où sa secte fut appellée la secte des Péripatéticiens du mot grec περιπατειν se promener. On l'appelloit aussi le *Lycée*.

Aristote fut le premier qui rassembla les diverses parties de la philosophie pour en faire un système complet. Il ne regardoit pas la logique comme une partie de la philosophie, mais comme un moyen pour disposer l'esprit à découvrir les vérités qui sont renfermées dans cette science. Quoiqu'il y ait beaucoup de choses dans la logique & la physique de ce Philosophe qui marquent l'élévation & la profondeur de son génie, c'est néanmoins le plus foible de ses ouvrages. Son traité du Syllogisme est bon, il traite fort bien quelques questions de physique ; mais cette derniere partie ne renferme que des notions & des termes vagues, qui sont inutiles pour expliquer les phénomenes de la nature. Sa rhétorique & sa poétique sont estimées. Il y a de fort bons principes dans sa métaphysique & sa morale. On y trouve cependant de très-grands défauts, & des maximes non-seulement fausses & absurdes, mais dangereuses & impies.

Le premier principe de la philosophie d'Aristote, est qu'il y a une *science*, contre le sentiment de Platon & de la plupart des autres Philosophes antérieurs qui n'en admettoient point. L'ame, selon lui, acquiert des connoiffances par les fens ; & de ces connoiffances particulieres elle se forme d'elle-même, par l'opération de son entendement, des connoiffances univerfelles, certaines & évidentes, qui font la fcience. Ainfi il veut que de la connoiffance des chofes particulieres & fenfibles on monte à la connoiffance des chofes générales & immatérielles, étant persuadé de ce principe, que rien ne peut entrer dans l'esprit que par les fens. L'ordre qu'il fuit est celui de la connoiffance de l'esprit, qui va à la caufe par l'effet. Aristote avoit appris cette premiere méthode d'Architas, qui l'avoit reçue d'Exippe. Mais parce que cette connoiffance des chofes univerfelles formée par la connoiffance des particulieres à un principe fujet à l'erreur, qui est le fens, Aristote cherche à rectifier ce principe, en le rendant infaillible par le moyen de fon organe univerfel. C'est fa premiere méthode, & c'est dans cet organe qu'il établit l'art de la démonstration par celui du fyllogifme. Tel est en général le fond des principes d'Aristote, qui montre qu'il étoit dogmatique décidé, & très-oppofé au fyftême des Académiciens, des Pyrrhoniens, & de tous les anciens Philofophes qui leur avoient frayé la voie.

Mais pour nous borner à l'objet principal que nous nous fommes propofés, favoir, la nature de la divinité, celle de l'ame humaine, les principes conftitutifs de l'univers & la morale, voyons ce qu'Aristote a enfeigné fur ces objets importans.

Ce Philofophe n'embraffa point aveuglément le fyftême de Platon. Il en imagina un autre moins compliqué; & pour éviter la principale difficulté qui avoit tant exercé son maître, il ne crut pas devoir s'occuper de l'origine du mal. Il regardoit le mal physique comme une suite naturelle des événemens & des vicissitudes qui arrivent dans l'univers, & le mal moral comme un désordre indispensable dont les hommes ne répondoient pas, parce que tout arrivoit dans le monde par une nécessité fatale. *Omnia ita fato fieri, ut id fatum vim necessitatis afferret (censuit) Democritus & Heraclitus, Empedocles, Aristoteles, &c*, dit Cicéron (*m*).

Aristote admettoit avec Anaxagore, Socrate, Pythagore, Platon, &c. un Dieu suprême, une intelligence souveraine, spirituelle, infinie, immuable, douée en un mot de toutes les perfections. Il n'y ajoutoit point comme Platon une seconde intelligence, principe d'une infinité d'autres dieux & de génies préposés au gouvernement du monde; il n'en reconnoissoit qu'un nombre très-borné, émané du Dieu suprême; (car ce Philosophe jugeoit, comme les autres, que la création, soit des esprits, soit de la matiere, est impossible). Le grand Dieu ne se mêloit point, selon Aristote, de tout ce qui se passe dans l'univers; il s'en étoit déchargé sur ce petit nombre de Dieux inférieurs détachés de sa substance. Ces divinités subalternes donnoient le mouvement aux corps célestes, & présidoient au gouvernement du monde, sous la dépendance du Destin, auquel elles étoient soumises. Cependant Aristote, quoique Fataliste, ne laissoit pas que d'admettre une providence, mais une providence générale, qui ne s'étendoit point jusqu'aux

---

(*m*) Cicéron, de fato, c. 17.

individus, parce que, difoit-il, fi la providence s'étendoit jufqu'à eux, ou les actions des hommes feroient néceffitées, ou étant contingentes, leurs effets déconcerteroient les deffeins de la providence. Ne fachant donc comment concilier la prefcience avec le libre-arbitre qui paroît dans les actions des hommes, il nia que la providence s'étendît aux individus. Tout cela n'eft pas fort conféquent, mais il ne faut chercher ni jufteffe, ni liaifon, dans des fyftêmes imaginaires, tels que ceux de nos anciens Philofophes.

Ariftote ne penfoit pas, comme les autres Philofophes, que Dieu ou les Dieux euffent tiré la matiere du chaos, pour en former l'univers. Il rejettoit abfolument ce chaos, & croyoit que le monde, tel que nous le voyons, étoit éternel, c'eft-à-dire, qu'il a toujours fubfifté de la même maniere qu'il fubfifte aujourd'hui. Il confondoit donc le temps avec l'éternité, & faifoit l'éternité fucceffive.

Mais fi le monde, tel que nous le voyons, eft éternel, fuivant Ariftote, les Dieux inférieurs & l'homme exiftent-ils auffi de toute éternité? C'eft fur quoi ce Philofophe ne s'explique pas. Mais s'il y a des Dieux inférieurs de toute éternité, la fubftance divine dont ils font compofés, auroit donc été divifée d'elle-même de toute éternité. Et par rapport aux hommes, formés auffi de fubftance divine & de matiere, comment concevoir que, naiffant les uns des autres par des générations fucceffives, il n'y ait point eu de premier homme? ou s'il y en a eu un, comment pourroit-on dire qu'il exiftât de toute éternité? Doctrine fi abfurde, qu'il y a tout lieu de croire qu'Ariftote penfoit que le Dieu fuprême a d'abord gouverné le monde par lui-même de toute éternité; qu'ensuite il a détaché de sa substance les Dieux inférieurs pour se décharger sur eux de cet emploi, & qu'il a de même formé l'homme dans les temps marqués par ses decrets, pour habiter successivement une petite portion de ce vaste univers, qui, selon ce Philosophe, n'avoit jamais eu de commencement, & n'auroit jamais de fin.

Observons ici qu'Aristote, & tous les autres Philosophes qui n'admettoient point de création, devoient, s'ils eussent raisonné sensément, donner dans le système de Xénophane, chef de la secte Eléatique sur l'unité de substance (Voy. *supra*). Car toute substance qui n'a jamais commencé, & qui existe nécessairement, doit être immuable. En vain donc chercheroit-on les principes des générations & des corruptions; il ne s'en feroit point, si toutes choses étoient incréées. Or, comme ces Philosophes sentoient toute l'absurdité du système de Xénophane, ils auroient dû conclure de l'aveu qu'ils faisoient de l'existence des générations & des corruptions, la possibilité de la création proprement dite.

Avant que d'examiner le sentiment d'Aristote sur la nature de l'ame, il faut remarquer que dans son système, 1°. tout corps naturel comprend deux substances, dont l'une s'appelle *matiere*, & l'autre *forme*. 2°. Que la forme de tous les corps naturels est un être corruptible, & qui périt régulierement toutes les fois que le composé périt, c'est-à-dire, toutefois, par exemple, qu'un arbre, un chien, un oiseau sont convertis en quelqu'autre espece de corps naturel.

Cela posé, Aristote donne aux bêtes une

ame sensitive, c'est-à-dire, capable de sentir, de discerner, de desirer & même de penser, mais sans l'intelligence & la raison. Cette ame est matérielle, sans être ni matiere, ni corps, ni esprit. Les Peripatéticiens l'appellent une forme substantielle, qui est produite dans la matiere, quoiqu'elle ne soit pas matiere, & qui est mortelle & corruptible ; de maniere qu'elle périt en effet, lorsque la matiere à laquelle elle est jointe, & dont elle fait substantiellement partie, se convertit en une autre espece de corps naturel.

Quant aux hommes, ils ont de plus que les bêtes l'esprit ou l'intelligence, & la raison. « Cette intelligence raisonnable νοῦς existe de » tout temps, selon Aristote (n), & est une » émanation, une portion détachée de la substance du Dieu souverain ». Elle est beaucoup plus abondante & plus parfaite dans les Dieux inférieurs, émanés de même du grand Dieu, que dans les hommes : & c'est pourquoi Aristote fait une seconde distinction par rapport à ceux-ci. Il trouve que l'esprit humain est actif & passif; & de ces deux sortes d'esprits, le premier est *immortel* & *éternel*, & le second *mortel* & *corruptible* (o). Par intelligence passive il entendoit les sensations, les desirs, les passions de l'ame, qu'il croyoit devoir cesser à la mort. Car l'opinion de ce Philosophe étoit, que ces sensations & ces passions venoient d'une ame matérielle & très-subtile ψυχη, jointe à l'esprit divin, & qui répond à la forme substantielle dont nous avons parlé ; & c'est ce qu'il appelle

---

(n) Aristote in Ethicâ.
(o) Idem ibid.

intelligence passive, qui, selon lui, périt avec le corps; au lieu que le *voũs*, ou la portion de substance divine en quoi consiste l'intelligence active, continue toujours de subsister après la mort, & se réunit à son principe; c'est-à-dire, au Dieu suprême dont elle avoit été détachée. Voyez la note ci-devant à la p. 155.

Pour développer davantage cette étrange doctrine, il faut se rappeller deux principes d'Aristote. Le premier, que notre ame par elle-même est comme une table rase, *tabula rasa*. Le second, qu'il n'y a rien dans l'intellect qui n'ait d'abord été dans les sens: *Nihil est in intellectu, quod priùs non fuerit in sensu*. Il s'ensuit du premier principe, que notre ame n'a par elle-même aucune idée innée ou acquise, & qu'avant la premiere pensée actuelle elle est sans idées. Mais qu'est-ce qu'Aristote entend ici par l'ame ? Est-ce l'intelligence passive ? Etant matérielle & corruptible, on conçoit qu'elle n'a point d'idées. Mais conçoit-on de même qu'elle puisse en recevoir ? C'est ce qu'Aristote auroit dû prouver si c'étoit son sentiment; ou bien entendoit-il par l'ame l'intelligence active, ou le *voũs*, la portion divine de l'ame ? Cela n'est pas plus aisé à comprendre. Cette substance intelligente & essentiellement pensante, pourroit-elle être conçue sans idées ? Diroit-on que pour en avoir, il faut qu'elle les reçoive des sens ? Ce seroit une absurdité d'autant plus grande, qu'elle iroit contre l'essence des choses, & qu'elle seroit très-injurieuse à la Divinité. D'un autre côté, si c'étoit la portion divine de l'ame qui produisît toutes nos idées, seroit-il possible que nous tombassions dans l'erreur ? elle retomberoit sur Dieu même. Je ne doute pas que toutes ces réflexions ne soient venues dans l'esprit d'Aristote, & qu'il n'en ait été embarrassé. Pour se tirer de ce pas glissant, il profita des ouvertures que son maître Platon lui avoit données sur ces difficultés. Il s'imagina, comme lui, que la portion divine de l'ame, avant que d'être unie à l'intelligence passive, & au corps humain, connoissoit toutes choses, & ne pouvoit avoir d'idées fausses ou obscures ; mais qu'après cette union, elle contractoit une ignorance universelle, & avoit besoin que les sens, qui les premiers discernent le vrai & le faux, le lui présentassent, & lui fournissent par là l'occasion de le connoître & d'en juger. Or, comme les sens sont sujets à l'erreur, ils la présentent quelquefois à notre ame sous l'idée de vérité, & accompagnée de nuages, qui ne lui permettent pas de s'en appercevoir ; & c'est ainsi que l'intelligence active, quoique de nature divine, se trouve engagée dans toutes les erreurs & les faux jugemens qui sont si communs parmi les hommes, & qu'elle ne peut s'en garantir que par l'examen, les réflexions & le raisonnement. Mais n'est-ce pas dégrader indignement la Divinité, que de la démembrer ainsi, pour réduire ensuite chaque portion démembrée à la plus parfaite ignorance, & l'exposer à tous les vents des opinions humaines ? Ainsi le dénouement de Platon & d'Aristote ne peut les excuser d'absurdité & d'impiété ; d'absurdité, s'ils pensoient qu'une ame matérielle pût recevoir des idées spirituelles ; d'impiété, si après avoir divisé la substance divine, ils en ont fait le jouet de l'erreur.

On voit par tout ce que nous venons de dire sur le système d'Aristote qu'au lieu d'enseigner avec Platon & Pythagore, que l'homme a d'abord été formé dans un état parfait, & qu'ensuite étant devenu charnel & terrestre, il a été relégué dans les bas lieux de l'univers; on voit, dis-je, qu'au lieu de faire passer l'ame de l'homme terrestre par des épreuves sans fin, & par les vicissitudes de la métempsycose pour le purifier de ses taches, & le mettre en état de redevenir parfait & heureux dans une vie future; ce Philosophe tranche court sur tous ces objets, & met fin à tout le composé de chaque individu par la mort du corps. Dans le systême d'Aristote, 1°. la portion de substance divine à la mort de chaque homme, ou l'intelligence active νοῦς, qui pendant sa vie avoit été sujette à l'ignorance, & le jouet de l'illusion des sens, se trouve dégagée de ces imperfections, & se rejoint à son principe, comme une goutte d'eau qu'on auroit tirée de la mer, qui se seroit gâtée, & qu'on rejetteroit ensuite dans son sein, où elle reprendroit son ancienne pureté. 2°. L'ame matérielle ou l'intelligence passive ψυχη, qui produit les sensations, les desirs, les passions, se corrompt, périt & s'évapore; enfin le corps se dissout, & se réunit à la masse de la matiere.

On ne conçoit pas après cela comment Aristote a pu parler du libre arbitre. L'intelligence active étant une émanation de la substance divine, n'est pas libre pour le mal; l'intelligence passive étant destituée de raison, n'est libre ni pour le bien, ni pour le mal. Ou Aristote ne s'entendoit pas lui-même, ou il lui plaît d'appeler libre arbitre la simple diversité d'actions produite d'une maniere spontanée, sous l'empire de la fatalité (*p*), par l'une ou l'autre intelligence de chaque individu. En vain, diroit-on que l'intelligence passive, seul principe immédiat des actions humaines, n'agit point sans la raison, lorsqu'elle est éclairée par l'intelligence active ; car étant matérielle, elle ne peut être susceptible de raison, mais seulement d'instinct, comme dit Platon ; elle n'a rien de plus que ce que les Péripatéticiens appellent *forme substantielle* dans les animaux. Elle est d'une nature essentiellement différente de celle de l'intelligence active, & leur union dans l'homme ne les identifie pas. Or ces Philosophes conviennent que la forme substantielle dans les animaux ne les rend pas libres. Aussi Pomponace, philosophe du quatorzieme siecle, & grand admirateur & sectateur d'Aristote, se mit l'esprit à la torture pour tâcher de concilier avec le libre arbitre plusieurs maximes & principes d'Aristote ; & ne pouvant en venir à bout, il s'écrioit : « Voilà ce qui » me presse & me tourmente, ce qui m'em- » pêche de dormir, ce qui me rend fou ». *Ista sunt quæ me premunt, quæ me angustiant, quæ me insomnem & insanum reddunt* (*q*).

Dans toutes ces hypothèses d'Aristote, qui renversent le libre arbitre, & mettent fin à tout le composé de chaque individu par la mort du corps, que penser du vice & de la vertu ? Ils ne sont plus imputables à l'homme ; personne quelque genre de vie qu'elle embrasse, n'aura d'autres récompenses à attendre de ses bonnes œuvres, ni d'autres châtimens à crain-

---

(*p*) Voy. Cicéron, suprà de fato, c. 17.
(*q*) Pomponace, de fato, l. 3, c. 7.

dre de ſes crimes, que les viciſſitudes de la vie préſente, où la vertu eſt preſque toujours humiliée, & le vice heureux & mis en honneur. Et c'eſt, en effet, ce qu'Ariſtote enſeigne, en propres termes, dans ſon Ethique, où il dit « que la mort eſt la fin de notre » exiſtence, & qu'après elle, l'homme n'a » ni mal à craindre, ni bien à eſpérer ». Qu'on nous vante maintenant la morale d'Ariſtote; qu'on en rapporte ſes plus belles maximes ſur la fin des actions humaines, & ſur les devoirs de la ſociété ; qu'on la compare, qu'on l'éleve même au-deſſus de celle de Platon, elle ne pourra ſervir tout au plus qu'à régler quelques actions extérieures de cette vie dans ceux qui, par des motifs purement humains, & pour ſe ſatisfaire eux-mêmes, aimeront mieux vivre en honnêtes gens qu'en impies. Mais quelle barriere oppoſera-t-elle au crime qu'elle laiſſe commettre impunément, & comment le commun des hommes auſſi charnels & auſſi corrompus qu'ils ſont, ſe détermineront-ils à ſe faire violence à eux-mêmes, pour vaincre leurs paſſions qu'ils aiment, & mener une vie vertueuſe qu'ils n'aiment point, s'il n'y a ni *mal à craindre*, *ni bien à eſpérer* après cette vie?

Pluſieurs diſciples d'Ariſtote voulant éviter les abſurdités du ſyſtême des émanations divines dans chaque individu, ont imaginé une ame ou intelligence générale, qui, ſans ſe multiplier, anime tous les individus de l'eſpece humaine en tant qu'ils exercent les fonctions de l'ame raiſonnable. Pomponace (*r*)

(*r*) Pomp. de imm. animæ, c. 3.

remarque que Themistius, Péripatéticien du quatrieme siecle, & Averroès qui vivoit dans le douzieme, ont tenu ce sentiment, & l'ont attribué à Aristote, dans les Commentaires qu'ils ont faits sur ses ouvrages. Les Jésuites de Coïmbre (s) vont plus loin, & prétendent que Théophraste, disciple & successeur d'Aristote dans le Lycée, a entendu de la même maniere la doctrine de son maître. Enfin plusieurs Péripatéticiens modernes ont aussi soutenu que dans les hypothèses d'Aristote, l'entendement de tous les hommes est une seule & même substance; avec cette différence que les uns veulent que cette seule & même substance, suivant ce Philosophe, soit dans tous les hommes comme une forme assistante, & que les autres prétendent qu'elle y est en qualité de forme informante.

Alexandre Aphrodisée, célebre Péripatéticien, qui professoit à Rome sous Marc-Aurele, admettoit de même, comme doctrine d'Aristote, une intelligence active, universelle, qui imprime, disoit-il, dans chaque homme, l'intellect passible, c'est-à-dire, la capacité de penser, & qui la réduit en action. Il ajoutoit que cette intelligence universelle est Dieu même. Ainsi il la regardoit comme une forme assistante qui est hors de l'homme; & c'est ce que Prisque de Lydie confirme, lorsqu'il dit que l'intelligence active, ou l'intellect agent, qui est Dieu même, ne fait point partie de l'ame, *non esse partem animæ* (t).

Cette doctrine d'une ame universelle n'est

(s) L. 2, de animâ, c. 1, quæst. 7, c. 1.
(t) Ibid, l. 3, de animâ, c. 5, quæst. 1, art. 1.

guère moins absurde que celle des émanations; & en disant que cette ame universelle est Dieu même, on profére une grande impiété. 1°. Elle est très-absurde. Quoi de plus insensé que de dire, par exemple, que deux hommes qui s'entretuent, dirigés chacun par leurs actes intellectuels, ont la même ame, ou que deux Philosophes dont l'un nie, & l'autre affirme la même thèse en même-temps, ne font qu'un seul être à l'égard de l'intellect ? 2°. Cette doctrine est impie, si l'on dit que cette ame universelle est Dieu même; car c'est rejetter sur Dieu toutes les folies, les fausses idées, les erreurs, les contradictions que nous remarquons dans notre entendement.

Malgré toutes les autorités Péripatéticiennes que nous venons de rapporter, nous ne croyons point qu'Aristote ait jamais enseigné cette doctrine d'une ame universelle; & nous ne voyons pas non plus qu'elle ait été enseignée par aucun des autres Philosophes : ils entendoient par le νοῦς ou intelligence de l'homme, une portion détachée de la substance divine, qui formoit dans l'homme une substance particuliere & permanente, & qui y produisoit tous les actes intellectuels & raisonnables, mais dépendamment des sens. C'est ce qui paroît clairement par ce que leur objectoit Cicéron : qu'en détachant ainsi de Dieu toutes les ames des hommes, on le déchiroit, & on le mettoit en pieces : *Distractione humanorum animorum discerpi ac dilacerari Deum* (*v*).

Ce qui paroît avoir trompé les disciples d'Aristote sur ce point particulier, c'est que ce

---

(*v*) Cicéron, l. 1. de naturâ Deorum.

Philosophe enseigne qu'il n'y a que les substances matérielles qui puissent se multiplier: d'où ils ont conclu que le νοῦς ou intelligence active dont il parle, n'étant point matérielle, selon lui, il devoit admettre, dans ses principes, une ame universelle qui animoit tous les hommes; mais cette conséquence n'est pas nécessaire. Car Aristote, en admettant le système des émanations, pouvoit très-bien dire que ces portions de la Divinité venoient de la même substance divine, qui, sans se multiplier, c'est-à-dire, sans former plusieurs Dieux, animoit chacun des hommes en particulier, & leur donnoit à tous l'idée commune ou universelle, soit de l'essence des choses, soit des vérités particulieres.

De plus, 1°. si Aristote eût admis une ame universelle, ou cette ame auroit été détachée du Dieu suprême, (& alors ç'auroit été retomber dans le système des émanations), ou elle n'en auroit été que la forme assistante; & dès-lors l'ame humaine n'auroit consisté que dans ce qu'Aristote appelle *l'intellect passif*, qui se corrompt & se détruit à la mort. Il est certain que ce n'est point là le sentiment de ce Philosophe, qui a toujours regardé le νοῦς ou l'intellect actif, comme une portion essentielle de l'ame humaine. 2°. Si Aristote eût enseigné une ame universelle, lorsqu'il disoit que notre ame est une *table rase*, il n'auroit pu entendre par cette ame que l'intellect passif; & lorsqu'il ajoutoit qu'il n'y a rien dans l'intellect qui n'ait été auparavant dans les sens, cela n'auroit pu signifier autre chose dans sa bouche, sinon que l'ame universelle faisoit passer des idées dans l'intellect passif par le canal des sens, & par conséquent que cet intellect, qui n'étoit dans son système qu'une forme substantielle semblable à celle des bêtes, étoit capable d'idées spirituelles & de raison. On a vu plus haut que ce n'est point là non plus la doctrine d'Aristote. Enfin ce Philosophe enseignoit qu'il y a des Dieux inférieurs, distingués entr'eux & du Dieu souverain. Il n'y avoit point en eux d'intellect passif, ni par conséquent d'ame universelle, qui pût être la forme de leur individu. Il ne pouvoit donc les considérer que comme de pures émanations de Dieu. On ne voit pas pourquoi il auroit fait plus de difficulté d'admettre des émanations inférieures par rapport aux hommes.

Au reste, quelque système qu'Aristote ait embrassé sur cet article, sa doctrine sur notre état futur n'en étoit pas plus pure. Car il en inféroit toujours, 1°. qu'à la mort l'opération divine dans l'homme, (telle qu'on veuille la supposer) cesse, & que l'ame mortelle & corruptible périt avec le corps; 2°. que par conséquent « la mort est la fin de notre existence, & qu'il n'y a rien à craindre ni à espérer après cette vie ».

Il nous resteroit à dire quelque chose de la physique d'Aristote, mais nous aurons occasion d'en parler dans la suite. Nous nous contenterons ici de dire qu'il ôtoit aux quatre élémens la nature de premier principe, pour le donner à un seul être qu'il appelloit *matiere premiere*, & qui n'a, selon lui, nulle forme, mais qui peut recevoir toutes les formes. C'est cette matiere premiere, dont il fait sortir les quatre élémens qui composent tous les corps, & en laquelle ils se résolvent tous, ou se vont rendre en derniere analyse. Mais comment Aristote, qui croyoit éternel le monde tel qu'il est, pouvoit-il admettre cette matiere premiere ? Il est vrai que, suivant sa maniere de penser, elle n'avoit jamais été sans les formes qui constituent le monde tel qu'il est, mais ces formes n'en étoient pas moins celles d'une matiere indifférente à telle ou telle forme, & cette matiere étoit susceptible d'un changement de forme. L'eau pouvoit devenir feu, l'air pouvoit devenir eau, l'eau pouvoit devenir terre, &c.

Aristote (*x*) nie qu'il y ait des corps au-delà du ciel : ce qui suppose qu'il admettoit un vuide infini au-delà du monde ; car rien ne seroit plus absurde, que d'admettre au-dessus du dernier ciel un espace vuide & borné.

Ce grand Philosophe ne laissa pas de se marier, & même avantageusement. Il épousa la sœur d'Hermias son ami, Prince d'Atarne, petite ville de Misie, & qui étoit sa fille d'adoption. Elle s'appelloit Pithias. Il l'aima tant, qu'il lui offrit des sacrifices après sa mort, & même de son vivant, selon plusieurs ; mais un fait si extraordinaire de la part d'Aristote, qui enseignoit, dit Origènes (*y*), que les prieres & les sacrifices ne servoient de rien, demanderoit d'être appuyé sur les plus forts témoignages. Cependant il lui survint une affaire fâcheuse au sujet de la Religion. Un Prêtre de Cérès, nommé Eurimedon, l'accusa d'impiété ; les Auteurs varient sur l'objet de cette accusation, & l'on ignore les circonstances de cette affaire. Diogene-Laerce dit que ce fut à cause d'une hymne composée

---

(*x*) Arist. l. 1, de Cœlo, c. 9.
(*y*) Orig. cont. Celsum, l. 1.

pour Hermias, dont il avoit épousé la fille d'adoption : & à cause d'une inscription gravée sur la statue du même Hermias au temple de Delphes ; mais cette hymne & cette inscription, qui ont été conservées par Athenée & Diogene-Laerce, ne renferment rien qui ait rapport à la Religion. Origènes, qui parle aussi de ce procès d'impiété qu'on vouloit faire à Aristote, se contente de dire qu'il étoit fondé sur quelques-uns de ses dogmes (z) ; apparemment, comme dit Origènes au même endroit, parce qu'il méprisoit les sacrifices, & peut-être parce qu'il disoit trop librement ce qu'il pensoit sur les superstitions du culte public des Athéniens. Quoi qu'il en soit, comme Aristote connoissoit le peuple d'Athènes, qui étoit très-délicat sur sa religion, il se justifia par une apologie fort ample qu'il adressa aux Magistrats ; mais ce ne fut qu'après être sorti de cette ville : car le souvenir du traitement que Socrate en avoit reçu dans une occasion pareille, l'épouvanta tellement, qu'il se retira à Calchis, ville d'Eubée ; & c'est ce qui a fait croire à quelques Auteurs qu'il s'empoisonna, pour éviter la poursuite de ses ennemis ; mais il n'avoit pas besoin de sortir d'Athènes, pour se délivrer de la persécution par cette voie. Héfichias (a) assure non-seulement qu'il y eut arrêt de mort contre lui, il ajoute même qu'on l'obligea d'avaler de l'aconit en exécution de l'arrêt. Si la chose étoit vraie, elle seroit rapportée par plus d'Auteurs. Quelques-uns ont dit qu'il mourut d'une colique.

(z) Idem. ibid, l. 2.
(a) Hesichias, in vitâ Aristotelis.

D'autres prétendent que la honte de n'avoir pu découvrir la cause du flux & reflux de l'Euripe, fit qu'il se jetta dans la mer. Justin raconte seulement que la honte de n'avoir pu découvrir ce phénomene, le fit mourir : ce qu'on peut entendre en ce sens, que les fatigues qu'il se donna, & la forte application qu'il y apporta, ruinerent sa santé, & lui attirerent la maladie qui le fit mourir. Aristote mourut la troisieme année de la cent quatorzieme Olympiade, âgé de soixante-trois ans.

Ceux de Stagire sa patrie enleverent son corps, & lui dresserent des autels. Ce Philosophe mangeoit peu, & dormoit encore moins. Pour résister à l'accablement du sommeil, il étendoit hors de son lit une main dans laquelle il y avoit une boule d'airain, afin de se réveiller au bruit qu'elle faisoit en tombant dans un bassin. On dit la même chose d'Alexandre-le-Grand, dont Aristote avoit été l'instituteur.

X X V.

Disciples & successeurs d'ARISTOTE dans le Lycée.

Aristote avoit deux principaux disciples, Aristoxene de Tarente, & Théophraste d'Erese. Aristoxene crut que son maître le feroit son successeur, mais son peu de santé fut cause qu'Aristote préféra Théophraste ; ce qui fâcha si fort Aristoxene, qu'il ne parla plus depuis d'Aristote qu'avec mépris. Il composa plusieurs Ouvrages de philosophie, d'histoire & de musique.

Ce fut donc Théophraste d'Erese, fils de Melanthe, qui succéda à Aristote. Il avoit d'abord étudié sous Leucippe, & sous Platon. Il mourut à quatre-vingt-cinq ans. On n'a de lui qu'un seul ouvrage de morale, intitulé *Les Caracteres*, qui a été commenté par Casaubon, & traduit en françois par la Bruyere; tous les autres sont perdus.

Héraclide d'Héraclée dans le Pont, fils d'Eutiphron, fut aussi un des plus célebres disciples d'Aristote. Il se mit d'abord sous la conduite de Speusipe, Platonicien, & passa ensuite sous celle d'Aristote, vers la troisieme Olympiade. Il a laissé divers Ouvrages qui furent estimés, au jugement de Cicéron, & de Diogene-Laerce.

Erasistrate succéda à Théophraste; il étoit fils de Pythias, fille d'Aristote, & par conséquent petit-fils de ce Philosophe. Cette Pythias, qui portoit le nom de sa mere, fut mariée trois fois : 1°. à Nicano, suivant le testament de son pere, 2°. à Proclus, issu de Démarate, Roi de Lacédémone, & ensuite à Métrodore le Médecin. Les deux fils qu'elle eut de son second mariage, dont l'un étoit Erasistrate, étudierent la philosophie sous Théophraste, & celui-ci fut son successeur. Elle eut aussi de Métrodore une troisieme fille, qui porta le nom d'Aristote.

Après Hérasistrate, Straton de Lampsaque, fils d'Arcesilaüs, & disciple de Théophraste, gouverna pendant dix-huit ans l'école des Péripatéticiens. Il avoit été précepteur de Ptolemée-Philadelphe, & il laissa un grand nombre d'Ouvrages. Il tira les conséquences les plus outrées de la doctrine d'Aristote, ne reconnoissant ni vertu, ni vice, ni Providence, ni peut-être aucune Divinité : & poussant l'injustice & l'aveuglement jusqu'à dire que tout
est

est l'effet du hasard, & d'une aveugle destinée.

Lycon succéda à Straton, & Critolaüs contemporain de Carnéades à Lycon. Les autres successeurs d'Aristote sont inconnus jusqu'à Andronicus de Rhodes, qui disposa les livres de ce Philosophe dans l'ordre où nous les avons aujourd'hui.

DICEARQUE.

Dicéarque étoit de Messine en Sicile. Il florissoit vers la fin du cinquieme siecle des Olympiades, & s'attacha à l'école des Péripatéticiens. Il s'appliquoit non-seulement à la philosophie, mais il cultivoit encore la Géographie, & y réussissoit. Il nous est resté un de ses Traités sur cette matiere. Il fit un Ouvrage très-estimé de la République de Lacédémone. On ne peut pas dire la même chose de celui qu'il composa contre l'immortalité de l'ame, & que Moréri attribue mal-à-propos à un autre Dicéarque de Lacédémone, & disciple d'Aristarque, qui vivoit du temps d'Archimede, fameux méchanicien, vers la cent quarante-deuxieme Olympiade, & qui est un des premiers qui ait soutenu que la terre tourne sur son centre, & qu'elle décrit tous les ans un cercle autour du soleil.

Voici comment Cicéron (*b*) expose l'opinion de Dicéarque sur l'ame : *Inducit*, dit-il, *nihil esse omninò animum, & hoc esse nomen totum inane, frustraque & animalia & animantes appellari, neque in homine inesse animum vel*

___

(*b*) Cicéron, Tuscul. c. 1.

animam, nec in bestiâ; vimque eam quâ vel agamus quid, vel sentiamus, in omnibus corporibus vivis æqualiter esse fusam, nec separabilem à corpore esse, quippe quæ nulla sit, nec sit quicquam nisi corpus unum & simplex, ita figuratum ut temperatione naturæ vigeat & sentiat. Ainsi, selon Dicéarque, ce que nous appellons *ame* n'est point une substance, mais une certaine force, imprimée aux corps vivans par la nature, & inséparable de ces corps, qui les fait penser & sentir : c'est-à-dire, que ce Philosophe étoit un pur Matérialiste. Sans doute qu'il pensoit qu'à la mort du corps, cette force, imprimée par la nature, l'abandonnoit, & qu'il ne conservoit que la faculté de la recevoir de nouveau; car s'il la croyoit tellement inséparable du corps vivant, qu'elle lui fût essentielle, il s'ensuivroit qu'un cadavre penseroit & sentiroit comme quand il étoit vivant, étant contradictoire qu'un être soit jamais sans son essence. Bayle attribue à Dicéarque ce sentiment extravagant : je ne vois pas néanmoins qu'il suive nécessairement des principes de ce Philosophe.

Une des maximes de Dicéarque étoit, qu'il faut faire ensorte d'être aimé de tout le monde, mais qu'il ne faut se lier qu'avec les honnêtes gens.

XXVI.

SECTE DES STOICIENS,

ZENON, fondateur de cette secte.

Zénon étoit natif de la ville de Citium en Chypre. Il se fixa à Athènes, y ayant été jetté par un naufrage, qu'il jugea depuis lui avoir été si avantageux, qu'on l'entendoit souvent se louer de la faveur des vents, qui l'avoient si heureusement fait échouer au port du Pyrée. Il étudia sous Cratès, Platonicien, qui termina la premiere Académie : ainsi il étoit contemporain d'Arcésilaüs, qui fonda la seconde. Zénon, après avoir composé plusieurs livres, se vit suivi d'un grand nombre de disciples; ce qui l'engagea à fonder une nouvelle secte, qu'on appelle la secte des Stoïciens, à cause d'un Portique, en grec στοα, qui étoit un lieu dans Athènes où il s'assembloit avec ses disciples pour conférer.

Zénon & les Stoïciens ses disciples, conserverent le dogme de l'ame du monde (qui formoit suivant lui un animal parfait), enseigné par Pythagore & Platon : c'étoit même la partie principale de leur Théologie. Ils ne reconnoissoient point d'autre Dieu suprême que cette ame du monde, qu'ils faisoient éternelle, infinie, immuable, &c. Ils n'admettoient point la premiere intelligence, le pere, par excellence de l'ame du monde, des Platoniciens, ni cette foule de Dieux inférieurs, émanés de la substance divine, que ces derniers Philosophes faisoient présider au gouvernement de l'Univers. Le seul & unique Dieu que les Stoïciens regardoient comme l'ame du monde, conduisoit tout par lui-même. Ce n'est pas qu'ils ne parlassent, comme les autres, de tous les Dieux qu'on adoroit dans tous les différens pays : mais ils soutenoient en même-temps que les noms & les qualités par lesquels on désignoit ces Dieux, n'étoient que de simples titres imaginés par les Grecs, pour marquer tous les attributs de la bonté & de la puissance de l'ame du monde, le seul Dieu qui existât véritablement. En cela ils étoient plus raisonnables que les autres Philosophes : mais en supposant que c'étoit-là le sentiment des Grecs, agissoient-ils avec sincérité ? Il est clair, comme on leur a reproché souvent, que ce n'étoit ni l'opinion des Philosophes, qui reconnoissoient de vrais Dieux inférieurs, émanés du Dieu souverain, ni du peuple, qui ne regardoit point ses Dieux comme de simples attributs d'un être unique.

Quoique Dieu, selon les Stoïciens, gouvernât le monde, ils vouloient néanmoins qu'il dépendît du destin, & qu'il fût dans l'impuissance d'interrompre un certain ordre ou enchaînement d'événemens, selon lesquels toutes choses, disoient-ils, arrivent nécessairement.

Mais les Stoïciens enseignoient-ils que Dieu avoit formé l'Univers des matériaux du chaos, comme Pythagore & Platon l'ont pensé ; ou que le monde, tel qu'il subsiste, est coéternel à Dieu, suivant le système d'Aristote ; ou enfin que la matiere & le monde qui en dérive, est une émanation de la substance divine, selon le système de la secte Caballique. Il y a des Auteurs qui attribuent ce dernier sentiment aux Stoïciens, & ils s'appuient sur ce passage de Seneque (c) : *Eumdem quem nos Jovem intelligunt custodem, rectoremque universi, animum ac spiritum mundani hujus operis Dominum & artificem, cui nomen omne convenit. Vis illum fatum vocare, non errabis ? Hic est ex quo suspensa sunt omnia, causa causarum. Vis illum Providentiam dicere ? Rectè*

(s) Seneque, quæst. natural. l. 2, c. 45.

dices : *est enim cujus consilio huic mundo providetur, ut inconcussus eat, & actus suos explicet. Vis illum naturam vocare ? Non peccabis : est enim ex quo nata sunt omnia, cujus spiritu vivimus. Vis illum vocare mundum ? Non falleris : ipse enim est totum quod vides, totus suis partibus inditus, & se sustinens vi suâ.* Et ailleurs (*d*) : *Quid est autem cur non existimes in eo divini aliquid existere qui Dei pars est ? Totum hoc quo continemur, & unum est & Deus, & socii ejus sumus & membra.*

Lucain dans sa Pharsale (*e*) fait dire dans ces trois vers la même chose à Caton d'Utique, aussi fameux Stoïcien que Seneque :

Est-ne Dei sedes nisi terra, & pontus & aer,
Et cœlum & virtus ? Superos quid quærimus ultrà ?
Jupiter est quodcumque vides, quocumque moveris.

Tout bien examiné dans ces textes, on n'y enseigne point qu'il n'y ait qu'un seul être, une seule substance, ni que la matiere soit une émanation de la substance divine. 1°. On y distingue clairement la substance spirituelle, d'avec la substance matérielle. 2°. Dans l'un de ces textes on dit expressément que le monde est la demeure & le siége de la Divinité, *Dei sedes* ; & dans l'autre, que c'est l'Etre souverain qui l'a formé & qui l'anime, le régit & le gouverne comme en étant le maître absolu : *Hujus operis dominum & artificem.* Il est vrai qu'on ajoute que le monde est une partie de Dieu, *Dei pars* ; & que ce Dieu,

---

(*d*) Seneque, idem Epist. 92.
(*e*) Lucain, Pharsal. l. 9, vers 578.

H iij

c'est tout ce que nous voyons : *totum quod vides, quodcumque vides.* Mais ces expressions marquent seulement, 1°. que l'union de Dieu avec le monde qu'il anime, est si grande, qu'on peut la comparer, jusqu'à un certain point, à celle de nos ames avec nos corps ; & comme il ne s'ensuit point de cette union de nos ames avec nos corps, que les uns & les autres soient une seule & même substance, ni que nos corps soient des émanations substantielles de nos ames, il ne s'ensuit point non plus de l'union qu'on suppose, dans ces passages, entre Dieu & le monde, que l'un & l'autre ne soient qu'un seul & même Etre, ou que la substance matérielle soit une émanation de celle de Dieu. 2°. Ces paroles : Dieu est tout ce que nous voyons, *totum quod vides*, ne sont qu'une suite toute naturelle de cette idée des Stoïciens. Ces Philosophes croyant que Dieu est l'ame de l'Univers, à-peu-près comme notre ame anime le corps, pouvoient dire, en un certain sens, qu'en voyant le monde, on voyoit Dieu dans l'ouvrage extérieur qu'il avoit fait, auquel il s'étoit uni, & qu'il gouvernoit par sa puissance ; de même qu'on peut dire d'un homme, qu'en le voyant on apperçoit son esprit, qui se manifeste par toutes les opérations du corps.

Il paroît donc que Zénon & les Stoïciens n'avoient point d'autre système sur ce point dogmatique, que celui de Pythagore & de Platon, (sous lequel Zénon avoit étudié). Ils croyoient, comme ces Philosophes, que la matiere est éternelle ; qu'une intelligence souveraine, immuable, infinie, & qui existoit aussi de toute éternité, l'avoit tirée du chaos, & qu'elle en avoit formé le monde, dont elle étoit devenue l'ame. Toute la différence qu'il y avoit sur ce point particulier, entre la doctrine de Pythagore, & de Platon, & celle des Stoïciens, c'est que Pythagore & Platon admettoient une premiere & suprême intelligence qui s'étoit déchargée sur son fils, principale émanation de sa substance, de la construction, & du gouvernement du monde; au lieu que les Stoïciens ne connoissoient d'autre intelligence souveraine, que celle qu'ils appelloient *l'ame de l'Univers*.

Les Stoïciens pensoient aussi comme Pythagore & Platon sur l'origine du mal. Ils étoient fort eloignés de l'attribuer à Dieu; ce qu'ils entendoient non-seulement du mal moral, mais encore du mal physique. Ils convenoient que Dieu avoit eu l'idée d'un monde parfait, qu'il avoit empêché le mal autant qu'il avoit pu, & que le désordre ne s'étoit introduit dans l'Univers que malgré lui; parce que, d'un côté, le destin, & de l'autre, l'ame turbulente de la matiere avoient mis un obstacle invincible à ses desseins. C'est ce qui paroît par la Préface du premier Livre des Questions naturelles de Seneque, où il se demande: *Utrùm...... Deus quod vult efficiat, an in multis rebus illum tractanda destituant, & à magno artifice pravè formentur, non quia cessat ars, sed quia id in quo exercetur sæpè inobsequens arti est?*

La création paroissant impossible aux Stoïciens, comme aux autres Philosophes, ils ne croyoient pas que nos ames fussent tirées du néant. Ils les composoient en partie de substance intelligente, & en partie de substance matérielle. Ils enseignoient que la portion intelligente est une émanation de l'ame du monde,

& que la partie sensible, qui renferme, selon eux, les sentimens, les affections & les passions, vient d'une matiere très-subtile & très-agitée, que les Philosophes appelloient *l'ame de la matiere*, & qu'ils croyoient sujette à la corruption. On reconnoît encore ici le système de Pythagore, de Platon, d'Aristote, &c. Il est difficile de concilier cette notion de l'ame avec la liberté (nous l'avons déja remarqué); aussi les Stoïciens, plus conséquens en cela que plusieurs autres Philosophes, étoient-ils fatalistes décidés; ils croyoient que tout arrivoit dans le monde par une nécessité inévitable, & même les actions de l'homme qui paroissent les plus contingentes. La même fatalité déterminoit les uns à la vertu, & les autres au crime. Elle rendoit les bons tantôt heureux, & tantôt malheureux, suivant ses aveugles caprices; & à l'égard des méchans, elle récompensoit ou punissoit (ce qui est plus inconcevable) les mauvaises actions qu'elle leur avoit fait commettre nécessairement, & sans qu'ils pussent en aucune maniere les éviter. Tout le monde sait ce que Zénon répondit à son valet, en le battant, parce qu'il l'avoit volé. Celui-ci ayant dit qu'*il étoit destiné à voler; & à être battu*, répondit Zénon.

Il n'y a point de secte qui se soit si fort exercée à la Logique, que celle des Stoïciens. Outre tout ce qu'Aristote avoit dit de cette science, ils mirent en œuvre les artifices de tous les sophistes qui avoient paru. Ils se servoient de certaines interrogations vives, courtes & si captieuses, qu'il étoit difficile de ne s'y pas laisser embarrasser. Leurs raisonnemens n'étoient soutenus que par des distinctions subtiles; ils employoient presque toujours les mots dans un sens équivoque, & éloigné de celui qu'on leur donnoit ordinairement. C'étoient, en un mot, les plus redoutables chicaneurs : & leur but en cela étoit de suppléer, par leurs subtilités, au peu de solidité de leur doctrine, & principalement de leur morale ; car c'étoit à cette partie de la Philosophie qu'ils s'appliquerent préférablement à tout le reste.

Le principe de la morale de Zénon, étoit de *vivre conformément à la nature* ; & selon lui, vivre conformément à la nature, c'est vivre selon la raison, parce que la raison est un présent de la nature, donné à l'homme pour la conduite de sa vie : enfin, vivre selon la raison, c'est, selon Zénon, s'attacher à la vertu, qui seule est capable de rendre l'homme heureux. Il disoit que la raison & la vertu étoient renfermées dans des bornes aussi étroites que la vérité, & que comme tout ce qui est opposé à la vérité, est également faux, ainsi tout ce qui est contre la raison & la vertu, est également déraisonnable & vicieux, & par conséquent que les vices étoient tous égaux ; ensorte que c'est un aussi grand péché de tuer un cheval, qu'un homme, de tuer un homme de basse condition, qu'un Roi, ainsi que Plutarque le témoigne. Zénon soutenoit encore que les vertus étoient si étroitement unies ensemble, que celui qui en possédoit une, les possédoit toutes, & que le sage ne pouvoit jamais perdre sa vertu.

Sur ces principes, les Stoïciens formerent l'idée d'un Sage tout-à-fait extravagant : ils le représentoient dans une parfaite indifférence pour *les choses externes* ; c'est-à-dire, selon eux, pour tout ce qui ne se rapporte point à la vertu, tels que la plupart des biens & des maux de cette vie, la santé, la maladie, les richesses, la pauvreté, la prospérité, l'affliction, la liberté, l'esclavage, &c., comme si toutes ces choses n'avoient aucun rapport à la vertu. Le Sage des Stoïciens étoit par conséquent au dessus des douleurs les plus piquantes, & incapable d'être ému par aucune passion. Dans l'esclavage, il portoit le sceptre. Lui seul, sans emploi, administroit la République. Il n'y avoit que lui qui fût poëte, orateur, citoyen & véritable ami. Dans la pauvreté lui seul étoit riche, & né de la plus basse extraction, lui seul étoit noble. Il n'y avoit que lui qui fût vraiment savant : environné de la vertu, il étoit au-dessus de toutes sortes de miseres. Un tel Sage est une chimere. Tous ces beaux raisonnemens n'étoient propres qu'à éblouir le peuple, & remplir d'orgueil ceux qui les faisoient. Aussi étoit-ce un caractere de leur Sage, de vivre dans le grand monde, & d'éviter la solitude. *Il ne faut pas*, disoit Zénon, *que le Sage vive dans la solitude*.

Ainsi la prétendue vertu des Stoïciens consistoit dans une indifférence générale pour tout ce qu'ils ne jugeoient pas à propos de considérer comme vertueux, dans une constance affectée au milieu des disgraces de cette vie, & dans la pratique exacte des devoirs de la société civile. Cicéron s'est principalement attaché à ce dernier point dans ses trois Livres, *de Officiis*, où il expose fort au long, & très-bien, toute la morale des Stoïciens. On voit dans cet Ouvrage qu'ils n'admettoient que des vertus sociales, & qui se bornoient aux devoirs réciproques auxquels nous sommes obligés les uns envers les autres. Ils n'avoient aucune idée des vertus qui réforment le cœur, ni de l'amour de Dieu dont ils connoissoient l'existence, ni de l'humilité, ni de la chasteté, &c. Il ne leur venoit pas même dans la pensée d'adorer l'Etre souverain, de lui obéir, & de lui rapporter toutes leurs actions comme à leur fin derniere, mais ils ne vivoient que pour leur propre satisfaction, & ne se rapportoient qu'à eux-mêmes leurs prétendues vertus : & c'est pourquoi saint Augustin les appelle des *vertus superbes*; d'où il conclut que ce n'étoit point effectivement des vertus, mais des vices revêtus de quelques ornemens extérieurs de la vertu. En effet, l'orgueil, la complaisance en soi-même, & la vaine idée de passer pour sages & vertueux, & de s'attirer l'estime & l'applaudissement des hommes, perçoient de toutes parts dans les actions de ces Philosophes.

Mais quelle récompense les Stoïciens se promettoient-ils pour ces vertus chimériques dont ils faisoient parade ? 1°. Ils n'en méritoient aucune ; car ne se croyant pas libres, toutes les belles actions dont ils se vantoient, ne leur étoient pas plus imputables que le mouvement bien réglé ne l'est à une machine qu'une cause extérieure mettroit en action nécessairement. Ils pouvoient se réjouir de ce que la fatalité les avoit mis au rang des Sages, mais ils ne pouvoient s'en prévaloir vis-à-vis les méchans, que la même fatalité avoit rendus inévitablement insensés ou criminels ; de même qu'une machine bien organisée ne peut s'en prévaloir vis-à-vis d'une autre qui le feroit mal. Ils ne pouvoient prétendre raisonnablement aux louanges & aux applaudissemens des hommes, parce qu'ils fuppofent un agent libre & méritant ; & que ces Philofophes ne fe regardant pas comme tels, il auroit été auffi ridicule de les combler d'éloges, & de blâmer le commun du peuple qui donnoit dans toutes fortes de vices, qu'il le feroit de rendre une horloge refponfable de ce qu'elle va bien ou mal. 2°. Les Stoïciens mettoient leur fouverain bonheur dans la jouiffance de leurs fauffes vertus, & dans les applaudiffemens qu'elles leur attiroient. Vaine félicité qui fe bornoit à la vie préfente ; car, quoique Zénon & fes difciples parlaffent devant le peuple de peines & de récompenfes après cette vie, pour ne point s'oppofer à la Religion vulgaire, & à la politique des Légiflateurs & des Princes, dans laquelle ils entroient, on fait de Plutarque que, fuivant Zénon, l'ame meurt avec le corps, apparemment dans le fens d'Ariftote (Voy. *suprà*); car Seneque obferve que les Stoïciens penfoient, comme ce Philofophe, qu'il y avoit en nous une portion de la fubftance divine qui ne périffoit point à la mort, mais qui fe réuniffoit à fon principe, c'eft-à-dire, à l'ame du monde. Il n'y avoit que l'ame matérielle qui éprouvât la corruption ; & la conféquence qu'ils en tiroient avec Ariftote, c'eft qu'il n'y a rien à craindre ni à efpérer après la mort. C'eft dans cette vue que Chryfippe, fameux Stoïcien, fe moquoit hautement de tout ce qu'on difoit au peuple fur les peines dont les impies feroient punis dans une autre vie, & traitoit ces menaces de terreurs paniques & puériles. Les Stoïciens, comme les autres Philofophes, laiffoient donc le crime fans autre punition que les peines de cette vie, communes aux bons & aux méchans, & la vertu fans autre récompense que les avantages temporels, auxquels les uns & les autres ont part. Or, en tombant dans cette erreur, ils parvenoient d'autant moins au but qu'ils se proposoient par leur Philosophie, que très-souvent le vice jouit de plus grands avantages que la vertu, sans aucun revers considérable ; & que la vertu est humiliée & foulée aux pieds, sans autre consolation que l'idée spéculative de l'injustice qu'on exerce contre elle. En vain les Stoïciens disoient-ils que le Sage se trouve heureux au milieu de ces tribulations ; ce ne pourroit être qu'un bonheur chimérique & d'imagination, uniquement appuyé sur leur orgueil & leur fausse constance ; car il est contre la nature des choses que l'humiliation & la souffrance puissent former un état de félicité, sur-tout lorsqu'elles ne sont point contrebalancées par l'espérance de sortir de cette position misérable pour jouir d'un vrai bonheur, & qu'elles n'ont d'autre perspective que celle de la destruction de notre être.

Quant à la Physique astronomique, les Stoïciens enseignoient que Dieu a produit d'abord les quatre élémens de la matiere du chaos, & qu'il a mis le feu au plus haut lieu. Ils appelloient ce lieu *Æther*, où ils imaginoient un ciel auquel les étoiles fixes étoient attachées sans se mouvoir, & au-dessous duquel étoient les étoiles errantes ou planetes. Après le feu, ils plaçoient l'eau, & ensuite la terre au plus bas lieu dans le centre du monde. Ils soutenoient, selon Plutarque, que tout est plein dans l'Univers, & que hors du monde il y a un vuide infini, qui ne contient aucun corps, mais qui en peut contenir. Ils avoient découvert que la lune tire sa lumiere du soleil, & que les éclipses de lune viennent lorsque la lune rencontre l'ombre de la terre, & que celles du soleil arrivent par l'interposition de la lune entre le soleil & la terre. Les Stoïciens connoissoient aussi les cinq cercles paralleles de la sphere & des zones.

Zénon mourut dans la cent dix-neuvieme Olympiade; il s'étrangla lui-même de ses propres mains après une chute. Ses disciples se sont maintenus dans cette liberté de se faire mourir eux-mêmes. Les Stoïciens autorisoient le suicide, & c'étoit une suite toute naturelle de leur systême. N'espérant rien après la mort, ils aimoient mieux ne pas exister, que d'être malheureux, ou de se déplaire dans cette vie. Mais alors que devenoient ces belles maximes, que les biens & les maux de ce monde doivent nous être indifférens, & que le Sage est heureux au milieu même des tourmens? Il est vrai que dans leur hypothèse la vie ou la mort devoient paroître indifférentes, comme toutes les autres choses qu'ils distinguoient du vice & de la vertu; mais leur conduite démentoit leurs maximes, & ceux d'entr'eux qui se sont donnés la mort, ne l'ont fait que parce qu'ils n'étoient pas réellement indifférens à la peine & à la douleur.

On rapporte quelques maximes de Zénon. Il disoit, par exemple, que si le Sage ne devoit point aimer les femmes, comme quelques-uns le soutenoient, il n'y auroit rien de plus misérable que celles qui ont de la beauté & de l'esprit, parce qu'elles ne seroient aimées que des sots. Il disoit encore qu'un ami est un autre nous-mêmes, & qu'une partie de la science est d'ignorer les choses qui ne doivent point être sçues.

XXVII.

Disciples & successeurs de ZENON *dans le Portique.*

DENIS HÉRACLÉOTE.

Denis surnommé Héracléote, parce qu'il étoit d'Héraclée ville de Pont, étudia sous divers maîtres, & s'attacha enfin à Zénon, fondateur des Stoïques, dit Diogene-Laerce (*f*). Il apprit de ce Philosophe à soutenir que la douleur n'est point un mal, & qu'il n'y a que le vice qui mérite ce nom; comme il n'y a que la vertu qui mérite le nom de *bien* & d'*honnête*, & que toutes les autres choses sont indifférentes. Il persévéra dans cette doctrine tant qu'il se porta bien; mais ayant eu à souffrir les vives douleurs de la gravelle, selon Cicéron (*g*), il renonça à la secte des Stoïques, & embrassa celle des Cyrénaïques, qui faisoient consister le souverain bien dans la volupté (voy. *suprà*): aussi devint-il très-débauché, jusqu'à entrer devant tout le monde dans les lieux de prostitution. Il composa divers Ouvrages de philosophie, dans lesquels il soutenoit, avec tous les Dogmatiques, qu'il y a une regle pour discerner la vérité de la fausseté. Denis vécut quatre-vingts ans, persévérant toujours dans la débauche, & se laissa mourir de faim, dit Diogene-Laerce (*h*).

(*f*) Diog. Laerce, l. 7.
(*g*) Cicéron, Tuscul. l. 2, c. 25.
(*h*) Diog. *supr.* l. 7.

ARISTON.

Ariston, de l'île de Chio, fut disciple de Zénon, mais il voulut faire bande à part, & établit lui-même une secte, qui n'eut pas de suite, selon Cicéron (i). Il enseignoit, comme les Stoïciens, que le souverain bien consiste à n'avoir que de l'indifférence pour tout ce qui est entre le vice & la vertu. Il rejettoit la Logique & la Physique; l'une, parce qu'elle ne sert de rien; l'autre, parce qu'elle surpasse les forces de notre esprit. Il retenoit la morale, mais il en retranchoit beaucoup; car il vouloit qu'on n'enseignât rien sur les devoirs particuliers de la vie civile, comme du mari envers sa femme, du pere envers ses enfans, du maître envers ses valets, & *vice versâ*; mais qu'on enseignât seulement en gros ce que c'est que la sagesse : sur quoi Seneque le blâme avec raison. Ariston disoit que la nature de Dieu est inintelligible : ce qui porte à croire qu'il négligeoit absolument la contemplation des choses divines. Il fut l'antagoniste d'Arcésilaüs sur l'hypothèse de l'incertitude. Eratosthne & Apollophane ses disciples, nous apprennent dans Athénée qu'Ariston devint voluptueux sur la fin de ses jours : il mourut d'un coup de soleil.

CLÉANTHE & CHRYSIPPE.

Cléanthe fut successeur de Zénon, dans la direction de l'école du Portique; mais on ne

---

(i) Cicéron, Tuscul. l. 5, c. 3.

fait rien de particulier fur ce Philofophe. Chryfippe fon difciple lui fuccéda. Il vint au monde au commencement de la cent vingt-cinquieme Olympiade, & vécut quatre-vingts ans : il étoit de Solos en Cilicie. Il s'affocia pendant quelque temps aux Académiciens, & raifonna à leur maniere fur le pour & le contre. Ce qui n'empêche pas qu'on ne le regarde comme un vrai Stoïcien, & l'un des plus grands defenfeurs de cette fecte ; d'où eft venu ce proverbe rapporté par Diogene-Laerce : *Nifi Chryfippus fuiffet, Porticus non effet.* Cependant Seneque, Epictete & Arrien, trois célebres Stoïciens, ne faifoient pas grand cas de Chryfippe. Ce Philofophe étoit plein de préfomption; il difoit fouvent : Il fuffit qu'on me montre une doctrine, j'en trouverai moi-même les preuves. D'ailleurs, les Stoïciens fe plaignoient beaucoup de ce que Chryfippe avoit ramaffé tant d'argumens pour l'hypothèfe des Académiciens qu'il ne pût enfuite les réfuter : ce qui avoit fourni des armes à Carnéades, leur antagonifte. Il ne leur fit point non plus d'honneur, en enfeignant contre leur doctrine qu'on pouvoit commettre l'incefte, les peres avec leurs filles, les fils avec leur mere, & les freres avec leurs fœurs.

Chryfippe, conformément au fyftême des Stoïciens, croyoit qu'il y a un Dieu, & que ce Dieu eft l'ame du monde. Il ajoutoit que le monde eft l'extenfion univerfelle de cette ame. Cette doctrine prife à la lettre fembleroit donner dans le fyftême des Cabaliftes ; mais il paroît qu'on doit l'entendre dans le fens que nous avons expofé plus haut, en expliquant un paffage de Seneque, & un autre de Lucain, qui regarde cette matiere.

Chrysippe disoit encore que Jupiter étoit la loi éternelle, la nécessité fatale, la vérité immuable de toutes choses (*k*). Il admettoit aussi, contre l'opinion commune des Stoïciens, des Dieux inférieurs. Il leur donnoit un commencement, & soutenoit qu'ils seroient tous un jour consumés par le feu, & fondus comme de la cire. Jupiter seul étoit incorruptible, selon lui, & devoit demeurer éternellement.

1°. On ne sait ce que Chrysippe entend ici par ces Dieux inférieurs qui doivent être consumés par le feu. Ce n'étoit pas sans doute des émanations de l'ame du monde, telles que Pythagore & Platon les admettoient; ou si c'étoient ces émanations, il leur donnoit apparemment, comme aux hommes, un corps subtil; & il y ajoutoit une ame matérielle, qui devoit un jour se consumer & se fondre comme la cire au feu, tandis que l'émanation divine se réuniroit à l'ame du monde, son principe. Car Chrysippe, en parlant de Dieux inférieurs, n'avoit point en vue les Divinités populaires. Il tâchoit au contraire de les concilier avec la doctrine des Stoïciens, en les faisant passer pour de simples attributs de la Divinité, & en expliquant par des allégories les fables des anciens Poëtes. Ce qui fit que Carnéades l'embarrassa beaucoup, en lui prouvant qu'il s'écartoit en cela du sentiment commun; & que Cicéron se moquoit ouvertement de ces interprétations arbitraires. 2°. On voit bien que par le terme *Jupiter*, Chrysippe n'entendoit pas le Jupiter des Grecs, fils de

---

(*k*) Cicéron, de naturâ Deor. l. 1, c. 15; & de fato, c. 17 & 18.

Saturne, mais l'ame du monde des Stoïciens. Caton d'Utique difoit dans le même fens, au rapport de Lucain (*l*) : *Jupiter eft quodcumque vides, quocumque moveris*. Ils donnoient ce nom à l'ame du monde, parce que Jupiter paffoit parmi le peuple pour le plus grand des Dieux. Les Perfes, dans les temps poftérieurs à Zoroaftre, appelloient de même *Jupiter*, la vafte étendue des cieux qui nous environne, dit Hérodote, & lui offroient des facrifices fur le fommet des plus hautes montagnes, auffi-bien qu'au foleil, qu'ils nommoient *Mithra*, à la lune, à la terre, au feu, à l'eau, & aux vents (*m*) ; Strabon affure la même chofe.

Chryfippe penfoit comme les autres Stoïciens fur la nature de l'ame ; mais il prit un milieu entre ces Philofophes qui foumettoient tout au deftin, même les actions volontaires de l'homme, & ceux qui admettoient un libre arbitre. Il foutenoit, fuivant Cicéron (*n*), que chaque chofe étoit produite par une caufe antécédente, *caufa antecedens* ; mais il admettoit deux fortes de caufes, favoir les caufes parfaites & principales, qui ôtent la liberté, *caufæ perfectæ & principales*, & les caufes adjuvantes & prochaines qui ne la détruifent point, *caufæ adjuvantes & proximæ*. Les caufes parfaites & principales, difoit-il, ne permettent pas que l'action foit libre, mais les caufes qui ne font qu'aider, n'empêchent pas qu'elle

---

(*l*) Lucain, Pharfale l. 9, voy. *fuprà*, p. 92.
(*m*) Voy. *fuprà* fyftême de Zoroaftre.
(*n*) Cicéron, de fato, c. 17.

le fait. Or, comme Chrysippe prétendoit que nos désirs ne dépendent pas d'une cause externe principale, mais seulement d'une cause externe non principale, qui ne fait qu'exciter, il en concluoit que notre ame les produit avec liberté. Elle a besoin d'être excitée par les objets, sans cela elle ne pourroit former aucun acte de consentement; mais les objets qui l'excitent, ne produisent point les actes de sa volonté. C'est par sa propre vertu qu'elle se détermine, après que les objets lui ont donné un premier branle. Chrysippe expliquoit cela par une comparaison. Celui qui pousse un cylindre, disoit-il, lui donne le premier mouvement, mais non pas la volubilité. Ce cylindre roule ensuite par sa propre force; aussi notre ame ébranlée par les objets, se meut ensuite d'elle-même. Delà, suivant Aulugelle (o), Chrysippe inféroit que personne ne doit être reçu à s'excuser sur la destinée, & qu'il ne faut pas écouter les malfaiteurs, qui recourent à cet asyle pour justifier leurs crimes. Mais sa distinction entre les causes externes qui nécessitent, & celles qui ne nécessitent point, ne le tire pas d'embarras, & ne rend pas cette conclusion juste. Il ne fait que se retourner, & enfin il se trouve au même lieu que ceux qui soumettoient tout à l'inévitable nécessité du destin. Il ne faut pour s'en convaincre que lier ensemble sa comparaison du cylindre, & l'aveu qu'il fait que les qualités intérieures de l'ame qui la poussent vers le mal, sont une suite naturelle & nécessaire du destin. Il enseigne, en effet, dit Aulu-

---

(o) Aulugelle, l. 6, c. 2.

gelle (*p*), qu'il y a des ames bien formées dès le commencement, qui essuient sans dommage la tempête qui tombe sur elles de la part du destin ; & qu'il y en a d'autres si raboteuses & si mal tournées, que pour peu que le destin les heurte, ou même sans aucun choc du destin, elles roulent vers le crime par un mouvement volontaire : c'est un certain travers qui en est la cause. Or, Chrysippe (*q*) ajoute que la fatale nécessité de toutes choses est le principe qui fait qu'il y a des ames bien ou mal conditionnées : il faut donc qu'il dise qu'on peut, & qu'on doit attribuer au destin tous les crimes que les hommes commettent ; ensorte que reconnoissant d'ailleurs une Providence divine, il falloit qu'en raisonnant juste, il regardât Dieu comme la cause de tous les crimes ; & c'est aussi l'accusation que Plutarque forme contre lui.

Cependant Chrysippe, qui n'admettoit pas sans doute cette conséquence, cherche dans son livre de la Providence, cité par Aulugelle, quel peut être l'origine du mal moral. Il ne l'attribuoit point à Dieu, mais il s'imaginoit que l'action directe de la nature, qui, selon lui, a fait naître la vertu, a occasionné par contre-coup l'engeance des vices : *Sic herclè, inquit, dùm virtus hominibus per consilium naturæ gignitur, vitia ibidem per affinitatem nata sunt.* Ce sont les paroles d'Aulugelle (*r*) ; & à l'égard du mal physique, il pensoit,

---

(*p*) Idem, ibidem.
(*q*) Aulugelle, l. 6, c. 2.
(*r*) Idem, l. 6, c. 1.

selon le même Auteur (*s*), que le dessein de la nature ou de la Providence, qui a fait le monde & le genre humain, n'a pas été de nous exposer aux maladies & aux autres miseres de cette vie ; cela ne conviendroit pas, disoit-il, à la cause de tous les biens ; mais en préparant & produisant plusieurs grandes choses très-bien ordonnées & très-utiles, elle trouva qu'il en résultoit quelques inconvéniens contraires à son dessein primitif & à son but. Ainsi ces inconvéniens & ces maux physiques se sont rencontrés à la suite de l'ouvrage, & n'ont existé que comme des conséquences. Ce système sur l'origine du mal moral & physique ne s'accorde guères avec celui de Platon ; ou Chrysippe ne le connoissoit pas, ou il ne lui plaisoit pas. Mais ce en quoi tous ces Philosophes s'accordent, c'est que Dieu voulant faire un monde parfait, n'a pu y réussir. Trouvant l'homme criminel & malheureux, & n'appercevant pas la vraie source de ses maux, que nous ne connoissons que par la révélation, ils en rejettoient la cause sur l'impuissance de l'Etre souverain ; ils blasphémoient contre l'auteur de la nature.

On dit que Chrysippe prenoit de l'ellébore, afin d'augmenter la force de son génie. C'étoit un homme universel ; outre la Philosophie, il possédoit la Mythologie, les Poëtes, l'Histoire ancienne & moderne. Il composa quantité de Livres ; on les fait monter jusqu'à plus de sept cents. Diogene-Laerce les réduit à trois cent onze : il n'y en a aucun qui soit parvenu jusqu'à nous. Il écrivit beaucoup sur la Logi-

_____

(*s*) Idem, ibid.

que, & fit des efforts extraordinaires pour trouver la solution du sophisme qu'on appelloit *Sorites*. On en a parlé ailleurs (p. *suprà*).

Lactance dit que Chrysippe a mis parmi les événemens possibles la résurrection des hommes. Cela peut être, mais il est le seul qui en parle. Il ajoute que ce Philosophe a cru que son ame monteroit au ciel en sortant du corps, & qu'il s'étoit tué comme Zénon & Cléanthe, pour aller jouir de cette béatitude. Cependant il ne croyoit ni peines ni récompenses après la mort ; mais il pouvoit avoir en vue la réunion de la portion divine, dont il pensoit, comme les autres Stoïciens, que son ame étoit composée, avec le grand tout, ou l'ame du monde. Cependant Diogene-Laerce dit au contraire que Chrysippe ne se donna point la mort, mais qu'ayant été invité à un sacrifice par ses écoliers, selon Hermippus, il prit du vin doux pur, tomba aussi-tôt dans un vertige, & mourut cinq jours après, âgé de quatre-vingts ans. Diogene ajoute que d'autres Auteurs racontent qu'il mourut de rire, en disant à sa servante de donner du vin à l'âne qui avoit mangé ses figues.

Chrysippe accepta la bourgeoisie d'Athènes : ce que Zénon ni Cléanthe n'avoient pas fait, de peur de faire injure à leur propre pays ; aussi lui dressa-t-on un tombeau parmi ceux des plus illustres Athéniens, & on lui érigea une statue dans le Céramique.

On a dû remarquer qu'il s'est écarté sur plusieurs points de la doctrine des *Stoïques*, & il n'est pas le seul qui ait agi de la sorte vis-à-vis de la secte qu'il avoit embrassée. C'est que chaque Philosophe n'ayant d'autre autorité pour se fixer que ses propres idées, il étoit libre à chacun d'abonder dans son sens, & de changer, retrancher, ajouter au sentiment de son école.

DIOGENE le Stoïcien.

Diogene le Stoïcien fut appellé Babylonien, quoiqu'il ne fut pas de Babylone, mais de Seleucie sur le Tigre. Le voisinage de ces deux villes fut cause qu'on lui donna ce surnom. Il fut disciple & successeur de Chrysippe ; les Athéniens l'envoyerent en ambassade à Rome, avec Carnéades & Critolaüs. Ces trois ambassadeurs Philosophes passoient pour les hommes les plus éloquens de leur siecle ; on en a parlé ci-devant. Diogene le Stoïcien composa plusieurs Ouvrages, & mourut à quatre-vingt-huit ans. Un jour, comme il faisoit un discours dans son école sur la patience, un jeune homme de ses auditeurs lui cracha au visage. Il dit aussi-tôt : Je ne me fâche point, mais néanmoins je doute si je ne devrois pas me fâcher. Ces dernieres paroles ne pouvoient guères se concilier avec la doctrine de sa secte. Il devoit être assuré, en qualité de Stoïque, qu'il ne devoit ni se fâcher, ni se mettre en colere ; mais il y a loin de la spéculation à la pratique. Tous ces Stoïciens n'étoient que de vains discoureurs, pleins d'orgueil & de vanité, qui dans l'occasion montroient autant de foiblesse que les autres hommes, ou qui la cachoient sous une fausse apparence de constance, qui se déceloit tôt ou tard. Diogene avoit un très-mauvais sentiment sur le Commerce. Il prétendoit qu'un marchand peut vendre légitimement une marchandise qu'il sait vicieuse, sans en avertir l'acheteur. Antipater son

son disciple lui étoit sur cela fort opposé.

XXVIII.

SECTE DES ÉPICURIENS.

ÉPICURE, fondateur de cette secte.

Epicure naquit à Gargetium dans l'Attique, l'an 3 de la cent-neuvieme Olympiade. Son pere s'appelloit Néoclès, & sa mere Cherestrata. Son fils disoit qu'elle avoit eu dans son corps cette quantité d'atomes, dont le concours est nécessaire pour former un Sage (*t*). Epicure se fixa à Athènes vers l'âge de trente-six ans, & y érigea une école où il vivoit en commun avec ses disciples (*v*). Il mit en vogue le système des Atômes, mais il n'en étoit pas l'inventeur. On a vu plus haut que Démocrite d'Abdere en Thrace (né dans la soixante-dix-septieme Olympiade), l'avoit enseigné long-temps avant lui, & qu'il l'avoit lui-même appris de son maître Leucippe.

Epicure établit d'abord pour fondement de sa doctrine, que rien ne se peut faire de rien, & que rien ne peut être anéanti. Il infère delà qu'il y a certains principes de toutes choses éternels & incorruptibles, savoir le Vuide & les Atômes. Le Vuide est infini, éternel, impalpable ; & les Atomes sont de petits corps éternels, solides dans leur simplicité, & indivisibles. Il admet le Vuide comme un principe occasionnel de toutes choses, parce que

---

(*t*) Plutarque.
(*v*) Cicéron, de finibus, l. 1, c. 20.

sans le vuide il ne sauroit concevoir aucun mouvement, & que sans le mouvement les Atômes n'auroient pu concourir à la formation du monde.

Epicure, ayant posé ces principes, donne trois sortes de mouvemens à ses Atômes; en ligne droite, par impulsion, & en déclinant. Démocrite tenoit les deux premiers mouvemens; mais Epicure voyant qu'on pouvoit lui objecter que dans le mouvement perpendiculaire jamais l'Atôme n'en découvriroit d'autres, imagina qu'il déclinoit tant soit peu, & qu'il s'accrochoit par le moyen de cette déclinaison. D'ailleurs, on reprochoit à Démocrite que si les corps se mouvoient par les coups qui leur étoient donnés, c'est-à-dire, s'ils tomboient perpendiculairement, il s'ensuivroit qu'il n'y avoit plus de liberté, mais une nécessité d'action dans toutes les choses du monde. Epicure crut pouvoir expliquer la liberté par cette faculté qu'il donnoit aux Atômes de décliner d'une maniere imperceptible.

Selon ce Philosophe, tout d'abord n'étoit qu'un chaos, & qu'une masse informe & éternelle. Ensuite il se fit une séparation; les parties de cette masse se diviserent pour travailler aux composés, & se joignirent suivant les convenances de leur nature : ensorte que dans le système d'Epicure, le monde n'est autre chose qu'un concours fortuit d'Atômes. Il explique après cela la maniere dont l'univers a été disposé. Il dit que les Atômes dont l'assemblage pvoit produire la terre, s'unirent dans le milieu, parce qu'ils étoient pesans & embarrassés les uns avec les autres, & s'abaisserent aux parties inférieures du ciel, composé de principes plus polis & plus ronds. Ce qu'il y avoit de plus délié s'échappa du sein de la terre pour s'élever en haut, où il attira quantité de feux subtils; & les principes du soleil, des étoiles & de la lune, se détacherent après la formation du ciel, & tournerent autour de la terre & au-dessous du ciel; parce qu'ils n'étoient pas assez légers pour s'élever plus haut, ni assez pesans pour rester vers les parties inférieures du ciel. Il soutient que la terre a d'abord produit par sa fécondité tout ce que nous voyons : l'homme même est redevable de sa naissance à la chaleur & à l'humidité de la terre.

Enfin Epicure rend raison de la nature des corps, & de leurs différentes qualités, par le moyen des diverses figures, impulsions & liaisons des Atômes. Par exemple, pour expliquer comment l'eau de la mer est amere, quoique fluide, il dit qu'elle est composée de corps ronds & polis qui en font la fluidité, mais qu'elle contient aussi des Atômes raboteux, qui causent son amertume, &c.

Outre le monde que nous connoissons, Epicure en supposoit un grand nombre d'autres, formés comme celui-ci par le concours fortuit des Atômes. Il ne reconnoissoit point la spiritualité des ames qui animent nos corps; il les composoit d'Atômes comme tout le reste, & disoit que les images des objets, s'insinuant en elles, y formoient la pensée. *Quorum corpusculorum concursu fortuito*, dit S. Augustin (x), *& mundos innumerabiles, & animantia, & ipsas animas fieri dicit* (Epicurus)... *& non omninò aliquid vult præter corpora cogitare*,

---

(x) S. Aug. Epist. 56.

quæ tamen ut cogitent imagines dicit ab ipsis rebus, quas Atomis formari putat, defluere atque in animum introire subtiliores quàm sunt illæ imagines quæ ad oculos veniunt. Mais ce qui doit paroître plus singulier, c'est qu'Epicure, en faisant nos ames matérielles, se déclara contre la nécessité fatale, & leur accorda le libre arbitre; afin, sans doute qu'on ne l'accusât pas de réduire l'ame de l'homme à la condition d'une pure machine. Il l'y réduisoit néanmoins; car, comme on a vu, il faisoit consister ce libre arbitre dans le mouvement de déclinaison des Atômes (*y*); il prétendoit que, par ce moyen, il y avoit des événemens qui se soustrayoient à l'empire de la nécessité fatale. Mais c'étoit se moquer, ou n'avoir aucune idée de ce qu'on appelle *libre arbitre*. Etre libre, c'est se déterminer avec choix, & sous la direction de la raison. Quelle détermination, & quel choix peut-on imaginer dans la déclinaison fortuite & aveugle d'un Atôme, c'est-à-dire, d'une portion de matiere qui n'a aucune force, ni aucun dessein par elle-même? En vain, diroit-on que, suivant Epicure, chaque Atôme n'est point une portion de matiere, mais un être simple, indivisible, imperceptible; ce sont-là des mots vuides de sens. Chaque Atôme n'est point non plus un esprit. Or, comment concevoir que des êtres simples, qui ne seroient ni esprit, ni matiere, & qui n'auroient point les trois dimensions, puissent s'accrocher les uns aux autres, & par cette réunion fortuite, compo-

---

(*y*) Cicéron, *de nat. Deor.* l. 1, c. 19.

ser la matiere ? Un tel système est le comble de l'extravagance.

Les fausses idées d'Epicure le firent tomber dans une autre erreur. De peur qu'on n'inférât que si toute proposition est vraie ou fausse, tout arrive nécessairement, & par fatalité, il prit le parti, (dit Cicéron) (z), de nier cette vérité. Chrysippe pensoit de même : mais, comme il étoit fataliste, au moins dans certaine circonstance (voy. *suprà*), il établit la même vérité qu'Epicure nioit, afin de pouvoir soumettre les événemens au destin. Ils raisonnoient tous les deux pitoyablement, étant très - aisé de concilier avec le libre arbitre cette maxime incontestable ; *Toute proposition est vraie ou fausse*.

Nos corps & nos ames étant composés d'Atômes dans le système d'Epicure, ce Philosophe pensoit qu'ils périssent à la mort ; c'est-à-dire, que les Atômes dont il les composoit, prenoient une autre forme. Ainsi il ne reconnoissoit point l'immortalité de l'ame, ni peines, ni récompenses après cette vie. Tout se bornoit, selon lui, au temps présent.

On voit, par ce qui vient d'être dit, qu'Epicure, en adoptant le système de Démocrite sur les Atômes, y fit deux changemens considérables. Le premier, c'est que Démocrite, & Leucippe, son maître, attribuoient tout, jusqu'aux actions humaines, qui paroissent les plus libres, à un destin nécessitant ; au lieu qu'Epicure admettoit au moins le nom de libre arbitre, quoique dans la vérité l'homme ne fût

---

(z) Cicéron, de naturâ Deor. l. 1, c. 19.

pas plus libre dans son hypothèse, que dans celle des deux autres Philosophes. Le changement qu'Epicure fit au système de Démocrite, c'est que celui-ci croyoit que tous les Atômes étoient animés. S. Augustin le dit positivement (a).

Epicure au contraire ne donnoit aucune vie aux Atômes; il les regardoit comme des êtres d'une petitesse inimaginable, qui étoient éternels, indivisibles, sans sentiment, sans forme, sans action; ce qui rendoit son système beaucoup plus absurde. Car prétendre qu'une assemblage d'Atômes inanimés a pu s'accrocher par hasard dans le vuide, fabriquer le monde, former le soleil & les autres astres, peupler la terre, établir l'ordre qui y regne, produire des ames, & leur envoyer des images qui donnent des pensées, c'est une hypothèse plus confuse & plus ridicule que le chaos d'Hésiode. Au lieu qu'en supposant, avec Démocrite, que tous les Atômes ont une ame qui les anime & les fait agir, il y a moins d'absurdité à dire que leur assemblage peut former un monde, & divers animaux qui l'habitent. D'ailleurs, si tous les Atômes sont inanimés de toute éternité, qu'est-ce qui leur auroit donné le mouvement? Se le feroient-ils communiqué à eux-mêmes? Ils ne pouvoient se donner ce qu'ils n'avoient pas, & l'on ne peut pas dire qu'il leur fût essentiel dans la doctrine d'Epicure. L'auroient-ils reçu du hasard? Mais le hasard n'est qu'une chimere, sans puissance, & sans réalité. Enfin seroit-ce les Dieux qui auroient mis les Atômes en action? Epi-

_____

(a) S. Aug. Epist. 56.

cure ne leur donnoit aucune part dans la formation de l'Univers. Il paroît même que s'il admettoit réellement des Dieux, il les compofoit d'Atômes comme tout le refte. Tertullien & S. Auguftin le donnent comme une chofe certaine. *Quorum corpufculorum*, dit ce dernier, *concurfu fortuito, & mundos innumerabiles, & animantia, & ipfas animas fieri dicit (Epicurus), & Deos quos humana forma non in aliquo mundo, fed extra mundos conftituit* (b). Lactance prétend au contraire qu'Epicure ne compofoit point les Dieux d'Atômes, mais qu'il les croyoit d'une nature fpirituelle (c). Cicéron (d) & Diogene-Laerce (e) difent fimplement que, felon ce Philofophe, Dieu eft immortel & heureux, *immortalis & beatus*. Cicéron ajoute qu'Epicure avoit fait des livres fur la fainteté des Dieux, & fur le culte qu'on leur devoit : *De fanctitate, de pietate adversùs Deos, libros fcripfit Epicurus* (f). Mais il dit en mêmetemps qu'on l'accufoit de n'agir ainfi que par politique (g), & pour éviter les affaires fâcheufes qu'il fe feroit attirées, s'il eût mis à découvert fes véritables fentimens. En effet, il foutenoit que les Dieux ne fe mêlent en aucune maniere des affaires, & du gouvernement du monde, qu'ils n'ont eu aucune part à la conftruction de l'Univers, qu'ils ne connoiffoient

---

(b) S. Aug. Epift. 56.
(c) Lactance, de nat. Dei, c. 10.
(d) Cicéron, de nat. Deor. l. 1, c. 4.
(e) Diog. Laerce, l. 1.
(f) Cicéron, *fuprà*, c. 4.
(g) Cicéron, de nat. Deor. l. 1, c. 8.

point l'avenir, qu'il n'y a aucun bien à attendre, ni aucun mal à craindre d'eux : en un mot, qu'ils vivent dans une parfaite inaction, jouissant tranquillement de leur bonheur (*ibidem*). Parler ainsi des Dieux, n'est-ce pas les prendre pour des êtres chimériques, imaginés par l'ignorance & la superstition, & servant à la politique des Princes pour retenir les peuples dans leur devoir? D'ailleurs, si, comme l'avance Lactance, Epicure & ses disciples ont cru les Dieux spirituels, ils renversoient eux-mêmes ce dogme capital de leur systême, que les Atômes & le vuide sont le principe de toutes choses. Il paroît donc, ou qu'ils ne reconnoissoient point de Dieux, ou, comme dit saint Augustin, qu'ils les composoient d'Atômes, & que ces Atômes les avoient faits au hasard, comme l'Univers & les hommes; c'étoit donc, dans cette hypothèse, des Dieux matériels, & par conséquent corruptibles, qui ne se mêlant point des affaires du monde, étoient à l'égard du genre humain, comme s'ils n'existoient point. Et c'est pourquoi Epicure ne vouloit point qu'on les invoquât, ni qu'on leur offrît des sacrifices (*h*); il le faisoit néanmoins, mais seulement pour se conformer à l'ordre public. Ecoutons sur cela le fameux Seneque (*i*) : *Tu denique, Epicure*, dit-il, en adressant la parole à ce Philosophe, *Deum inermem facis; omnia illi tela, omnem detraxisti potentiam..... Hunc non habes undè verearis, nulla illi nec tribuendi, nec nocendi materia est...... atque hunc vis videri colere*

___

(*h*) S. Aug. l. 18, de civit. Dei, c. 41.
(*i*) Seneque, de Beneficiis, l. 4, c. 19.

non aliter quàm parentem, grato, ut opinor, animo; aut si non vis videri gratus, quia nullum habes illius beneficium, sed te atomi, & istæ micæ tuæ forté ac temerè conglobaverunt, cur colis? Propter majestatem, inquis, ejus eximiam singularemque naturam. Ut concedam tibi, nempe hoc facis nullâ spe, nullo pretio inductus. Est ergo aliquid per se expetendum, cujus te ipsa dignitas ducit, id est, honestum. Voilà en deux mots toute la religion d'Epicure.

Dans la doctrine de ce Philosophe que l'on vient d'exposer, l'ame de l'homme, & même les Dieux, étant composés d'Atômes, le sont d'une multitude de parties réunies, qui ne sont un, que comme un globe est un. Or, si une substance qui pense n'étoit une que de cette maniere, elle ne verroit jamais tout un arbre, toute une muraille, toute une maison; & elle ne sentiroit jamais la douleur qu'un coup de bâton, &c., excite en nous : 1°. Elle ne verroit jamais un arbre, &c. Considérez les quatre parties du monde sur un globe, vous ne verrez dans ce globe quoi que ce soit qui contienne toute l'Asie, ou même toute une riviere. L'endroit qui représente la Perse, n'est point le même que celui qui représente le royaume de Siam, & vous distinguez un côté droit & un côté gauche, dans l'endroit qui représente l'Euphrate. Il s'ensuit delà que si ce globe étoit capable de connoître les figures dont on l'a orné, il ne contiendroit rien qui pût dire, Je vois toute l'Europe, toute la France, tout Paris. Chaque partie du globe pourroit seulement connoître la portion de la figure qui lui écherroit : & comme cette portion seroit si petite, qu'elle ne représenteroit aucun lieu en son entier, il seroit absolument inutile que le globe fût capable de connoître; il ne résulteroit de cette capacité aucun acte de connoissance, ou du moins ce seroient des actes de connoissance différens de ceux que nous expérimentons; car ils nous représentent tout un objet, tout un arbre, tout un cheval. Preuve évidente que le sujet affecté de toute image de ces objets, n'est point divisible en plusieurs parties, & par conséquent que l'homme, en tant qu'il pense, n'est point corporel, ou matériel, ou un composé de plusieurs êtres. 2°. S'il étoit tel, il seroit insensible aux coups de bâton, &c., vu que la douleur se diviseroit en autant de particules qu'il y en auroit dans les organes frappés. Or ces organes contiennent une infinité de particules; & ainsi la portion de la douleur, qui conviendroit à chaque partie, seroit si petite, qu'on ne la sentiroit pas, ou presque pas. Si Epicure eût fait ces réflexions, il auroit aisément compris toute la fausseté de son système.

Le but principal qu'Epicure se proposoit dans l'étude de la Philosophie, étoit de rendre l'homme autant heureux qu'il peut l'être dans cette vie. Ce principe posé, il rejettoit toutes les subtilités de la Logique, comme inutiles à la recherche de la vérité. Il cherchoit la vérité par le moyen des sens, qu'il appelloit la premiere lumiere naturelle de l'homme, & par la réflexion que l'on fait sur le jugement des sens. Il soutenoit contre Platon, Aristote & plusieurs autres fameux Philosophes, que les sens ne peuvent se tromper; parce que l'impression qu'ils reçoivent, ne peut être fausse. Epicure consentoit qu'on étudiât la Physique, mais seulement par rapport à la conduite des mœurs, & pour délivrer l'esprit de la crainte & du trouble, que l'ignorance des effets de la nature cause ordinairement. Mais son principal objet étant de rendre l'homme heureux, il vouloit qu'on s'attachât spécialement à la morale, & qu'on la préférât à tout le reste.

Il posoit en conséquence pour principe de sa morale, que le plaisir est la fin de l'homme; & ce plaisir ne consiste, selon lui, qu'à avoir l'esprit satisfait, & le corps exempt de douleur : mais il ne prétendoit pas par-là, que l'homme dût embrasser le plaisir en tout & par-tout, sans choix & sans discernement; comme si toutes sortes de plaisirs étoient capables de rendre heureux ceux qui en jouissent. C'est ce qu'il écrivoit à son disciple Ménécée, dans une lettre rapportée par Diogene-Laerce (k), où il dit : « Lorsque nous assurons que » la volupté est la fin de la vie bienheureuse, » nous n'entendons point parler de ces sortes » de plaisirs, qui se trouvent dans la jouis- » sance de l'amour, ou dans le luxe & l'excès des bonnes tables ». Il prêchoit au contraire la continence, la frugalité, la fuite des richesses, des honneurs, des dignités; parce que, disoit-il, « ce sont des choses qu'il n'est » pas en notre pouvoir d'acquérir; que nous » ne sommes pas assurés de posséder, après » les avoir acquises, & qu'on ne possede ja- » mais sans inquiétude, par la crainte où l'on » est de les perdre, & souvent par l'impuis- » sance où l'on est d'en jouir lorsqu'on les » possede ». C'est par le même principe qu'il

_____
(k) Diogene-Laerce, l. 19.

prouve qu'on doit garder les loix qui font établies pour maintenir la fociété. « La juftice, » felon Epicure, n'eft rien en foi. La fociété » des hommes en a fait naître l'utilité dans » les pays où les peuples font convenus de » certaines conditions, pour vivre fans offen- » fer, & fans être offenfés ». Il la faut obferver, parce qu'on ne peut la violer, fans fe rendre malheureux. Enfin Epicure veut qu'on paffe avec tranquillité le cours de cette vie, & qu'on regarde la mort comme une chofe indifférente, & qui n'eft rien à notre égard; & cela eft fondé fur l'opinion qu'il avoit que l'ame eft mortelle, & qu'elle n'a, ni biens à efpérer, ni maux à craindre, après la mort. Il s'enfuit 1°. que cette morale d'Epicure n'ayant pour but que de nous mener à une vie douce & tranquille dans ce monde, elle ne peut engager à fuivre fes maximes que par la vue de l'utilité préfente qu'on trouve à les obferver. Or, ce principe établi, fi l'on fe rencontroit dans un Etat où le vice fût récompenfé & la vertu punie, il faudroit néceffairement, fuivant ce Philofophe, préférer le vice à la vertu; & c'eft ce qu'il a fait lui-même, en approuvant en apparence, & en obfervant les pratiques de la religion de fon pays, qu'il regardoit comme une fuperftition ridicule, & même pernicieufe à la fociété. 2°. La morale d'Epicure ne défend point les vices, qui n'apportent pas plus de mal que de bien. Or qui doute qu'il y en ait beaucoup de cette efpece ?

Ainfi le but de cette morale n'eft point de conduire les hommes felon les regles immuables de la vérité & de la juftice (qui ne font rien en foi dans la doctrine d'Epicure), mais de tout rapporter à leur intérêt personnel. L'homme n'ayant d'autre béatitude à attendre que le bien-être de cette vie, il ne doit être attentif qu'à écarter toutes les peines d'esprit & de corps, à conserver autant qu'il peut sa santé, à jouir de tout ce qui peut flatter ses sens sans l'endommager, & à éviter tout ce qui seroit capable de lui attirer des chagrins & des mauvais traitemens, de la part de ses semblables. Les plaisirs de la chair, la bonne-chere, les grandes richesses, les affaires accablantes, mettent obstacle à ce bonheur temporel. Il faut donc y renoncer : mais aussi, supposé qu'on y trouve son bien-être & son plaisir, en ne se portant point aux grands excès, il est très-permis de s'y livrer, selon les principes d'Epicure. Ce Philosophe fut accusé de donner dans ces voluptés. On le fit passer pour un débauché & un impudique, & pour un homme de bonne-chere (*l*). Mais ce qui donna lieu à ces accusations, c'est qu'il reçut au nombre de ses disciples quelques femmes qui aimoient beaucoup la Philosophie, & entr'autres la courtisane *Leontium*. D'ailleurs, un certain Timocrate, frere de Métrodore, qui étoit disciple d'Epicure, comme Métrodore, mais qui abandonna sa secte, publia qu'il se faisoit des assemblées nocturnes dans le jardin de ce Philosophe, où il se passoit des choses horribles. Enfin les Stoïciens, qui étoient ennemis des Epicuriens, faisoient courir des bruits sur les mœurs d'Epicure, & de ses disciples, en tirant des conséquences de sa doctrine, & en prenant le terme de vo-

---

(*l*) Gassendi, vie d'Epicure.

lupté dans une signification odieuse. Tout cela les faisoit passer pour des libertins ; mais Diogene-Laerce prend leur parti, & regarde ces accusations comme des calomnies. Tous les anciens, Seneque, Jamblique, & d'autres rapportés par Gassendi (*m*), ont parlé d'Epicure, comme d'un homme réglé dans ses mœurs, c'est-à-dire, comme d'un homme qui, occupé à se rendre heureux dans ce monde-ci, évitoit tout ce qui pouvoit troubler son esprit, ou déranger sa santé, & tâchoit de se concilier l'amitié des hommes, & de ne leur faire aucun mal, afin qu'ils ne lui en fissent point à lui-même; en un mot, qui étoit prêt à sacrifier justice, vérité, richesses, plaisirs, &c., pour son bien-être ; & il en étoit de même du gros de ses disciples. Voilà ce que les anciens appelloient une vie réglée; mais qui, aux yeux de la vérité, est une vie très-déréglée, qui n'a pour fin que l'amour-propre, & la satisfaction de la nature. Que de crimes même, que d'impudicités, que d'injustices ne peut-on pas commettre, sans remords, avec une telle morale ? Cependant Bayle prend occasion de ce que les anciens ont dit des bonnes mœurs d'Epicure, pour invectiver contre ceux qui prétendent que l'Athéisme & le Matérialisme conduisent au renversement des mœurs. « Qu'on vienne nous dire après cela, s'écrie-t-il, que des gens qui nient la Providence, » & qui établissent leur propre satisfaction pour » derniere fin, sont nécessairement des traîtres, » des fourbes, des voleurs, des empoison- » neurs, &c. ». Bayle ne montre ici aucune

_____

(*m*) Gassendi, vie d'Epicure.

judiciaire, & se forme à lui-même des fantômes, & des chimeres pour les combattre. Jamais personne n'a dit qu'un Athée étoit nécessairement traître, fourbe, voleur, empoisonneur. Ce ne seroit pas le moyen de passer des jours heureux dans cette vie, qu'il regarde comme son unique béatitude : mais ce qu'on a dit souvent, & ce qui est très-vrai & fondé sur l'expérience, c'est qu'un Athée, dont l'intérêt personnel est d'être traître, fourbe, empoisonneur, & qui peut commettre ces crimes impunément, & devenir heureux en les commettant, s'y livrera, par une suite nécessaire de ses principes, avec d'autant plus de sécurité, qu'il n'aura rien à craindre, ni dans cette vie, ni dans une vie future, & qu'il trouvera son bonheur dans les avantages que ces crimes lui procureront; ou que s'il ne s'y livre pas, c'est que d'autres passions lui feront envisager qu'il y a plus d'avantage pour lui à y renoncer, qu'à les commettre. Tout dépend de la passion qui dominera dans le cœur de cet Athée, & dans laquelle il fera consister son bonheur. L'un se plaira dans la recherche des choses naturelles, & cette étude l'occupera tout entier, sans lui donner le temps de s'occuper d'autres passions. L'autre affectera de mener une vie extrêmement réglée, pour s'attirer par-là l'estime des hommes. Celui-ci n'aura en tête que l'ambition ou les richesses, pour s'élever au-dessus des autres, & les dominer : celui-là ne trouvera de plaisir que dans la bonne-chere, la crapule, l'impudicité; & tous embrasseront les moyens même les plus injustes & les plus horribles, s'il est nécessaire, pour satisfaire la passion dans laquelle ils mettent leur félicité; & ils le feront d'autant plus volontiers que, croyant leur ame mortelle, ils n'auront rien à craindre, ni à espérer après cette vie. Epicure ne vouloit pas de ces plaisirs qui l'auroient empêché de mener cette vie molle, tranquille & durable, qu'il considéroit comme son souverain bonheur. Un autre préférera des plaisirs plus vifs, une vie plus agitée, des passions plus enflammées, sans s'embarrasser des suites qu'elles pourront avoir dans cette vie, pourvu qu'elles n'en aient point dans une autre. Si l'on devient malheureux, le suicide y rémédie; & quand on est anéanti, on ne regrette point le bonheur dont on auroit pu jouir plus longtemps. En partant des mêmes principes, on peut prendre l'un ou l'autre parti. En vain Bayle insiste-t-il, en prétendant que ceux qui croient une Providence & une vie future, heureuse ou malheureuse, tombent dans les mêmes crimes que les Athées, & quelquefois même dans des excès plus considérables. Cela n'est pas vrai par rapport à la multitude; & tous les Philosophes anciens & modernes sont convenus que, si tout le monde étoit Athée, les crimes abonderoient de telle sorte, que la société ne pourroit subsister. La croyance sincere des peines & des récompenses après la mort, arrête au moins la main de la plupart des hommes, & les empêche de tomber dans une multitude d'excès qu'ils commettroient infailliblement, s'ils pensoient que tout périt à la mort: vérité, comme on le verra dans un instant, que les Philosophes & les Législateurs ont très-bien comprise. Et à l'égard de ceux qui, malgré la croyance d'un état futur, avalent l'iniquité comme l'eau, cela vient ou de ce qu'ils ne sont point véritablement persuadés que leurs crimes seront punis sévérement après la mort ; ou s'ils en sont vraiment persuadés, c'est qu'ils s'imaginent les expier par des pratiques de la Religion, toutes les fois qu'ils y tombent ; erreur qui les met à peu-près dans la même sécurité que celle des Matérialistes. Mais les uns & les autres trouvent à la fin de leur vie des supplices auxquels ils ne s'attendoient pas.

Epicure écrivit beaucoup de livres, & se piqua de ne rien citer. Il mourut la seconde année de la cent vingt-septieme Olympiade, d'une rétention d'urine que lui causa la pierre, après avoir souffert, sans la moindre impatience, quatorze jours : il étoit âgé de soixante-douze ans.

XXIX.

Réfléxions générales sur la doctrine des Philosophes que l'on vient d'exposer.

On a dû remarquer dans l'exposition que nous avons faite de la Doctrine des anciens Philosophes, que si on excepte la secte Ionique, l'Éléatique, la Mégarienne, l'Epicurienne, & quelques autres Philosophes isolés qui étoient purement Matérialistes, & les Académiciens & Pyrrhoniens qui doutoient de tout, les autres sectes reconnoissoient, outre la matiere, une intelligence souveraine, un Dieu éternel, immuable, infini, qui avoit formé l'Univers des matériaux du chaos ; & qu'ils pensoient unanimement que l'ame de l'homme est une portion de sa substance. Cette erreur venoit de ce qu'ils admettoient tous, comme un principe incontestable, que la création est impossible. Dès-lors il n'y a point de milieu : ou il falloit être Matérialiste, ou croire que notre ame, au moins quant à l'entendement & à la raison, est une émanation de la substance divine : & comme la substance divine ne peut être la cause du mal moral, & que, par une nouvelle erreur, ils regardoient ce mal comme une qualité réelle, qui devoit avoir une cause efficiente, les uns cherchèrent l'origine du mal dans une substance essentiellement mauvaise & éternelle, telle que l'Arimane des Perses; les autres dans l'ame sans raison, & désordonnée d'une matiere coéternelle à Dieu, comme ont fait Pythagore & Platon; d'autres enfin ont supposé ce dernier point de doctrine, sans le développer, ni s'en occuper d'une maniere spéciale, tels qu'Aristote & Zénon. Et delà est venue par une conséquence nécessaire la fausse idée qu'ils se sont formée de l'Etre suprême, & de la nature de nos ames : delà est venu l'anéantissement de la liberté humaine, & le renversement du dogme essentiel des récompenses & des punitions après la mort. C'est ce que nous croyons devoir developper de plus en plus, afin de concilier les expressions de ces faux Sages, qui paroissent contradictoires, principalement sur ce dernier point, & d'avoir une idée juste & précise du but où tendoit tout leur système philosophique.

Examen de ce que les Philosophes ont pensé du dogme des peines, & des récompenses d'une autre vie.

On ne doit pas confondre le sentiment des anciens Philosophes, sur la nécessité du dogme des peines & des récompenses d'une autre vie, avec leur sentiment sur la vérité de ce dogme. Tous, ou du moins ceux qui admettoient l'existence d'une Divinité & d'une Providence, ont cru ce dogme nécessaire. Ils l'ont enseigné même avec soin comme la base de la Religion, & par conséquent comme le soutien de la société. Aucun d'eux néanmoins n'a cru qu'il fût véritable. C'est ce que nous allons établir, en exposant en même-temps quels pouvoient être les motifs de cette opposition entre leurs sentimens & leurs maximes.

Les Philosophes ont tous reconnu l'utilité du dogme des peines & des récompenses d'une autre vie.

Si l'on vouloit citer tous les passages propres à démontrer combien l'antiquité a été unanime sur l'utilité de ce dogme, il faudroit transcrire tous les anciens : car c'est par ce principe que commence & finit tout ce qu'ils ont dit & enseigné concernant la morale. Nous nous bornerons à trois passages seulement.

Le premier est de Timée le Locoien, un des plus anciens disciples de Pythagore, grand homme d'état, & qui, au jugement de Platon, étoit consommé dans les connoissances de la Philosophie. Timée dit que « la société

» fut inventée pour retenir, dans l'ordre,
» par la crainte des loix & de la Religion,
» des esprits qui ne sauroient se déterminer
» par le pur amour de l'équité ». C'est à
l'égard de ces sortes d'esprits, dit-il, « qu'il
» faut faire usage de la crainte des châti-
» mens, soit ceux qu'infligent les loix ci-
» viles, ou ceux que fulminent les terreurs
» de la Religion du haut du ciel, & du fond
» des enfers. Châtimens sans fin réservés aux
» ombres des malheureux, tourmens dont la
» tradition a perpétué l'idée, afin de purifier
» l'esprit de tout vice ».

Polybe nous fournira le second passage. Ce sage Historien, extrêmement versé dans la connoissance du genre humain, & dans celle de la nature des sociétés civiles, qui fut chargé de l'auguste emploi de composer des loix pour la Grece, après qu'elle eut été réduire sous la puissance des Romains, s'exprime ainsi en parlant de Rome. « L'excellence supérieure de
» cette République, éclate particuliérement
» dans ces idées qui y regnent sur la Pro-
» vidence des Dieux. La superstition, qui en
» d'autres endroits ne produit que des abus
» & des désordres, y soutient au contraire,
» & y anime toutes les branches du Gouver-
» nement; & rien ne peut excéder la force
» avec laquelle elle agit sur les particuliers &
» sur le public. Il me semble que ce puissant
» motif a été expressément imaginé pour le
» bien des états. S'il falloit à la vérité for-
» mer le plan d'une société civile, qui fût
» entiérement composée d'hommes sages, ce
» genre d'institution ne seroit peut-être pas
» nécessaire. Mais puisqu'en tous lieux la mul-
» titude est volage, capricieuse, sujette à des

» passions irrégulieres, & à des ressentimens
» violens & déraisonnables, il n'y a pas d'autre
» moyen de la retenir dans l'ordre que par
» la terreur des châtimens futurs, & par l'ap-
» pareil pompeux qui accompagne cette sorte
» de fiction. C'est pourquoi les anciens me
» paroissent avoir agi avec beaucoup de ju-
» gement & de pénétration, dans le choix des
» idées concernant les Dieux, & un état futur.
» Et le siecle présent montre beaucoup d'in-
» discrétion, & un grand manque de sens,
» lorsqu'il tâche d'effacer ces idées, qu'il en-
» courage le peuple à les méprifer, & qu'il
» lui ôte le frein de la crainte, &c., (n) ».
Dans la suite de ce passage, Polybe attribue
le renversement survenu dans la Grece au peu
de soin que les Législateurs prirent de maintenir l'autorité de la Religion.

Le troisieme passage est de Strabon, qui ne
connoissoit pas moins les hommes & leurs
mœurs, que la diversité des lieux & des pays.
Il parle dans le même esprit que Polybe. « Dans
» les sociétés, dit-il, la multitude est excitée
» à la vertu par les fables séduisantes que
» les Poëtes racontent concernant les exploits
» illustres des anciens Héros, comme les tra-
» vaux d'Hercule & de Thésée; & par ceux
» des récompenses que les Dieux accordent
» à ceux qui se sont adonnés au bien. Elle
» est détournée du vice par les châtimens que
» ces mêmes Dieux, dit-on, infligent aux
» scélérats; & c'est par cette raison que l'on
» a imaginé d'employer des discours terribles,
» & des spectacles extraordinaires (faisant

(n) Polybe, Hist. l. 6, c. 54, 55.

» sans doute allusion à ceux des mysteres),
» pour imprimer fortement dans les esprits
» l'idée de ces craintes & de ces menaces,
» & pour faire croire que les méchans n'é-
» chappent point au jugement des Dieux. Car
» il est impossible de gouverner le commun du
» peuple, & de l'engager à la piété, à la
» sainteté & à la vertu, par les principes de
» la philosophie. On ne peut faire d'impression
» sur lui que par le moyen de la superstition,
» dont les fictions & les prodiges sont la base
» & le soutien. C'est pourquoi le Législateur
» a fait usage de ce qu'enseigne la fable sur
» le tonnere de Jupiter, l'égide de Minerve,
» & de toutes les fictions de l'ancienne Théo-
» logie, comme un épouvantail propre à frap-
» per de terreur les imaginations puériles de
» la multitude (o) ».

Pline dit précisément la même chose dans son Histoire naturelle (p).

Les Philosophes n'ont rien cru du dogme des peines & des récompenses d'un état futur.

Il est nécessaire, avant toutes choses, de fixer ce que nous entendons par *état futur*; car rien n'est plus équivoque que ces termes chez les anciens Philosophes.

Par l'immortalité, l'éternité ou la permanence des ames, l'on entendoit, ou une simple existence après cette vie, ou une existence dans un état de peines ou de récompenses, suivant que l'on s'étoit conduit ici-bas.

(o) Strabon, Géograph. l. 1.
(p) Pline, Hist. nat. l. 2, c. 7.

Chacune de ces deux opinions se subdivise encore en deux autres.

Par la simple existence on entendoit, ou la réunion immédiate de l'ame au moment de la mort avec la nature universelle, une certaine substance unique, dont l'ame étoit émanée ; ou l'on entendoit que l'ame continuoit à exister séparément après la mort pendant quelque temps, passant successivement dans le corps de divers animaux par une destination fatale & nécessaire, jusqu'à ce qu'elle se réunît enfin avec la substance universelle & unique de toutes choses.

Par un état de peines & de récompenses, ou l'on entendoit des peines & des récompenses improprement dites, supposant que le bonheur & le malheur étoient des conséquences naturelles, & nécessaires de la vertu & du vice, & non l'effet des dispensations volontaires d'un être intelligent, juste & libre ; ou l'on entendoit des peines & des récompenses proprement dites ; suivant l'idée desquelles le bonheur & le malheur qui accompagnent la vertu & le vice, n'en sont point une conséquence aveugle, fatale & nécessaire, mais sont l'effet des dispensations volontaires & positives d'un être libre & intelligent.

De ces deux idées la derniere entraîne nécessairement avec elle la providence d'un être suprême. C'est celle que tous les législateurs & la plupart des Philosophes ont publiquement enseignée, mais que nous prétendons qu'ils n'ont pas crue, quoiqu'ils l'aient généralement fait accroire à tous les peuples de la terre.

Entrons en preuve.

1°. Personne n'ignore le respect religieux que

tous les peuples avoient pour les loix & le gouvernement de leur pays. Ce respect étoit un effet naturel des opinions populaires où l'on étoit sur leur origine ; car tous les fondateurs d'état prétendirent avoir reçu leurs institutions civiles de chaque Divinité tutélaire ; & ils eurent soin, en formant la société civile, d'établir un culte public, que l'état rendoit en corps au Dieu qu'il regardoit comme son Patron. La Religion nationale étoit considérée comme une partie essentielle & nécessaire de l'œconomie civile ; & c'est par cette raison que non-seulement les politiques, mais les Philosophes & les hommes les plus notables, adopterent universellement cette maxime, que chacun doit se conformer à la religion de sa patrie. On peut juger par la conduite de Socrate combien les plus grands hommes crurent que l'observation en étoit raisonnable, importante & nécessaire. Ce Philosophe accusé d'avoir voulu renverser les Divinités populaires, rejetta tous les conseils que ses amis lui donnoient pour se soustraire à l'accusation intentée contre lui, parce que ces conseils n'auroient point répondu à la droiture & à l'intégrité de sa vie. Néanmoins ce Philosophe si scrupuleux déclara à ses juges de la maniere la plus solemnelle, que son opinion étoit que chacun devoit suivre la religion de sa patrie ; & avant que de mourir, il chargea un de ses amis de sacrifier un coq à Esculape.

Je ne crois pas qu'on ait encore prétendu que les Sages de l'antiquité, qui ont montré par leur propre exemple qu'on devoit se conformer à la religion nationale, en aient ignoré les erreurs. Pourquoi donc n'ont-ils pas cru qu'il fût permis, & même que ce fût un devoir

voir d'abandonner l'essence, & de suivre la vérité, eux qui avoient pour objet de leurs études de persuader aux hommes que la vérité étoit le seul moyen d'arriver au bonheur ? C'est que le génie naturel des religions du Paganisme leur faisoit conclure que l'utilité, & non la vérité, étoit la fin de la religion. Et en effet, la nature de la religion Païenne donnoit lieu de former cette conclusion. Ne distinguant point ensuite avec la précision nécessaire l'utilité particuliere d'avec l'utilité générale, ni la différence de celle qui résulte d'une juste ou d'une injuste administration de la puissance civile, ils en tirerent une seconde conclusion aussi fausse que la premiere, savoir, que l'utile & le vrai ne se trouvent point toujours ensemble. De ces deux principes il en résultoit nécessairement un troisieme, « qu'il est utile, & même à propos, » de tromper les hommes pour le bien pu- » blic ».

Les ouvrages des Philosophes sont tous autant de témoins irréfragables de cette derniere maxime. Ciceron, à l'exemple de Platon, la trouve si claire & incontestable, qu'il dit que ce seroit une impiété que de faire le contraire. Selon le fameux Pontife Scevola, *Expedit falli in religione civitates*. Saint Augustin (*q*) qui rapporte cela, ajoute : *Varro de religionibus loquens evidenter dicit multa esse vera quæ vulgo scire non sit utile ; multaque quæ tametsi falsa sint, aliter existimare populum expediat. Hoc certè totum consilium prodidit sapientum, per quos civitates & populi regerentur.*

(*q*) S. Aug. de civit. Dei, l. 4, c. 10.

2°. La vue des grands avantages que la société retiroit de la religion, entendue au sens du peuple, donna lieu à la double doctrine des Philosophes, l'une externe ou publique, l'autre interne, ou secrete. La premiere s'enseignoit ouvertement à tout le monde : la seconde étoit réservée pour un petit nombre de disciples choisis. Et il ne faut pas s'imaginer que ce fussent différens points de doctrine. C'étoient les mêmes sujets, mais traités différemment selon que l'on parloit devant la multitude, ou devant les disciples choisis. Un motif aussi noble que l'amour de la société fit croire aux Philosophes que cette supercherie étoit non-seulement innocente, mais même louable. Tout autre motif, comme celui du myftere & de la rufe, paroît inalliable avec leurs systêmes particuliers de morale.

On peut en effet observer qu'ils n'ont fait usage de la double doctrine que relativement au point dont il est ici question. Toutes les sectes qui ont réuni le caractere de philosophe & de législateur, comme celles des Pythagoriciens, des Platoniciens, des Péripatéticiens & des Stoïciens, ont toutes professé publiquement la créance des peines & des récompenses d'une autre vie ; tandis que celles qui se sont bornées simplement à philosopher (comme la secte Eléatique & la Mégarienne, celle des Cyrenaïques, des Cyniques, des Epicuriens, &c), ont toutes fait profession du contraire. Il y a un grand nombre de nuances dans les sentimens des Philosophes à cet égard. Ceux dont la secte joignoit l'étude de la politique à celle de la Philosophie, insistoient plus ou moins sur le dogme d'un état futur, à proportion que leur secte penchoit plus ou moins vers le caractere de législateur, ou vers celui de pur Philosophe. Les Pythagoriciens, par exemple, & les Platoniciens y insisterent en général plus que les Péripatéticiens & les Stoïciens. Il en fut de même à l'égard des Philosophes particuliers de chaque secte, suivant que chacun d'eux en particulier s'appliqua plus ou moins à la morale, ou à des spéculations abstraites. Ainsi, parmi les Stoïciens, Zénon professoit & enseignoit le dogme d'un état futur, & Epictete le nioit. La conduite de Séneque dévoile tout ce mystere. Ce Philosophe, qui n'étoit fidele aux principes d'aucune secte, nie un état futur dans les endroits de ses ouvrages où il raisonne en Philosophe spéculatif, & il le soutient dans ceux où il raisonne en Philosophe moral, n'ayant pas honte d'ajouter (r) : *Hæc autem omnia ad mores spectant; itaque suo loco posita sunt : at quæ à Dialecticis contra hanc opinionem dicuntur, segreganda fuerunt, & ideò seposita sunt.* On trouve dans les Anciens un nombre infini de ces contradictions, qu'il est facile de concilier en observant quel fut le caractere de leur secte, quel fut en particulier leur genre d'étude, & en distinguant leur doctrine secrete d'avec leur doctrine extérieure. L'examen de la conduite des différentes sectes des Philosophes, leurs contradictions, leurs erreurs, font donc voir que ce qu'ils croyoient être le bien de la société, & non la vérité, a été constamment le but de tout Philosophe législateur. Les passages de Timée, de Polybe & de Strabon, rapportés ci-dessus, sont autant d'apologies de la for-

---

(r) Seneque, Epist. 103.

fanterie & de la fauſſeté des religions païennes à cauſe de leur utilité politique. Suivant eux, un peuple de Philoſophes, s'il y en avoit un ſur la terre, auroit une religion tout-à-fait différente. Cette diſtinction montre clairement qu'ils recommandoient eux-mêmes l'obſervation de ce qu'ils ne croyoient pas : conduite dont il eſt impoſſible d'expliquer les reſſorts par d'autres principes que ceux qu'on vient d'expoſer.

3°. Des conſidérations générales ſur la doctrine des anciens Philoſophes, paſſons à la diſcuſſion des ouvrages de chaque particulier. Ce ſera un nouveau moyen de nous convaincre qu'ils n'ont rien cru du dogme d'une autre vie. On voit bien que les ſentimens des Philoſophes athées ou matérialiſtes n'entrent point dans l'examen dont il s'agit : il faut donc ſe borner ſur cet objet aux ſectes de Pythagore, de Platon, d'Ariſtote & de Zénon.

1°. Pythagore fut tout enſemble Philoſophe & légiſlateur. De ces deux caracteres, le ſecond prédomina dans ſa conduite. Sa réputation & ſon autorité s'étendirent par toute la Grece, & dans toute l'Italie, & ce ne fut point une autorité paſſagere, ſes diſciples en hériterent.

Deux choſes doivent donner la plus haute idée du caractere politique de Pythagore, & de ſa réputation en cette qualité ; l'une, que tous les légiſlateurs de quelque réputation qui ont vécu après lui, ont été communément mis au rang de ſes diſciples. C'étoit l'opinion populaire, qu'en ce qui concerne la ſcience de la légiſlation, il ne pouvoit y avoir rien de bon qui ne vînt de Pythagore. L'autre circonſtance, c'eſt que la doctrine de la diſpenſation de la Providence, par le moyen de la Métempſycoſe ou de la tranſmigration de l'ame, (quoique enſeignée dans tous les myſteres, quoiqu'inſéparable de l'idée d'un état futur ſuivant la théologie de toutes les religions du Paganiſme), a néanmoins été regardée comme la doctrine particuliere de Pythagore.

Or il paroît par le caractere de ce Philoſophe qu'il a enſeigné pluſieurs choſes qu'il ne croyoit pas, & qu'il a entretenu le peuple de la créance de pluſieurs opinions, uniquement à cauſe de l'utilité dont il croyoit qu'elles étoient pour l'état. Entre ces opinions, les deux principales étoient la croyance des enfers, & le dogme de la Métempſycoſe; & quoique ces deux opinions ſemblent ſe combattre, Pythagore les concilioit. La croyance de l'Enfer étoit pour le ſimple peuple; & la Métempſycoſe pour ceux qui étoient initiés aux myſteres, & peut-être pour un certain nombre d'autres. Pythagore prit originairement l'idée de la Métempſycoſe en Egypte & dans les Indes; mais il ſe l'appropria d'une maniere particuliere, en lui donnant une modification différente. L'ancienne idée lui ſervit de baſe pour en former une nouvelle; ſavoir que la tranſmigration des ames étoit, non une diſpenſation morale, mais une révolution phyſique & néceſſaire, ou naturelle ou fatale, ſans aucun rapport aux vices ou aux vertus des hommes, & nullement deſtinée à punir les crimes que l'on auroit commis en ce monde. Il y a donc deux idées entiérement différentes de la Métempſycoſe; l'une ancienne, morale, inſéparable d'un état futur où l'on ſuppoſe des peines & des récompenſes; l'autre nouvelle, naturelle & néceſſaire, incompatible avec l'idée d'un pareil état. Cette derniere est entiérement de l'invention de Pythagore : c'est celle qu'il enseignoit en secret à ses disciples. Il enseignoit l'autre extérieurement, la regardant comme une de ces notions qu'il est convenable d'entretenir, non à cause de leur vérité, mais uniquement à raison de leur utilité. Cela joint à sa réputation, à la vénération profonde de ses disciples pour lui, & à ce qu'il étoit réellement l'auteur de l'idée de la Métempsycose dans le sens naturel & fatal, l'a fait regarder comme auteur de toute Métempsycose, quoique la Métempsycose vulgaire soit constamment plus ancienne que lui.

La Métempsycose philosophique Pythagoricienne détruit donc manifestement le dogme des peines & des récompenses d'une autre vie. On voit qu'Ovide a connu le secret de cette distinction ; car lorsqu'il introduit Pythagore enseignant aux Crotoniates la doctrine secrete de son école, il lui fait rejeter le dogme des peines & des récompenses d'une autre vie, en conséquence même des principes de la Métempsycose physique.

> O genus attonitum gelidæ formidine mortis !
> Quid Styx, quid tenebras & nomina vana timetis,
> Materiem vatum, falsique pericula mundi ?
> Corpora sive rogus flammâ, seu tabe vetustâ
> Abstulerit, mala posse pati non ulla putetis.
> Morte carent animæ, semperque priore relictâ
> Sede, novis domibus vivunt, habitantque receptæ (s).

Le témoignage de Timée, ancien Pythago-

(s) Ovide, Metam. l. ult.

ricien, est exprès & formel sur le même sujet. Après avoir dit que le dogme des peines & des récompenses d'une autre vie, est en celle-ci le soutien de la société civile, il ajoute : (*t*) « Ainsi que l'on guérit quelquefois le corps
» par des remedes nuisibles, lorsque des reme-
» des innocens ne peuvent produire aucun
» effet, de même on retient les esprits par
» des fictions, lorsqu'on ne peut pas les per-
» suader par la vérité. C'est pourquoi il est
» nécessaire d'inspirer au peuple la crainte des
» tourmens étrangers, c'est-à-dire, Egyptiens ;
» (parce que l'idée des peines & des récom-
» penses après la mort venoit des Egyptiens,
» selon les auteurs Grecs. Voyez Epictete &
» Porphyre, *de abstinentiá* ;) que l'ame par exem-
» ple change de démeure, que celle d'un lâ-
» che passe dans le corps d'une femme ; que
» celle d'un meurtrier est emprisonnée dans la
» fourrure d'une bête sauvage ; que celle d'une
» personne lascive est condamnée à animer
» un sanglier ou une truie, &c ». (*v*) La crainte des Enfers servoit aussi au même objet. Il paroît par Platon *in Phed.* qu'on parloit aux uns de Métempsycose, & aux autres des Enfers, & que parmi les peines des Enfers ou en annonçoit d'éternelles pour les grands scélérats, & d'autres qui ne devoient durer qu'un temps. Voy. Origenes cont. Celse, liv. 8.

2°. Platon est regardé comme le plus zélé défenseur du dogme d'un état futur, sans doute

---

(*t*) L. de animâ sub finem.
(*v*) Voy. Iambliq. in vitâ Pyth. c. 1, 15, 151, 184 ; & Porphyre, in vita Pyth. § 17.

parce qu'il eſt le premier qui ſe ſoit appliqué à donner des preuves de l'éternité de l'ame (*x*).

Pour ne point prendre le change dans cette matiere, il faut toujours avoir préſente la double doctrine qui étoit en uſage chez les Philoſophes : car de toutes les inventions des Egyptiens & de toutes les pratiques de Pythagore, rien ne lui plaiſoit plus que cette double doctrine, & la diviſion de ſes diſciples en deux claſſes, d'internes & d'externes. Il avoue lui-même aſſez ouvertement les principes ſur leſquels cette diſtinction eſt fondée : « Qu'il eſt de » l'intérêt du genre humain qu'il ſoit ſouvent » trompé..... Qu'il y a des vérités qu'il n'eſt » pas à propos que le peuple connoiſſe.... » qu'il ne faut pas confier à tout le monde » la véritable idée de Dieu » (*y*). Les anciens ont regardé la diſtinction de cette double doctrine comme une clef ſi néceſſaire pour l'intelligence des ouvrages de Platon, qu'ils ont compoſé des diſcours exprès ſur ce ſujet (*z*).

A l'aide de ce principe on concilie ſans peine toutes les contradictions dont ſes livres fourmillent, & qui n'ont point échappé aux obſervations d'Euſebe (*a*) ; & l'on n'eſt plus étonné de le voir défendre les divinités populaires dans ſon traité des loix, & s'en moquer dans ſon *Cratile*, qui contient ſa doctrine ſecrete. A l'égard de ſes ſentimens ſur l'immortalité de l'ame, ſa doctrine eſt conſtam-

---

(*x*) Cicéron, Tuſcul. l. 1, c. 17.
(*y*) Platon in Timæo.
(*z*) Cicéron, Tuſcul. l. 1, c. 21.
Albin, apud Fabricium. Biblioth. Græc. l. 3, c. 2.
(*a*) Euſebe, præp. Evang. l. 13, c. 3 & 4. Voy. auſſi

ment la même que celle des Pythagoriciens. Trois observations vont nous en convaincre.

En premier lieu, les argumens qu'il emploie pour prouver cette immortalité, & pour lesquels il est devenu si fameux, ne sont que des argumens métaphysiques tirés de la nature & des qualités de l'ame, & qui, par conséquent, ne prouvent que sa permanence, & assurément il la croyoit (*b*).

Mais il y a de la différence entre la permanence de l'ame pure & simple, & sa permanence accompagnée de châtimens & de récompenses. Les preuves morales sont les seules qui peuvent prouver un état futur & proprement nommé de peines & de récompenses. Or Platon, loin d'insister sur ce genre de preuves, n'en allegue point d'autres, comme on peut le voir par son douzieme livre des loix, que l'autorité de la tradition & de la religion; & par-là il fait voir qu'il en abandonne la vérité, & qu'il n'en réclame que l'utilité.

En second lieu, l'opinion de Platon sur la Métempsycose a donné lieu de le regarder comme le plus grand défenseur des peines & des récompenses d'une autre vie. A l'opinion de Pythagore qui croyoit la transmigration des ames purement naturelle & nécessaire, il ajouta que cette transmigration étoit destinée à purifier les ames qui ne pouvoient pas, à cause des souillures qu'elles avoient contractées ici-bas, remonter au lieu d'où elles étoient descendues, ni se réunir à la substance universelle dont elles avoient été séparées, & que

---

(*b*) Cicéron, Tuscul. l. 1, c. 21.

par conséquent les ames sans tache ne subissoient pas la Métempsycose. Ces dernieres paroles décélent tout son système, & démontrent que Platon détruisoit toute existence particuliere & personnelle de l'ame : sentiment qu'Aristote lui attribue, &, comme on voit, avec fondement. De plus, toutes les fois que Platon insiste sur le dogme des peines d'une autre vie, c'est toujours en suivant les idées grossieres du peuple, que les ames des méchans sont enfoncées dans la boue, qu'elles passent dans le corps des ânes & de pourceaux, qu'il y a trois juges dans les Enfers. Il parle du Stix, du Cocyte, de l'Acheron, &c. Qui peut s'imaginer qu'il ait été lui-même persuadé de ces idées chimériques ? Sans deviner ses intentions, nous avons de lui sur cet article un témoignage tout-à-fait décisif. Il avoue franchement dans son Timée, que les tourmens de l'Enfer sont des opinions fabuleuses.

En effet, les anciens les plus éclairés ont regardé ce que ce Philosophe en dit comme des chose du genres exotérique (c). Celse avoue aussi que ce que Platon enseigne des demeures fortunées destinées à la vertu, n'est qu'une allégorie, & il réduit son sentiment à l'idée de la Métempsycose, qui servoit à la purification des ames; & la Métempsycose elle-même se réduisoit à la réunion de l'ame avec la nature divine, « lorsque l'ame étoit devenue assez forte pour pénétrer dans les hautes » régions » (d).

(c) Voy. Chrysippe, apud Plutarch. de Stoïc. repug. & Strabon, Geogr. l. 15.
(d) Orig. cont. Cels. l. 3.

3°. Les Péripatéticiens & les Stoïciens ayant renoncé en grande partie au caractere de législateur, ont aussi parlé ouvertement contre les peines & les récompenses d'une autre vie. La différence entre eux & les Platoniciens sur ce point ne provient que du plus ou du moins de réserve, tous faisant usage des mêmes principes, comme on l'apprend de Cicéron. Acad. quæst. 2, liv. 1.

Aristote, dans son traité de la Morale, dit positivement que « la mort est la fin de notre » existence, & qu'après elle l'homme n'a ni » mal à craindre ni bien à espérer ».

Zénon, fondateur du Portique, lorsqu'il parle sous le caractere de législateur, enseigne le dogme d'une autre vie (*e*). Mais sans faire mention que Chrysippe son disciple se moquoit de toutes ces choses comme de terreurs puériles, l'on sait que, suivant les principes de Zénon, l'ame mouroit avec le corps (*f*). Il ne faut donc pas s'étonner qu'Epictete vrai Stoïcien (*g*), & Séneque (*h*), combattent ce dogme avec la plus grande force.

Nouvelle preuve que les anciens Philosophes n'ont pas cru le dogme des peines & des récompenses d'un état futur, tirée de leurs sentimens sur la nature de Dieu.

1°. C'étoit un principe généralement adopté par tous les Philosophes Grecs, que Dieu ne

---

(*e*) Orig. apud Lactanc. Inst. l. 7, sect. 7.
(*f*) Plutarq. de placitis Philosophorum, l. 4, c. 7.
(*g*) Apud Arrianum, l. 3, c. 13.
(*h*) Séneque, de consolatione, c. 19.

pouvoit ni se fâcher, ni faire mal à qui que ce soit. *At hoc quidem commune est omnium Philosophorum*, dit Cicéron.... (1) *numquam nec irasci Deum, nec nocere.* (Voy. aussi Lactance, *de ira Dei.*) Le Philosophe Romain fait l'éloge de Regulus, qui par un attachement inviolable pour son serment retourna à Carthage où il devoit subir un malheur certain. *Quid est igitur, dixerit quis in jure jurando*, s'objecte Cicéron (*ibidem*), *num iratum timemus Jovem?* Et il répond en avouant qu'un parjure n'a rien à craindre de la colere des Dieux, mais que c'est la justice & la bonne-foi qui rendent le serment inviolable : *Quod autem affirmatè, quasi Deo teste, promiseris, id tenendum est : jam enim non ad iram deorum, quæ nulla est, sed ad justitiam & ad fidem pertinet.*

2°. Rien de plus aisé, selon les principes d'une bonne & saine Philosophie, que la solution de cette difficulté, en distinguant les passions humaines, des attributs divins de justice & de bonté sur lesquels est établi d'une maniere invincible le dogme des peines & des récompenses à venir. Mais les Anciens étoient bien éloignés d'avoir des idées si précises de la nature divine ; ils ne savoient pas distinguer la colere de la justice, & la partialité de la bonté.

Ce principe & cette conséquence embarrasserent extrêmement les premiers défenseurs de la Religion chrétienne ; & ce fut pour couper cette difficulté que Lactance composa son livre *de irâ Dei.* L'argument qu'il se propose d'y

---

(1) Cicéron, officior. l. 3, c. 28.

détruire, peut se reduire à ce syllogisme : Si Dieu n'a aucun sentiment de bienveillance ou de haine, d'amour ou de colere, il ne peut ni récompenser, ni punir. Or Dieu n'a aucune de ces passions. Donc, &c. Un controversiste moderne auroit certainement nié la majeure ; mais c'étoit un principe reçu de tous les partis, & que Lactance lui-même regardoit comme la base de la religion : *Qui sine irâ Deum esse credunt, dissolvunt omnem religionem.... sive igitur gratiam Deo, sive iram, sive utrumque detraxeris, religionem tolli necesse est.* Ensorte qu'il n'avoit d'autre ressource que de nier la mineure, & c'est-là, comme il le dit, le but & le dessein de son ouvrage.

Il entreprend donc de prouver que Dieu a des passions humaines ; & quoique par des expressions répandues dans son ouvrage il paroisse en sentir lui-même l'absurdité, cependant, comme tous les Philosophes étoient d'accord pour croire que sans ces passions il ne pouvoit point y avoir des peine ni de récompenses futures, il s'applique sérieusement à prouver que Dieu éprouve, comme les hommes, les passions de l'amour & de la haine ; toute la différence, selon lui, c'est que ces passions sont dans l'homme de deux especes, raisonnables & déraisonnables, au lieu qu'en Dieu elles sont toujours raisonnables.

3°. On pourroit objecter que le principe qui fait Dieu incapable de colere, ne conclut que contre les châtimens de l'autre vie, & n'en attaque point les récompenses ; plusieurs Philosophes, comme Lactance, le rapportent, soutenant que Dieu étoit susceptible de faveur & de bienveillance, quoique tous niassent qu'il fût susceptible de colere : *Ita omnes*

Philosophi de irâ consentiunt, de gratiâ discrepant.

Mais 1°. nier les châtimens d'une autre vie, c'est ôter au dogme d'un état futur ce qui en est la partie la plus efficace & la plus utile. 2°. Supprimer les châtimens futurs, c'est également supprimer les récompenses : l'un implique l'autre. Dès que l'on suppose que la bienveillance est en Dieu une passion ou une affection, on doit nécessairement convenir qu'il ne sauroit être exempt de colere. Comme on ne peut lui attribuer l'un sans lui attribuer l'autre, on ne peut lui en réfuser un sans lui refuser tous les deux. *In rebus diversis, aut enim in utramque partem moveri necesse est, aut in neutram. Itaque qui bonos diligit, & malos odit; & qui malos non odit, nec bonos diligit : quia & diligere bonos ex odio malorum est, & malos odisse ex bonorum caritate descendit.* (Lactance, ibid.)

Comment donc, dira-t-on, les anciens ont-ils pu admettre en Dieu la bienveillance, & en exclure la colere, eux qui à la vérité dogmatisoient souvent comme des fous, mais qui n'ont jamais raisonné comme des sots ? C'est qu'envisageant la colere comme une passion, ils n'envisageoient pas la bienveillance sous le même aspect. Ils la regardoient comme une émanation nécessaire de l'essence de Dieu, & non comme une passion ou une affection de cet Etre suprême. Lactance n'a pas connu cette distinction : d'où il est arrivé que la plupart de ses raisonnemens contre les Philosophes portent à faux. Car si l'on suppose que les récompenses sont l'effet d'une passion bienfaisante, mais que les Philosophes ont admis la bienveillance en Dieu sans la considérer comme paſſion, il ne s'enſuit nullement qu'en admettant la bienveillance ils aient dû admettre les récompenſes d'une autre vie. La ſeule différence qu'il y avoit entre ceux qui admettoient ou rejettoient cette bienveillance divine, c'eſt que les uns croyoient à la Providence, & que les autres n'y croyoient pas. La Providence néanmoins, ſuivant leurs idées, étant adminiſtrée par le moyen des paſſions, il reſte à examiner comment ils pouvoient concilier ce dogme avec une opinion qui y paroît contradictoire.

4°. Pour cet effet il faut conſidérer l'eſpece de Providence que croyoient les Philoſophes qui reconnoiſſoient un Dieu. Les Péripatéticiens & les Stoïciens avoient à-peu-près le même ſentiment ſur ce ſujet. Ariſtote prétendoit que la Providence particuliere ne s'étendoit point aux individus. Comme il étoit fataliſte dans ſes opinions, & qu'il vouloit reconnoître en même-temps le libre-arbitre de l'homme, il penſoit que ſi la Providence s'étendoit juſqu'aux individus, ou que les actions des hommes ſeroient néceſſitées, ou qu'étant contingentes, leurs effets déconcerteroient les deſſeins de la Providence.

Zénon en admettant comme Ariſtote ſeulement une providence générale, qui prenoit ſoin du genre-humain de la même maniere qu'elle préſide aux Globes céleſtes, nia le libre-arbitre. Voilà d'abord une eſpece de Providence qui va à la deſtruction du dogme des peines & des récompenſes.

Le cas des Pythagoriciens & des Platoniciens étoit tout différent : car ces deux ſectes admettoient une Providence qui s'étendoit juſqu'aux individus ; une Providence qui, ſelon les notions de l'ancienne Philosophie, ne pouvoit avoir lieu sans les affections de l'amour & de la haine, & cependant elles excluoient de la Divinité toute idée de passion, & particuliérement de colere.

Pour éclaircir cette contradiction apparente, il faut se souvenir que, selon Pythagore & Platon, les différentes régions de la terre avoient été confiées à la conduite & au gouvernement de certains génies qui tenoient le milieu entre les Dieux & les hommes. Tous les écrits de leurs disciples font mention de ces génies ou Démons. Or l'on supposoit qu'ils étoient susceptibles de passions, & que c'étoit par leur moyen que la Providence particuliere avoit lieu ; mais lorsque l'ame étoit dégagée du corps, alors, suivant l'opinion de ces Philosophes, elle n'étoit plus sous le gouvernement sous l'influence des Démons. (Voy. Apulée, *de Deo Socratis.*)

Autre preuve que les anciens Philosophes n'ont pas cru le dogme des peines & des récompenses d'un état futur, tirée de leurs sentimens sur la nature de l'ame.

1°. Il ne peut y avoir que deux manieres d'envisager l'ame ; ou comme une qualité, ou comme une substance. Les Philosophes qui pensoient que l'ame n'étoit qu'une pure qualité, tels que Dicéarque, Epicure, &c. croyoient & devoient croire qu'elle étoit anéantie à la mort.

Mais la plupart ont cru que l'ame étoit une substance. Ceux qui étoient de ce sentiment, ont tous soutenu unanimement qu'elle n'étoit qu'une partie séparée d'un tout ; que Dieu étoit ce tout, & que l'ame devoit enfin s'y réunir par voie de réfusion.

Cependant ils différoient entre eux sur la nature de ce tout, les uns soutenant qu'il n'y avoit dans la nature qu'une seule substance, les autres qu'il y en avoit deux. Les premiers étoient de vrais Athées, de purs matérialistes. Les seconds, qui soutenoient qu'il y avoit dans la nature deux substances générales, Dieu & la matiere, concluoient en conséquence de ce fameux axiome, *de rien rien*, que l'une & l'autre étoient éternelles.

Parmi les défenseurs de l'immatérialité de la substance divine, les uns ne reconnoissoient qu'une seule personne dans la divinité, les autres deux, & même de cette seconde personne plusieurs autres émanations divines; ensorte que les premiers croyoient que l'ame étoit une partie du Dieu suprême, & les derniers croyoient seulement qu'elle étoit une partie de la seconde hypostase, comme ils l'appelloient.

De même qu'ils multiplierent les personnes de la Divinité, ils multiplierent la nature de l'ame. Les uns en donnoient deux à chaque homme, les autres trois; mais de ces ames il n'y en avoit qu'une, suivant leurs idées, qui fît partie de la Divinité; les autres étoient seulement une matiere élémentaire, ou de pures qualités.

Mais quelque différence de sentimens qu'il y eût sur la nature de l'ame, tous ceux qui la regardoient comme une substance, s'accordoient en ce point qu'elle étoit une partie de la substance de Dieu, qu'elle en avoit été séparée, & qu'elle devoit s'y réunir. La proposition est évidente par elle-même à l'égard de ceux qui n'admettoient qu'une seule substance universelle; & ceux qui en admettoient deux, les consideroient comme réunies & composant ensemble l'univers, comme le corps & l'ame composent l'homme. Dieu en étoit l'ame, & la matiere le corps ; & de même que le corps retournoit à la masse de la matiere dont il étoit sorti, l'ame retournoit à l'esprit universel, de qui tous les esprits tiroient leur substance & leur existence.

2°. C'est conformément à ces idées que Cicéron expose les sentimens de Philosophes Grecs. *A natura deorum*, dit-il, *ut doctissimis sapientissimisque placuit haustos animos, & libatos habemus* (k).

Et afin qu'on ne s'imagine pas que cette phrase qui revient sans cesse dans les écrits des anciens, *l'ame est tirée de Dieu*, ne doit pas être prise dans une rigueur métaphysique, il ne faut qu'observer la conséquence universellement adoptée par toute l'antiquité, que l'ame étoit éternelle, *à parte ante & à parte post*, c'est-à-dire, qu'elle étoit sans commencement, comme sans fin : ce que les Latins exprimoient par le mot *sempiternel*. Cicéron tire assez clairement cette conséquence de ce principe. *Animorum in terris origo nulla inveniri potest : his enim in naturis nihil inest, quod vim memoriæ, mentis cogitationes habeat, quod & præterita teneat, & futura provideat, & complecti possit præsentia, quæ sola divina sunt. Nec invenietur unquam undè ad hominem venire possunt nisi à deo..... Itaque quidquid est illud quod sentit, quod sapit, quod*

_____

(k) Cicéron, de Divinat. l. 1, c. 49 ; voy. aussi Tuscul. l. 5, c. 13.

vult, quod viget, cœleste & divinum est, OB EAMQUE REM ÆTERNUM SIT NECESSE EST (*l*).

La chose parle assez clairement d'elle-même : car les anciens soutenant, en conséquence de leur principe *ex nihilo nihil*, que l'ame étant éternelle *à parte antè*, elle devoit être indépendante de Dieu, ou être une partie de sa substance. Elle n'en pouvoit point être indépendante, parce que dans chaque sorte de substance le principe d'indépendance ne pouvoit être qu'unique. Or l'ame, selon eux, appartenant à la substance spirituelle qui étoit Dieu, ils ont dû par conséquent conclure que l'ame étoit une partie de la substance de Dieu.

3o. Lorsqu'on dit que les anciens croyoient l'éternité de l'ame dans le sens précis & rigoureux, on ne doit pas s'imaginer qu'ils crussent qu'elle existoit de toute éternité d'une maniere distincte & particuliere ; mais seulement qu'elle étoit détachée de la substance éternelle de Dieu, dont elle faisoit partie, & qu'elle devoit un jour y rentrer & s'y réunir de nouveau. C'est ce qu'ils expliquoient par l'exemple, d'une bouteille remplie d'eau & nageant dans la mer ; venant à se briser l'eau coule de nouveau, & se réunit en masse commune. Il en étoit, disoient-ils, de même à la dissolution du corps. Ils ne différoient que sur le temps de cette réunion, les uns soutenant qu'elle se faisoit à la mort, & les autres qu'elle n'avoit lieu qu'après plusieurs transmigrations (*m*).

―――――――――――

(*l*) Idem, fram. de consolatione.
(*m*) Voy. Gassendi, animadv. in l. 10 Diog. Laertii p. 550.

4°. On voit par-là que l'opinion des anciens sur l'éternité de l'ame, qui a fait croire aux modernes qu'ils admettoient des peines & des récompenses après cette vie, est précisément la raison qui ne leur permettoit pas de les admettre. Les premiers auteurs chrétiens, Arnobe, saint Justin, saint Irénée &c, eurent plus de discernement & en jugerent mieux. Ils sentirent que ce principe du Paganisme qui faisoit l'immortalité de l'ame de la même nature que l'immortalité de Dieu, attaquoit directement l'idée des peines & des récompenses d'une autre vie : & c'est pourquoi ils combattirent ce principe de toutes leurs forces.

5°. Outre les textes que nous avons déja rapportés dans le cours de cet ouvrage touchant cette doctrine des anciens Philosophes sur la nature de l'ame, nous en allons encore rapporter de très-précis, tirés des auteurs de chacune des principales sectes Philosophiques, qui n'étoient point matérialistes.

« Pythagore & Empedocle, dit Sextus Em-
» piricus (*n*), croyoient, ainsi que toute
» l'école Italique, que nos ames sont de la
» même nature que celles des Dieux, & que
» les ames irrationnelles des brutes, n'y ayant
» qu'un seul esprit infus dans l'univers, qui
» lui fournit des ames ». Diogène-Laërce rapporte (livre 8) que Pythagore soutenoit que l'ame est différente de la vie, & qu'elle étoit immortelle, parce que la substance dont elle étoit détachée, étoit telle par sa nature. Cicéron dit de même (*o*) que Pythagore, *censuit*

(*n*) Sextus-Empiricus, l. 9, adverf. Philosophos, § 127.
(*o*) Cicéron, de naturâ Deorum, l. 1.

Deum animum esse per naturam rerum omnem intentum & commeantem, ex quo nostri animi caperentur. Et ce qui prouve qu'on entendoit par ces paroles une portion vraiment détachée de la substance divine, c'est qu'il ajoute qu'on objectoit que cette doctrine divisoit Dieu, & le mettoit en pieces, & qu'elle le faisoit misérable au moins en partie : *Non vidit Pythagoras*, (disoient les adversaires de ce Philosophe qui ne pouvoient être que des sectes matérialistes), *distractione humanorum animorum discerpi ac dilacerari Deum ; & cum miseri animi essent quòd plerisque contingeret, tum dei partem esse miseram : quod fieri non potest.*

Platon appelle souvent l'ame sans aucun détour, *Dieu, une partie de Dieu*. Plutarque (*p*) dit que « Pythagore & Platon croyoient l'ame » immortelle, & que s'élançant dans l'ame » universelle de la nature, elle retournoit à » sa premiere origine ». Enfin Arnobe (*q*) apostrophe ainsi les Platoniciens : *Ipse denique animus qui immortalis à vobis & Deus esse narratur, cur in ægris æger sit, in infantibus stolidus, in senectute defessus ? Delira & fatua & insana (doctrina).*

Aristote, à quelques modifications près, pensoit sur la nature de l'ame comme les autres Philosophes. Après avoir parlé des ames sensitives, & déclaré qu'elles étoient mortelles, il ajoute dans sa Morale que « l'esprit ou l'in- » telligence existe de tout temps, & qu'elle » est de nature divine ». Mais comme on l'a

---

(*p*) Plutarque, de Placitis Philosoph. L. 4, c. 7.
(*q*) Arnob. adverf. Gentes, l. 2.

déja dit dans l'article de ce Philosophe, il fait une seconde distinction. Il trouve que l'es- » prit est actif & passif, & de ces deux sor- » tes d'esprit le premier est immortel & » éternel, le second est corruptible » (*ibid*).

Par l'intelligence passive, Aristote entendoit les sensations particulieres de l'ame, qui cesseront à la mort, au lieu que la substance, en quoi consiste son intelligence active, continuera de subsister, non séparément, mais confondue dans l'ame de l'univers. A l'aide de cette distinction on peut apprécier au juste les disputes des modernes concernant les sentimens d'Aristote sur l'immortalité de l'ame.

Quant aux Stoïciens, Séneque expose ainsi leur doctrine. *Quid est autem cur non existimes in eo divini aliquid existere qui Dei pars est? Totum hoc quo continemur, & unum est & Deus: socii ejus sumus & membra* (*r*). Marc Antonin se sert de ces principes pour combattre la crainte de la mort (*s*).

Les sentimens des quatre grandes sectes des Philosophes sont donc à-peu-près uniformes sur ce point. Ceux qui croyoient, comme les Perses, les Egyptiens, &c, qu'il y avoit deux principes, l'un bon & l'autre mauvais, enseignoient que l'ame étoit tirée de la substance, partie de l'un & partie de l'autre, & ce n'étoit qu'en cela seul qu'ils différoient des autres Philosophes.

Il est donc démontré que tous les anciens Philosophes, soit ceux qui étoient purement matérialistes, soit ceux qui admettoient un

---

(*r*) Seneque, Epist. 92.
(*s*) Diog. Laerce, l. 8, c. 12.

Dieu, n'ont pas cru le dogme des peines & des récompenses d'un état futur ; qu'en prêchant ce dogme au peuple, ils agissoient contre leur conscience ; qu'ils avoient dessein de le tromper, & qu'ils ne se conduisoient que par une politique toute humaine ; sans considérer que, si ce dogme, comme ils le croyoient, est nécessaire pour le maintien de la société & la conservation des mœurs, c'est une preuve de sa vérité.

Observons ici en passant que ce sentiment des Philosophes sur les peines & les récompenses d'un état futur se bornoit à eux seuls, & à ceux à qui ils enseignoient leur doctrine interne. Il n'en étoit point question dans les mysteres, où l'on parloit au contraire expressément d'un état futur heureux ou malheureux. On a vu plus haut que ces mysteres du Paganisme n'étoient qu'une invention politique des princes & des législateurs. Ils n'ignoroient pas qu'un nombre de personnes plus éclairées que les autres, appercevoient tout le faux du Polythéisme vulgaire ; & ils craignoient que s'ils eussent enseigné ce qu'ils en pensoient devant le peuple, très-attaché à ses superstitions, cela ne causât des troubles de Religion & des mouvemens dans l'état. C'est ce qui porta ces législateurs, de concert avec les prêtres, à établir les mysteres, où l'on faisoit connoître à la vérité aux initiés l'erreur du Polythéisme vulgaire, & l'unité de Dieu, mais sous un secret si inviolable, qu'il n'y avoit plus à appréhender que personne osât en instruire le commun du peuple. Or soit que les initiés crussent ou ne crussent pas le dogme des peines ou des récompenses d'un état futur, non-seulement on ne permit pas que ce dogme fût attaqué dans les mysteres ; il étoit au contraire expressément ordonné de l'enseigner, comme étant la base & le fondement des mœurs & du bon ordre ; & les Philosophes l'enseignoient comme les autres devant la multitude, se réservant d'enseigner le contraire en secret à leurs disciples choisis.

Que les princes & les législateurs aient été les instituteurs des mysteres, c'est ce que les Anciens au fait de la politique ont reconnu : on peut voir entre autres Diodore de Sicile, (liv. 5), & Plutarque dans son traité d'Isis & d'Osiris. Aussi ces mysteres étoient-ils sous la direction du magistrat ; dans les mysteres Eleusiniens (*t*) il y avoit un président, appellé Βασιλευς, qui signifie *roi*, sans doute en mémoire du premier fondateur. On y joignoit quatre officiers choisis par le peuple, & appellés επιμελιτας, c'est-à-dire, *curateurs*. Comme c'étoit une institution établie pour l'utilité ou le bien de l'état, le législateur prit tous les soins possibles pour le soutenir & en empêcher les abus, en y présidant lui-même. Il cachoit néanmoins la part qu'il y prenoit, en se mettant, pour ainsi dire, derriere le rideau, d'où il dirigeoit l'action des prêtres, qui n'étoient dans le fond que des officiers subalternes, mais qui étoient néanmoins dans le secret, & avec lesquels tout se faisoit de concert. Sans cette précaution, le peuple auroit été porté à regarder ces mysteres comme des choses purement utiles & politiques, ce qu'on avoit grand soin de lui cacher. On peut dire même que ce qui contribua dans la suite à

_____
(*t*) Voy. Meursii Eleusinia, c. 15.

la corruption des mysteres, c'est que dans certains endroits l'hiérophante se retira de dessous l'inspection du magistrat civil. Plusieurs s'aviserent d'établir de leur chef de nouveaux mysteres, que l'on célébroit clandestinement. C'est-là que les débauches les plus énormes prirent leur naissance.

Voilà l'origine des impiétés horribles que l'on commettoit à Rome dans les mysteres de Bacchus, & dont la découverte détermina le sénat à les abolir par un décret dans toute l'Italie. Voy. Tite-Live, liv. 39, qui entre là-dessus dans un grand détail. Voy. aussi saint Clément d'Alexandrie dans ses avertissemens aux Païens.

X X X.

Etat de la Philosophie depuis la fin du cinquieme siecle des Olympiades jusqu'au regne d'Auguste, c'est-à-dire, à-peu-près pendant l'espace de trois cents ans.

On ne trouve plus de nouvelle fondation de secte Philosophique chez les Grecs & les Latins, depuis celle d'Epicure dans le cinquieme siecle des Olympiades, si ce n'est la troisieme Académie établie par Carneade dans le sixieme siecle de cette époque, & la secte Electique dont nous parlerons dans la suite.

Alors toutes les anciennes sectes se réduisirent à huit, savoir celles des Pythagoriciens, des Platoniciens, des Académiciens, des Pyrrhoniens, des Péripatéticiens, des Cyniques, des Stoïciens & des Epicuriens. Les autres s'étoient éteintes insensiblement, telles que l'Ionique, l'Eléatique, la Mégarienne, la Cyrenaïque, &c. Nous allons voir en peu de mots quel a été l'état & le progrès de ces huit sectes principales jusqu'au regne d'Auguste.

PYTHAGORICIENS.

Les Pythagoriciens furent célébres pendant plusieurs siecles dans toute la Grece & l'Italie. Ils avoient hérité non-seulement de la doctrine, mais encore de l'autorité de leur fondateur. On voit par l'histoire que les villes d'Italie leur confierent souvent l'administration de leurs affaires, & ils y avoient si bien établi leur réputation & leur autorité, qu'au commencement du cinquieme siecle de l'ere chrétienne on trouvoit encore communément, au rapport de saint Jérôme (*v*), dans cette partie de l'Europe, des tables d'airain où étoient gravés les préceptes & les dogmes de ces Philosophes. Mais Cicéron (*x*) nous apprend que dans la suite cette réputation s'affoiblit, & que leur secte tomba dans l'oubli & se trouva presqu'éteinte. Il ajoute que Nigidius son contemporain fut le restaurateur du Pythagorisme, qui commença à refleurir vers le siecle d'Auguste *quorum (Pythagoreorum) disciplina extincta est quodammodò, quùm aliquot secula in Italia, Siciliáque viguisset, hunc (Nigidium) extitisse qui eum renovaret.* Ce Nigidius, dit encore Cicéron (*ibid.*) se plaisoit à traiter les choses selon la maniere des Académiciens, *Carneadeo more*; il examinoit le pour & le contre, & décidoit peu; *acer investigator*. Ce

---
(*v*) S. Jérôme, cont. Ruffin, l. 2.
(*x*) Cicéron, de Univers.

qui étoit assez conforme à la méthode de Pythagore & de ses disciples (*y*). On le soupçonna d'être magicien, parce qu'il étoit grand Astrologue, & qu'il faisoit assez heureusement les Horoscopes. Nigidius étoit grand ami de Cicéron ; il le seconda avec beaucoup de prudence pour dissiper la conjuration de Catilina. Il s'attacha aux intérêts de Pompée contre César : Il fut exilé par ce dernier après la bataille de Pharsale, & mourut dans son exil.

PLATONICIENS.

L'école de Platon subsista sous le nom d'Académie jusqu'à Cratès, qui fut le cinquieme successeur de ce Philosophe dans la direction de cette école. On a vu ci-dessus qu'Arcésilas, successeur de Cratès, innova, & qu'il établit une nouvelle secte sous le nom de *seconde d'Académie*. Cela divisa la secte de Platon : ceux qui suivirent Arcésilas conserverent le nom d'*Académiciens* ; & ceux qui se bornerent à la doctrine de Platon, sans admettre les nouveautés d'Arcésilas, composerent une secte particuliere, & prirent le nom de *Platoniciens*. Cette secte devint florissante : nous ne voyons pas cependant qu'elle ait produit des Philosophes distingués jusqu'au siecle d'Auguste. S'il y en eut, l'histoire ne nous en a pas conservé la mémoire. Il paroît que ceux qui formoient cette secte, se contentoient d'étudier les ouvrages de Platon, & de faire profession de suivre sa doctrine.

(*y*) Voy. *suprà* les articles de Pythagore & de Platon.

ACADÉMICIENS.

Le syſtême d'Arcéſilas, chef de la ſeconde Académie ſur l'incertitude & l'incompréhenſibilité de toutes choſes, expoſoit ſes diſciples, de la part des dogmatiques à des objections qu'il leur étoit très-difficile de réſoudre. On les tournoit même en ridicule : c'eſt ce qui engagea Carneade dans le ſixieme ſiecle des Olympiades à tempérer le ſyſtême d'Arcéſilas par les adouciſſemens que nous avons rapportés dans leurs articles, & à fonder une nouvelle ſecte Académique qu'on nomma *la troiſieme Académie*. Depuis ce temps le nouveau ſyſtême de Carneade prévalut, & l'on ne reconnut plus qu'une ſeule Académie qui a ſubſiſté long-temps. Cicéron témoigne qu'elle avoit été en vigueur juſqu'à ſon temps. *Hæc, dit-il, in Philoſophia ratio contra omnia diſſerendi, nullamque rem apertè judicandi, profecta à Socrate, repetita ab Arceſila, confirmata à Carneade, uſque ad noſtram viguit ætatem* (z). Mais cette ſecte, comme celle des Platoniciens, ne produiſit aucun Philoſophe célebre depuis Carneade juſqu'au ſiecle d'Auguſte, ni même après.

PYRRHONIENS.

Les Pyrrhoniens différant peu des Académiciens, on confondit aſſez communément ces deux ſectes, qui ſans faire beaucoup d'écrits s'exerçoient continuellement avec les autres

---

(z) Cicéron, *de naturâ Deorum*.

Philosophes sur les questions de l'*époque*. Il est parlé dans les auteurs d'un Métrodore, Sceptique qui vivoit au septieme siecle des Olympiades, & de quelques autres Pyrrhoniens peu considérables. Ce qui a rendu ces Philosophes plus fameux, c'est qu'on a donné généralement dans la suite le nom de *Pyrrhoniens*, préférablement à celui d'*Académiciens*, à tous ceux qui jusqu'à nos jours se sont fait gloire de disputer sur toutes choses, sans prendre jamais d'autre parti que de suspendre leur jugement.

PÉRIPATÉTICIENS.

Aristote fondateur de cette secte, avant de mourir, confia ses écrits qui étoient en grand nombre à Théophraste, qu'il avoit fait son successeur dans le Lycée, avec une défense expresse de les rendre publics. Théophraste obéit ponctuellement à cette défense. Il garda très-secretement les écrits de son maître, & les donna, en mourant, à Nélée son disciple, sous la même condition. Nélée étoit de Scepsis, ville de Mysie : ses héritiers cacherent par son ordre les écrits d'Aristote, dans un caveau, pour s'en assurer contre le Roi de Pergame, dont la ville de Scepsis dépendoit, & qui cherchoit par-tout des livres pour faire une bibliotheque, & ce trésor y demeura caché cent soixante ans. Il ne faut pas s'étonner après cela, si plusieurs des disciples d'Aristote (tels que Straton, Dicéarque, &c.), se sont tant écartés, même en choses très-essentielles, du sentiment de leur maître. N'ayant point ses Ouvrages sous les yeux, on ne connoissoit sa doctrine que par ce qu'on en avoit entendu dire à ses premiers disciples. On comprend aisément qu'une doctrine toute humaine enseignée de cette manière, peut souffrir de grandes altérations. D'ailleurs, cette doctrine ne pouvant être constatée par des monumens certains, il est très-facile que chacun abonde dans son propre sens, & ne prenne des sentimens de son école que ce qui s'accorde avec ses préjugés.

Quand on eut tiré, au bout de cent soixante ans, les écrits d'Aristote, du caveau où les héritiers de Nélée les avoit cachés, on les trouva presque tous gâtés. Cela n'empêcha pas Appellicon, riche bourgeois d'Athènes, de les acheter; & c'est de chez lui que Scylla les fit enlever, pour les porter à Rome. Ils échurent ensuite à un Grammairien nommé Tyrranicon; & Andronicus de Rhodes les ayant achetés des héritiers de ce dernier, fut en quelque façon le premier restaurateur des livres d'Aristote : car non-seulement il y rétablit ce qui s'y étoit gâté par la longueur du temps, mais il y mit de l'ordre, & en fit faire des copies; & par-là il commença à faire connoître Aristote, qui ne l'étoit pas même dans sa propre école : & c'est ce qui rendit cette école beaucoup plus fameuse qu'elle ne l'avoit été dans les siecles qui précéderent cette publication de ses écrits. Cratippe fut un des premiers qui la fit refleurir; il étoit de Mytylene. Après y avoir enseigné la Philosophie, il passa à Athènes, où il établit son école, & y eut, entr'autres, pour disciple, le fils de Cicéron. Ce grand Orateur l'estima beaucoup, & lui obtint de César la bourgeoisie Romaine; après quoi il porta l'Aréopage à faire un décret pour prier Cratippe de se fixer à Athènes, pour y enseigner la Philosophie. Il disoit, selon Cicéron (a), que l'ame de l'homme tiroit en partie son origine d'un entendement divin qui est hors de nous, & que la partie de notre ame qui sent, qui se meut, & qui desire, n'est point séparée de l'action du corps. Ce dernier point sembleroit approcher de la doctrine de Dicéarque; néanmoins, en le rapprochant du premier, on ne voit dans la proposition de Cratippe que l'intelligence active & passive dont Aristote composoit notre ame. On attribue aussi à ce Philosophe d'avoir admis, comme une conséquence des principes d'Aristote, un intellect universel, qui soit le même dans tous les hommes. Nous avons parlé de ce sentiment dans l'article d'Aristote; & nous avons remarqué qu'il n'y a aucune apparence qu'il l'ait enseigné, ni qu'on puisse le regarder comme une conséquence de ses principes. Ce sont visiblement ses disciples qui l'ont mis en vogue. Alexandre d'Aphrodisée, qui vivoit du temps d'Adrien, & Prisque de Lydie, l'ont cru voir de même dans Aristote, aussi-bien qu'Averroès. Nous reviendrons à cette matiere dans l'article de ce dernier Philosophe.

Outre Cratippe, l'Histoire fait encore mention d'un habile Péripatéticien, nommé Xénarque, qui florissoit sous Auguste, & fut très-aimé de ce Prince. Strabon étudia sous lui, mais ensuite il devint Stoïcien, comme il le marque lui-même dans sa Géographie.

(a) Cicéron, l. 1, de Divinatione, c. 32.

CYNIQUES.

Un certain Monime de Syracuse, après avoir été esclave d'un Banquier de Corinthe, qui le chassa de chez lui, s'attacha à Diogène le Cynique, & se fit estimer parmi les Cyniques. Il y eut aussi dans le même temps un fameux Philosophe nommé Métroclès, qui étudia d'abord sous Théophraste le Péripatéticien, ensuite sous Cratès le Platonicien, & qui enfin se fixa dans la secte des Cyniques. Il eut pour disciples Cléombrate & Cléomene, qui tinrent son école après lui. Ce Métroclès, étant devenu fort vieux & infirme, s'étouffa lui-même, pour se délivrer des miseres de la vie (b). L'école des Cyniques se soutint toujours avec honneur parmi les autres Philosophes : cependant les Auteurs ne rapportent aucun fait remarquable touchant leur secte, sinon qu'ils conserverent persévéramment ce goût austere & mordant, qui les rendoit odieux à tous ceux qui étoient l'objet de leur critique.

STOICIENS.

Pendant les trois cents ans dont il est ici question, la secte des Stoïciens ne produisit pas de plus grands Philosophes que les autres écoles. Il est parlé dans l'Histoire, de Panétius, ami de Scipion l'Afriquain, qui vivoit dans le septieme siecle des Olympiades, de Platon son disciple, de Caton d'Utique, & de quelques autres qui leur firent honneur :

(b) Diogene-Laerce, l. 7.

mais les Stoïciens se bornerent à enseigner leur doctrine, & à répandre par-tout leur secte, autant qu'il leur fut possible. Ils étoient fort liés avec les Cyniques, n'ayant les uns & les autres qu'une même fin, de vivre selon la vertu, en quoi ils établissoient le souverain bien : & c'est pourquoi ils nommerent le Cynisme la voie la plus courte que l'on pourroit tenir pour arriver à la vertu (c).

ÉPICURIENS.

Les sectateurs d'Epicure lui furent toujours très-attachés, & son école ne se divisa jamais. On célébroit tous les ans son jour natal, & l'on fêtoit même tout le mois de sa naissance. Enfin ses disciples mettoient par-tout son portrait, tant ils avoient d'estime & de vénération pour lui (d). Aussi son école produisit-elle, pendant les trois siecles que nous parcourons, plus de Philosophes de marque que les autres sectes. Celui de tous ses sectateurs qui saisit & développa davantage son systême, est le Poëte Lucrece, qui vivoit vers la fin du septieme siecle des Olympiades. Il composa pour cela six livres, qu'il intitula *De rerum naturâ*. Jamais homme n'a nié plus hardiment la Providence divine, que ce Lucrece. Il soutenoit avec son maître, que l'ame, composée d'Atômes comme tout le reste, mouroit avec le corps ; & néanmoins il remarque qu'elle s'en retourne au ciel lorsque l'homme meurt. Quelques Auteurs ont trouvé là de la con-

---

(c) Voy. La Mothe le Vayer, sur les Philosophes.
(d) Gassendi, de vitâ & mor. Epicuri.

tradition ; mais il est clair que tout ce que Lucrece veut dire par ces paroles, c'est que les parties subtiles qui composent l'ame, selon lui, s'évaporent & s'exhalent dans l'air à l'heure de la mort, & non pas qu'elles s'élevent vers le ciel, en persévérant dans l'état d'ame & de substance pensante. Lucrece attribuant tout au hasard, suivant le système de son école, poussa la folie jusqu'à dire qu'il ne falloit pas s'imaginer que le soleil eût été fait pour nous éclairer, ni notre œil pour voir ; mais que, nous étant apperçus que le soleil pouvoit servir à éclairer, & que nos yeux pourroient servir à voir, nous mettions le soleil & nos yeux à cet usage. Lucrece se tua lui-même l'an de Rome sept cent ou sept cent deux, âgé de quarante ou quarante-quatre ans : on lui avoit donné un philtre qui le faisoit tomber en fureur. Cette manie lui laissoit quelques intervalles lucides, pendant lesquels il composa ses six livres *de rerum naturâ*, qui, selon Eusebe (e), furent corrigés par Cicéron après la mort de l'Auteur : ils n'en sont pas moins impies.

Un autre Epicurien très-zélé pour sa secte, fut Albutius, Propréteur de Sardaigne, vers l'an 649 de Rome. Ayant été accusé de concussion, il fut banni, & s'établit à Athènes, où il enseigna l'Epicurisme.

On peut mettre au nombre de ces Philosophes Asclépiade, natif de Pruse en Bithynie, l'un des plus célebres Médecins de l'antiquité, & contemporain de Mithridate. Tout ce qu'on sait de lui, c'est qu'il ne croyoit point que

---

(e) Eusebe Chronic.

l'ame fut distincte de la matiere.

Nous trouvons encore parmi les Philosophes Epicuriens un Zénon, natif de Sidon, qui eut pour disciples Cicéron & Pomponius-Atticus. Il traitoit ses adversaires avec beaucoup de mépris & fort aigrement. Il écrivit contre les Mathématiques, bien différent de Xénocrate, qui ne recevoit parmi ses disciples que ceux qui les avoient étudiées. Nous n'avons plus son ouvrage, ni celui de Possidius qui l'a réfuté.

Enfin Catius, autre Philosophe Epicurien, ne fit point d'honneur à sa secte, en expliquant des voluptés charnelles ce qu'Epicure n'avoit dit, en se servant du terme de volupté, que des plaisirs modérés, capables de rendre l'homme heureux sur la terre, en évitant tout excès, & sur-tout les plaisirs de l'amour, de la table, &c. Nous apprenons d'une lettre de Cicéron (f), que Catius appelloit *Spectres*, ce que Démocrite & Epicure avoient appellé εἴδωλα, par où ils entendoient les images qui nous représentent les objets des sens. C'est ce que les Péripatéticiens ont nommé *especes intentionnelles*; & pour en donner un exemple, il faut, disent-ils, qu'un arbre, pour être vu, produise son image dans toutes les parties de l'air, à la ronde jusqu'au cerveau d'un infinité de spectateurs. Cicéron dit dans cette même lettre, que le Catius dont il parle étoit mort il n'y avoit pas long-temps. Elle étoit adressée à Cassius, l'un des meurtriers de César, & grand Epicurien Cassius répondit à Cicéron; & c'est dans cette

_____

(f) Cicéron, Lettre seize du quinzieme livre, ad familiares.

réponse (*g*) qu'il observe que Catius étoit un très-mauvais interpréte de ces paroles d'Epicure : « *on peut vivre voluptueusement*, ήδίως, » *sans faire ce qui est beau & juste* », parce qu'il entendoit de la volupté du corps, ce que leur maître n'avoit entendu que de la joie de l'ame. Il paroît que Catius suivoit dans la pratique l'interprétation qu'il donnoit aux paroles d'Epicure ; car c'est ce Catius, qui étoit mort depuis long-temps, dont Horace (autre Epicurien) choisit le personnage dans la quatrieme satyre de son second livre, pour débiter plusieurs préceptes & plusieurs maximes de cuisine propre à faire tourner en ridicule les parasites & voluptueux Epicuriens : *Epicuri de grege porcos*. Il est certain qu'en suivant les principes d'Epicure, on peut en tirer des conséquences qui menent à la crapule & aux plus sales voluptés, comme faisoit Catius : mais il n'est pas moins certain que ce n'étoit pas l'intention d'Epicure ; & que, si plusieurs de ses disciples se sont livrés aux voluptés charnelles, on ne peut pas en accuser le gros de sa secte : car tous les anciens leur rendent ce témoignage (*h*) : Séneque atteste que de son temps les Epicuriens étoient en grande réputation (*i*) ; & Lactance qui n'est pas suspect, ajoute : *Epicuri disciplina celebrior semper fuit quàm cæterorum* (*k*). Voyez ci-dessus l'article d'Epicure.

(*g*) Idem, ibid. Epist. 19.
(*h*) Voy. Gassendi, de vitâ Epicuri.
(*i*) Seneque, Epist. 79.
(*k*) Lactance, Inst. divin. l. 3. c. 17.

XXXI.

ECOLE D'ALEXANDRIE.

Etat de la Philosophie à Rome.

Ce fut dans l'espace des deux siecles qui précéderent le regne d'Auguste, que la fameuse école d'Alexandrie se forma insensiblement sous les Ptolémées rois d'Egypte ; mais elle ne devint très-florissante que sous les empereurs Romains, lorsque l'Egypte fut réunie à l'Empire. Les Philosophes de presque toutes les huit sectes dont on vient de parler, s'y rendirent en grand nombre, sur-tout les Platoniciens, les Péripatéticiens & les Stoïciens, & ils y enseignerent chacun la doctrine de son école, en sorte qu'Alexandrie devint la rivale d'Athènes, & la surpassa même en grands hommes dans certains temps.

A l'égard de Rome, il y a toute apparence que les premiers disciples de Pythagore y furent en grande considération, comme dans le reste de l'Italie : mais leur secte s'étant ensuite affoiblie & presque éteinte, comme dit Cicéron, les Romains occupés à établir leur république, à se défendre contre leurs ennemis, & à faire des conquêtes, ne songeoient gueres à la Philosophie. Ils la redoutoient même, comme il paroît par l'ambassade des trois Philosophes Carnéades, Critolaüs, & Diogenes le Stoïcien, que la ville d'Athènes envoya à Rome dans le sixieme siecle des Olympiades. La jeunesse Romaine, selon Plutarque, fut si charmée des beaux discours de ces Philosophes, qu'elle renonçoit aux plaisirs & à tout autre exercice, afin de suivre la passion de philosopher. C'est ce qui engageat à renvoyer promptement ces ambassadeurs, à la sollicitation de Caton le censeur, & des principaux membres du Sénat, qui appréhendoient qu'à l'avenir les jeunes gens n'aimassent mieux étudier, qu'aller à la guerre. Mais après les conquêtes de Rome, le luxe & les richesses s'y étant introduit, les Philosophes y eurent un accès plus facile. Toutes les personnes riches & cultivées, les militaires même se mêlerent de Philosophie. Caton d'Utique, par exemple, étoit Stoïcien, Cassius Epicurien, &c. Nous ne voyons pas cependant clairement qu'il y eût des écoles de Philosophie à Rome avant les Césars : mais ou l'on envoyoit les jeunes gens étudier à Athènes ou à Alexandrie, ou les Philosophes alloient dans les maisons pour y enseigner ; comme cela se pratiquoit dans plusieurs autres villes, au rapport d'Aulugelle (1), qui dit avoir appris d'un célèbre Platonicien nommé Taurus, que les Philosophes alloient tous les jours enseigner dans les maisons riches, & qu'ils attendoient quelquefois jusqu'à midi que leurs disciples eussent dissipé les vapeurs du vin. On commença dès-lors à ne pas tellement s'attacher à la Philosophie d'une secte particuliere, qu'on renonçât à la doctrine des autres. On en prenoit & on en laissoit, & l'on faisoit un mélange arbitraire de ce qui plaisoit dans chaque secte. Philon, Carmidas, Antiochus, confondirent la doctrine des Stoïciens avec celle des Académiciens ; & Cicéron marcha sur leurs

---

(1) Aulugelle, l. 6, c. 10.

traces. Mais ce grand Orateur est trop célebre, pour ne pas faire un article particulier de ce qui concerne ses sentimens.

CICÉRON.

Il n'est pas aisé de démêler dans les ouvrages de Cicéron ses véritables sentimens sur les matieres Philosophiques. On peut cependant en venir à bout, en distinguant avec soin les diverses circonstances dans lesquelles il parle. Quelquefois c'est un Philosophe Académicien qui fait passer en revue les différentes écoles, & les réfute les unes par les autres, moins pour exposer ses sentimens, que pour instruire les Romains de leurs différentes manieres de raisonner; & c'est qu'on voit à découvert dans ses trois livres *de naturâ Deorum*. Tantôt c'est un Stoïcien qui donne les plus grandes idées des vertus sociales, nécessaires pour que les hommes vivent ensemble d'une maniere raisonnable & avantageuse : c'est l'objet de ses livres *de Officiis*. Tantôt c'est un Platonicien qui propose d'excellentes regles pour le gouvernement des états, & qui ne se borne pas à des loix arbitraires & de convention, mais qui admet un droit naturel, c'est-à-dire, des actions justes de leur nature, que l'on est obligé de faire à cause de la justice & de la droiture qui les accompagne, indépendamment de l'institution des hommes. C'est ce qu'on trouve dans ses mêmes livres *de Officiis*, & dans son traité *des Loix*. Enfin d'autres fois, c'est un simple orateur qui parle au nom de ses cliens, & qui se dépouille de lui-même pour se revêtir de leur caractere. Dans cette diversité de personnages la personne de Cicéron est en quelque maniere anéantie; & ses raisons varient, & semblent même opposées, suivant la variété des conjonctures.

C'est ainsi que dans un temps où la superstition populaire se trouvoit enflammée par des prodiges extraordinaires, Cicéron dans son oraison *de Haruspic.* donne les plus grands éloges à la sagesse des ancêtres du peuple Romain, comme instituteurs & fondateurs de la Religion nationale; & dans son traité des Loix il attribue au contraire à la folie de ces mêmes ancêtres, le mélange des institutions vicieuses qui se trouvoient dans la religion. En cette occasion, l'homme d'état a été réfuté par le Philosophe; comme en d'autres occasions c'est le Philosophe qui est réfuté par l'homme d'état. Il défend dans un endroit les plus grands paradoxes des Stoïciens; & dans un autres il les tourne en ridicule. Dans son premier livre de la Divination, il combat les augures; & dans son traité des Loix il en épouse la défense avec chaleur.

Cela montre que Cicéron, quoiqu'il admît un Etre suprême d'où nos ames étoient émanées (*m*), n'avoit aucune religion, ni aucun système fixe de Philosophie. Il prenoit au besoin de chaque Philosophe ce qui lui paroissoit nécessaire pour le but qu'il se proposoit, & qui n'avoit que la politique pour objet; & il se faisoit gloire d'être Académicien dans tout ce que chaque secte enseignoit de purement systématique. Il n'y avoit qu'une chose dont il convenoit avec tous les Philosophes, & qui décéle sa vraie maniere de penser. C'est

---

(*m*) Voyez ci-dessus, p. 225.

qu'il rejettoit le dogme des peines & des récompenses d'une autre vie. Il le prêchoit à la vérité devant le peuple, lorsqu'il se revêtoit du caractere de magistrat & d'orateur : mais comme Philosophe, il le mettoit au nombre des choses incertaines, quand il lui plaisoit de faire le personnage d'Académicien, ainsi qu'il paroît dans son livre *de Amicitiâ* & ailleurs ; & quand il déposoit ce personnage, comme il fait dans ses épîtres familieres, il le nioit à pleine bouche. On peut consulter, pour s'en convaincre, ses lettres 3, 4, & 21 du sixieme livre. Il ne se peut rien dire de plus décisif. Ce n'est pas que ses autres ouvrages ne fourmillent de même de témoignages contre ce dogme des peines & des récompenses d'une autre vie, car il se déclare ouvertement sur ce point dans son Oraison pour Cluentius, & dans ses Offices, liv. 3, chap. 26, 27, 28, 29 &c., dont nous avons rapporté les textes ci-dessus (*n*) : mais c'est qu'il est incontestable que Cicéron déclare ses véritables sentimens dans ses lettres. Il les écrivoit à ses amis pour les consoler, lorsqu'il avoit besoin lui-même de consolation, à cause de la triste & mauvaise situation des affaires publiques ; circonstances où les hommes sont peu susceptibles de déguisement, & où ils sont portés à déclarer leurs sentimens les plus secrets.

VIRGILE.

Si les hommes de lettres, & même les militaires, s'appliquoient jusqu'à un certain point

_____

(*n*) Voyez ci-dessus, p. 227 & suiv.

à la Philosophie dans le temps de l'Empire Romain dont nous parlons, à plus forte raison les Poëtes, qui ont été les premiers théologiens du Paganisme, ne négligeoient-ils pas cette étude. Horace nous apprend lui-même dans ses ouvrages, qu'il étoit de la secte d'Epicure : Ovide & Virgile suivoient la doctrine de Pythagore & de Platon ; & si nous nous arrêtons particuliérement à Virgile, c'est qu'il a mal exposé dans son Enéïde le sentiment de ces Philosophes. L'endroit que nous relevons est tiré du sixieme livre, Vers 714 & suivans. C'est le discours qu'Anchise fit à son fils Enée sur les mysteres secrets de la nature dans les champs Elisées. « Vous saurez d'abord, lui dit-il, que le ciel & la terre, & les mers, le Globe brillant de la Lune, & les Astres lumineux du firmament, ont en eux-mêmes une intelligence & un principe de vie ; qu'une ame générale répandue dans chaque partie de l'Univers, donne le mouvement à la masse entiere & remue les ressorts de ce grand corps. C'est ce même principe qui anime les hommes, & les diverses especes d'animaux, les oiseaux qui volent dans les airs, & les poissons qui nagent dans la mer. Ces portions d'une ame active, pure & céleste, étant ainsi semés dans le corps, s'altérent, s'appesantissent & se corrompent, par leur union avec des organes grossiers & des membres terrestres. Delà viennent les passions qu'elles ressentent, les craintes, les desirs, la tristesse & la joie qu'elles éprouvent. Elles oublient jusqu'à la pureté de leur origine, enfermées comme elles sont dans des prisons ténébreuses. Lors même que la mort les dégage de

» leurs biens, elles ne peuvent, hélas, se pu-
» rifier tout-à-coup des taches qu'elles ont
» contractées avec les corps; & il n'est pas
» possible qu'une longue union avec la ma-
» tiere n'imprime en elles beaucoup de souil-
» lures, qui s'y enracinent d'une maniere inex-
» plicable. Elles souffrent donc ici (dans les
» Enfers), divers supplices pour expier leurs
» anciennes fautes. Les unes suspendues dans
» les airs sont exposées aux vents; d'autres
» plongées dans des gouffres profonds ou jet-
» tées dans les flammes, sont purifiées par
» l'eau ou par le feu des taches dont elles
» sont souillées. Nous passons tous par les ex-
» piations diverses qui nous sont imposées, &
» l'on nous envoie ensuite dans les Champs
» Elisées. Mais les ames sont en petit nombre
» dans ce séjour fortuné, où elles n'entrent
» qu'après qu'une longue révolution de temps,
» a achevé d'effacer toutes leurs souillures,
» & n'a laissé en elles que la pureté de leur
» origine céleste, & la flamme épurée de leur
» essence. Lorsqu'elles ont passé mille ans dans
» ces demeures, alors un Dieu les rassemble
» toutes sur le bord du fleuve Léthé; afin
» que, perdant le souvenir des choses passées,
» elles retournent sur la terre, & se portent
» d'elles-mêmes à vouloir rentrer dans de nou-
» veaux corps ».

En se rappellant le systême de Pythagore & de Platon, il est aisé de voir que Virgile s'en est écarté (à dessein ou non), dans plusieurs endroits de ce texte, & sur-tout à la fin, lorsqu'il enseigne que les ames desirent de passer dans d'autres corps, après avoir été parfaitement purifiées, & avoir goûté les délices d'une vie heureuse dans les Champs Elisées.

Aussi Porphyre (o) condamnoit-il cette opinion de Virgile, que jamais Pythagore ni Platon n'ont enseignée, & qui est même directement opposée à leur doctrine ; & il la condamnoit avec d'autant plus de raison, dit S. Augustin (p), que « c'est une grande folie
» de croire que les ames desirent de quitter
» une vie, où elles ne pourront être bien-
» heureuses que parce qu'elles sont assurées
» qu'elle sera éternelle, pour retourner en ce
» monde, & rentrer dans des corps corrup-
» tibles, comme si elles n'avoient été puri-
» rifiées que pour leur donner envie de se
» souiller de nouveau : car si cette purgation
» parfaite qu'elles reçoivent, leur fait oublier
» tous les maux passés, & que cet oubli soit
» cause qu'elles desirent de rentrer dans des
» corps pour y en souffrir de nouveaux, il est
» indubitable que la souveraine félicité sera la
» cause de leur malheur, & que la parfaite
» sagesse & la souveraine pureté produiront en
» elles l'impureté & la folie ».

Ces altérations de la doctrine des premiers Philosophes étoient assez ordinaires dans plusieurs de ceux qui embrassoient leur secte; & nous en avons déja rapporté nombre d'exemples. Numénius, Philosophe Platonicien, au second siecle de l'Ere chrétienne, en fait la remarque. Il témoigne qu'il n'y avoit que les Philosophes Epicuriens, qui, jusqu'au temps où il écrivoit, ne s'étoient jamais départis en rien des sentimens d'Epicure, & qui eussent vécu en-

---

(o) Porphyre, apud Augustin. l. 10, de civit. Dei, c. 30.

(p) S. Aug. l. 10, de civit. Dei, c. 30.

semble dans une paix parfaite; mais qu'il n'en étoit pas de même des Platoniciens & des Stoïciens (*q*). S. Augustin dit la même chose dans ses livres de la *Cité de Dieu*, sur les nouveaux Platoniciens.

XXXII.

SECTE ECLECTIQUE.

POTAMON, *fondateur de cette secte.*

La doctrine des anciens Philosophes étant d'un côté pleine d'inconséquences & d'absurdités, & de l'autre renfermant des principes qui paroissoient moins révoltans, & même qui paroissoient assez justes, sur tout sur la morale & sur quelques points de métaphysique; quelques esprits plus solides que les autres s'en apperçurent, & se contenterent d'apprendre les opinions de tous les Philosophes, sans s'attacher à aucune, mais en prenant de chacune ce qui leur plaisoit. Potamon d'Alexandrie, qui vivoit sous le regne de l'Empereur Auguste, fut un de ceux qui prit plus à cœur cette méthode de philosopher. Il choisit tout ce qui lui parut de plus raisonnable dans la doctrine de tous les Philosophes, pour en faire un système particulier; & comme il trouva des disciples qui entrerent dans ses vues, il fonda une nouvelle secte, à laquelle il donna, pour cette raison, le nom de *Philosophie Eclectique*, d'un mot grec qui veut dire *choisir*: mais cette secte, quoique plus raisonnable que

---

(*q*) Numénius, apud Euseb. præp. Evang. l. 14, c. 9.

les autres, ne fit pas des progrès considérables. Elle eut très-peu de sectateurs ; & la plupart de ceux qui faisoient gloire d'en être membres, n'en étoient pas moins attachés à quelques-unes des huit sectes dont on a parlé. Le titre qu'ils prenoient en même-temps de Philosophes Eclectiques, leur donnoit seulement plus de liberté pour s'écarter des sentimens de la secte qu'ils avoient embrassée, & pour en retrancher, y ajouter, &c., selon qu'ils le jugeoient à propos. Potamon d'Alexandrie écrivit divers Traités, qui ne sont pas venus jusqu'à nous.

XXXIII.

Etat de la Philosophie chez les Juifs, les Chinois, les Japonois, les Indiens, &c.

Secte des Sadducéens chez les Juifs.

Avant la captivité des Juifs à Babylone, cette nation n'eut d'autre Philosophie que la loi de Dieu, contenue dans les livres de Moyse. On a remarqué ci-dessus, qu'elle eut néanmoins des hommes savans, qui en différens temps s'appliquerent à l'étude de la sagesse, & à celle des choses naturelles ; mais ils n'enfanterent aucun système différent de la doctrine des Saintes Ecritures. Pendant leur séjour à Babylone, plusieurs Juifs prirent goût à la Philosophie Païenne ; mais ce ne fut que depuis le retour de la captivité que se formerent toutes les sectes Philosophiques, dont nous avons jusqu'ici exposé les sentimens. Les Juifs n'en eurent aucune connoissance, tant que l'Empire des Perses subsista. Mais, après les conquêtes & la mort d'Alexandre, il y en eut un grand nombre qui s'établirent en Egypte, dans l'Asie mineure & dans la haute Syrie; & l'on voit dans l'Histoire que plusieurs de ces Juifs s'attacherent aux sectes des Philosophes Grecs. Elle parle entr'autres d'un Juif, nommé Aristobule, qui avoit embrassé la secte des Péripatéticiens : il demeuroit en Egypte dans le septieme siecle des Olympiades, sous le regne de Ptolemée Philopator ; & il composa un Commentaire sur les livres de Moyse, qu'il présenta à ce Prince. On ne comprend pas trop comment ces Juifs Philosophes pouvoient concilier l'Ecriture-Sainte avec la doctrine de leur secte.

Mais il se forma vers le même-temps trois fameuses sectes dans le Judaïsme, les Esséniens, les Sadducéens, & les Pharisiens. Quelques auteurs ont regardé les Esséniens comme des Philosophes Pythagoriciens. Cette idée peut être vraie, si on la borne à ce qui concernoit leur maniere de vivre, c'est-à-dire, leur amour pour la retraite & la contemplation : mais si l'on a en vue la doctrine, il est évident que les Esséniens n'ont jamais enseigné celle de Pythagore. Ils suivoient la Loi comme les autres Juifs, & on ne les a accusés d'erreur que sur la liberté. Nous ne parlerons point des Pharisiens, ils ne se mêloient pas de Philosophie. Leur erreur consistoit à expliquer l'Ecriture par des traditions toutes humaines, qui en détruisoient le vrai sens. Ces traditions des Docteurs Juifs s'étoient introduites dans leur Religion par le laps du temps, & par la négligence des ministres de la Synagogue. Nous ne ferions de même aucune mention des Sadducéens, si ce n'est que les Juifs dans leur Talmud les traitent, non-seulement d'hérétiques, mais encore *d'Epicuriens*.

Ce n'est pas qu'ils enseignassent le système des Atômes ; ils reconnoissoient un seul Dieu créateur du ciel & de la terre : mais ils nioient l'immortalité de l'ame, la résurrection des morts, l'existence des anges & des esprits : & par conséquent ils n'attendoient ni peines ni récompenses après la mort. En cela on a pu les comparer aux Epicuriens, & même à d'autres Philosophes du Paganisme. Selon Josephe, les Sadducéens ne croyoient pas que Dieu se mêlât du mal, soit pour le faire, soit pour y prendre garde (r). Grotius soutient que cet endroit de Joseph n'est point correct. Et en effet, en niant l'immortalité de l'ame, &c, ils enseignoient que Dieu récompense les gens de bien dans ce monde, & qu'il y punit les méchans. C'est ainsi qu'ils expliquoient l'écriture. Ils allerent, aussi-bien que les Pharisiens, trouver saint Jean pour se garantir de la colere de Dieu par la pénitence. Ils reçurent son baptême. En un mot, ils reconnoissoient l'autorité des Ecritures & les ordonnances de la loi. Ils ne rejettoient que les traditions des Anciens : & c'est ce qui occasionna la secte des Pharisiens, qui prirent chaudement le parti de ces traditions. Ils furent appellés *Pharisiens*, c'est-à-dire, *divisés* ou *séparés* des Sadducéens ; & non pas, comme on l'explique assez communément, *séparés* du peuple, comme affectant une piété particuliere. C'est aussi une mauvaise étymologie de faire venir le nom de Sadducéens de צדק qui signifie *Justice*. Ils passoient, il est vrai, pour plus sévéres que

---

(r) Josephe, de bello judaico, l. 2, c. 7.

les Pharisiens en rendant la justice; mais c'étoit plutôt les Pharisiens que les Sadducéens, qui affectoient de paroître justes dans toute leur conduite, quoiqu'ils fussent les plus corrompus de tous les Juifs. C'étoit de francs hypocrites. Il vaut mieux tirer l'étymologie du nom de Sadducéens de Sadok leur fondateur (selon l'opinion la plus probable), qui fut disciple d'Antigonus. Cet Antigonus vivoit du temps de Simon le juste; d'où l'on peut inférer que l'innovation de Sadok commença 248 ans avant J. C.

Quelques savans, entre autres Lighfoot (*in Matth.* 3), croient que la secte des Sadducéens est plus ancienne. Ils la font remonter jusqu'au temps de Zacharie & de Malachie, & soupçonnent qu'elle naquit du mauvais sens qu'on donna au chapitre 37 d'Ezéchiel. Pour Joseph, la premiere fois qu'il en parle, (qui se rapporte au temps de Jonathas frere de Judas-Machabée, environ 150 ans avant J. C.), il la représente aussi comme très-ancienne.

Ceux qui ne font remonter que jusqu'à Sadok la secte des Sadducéens racontent d'après les Rabins que Sadok & Baïthus, autre disciple d'Antigonus, prirent mal le sens d'une doctrine que leur maître en cessoit de leur inculquer. Ils conclurent, selon les Rabins Pirke, Avoth, & Maimonides, qu'il n'y avoit ni Paradis ni Enfer, de ce qu'il les exhortoit à honorer Dieu, non comme des mercénaires qui n'agissent que par l'espérance du gain, mais comme des serviteurs généreux qui font tout ce que leur maître leur commande sans aucun motif de récompense. Ce fut cette fausse conséquence qui les engagea à fonder chacun une secte contre la religion dominante, dont l'une fut appellée la

Tome I. M

secte des Sadducéens, & l'autre la secte des Baïthuséens. Nombre de savans prétendent qu'il ne se forma qu'une seule secte, tantôt désignée sous le nom de Sadok, tantôt sous celui de Baïthus; & qu'enfin elle a retenu le nom de Sadducéens, parce que Baïthus n'étant pas de naissance légitime, on craignit qu'en se décorant de son nom, cela n'attirât des reproches désagréables.

Le fameux Rabin Maimonide insinue clairement que c'étoit la même secte : mais d'autres Rabins soutiennent qu'il y avoit deux sectes, & que ce qui en faisoit la différence, c'est que le dogme de la résurrection n'a jamais été nié dans la secte des Baïthuséens.

Arnobe (livre 3.), avance qu'on a attribué aux Sadducéens de donner à Dieu un corps organique, parce qu'ils entendoient mal les sens figurés de l'Ecriture. Il est le seul qui le dise. On a pu tirer cette conséquence de ce qu'ils n'admettroient point d'esprits.

Système philosophique des Chinois.

Le plus grand Philosophe qui ait paru parmi les Chinois, (appellés autrefois les freres) est Confucius. Il vivoit dans le même-temps que Cyrus roi de Perse dans le troisieme siecle des Olympiades, environ 500 ans avant J. C. Les Jésuites, dans leurs mémoires sur la Chine, représentent Confucius comme un saint, qui connoissoit le vrai Dieu, & qui, ayant exactement observé les préceptes de la loi naturelle, est parvenu au salut éternel. Les personnes instruites savent le cas qu'il faut faire de pareils ouvrages, qui, plus hétérodoxes que ceux des Pélagiens, introduisent, dans le royaume de Dieu, des hommes qui n'ont jamais entendu parler du médiateur ; mais ce qui rend les auteurs de ces mémoires plus coupables, c'est qu'ils sont obligés d'avouer que Confucius adoroit le ciel comme les autres Chinois, qu'il suivoit & recommandoit la religion de ses ancêtres, & que les Chinois idolâtres lui ont rendu après sa mort les honneurs divins. Cette adoration du ciel, que les Chinois regardent comme la grande Divinité, remonte chez eux jusqu'aux siecles les plus reculés. Elle y est de tradition immémoriale. Leur doctrine a de même attribué de tout temps des esprits particuliers aux quatre parties du monde, aux astres, aux montagnes, aux rivieres, aux plantes, aux villes, aux maisons & à leurs foyers ; en un mot, à toutes choses. Tous ces esprits ne leur paroissent pas bons : ils en reconnoissent de méchans, pour être la cause immédiate des maux & des désastres auxquels la vie humaine est sujette. Comme donc l'ame de l'homme étoit, à leur avis, la source de toutes les actions vitales de l'homme, ainsi ils donnoient une ame pour être la source de ses qualités & de ses mouvemens : & sur ce principe, les ames répandues par-tout, causant dans tous les corps les actions qui paroissent naturelles à ces corps, il n'en falloit pas davantage pour expliquer dans cette opinion toute l'œconomie de la nature, & pour suppléer la toute-puissance & la providence infinie, qu'ils n'admettoient en aucun esprit, non pas même en celui du ciel. A la vérité, comme il semble que l'homme, usant des choses naturelles pour sa nourriture ou pour sa commodité, a quelque pouvoir sur ces sortes de choses, l'ancienne opinion des Chinois donnant à proportion un semblable pouvoir à toutes

M ij

les ames, suppoſoit que celle du ciel pouvoit agir ſur la nature avec une prudence & une force incomparablement plus grandes que la prudence & la force humaine ; mais en même-temps elle reconnoiſſoit dans l'ame de chaque choſe une force intérieure, indépendante par ſa nature du pouvoir du ciel, & qui agiſſoit quelquefois contre les deſſeins du ciel. Le ciel gouvernoit la nature comme un roi puiſſant : les autres ames lui devoient honneur & obéiſſance, comme à l'ame la plus puiſſante & la plus parfaite. Il les y forçoit preſque toujours, mais il y en avoit qui ſe diſpenſoient quelquefois de lui obéir (s). Ainſi ſelon cette hypothèſe, il y a une infinité d'ames dans l'Univers, éternelles, diſtinctes, indépendantes les unes des autres, dont chacune exiſte par elle-même, & agit par un principe intérieur, qui ont plus de force & de puiſſance les unes que les autres, & dont les unes ſont bonnes, & les autres mauvaiſes, & par leſquelles l'Univers eſt conduit & ordonné. Il s'enſuit auſſi de la même hypothèſe, que la matiere eſt éternelle, que le monde a toujours été tel qu'il eſt aujourd'hui, qu'à la mort de chaque homme l'ame qui l'anime, paſſe dans le corps d'un autre, & qu'il en eſt de même de celle qui anime les plaines, les arbres, les maiſons, &c. Quand ces choſes ſont détruites, leurs ames animent d'autres corps ſemblables, ou même différens ; & cette tranſmigration ſe fait par une néceſſité fatale & naturelle.

(s) Voy. La Loubere, Relation de Siam, tom. I, p. 24, n°. 1 & 2.

Secte particuliere dans la Chine, établie par FOË.

Foé étoit fils d'un roi de la Chine, dans le premier siecle de l'ére chrétienne. Il se retira dans un désert à l'âge de 19 ans, & se mit sous la discipline de quatre Gymnosophistes ou Brachmanes pour apprendre d'eux la Philosophie. Il demeura sous leur conduite jusqu'à l'âge de 30 ans, où il acquit tout d'un coup à ce qu'il prétendoit une connoissance parfaite du premier principe; ensorte qu'il se mit à instruire les hommes, & attira des milliers de disciples. A l'âge de 79 ans, se sentant proche de la mort, il déclara à ses disciples que pendant quarante ans qu'il avoit prêché au monde, il ne leur avoit point dit la vérité, mais qu'il l'avoit tenue cachée jusques-là sous le voile des métaphores & des figures, mais qu'il étoit tenu alors de la leur déclarer. « *C'est*, dit-il, *qu'il n'y a rien à cher-*
» *cher, ni sur quoi l'on puisse mettre son espé-*
» *rance, que le néant & le vuide* », (*Vacuum & inane*, en Chinois *cum hiu*), qui est le premier principe de toutes choses.

Cette méthode de Foé fut cause que ses disciples diviserent sa doctrine en deux parties: l'une *extérieure*, qui est celle que l'on prêche publiquement, & qu'on enseigne au peuple; l'autre *interieure*, qu'on cache soigneusement au vulgaire, & qu'on ne découvre qu'aux parfaits. La doctrine *extérieure* qui n'est, selon les Bonzes, que comme les ceintres sur lesquels on bâtit une voûte, & qu'on ôte ensuite lorsqu'on a achevé de bâtir, consiste 1°. à enseigner qu'il y a une différence réelle entre le bien & le mal, le juste & l'injuste. 2°. Qu'il y a une autre vie où l'on sera puni ou récompensé de ce qu'on aura fait en celle-ci. 3°. Qu'on peut obtenir la béatitude par certaines pratiques. 4°. Que Foé est une Divinité & le Sauveur des hommes, qu'il a expié leurs péchés, & que par cette expiation, ils obtiendront ce bonheur après la mort. On ajoute à cela des préceptes de morale & des œuvres de miséricorde, & l'on menace de la damnation ceux qui négligent ces devoirs. La doctrine *intérieure*, la seule véritable, selon ces Philosophes, & qu'on ne découvre jamais au peuple, consiste à établir pour principe & pour fin de toutes choses un certain *vuide* ou *néant*. Ils disent que les premiers hommes sont issus de ce vuide, & qu'ils y retourneront après leur mort; qu'il en est de même de tous les hommes, qui se résolvent en ce principe par la mort; que nous, tous les élémens & toutes les créatures, faisons partie de ce vuide; ainsi, qu'il n'y a qu'une seule & même substance, qui est différente dans les êtres particuliers par les seules figures, & par les qualités ou la configuration intérieure; à-peu-près comme l'eau, qui est toujours essentiellement de l'eau, soit qu'elle ait la forme de neige, de grêle, de pluie ou de glace.

S'il est monstrueux de soutenir que les plantes, les bêtes, les hommes sont réellement la même chose, & de se fonder sur la prétention que tous les êtres particuliers sont indistincts de leur principe, il est encore plus monstrueux de débiter que ce principe n'a nulle pensée, nulle puissance, nulle vertu : c'est néanmoins ce que disent ces Philosophes. Ils font consister dans l'inaction & dans un repos absolu la perfection souveraine de ce principe.

En conséquence, les sectateurs de Foé disent que tous ceux qui cherchent la véritable béatitude, doivent se laisser tellement absorber aux profondes méditations, qu'ils ne fassent aucun usage de leur intellect; mais que par une insensibilité consommée, ils s'enfoncent dans le repos & dans l'inaction du premier principe : ce qui est le vrai moyen de lui ressembler parfaitement, & de participer au bonheur. Ils veulent aussi, qu'après être parvenus à cet état, l'on suive, quant à l'extérieur, la vie ordinaire, & que l'on enseigne aux autres la doctrine commune. (On voit ici le même défaut de sincérité & la même hypocrisie que dans les Philosophes Grecs). Ceux qui s'attacherent le plus à cette contemplation du premier principe, formerent une nouvelle secte que l'on appella *un guet Kiao*, c'est-à-dire, la secte des *fainéans*, *nihil agentium*. Les plus grands Seigneurs & les personnes les plus illustres se laisserent tellement infatuer de ce Quiétisme, qu'ils crurent que l'insensibilité étoit le chemin de la perfection & de la béatitude ; & que plus on s'approchoit de la nature d'une pierre, plus on faisoit de progrès, plus on devenoit semblable au premier principe où l'on devoit retourner un jour.

Un sectateur de Confucius réfuta les impertinences de cette secte, & tâcha de prouver très-amplement cette maxime, *que rien ne se fait de rien*. (Ceci montre que Confucius & ses disciples croyoient, comme les autres Philosophes de l'antiquité, la création impossible, & qu'ils devoient adopter en conséquence toutes les erreurs & les absurdités qui suivent de ce sentiment) : mais il s'ensuivroit delà que la secte de Foé enseignoit que le néant est le principe de tous les êtres ; & comme ce seroit une absurdité inconcevable, on peut croire qu'elle ne prenoit pas le mot de *néant* dans sa signification naturelle, & que ce mot *cum hiu, vacuum & inane*, doit s'expliquer comme le peuple l'entend, quand il dit qu'il n'y a rien dans un coffre vuide. Nous avons vu que cette secte donne des attributs au premier principe, qui supposent qu'elle le conçoit comme une liqueur pure, subtile & ancienne. Il y a donc toute apparence qu'on ne lui ôte que ce qu'il a de plus sensible & de grossier dans la matiere. Sur ce pied-là le disciple de Confucius seroit coupable du sophisme que l'on nomme *ignoratio Elenchii* : car il auroit entendu par *Néant & Vuide* ce qui n'a aucune existence, & ses adversaires auroient entendu par le même mot ce que les modernes entendent par le mot *espace*; les modernes, dis-je, qui ne voulant être ni Cartésiens, ni Aristotéliciens, soutiennent que l'espace est distinct des corps, & que son étendue indivisible, impalpable, pénétrable, immobile est quelque chose de réel (*t*). Ces Philosophes Chinois, dont nous avions déja dit quelque chose dans l'article des Gymnosophistes ou Bracmanes de la Chine (*suprà*), étoient de purs Matérialistes; & leur systême est à-peu-près le même que celui de la secte Eléatique (*suprà*), au moins sur l'unité de substance ; & nous allons voir que c'étoit aussi celui des autres pays orientaux.

(*t*) Voy. Biblioth. univ. tom 7, p. 406; & acta erudit. Lipsiens. 1688, p. 157.

Systême philosophique du Japon.

Les Japonois ont deux sortes de Dieux. Les premiers sont les Démons ou Dieux malfaisans, qu'ils adorent sous différentes figures, non par espérance d'en recevoir du bien, mais par l'appréhension d'en recevoir du mal. Les seconds sont les Rois, les Conquérans & les Savans, qu'ils ont mis au nombre de leurs Dieux. Les principaux sont Amida, Xaca, & Fotoque. Amida est représenté sous diverses figures monstrueuses dans un de ses temples qui est à Jédo; il est porté sur un cheval à sept têtes. Le plus beau des temples qui lui sont consacrés est à Méaco, & a cinq cents pieds de long : il y a dedans mille idoles d'or massif. A l'égard de Xaca, les Bronzes en racontent mille impertinences; par exemple, qu'il naquit huit cent fois en différentes especes, avant de naître d'une femme, &c. Enfin Fotoque est regardé comme le grand Législateur du Japon (*v*).

On compte jusqu'à douze sectes ou douze religions dans ce pays, & chacun a la liberté de suivre celle qui lui plaît; mais la division la plus générale qui se puisse faire de ces sectes, c'est que les unes font profession de s'attacher à l'apparence, & que les autres cherchent la réalité qui ne frappe point les sens, & qu'ils appellent la vérité. Ceux qui s'arrêtent à l'apparence, admettent une autre vie après celle-ci pour la récompense éternelle des gens de bien, & pour la punition éternelle des mé-

---

(*v*) Journal des Savans de 1689.

chans. Ils difent qu'aux quatre points cardinaux du monde il y a certains pays dont les habitans font dans une plénitude de satisfaction qui les fait jouir d'une souveraine félicité ; que ceux qui obfervent les loix de Fotoque, ne quitteront pas plutôt cette vie, qu'ils iront en ces lieux-là ; qu'ils y renaîtront, que Fotoque les transformera, & qu'ils y feront éternellement heureux & contens. Les femmes ne pourront point être admifes en ces pays ; mais celles qui feront fauvées pour avoir obfervé les loix de Fotoque, feront transformées en hommes, car fans cela, elles ne recevroient point la récompenfe de leur bonne vie, vu, difent-ils, qu'elles font de leur nature *immondes & exécrables*. Pour ce qui regarde les tranfgreffeurs des loix de Fotoque, ils pafferont de cette vie en certains lieux infernaux ; & ils y foufriront des peines dont ils ne verront jamais la fin. Voilà quelle eft la doctrine générale des fectateurs de l'apparence. Les autres fectes difent là-deffus ce que bon leur femble ; mais ceux-ci s'accordent dans ce centre d'unité, & leur opinion eft celle des ignorans & du fimple peuple.

Ceux qui cherchent la réalité intérieure & infenfible, rejettent les récompenfes & les peines après cette vie. Ils négligent l'extérieur, & s'appliquent uniquement à méditer. Ils affurent qu'il n'y a qu'un principe de toutes chofes, & que ce principe fe trouve par-tout ; que les autres êtres ne différent point de ce principe, & que tous les êtres retournent à lui, comme au principe commun, quand ils font détruits. Il exifte de toute éternité, ajoutent-ils, il eft unique, clair & lumineux : il eft incapable de croître & de décroître. Il n'a point de figure, il ne raisonne point, quoique souverainement parfait & sage ; il n'entend rien, & ne prend point garde aux affaires du monde, mais il vit dans l'oisiveté & dans un parfait repos. Ceux qui dans cette vie ont très-bien connu ce principe, acquierent la parfaite gloire de Fotoque, & de ses successeurs : mais ceux qui ne parviennent jamais à ce haut degré de connoissance, naissent plusieurs fois, & passent de lieu en lieu, malheureux & agités d'une inquiétude perpétuelle. Enfin les uns & les autres seront un jour absorbés au commun principe de toutes choses, & vivront en lui, comme ne faisant qu'un avec lui, dans l'inaction & dans un repos éternel : telle est la doctrine des Bonzes & des Savans (*x*). Ainsi, 1°. ils n'admettent point de Providence, & croient que tout est matiere, & que tous les êtres qui composent l'Univers ne sont qu'une seule & même substance. 2°. Ils enseignent une espece de Métempsycose pour ceux qui ne parviennent point dans cette vie à la connoissance parfaite du premier principe. 3°. On peut aussi remarquer que le commun du peuple, comme par-tout ailleurs, croit le dogme des peines & des récompenses après la mort ; & que les Philosophes, qui n'en croient rien, sont néanmoins attentifs à l'entretenir dans cette croyance. Or toute cette doctrine philosophique des Bonzes est très-ancienne dans le Japon.

―――――――――――

(*x*) Possevin, Biblioth. Select. tom. 1, l. 10, c. 2.

Systême philosophique du Mogol, de l'Indoustan, &c.

On retrouve encore le même systême de l'unité de substance dans le Mogol, l'Indoustan, & plusieurs autres Pays des Indes, mais expliqué d'une maniere différente. Voici ce qu'en dit M. Bernier dans ses Mémoires sur l'Empire du grand Mogol. « Il n'est pas que
» vous ne sachiez la doctrine de beaucoup
» d'anciens Philosophes touchant cette grande
» ame du monde, dont ils veulent que nos
» ames soient des portions...... C'est-là la
» doctrine comme universelle des Pendets,
» Gentils des Indes ; & c'est cette même
» doctrine qui fait encore la cabale des Sou-
» fis, & de la plupart des gens de lettres
» de Perse, & qui se trouve expliquée en vers
» Persiens, si relevés & si emphatiques dans
» leur *goult-chez-ras*, ou *Parterre des Mys-*
» *teres*, comme ç'a été celle-là même de Flud,
» que Gassendi a refutée si doctement, &
» celle où se perdent la plupart de nos Chi-
» mistes. Or ces Cabalistes, ou Pendets In-
» diens que je veux dire, poussent l'imper-
» tinence plus avant que tous ces Philosophes ;
» & prétendent que Dieu, ou cet Etre sou-
» verain qu'ils appellent *Achar*, immobile, im-
» muable, a non-seulement produit ou tiré
» les ames de sa propre substance, mais gé-
» néralement encore tout ce qu'il y a de ma-
» tériel & de corporel dans l'Univers; & que
» cette production ne s'est pas faite simple-
» ment à la façon des causes efficientes,
» mais à la façon d'une araignée qui produit
» une toile qu'elle tire de son nombril, &

» qu'elle reprend quand elle veut. La créa-
» tion donc, disent ces Docteurs imaginaires,
» n'est autre chose qu'une extraction ou ex-
» tension que Dieu fait de sa propre subs-
» tance, de ces rêts qu'il tire de ses propres
» entrailles; de même que la destruction n'est
» autre chose qu'une reprise qu'il fait de cette
» divine substance, de ces divins rêts dans
» lui-même : ensorte que le dernier jour du
» monde, qu'ils appellent *Maperlé* ou *Pralée*,
» dans lequel ils croient que tout doit être
» détruit, ne sera autre chose qu'une reprise
» générale de tous ces rêts que Dieu avoit
» ainsi tirés de lui-même. Il n'est donc rien,
» disent-ils, de réel & d'effectif de tout ce
» que nous croyons voir, ouir ou flairer,
» goûter ou toucher. Tout ce monde n'est
» qu'une espece de songe & de pure illusion,
» en tant que toute cette multiplicité & di-
» versité de choses qui nous apparoissent, ne
» sont qu'une seule, unique & même chose,
» qui est Dieu même ; comme tous ces nom-
» bres divers que nous avons, de dix, de
» vingt, de cent, de mille, & ainsi des au-
» tres, ne sont enfin qu'une même unité ré-
» pétée plusieurs fois. Mais demandez-leur un
» peu quelque raison de cette imagination, ou
» qu'ils vous expliquent comment se fait cette
» sortie & cette reprise de substance, cette
» extension, cette diversité apparente ; com-
» ment il se peut faire que Dieu, n'étant pas
» corporel, mais *Biapek* comme ils l'avouent,
» & incorruptible, il soit néanmoins divisé
» en tant de portions de corps & d'ames ; ils
» ne vous payeront jamais que de belles com-
» paraisons : que Dieu est comme un Océan
» immense dans lequel se mouveroient plusieurs

» phioles pleines d'eau ; que ces phioles, quel-
» que part qu'elles puſſent aller, ſe trouve-
» roient toujours dans le même Océan, dans
» la même eau ; & que venant à ſe rompre,
» leurs eaux ſe trouveroient en même-temps
» unies à leur tout, à cet Océan dont elles
» étoient des portions : ou bien ils vous diront
» qu'il en eſt de Dieu comme de la lumiere,
» qui eſt la même par tout l'Univers, & qui
» ne laiſſe pas de paroître de cent façons diffé-
» rentes, ſelon la diverſité des objets où elle
» tombe, ou ſelon les diverſes couleurs &
» figures des verres par où elle paſſe. Ils ne
» vous payeront jamais, dis-je, que de ces
» ſortes de comparaiſons, qui n'ont aucune
» proportion avec Dieu, & qui ne ſont bonnes
» que pour jetter de la poudre aux yeux d'un
» peuple ignorant ».

Opinion ſinguliere dans le Royaume de Siam, &c.

A Siam & dans d'autres endroits des Indes,
de temps immémorial, on a imaginé un certain homme extraordinaire qu'on appelle *Sommona-Codon*, & que l'on croit être parvenu
à la Divinité & à la ſuprême félicité. Mais
on y eſt perſuadé que ce prétendu Dieu ne
ſe mêle de quoi que ce ſoit dans ſon *Nireu-
pan*, ou lieu de repos, & laiſſe aller ſur la
terre toutes les choſes à leur gré : & cependant on ne laiſſe pas de le prier, de l'invoquer (ce qui n'eſt point conſéquent), & de
tâcher par toutes ſortes d'efforts de l'imiter
dans la pratique des vertus. Cependant, quoique les Siamois ne donnent point la Providence à Sommona-Codon, & qu'ils n'aient
pas moins obſcurci & comme effacé la vraie

Idée de la Divinité, que les Chinois & les Japonois, ils ont néanmoins conservé cette ancienne maxime qui promet des récompenses à la vertu, & qui menace le crime de châtiment, & ils attribuent cette justice distributive à une fatalité aveugle. C'est de cette fatalité qu'ils attendent leur bonheur s'ils vivent bien ; c'est elle qui leur tiendra compte des honneurs qu'ils auront rendus à Sommona-Codon (*y*).

Parmi les Chinois qui adorent l'ame du ciel, & qui ont imaginé une infinité d'autres ames éternelles, indépendantes, subsistantes par elles-mêmes (voy. *supra*), il y en a plusieurs qui ont établi, comme les Siamois, pour juger de nos œuvres, une fatalité aveugle qui fait, à leur avis, ce que pourroit faire une justice toute-puissante & très-éclairée. Ils prétendent que c'est une chose conforme aux principes de la nature, que par des sympaties secretes, mais certaines entre la vertu & le bonheur, & entre le vice & le malheur, la vertu soit toujours heureuse, & le vice toujours malheureux (*z*). L'expérience montre le contraire : mais, quoique toutes ces imaginations ne soient qu'un tissu d'absurdités, on y remarque cependant quelques traits de la loi naturelle, qui met une distinction entre le vice & la vertu, & qui leur fait sentir que l'un mérite des châtimens, & l'autre des récompenses.

(*y*) La Loubere, Relation de Siam, tom. 1, c. 23, & suiv.

(*z*) Idem, ibid.

XXXIV.

Etat de la Philosophie chez les Grecs & les Romains, dans les trois premiers siecles de l'Ere chrétienne.

La lumiere de l'Evangile ayant dissipé les épaisses ténebres, soit de l'idolâtrie, soit de l'ancienne Philosophie, & ayant découvert tout le plan de Dieu sur le genre humain, l'extrême misere où nous étions réduits, & la voie qu'il falloit suivre pour en sortir & parvenir au vrai bonheur, plusieurs Philosophes frappés de l'éclat du Christianisme embrasserent la foi, & un grand nombre d'autres fermerent les yeux à cette lumiere. Ils rejetterent la bonne nouvelle qu'on leur annonçoit, demeurerent opiniatrément dans leurs erreurs, & combattirent même de toutes leurs forces la Religion chrétienne. Parmi ceux qui reçurent la foi, les uns sacrifierent toutes leurs fausses opinions pour ne suivre que ses lumieres; tels que Tatien, saint Justin martyr, Athenagore, &c.; & si plusieurs conserverent quelque sentiment peu orthodoxe, ils tenoient à l'essentiel; & ces erreurs n'eurent pas de suite. Les autres au contraire firent un mélange monstrueux de la doctrine chrétienne avec les erreurs de leur secte, & introduisirent de pernicieuses héréfies qui renversoient de fond en comble tout l'édifice de la foi. Afin de procéder avec plus d'ordre, nous parlerons d'abord de ces Philosophes qui détruisoient le Christianisme en paroissant l'embrasser, & ensuite nous passerons à ceux qui resterent dans l'infidélité : nous verrons les progrès de leurs sectes, & comment enfin la lumiere de l'Evangile les a toutes éclipsées.

Philosophes qui ont fait un mélange de la doctrine de l'Evangile avec celle de leurs sectes.

GNOSTIQUES.

Tout le monde connoît les fameux *Eons* de l'hérétique Valentin, dans les premiers siecles de l'Ère chrétienne. Ces Eons n'étoient autre chose que la doctrine des émanations divines, que Pythagore avoit apprises de Zoroastre, & sur laquelle les Juifs Cabalistes & les nouveaux Platoniciens avoient bâti des chimeres. Les Philosophes hérétiques dont nous parlons, trouvant dans la foi de l'Eglise la génération éternelle du Verbe, & la procession du S. Esprit, ne crurent pas qu'il fût digne des Philosophes de s'en tenir à ces deux dogmes. Ils multiplierent les émanations, & peuplerent le ciel intelligible d'une multitude d'Eons (αἰων), qu'ils regardoient comme des splendeurs substantielles du Pere, & auxquelles ils donnerent le nom de symboliques.

1°. Ces hérétiques convenoient entr'eux, & avec les Platoniciens, qu'il faut chercher l'origine du mal dans une substance indépendante de celle de Dieu : car ils étoient fortement convaincus que les passions, source de tout mal moral & de tout désordre, sont quelque chose de substantiel, qui s'attache à l'ame & qui la souille, à-peu près comme la graisse pénétre dans une étoffe.

2°. Ils croyoient avec Pythagore & Platon, que la matiere, ou plutôt l'ame de la matiere, étoit le principe du mal; & par conséquent que c'étoit une substance incréée, éternelle & indépendante de Dieu, quant à son existence: mais ils en avoient plus d'horreur que ces deux Philosophes, la regardant comme un être dont on ne pouvoit rien faire de bon, & du moins approchant de l'*Arimane* des Perses.

3°. Ils s'éloignoient de la créance des uns & des autres; & ne voulant point attribuer à Dieu la construction immédiate de l'Univers, ils prétendoient qu'un des Eons (encore n'é-toit-ce pas un des principaux), avoit conçu ce projet, sans en prévoir les suites funestes, dans la vue de contribuer à la gloire de l'Etre suprême; & que cet Eon avoit fait émaner de lui, ou avoit pris de la substance divine, les génies & les ames des hommes, qu'il avoit dispersées dans le monde pour le gouverner sous ses ordres. Mais cet Eon, quelque parfait qu'il fût, étant fort inférieur à Dieu, on ne devoit pas être surpris qu'il eût fait des fautes, quoiqu'à bonne intention, soit dans la formation, soit dans le gouvernement de l'Univers. En effet le mal prévalut bientôt de toutes parts; l'ame de la matiere s'unit fortement à plusieurs des génies & des Anges, qui devinrent des génies malfaisans. L'ame de l'homme céleste se pervertit aussi, & l'Eon, fabricateur du monde, l'enferma dans la prison d'un corps grossier pour le punir de sa révolte. Ce même Eon voyant dans la suite que les hommes corrompoient leurs voies de plus en plus, résolut de les exterminer par un déluge universel, dont il ne laissa échapper qu'une seule famille, pour former une nouvelle génération. Cette génération ayant poussé la corruption encore plus loin que la précédente, l'Eon, fabricateur de l'Univers, prit le parti de s'attacher un peuple qui conservât au moins quelques traces du véritable culte ; & comme ce peuple groffier n'étoit point en état de s'élever à Dieu par l'efprit & par l'amour, il voulut le tenir en bride par les menaces, les punitions, & les loix incommodes & rigoureufes dont il le furchargea. Cet Eon qui avoit formé le monde, étoit donc proprement le Dieu du peuple Juif : c'eft lui qui donna la loi à Moyfe, & qui parla aux Patriarches & aux Prophetes ; delà vient le mépris que nos hérétiques témoignoient pour les livres de l'Ancien Teftament.

4°. Enfin, le Dieu fouverain voyant que l'Eon, qui avoit fait le monde, s'épuifoit en vains efforts pour y remettre l'ordre, fut touché de compaffion pour le genre humain, & envoya à fon fecours le λόγος fon fils bien-aimé, le premier & le principal de fes Eons, qui parut dans le monde, revêtu de l'apparence d'un corps mortel, & connu fous le nom de *Jefus*. Je dis de *l'apparence d'un corps mortel* : car nos hérétiques ne penfoient pas que le Verbe fe fût uni à un corps réel & paffible, dont ils croyoient la nature effentiellement mauvaife & principe du mal. Auffi difoient-ils que Jefus-Chrift n'étoit né, n'avoit fouffert, n'avoit été crucifié & n'étoit reffufcité qu'en apparence ; & conféquemment ils rejettoient la réfurrection des corps.

Cette héréfie parut dans l'Eglife dès le temps des Apôtres : elle fe divifa en plufieurs branches, & fes partifans étoient connus fous la dénomination générale de *Docetes*, du mot grec Δοκέω, *je parois*. La plupart des Gnoftiques étoient *Docetes*; Jefus, difoient-ils, enfeignoit aux hommes la vraie *Gnôfe*, c'eft-à-dire, la *fcience du falut*. Il leur fit comprendre le Pere, c'est-à-dire, le Dieu souverain des esprits. Il leur apprit à se séparer de la matiere & des passions, pour s'attacher immédiatement au principe de la lumiere, dans lequel il ne se trouve aucun mélange de ténebres, & leur montra la nécessité de la continence parfaite, comme le seul moyen d'achever efficacement la purification de l'ame. Nos Docetes nommés souvent par cette raison *Encratiques* ou *Continens*, détestoient le mariage & la génération qui, suivant leurs idées, n'étoient propres qu'à perpétuer la captivité des ames. Platon n'avoit pas poussé si loin la conséquence de ses principes.

Nos hérétiques prétendoient encore que l'Eon, formateur de l'Univers, le Dieu des Juifs, trompé par l'apparence humaine sous laquelle le Verbe s'étoit déguisé, ne put le reconnoître pour le λόγος. Choqué de ce que Jesus vouloit abolir la loi de Moyse, comme ne pouvant conduire à la parfaite justice, il excita les Juifs à s'opposer à sa prédication, à le faire périr comme un imposteur, & à persécuter ses disciples après sa mort. L'Eon dont il s'agit étoit, selon les Gnostiques, *le Prince de ce monde, le Dieu de ce siecle*, adversaire de Jesus-Christ; & les Principautés & les Puissances dont parle S. Paul, étoient les Anges qui lui étoient subordonnés. Je ne prétends pas néanmoins que tous les Gnostiques se portassent à blasphémer ainsi contre l'Auteur de l'Univers : mais plusieurs d'entr'eux tiroient ces conséquences odieuses, & leur système les y conduisoit naturellement.

On voit par cet exposé que le système des Gnostiques étoit pour le fond le même que celui des Pythagoriciens & des Platoniciens;

mais que ces hérétiques y firent quelque changement, pour lui donner un extérieur de Christianisme.

MANÈS ou MANICHÉE.

Quoique Manès soit plus célebre que tous les Gnostiques qui l'ont précédé, on pourroit le laisser dans la foule de ces hérétiques, s'il n'eût été qu'Hérésiarque : mais il étoit Perse, & Mage d'origine. C'est dans la Perse qu'il a vécu, qu'il a formé son système & qu'il l'a débité. Il fit plus : il entreprit de réformer le Magisme, aussi-bien que le Christianisme. Ce Manès est plus connu des Latins sous le nom de Manichée. Il naquit en Chaldée, ou plutôt dans la Babylonie, l'an 239 ou 240 de l'Ere chrétienne ; il fut instruit dans toutes les sciences que les Mages cultivoient. Il possédoit parfaitement la Musique, les Mathématiques, & sur-tout l'Astronomie & la Géographie. Il admettoit les Antipodes, contre l'opinion qui régnoit alors ; & ses disciples le suivirent sur cela comme sur le reste : il excelloit aussi dans la peinture. Manès embrassa le Christianisme dans un âge mûr, & donna tant de marques de piété, qu'il fut élevé au Sacerdoce : mais ayant été convaincu d'enseigner une doctrine perverse, & n'ayant voulu ni se reconnoître ni se rétracter, il fut déposé & chassé de l'Eglise.

Il est clair que Manès, en embrassant le Christianisme, conserva le fond de la doctrine des Mages, & qu'ayant beaucoup conversé avec les Gnostiques, alors très-répandus dans tout l'Orient, il enchérit encore sur leurs erreurs. Conformément à la doctrine qu'il avoit apprife dès fon enfance, il ne croyoit pas que la création proprement dite fût poffible : par conféquent il regardoit toutes les fubftances dont l'Univers eft compofé, comme des êtres éternels. Or ces fubftances, difoit-il, ne peuvent avoir la même origine : fi toutes étoient forties de Dieu, il n'y auroit dans le monde aucun mal. Il y en a cependant beaucoup.

Il exifte donc dans le monde un principe de mal, qui s'étant mêlé au principe du bien, y caufe tout le ravage que nous y voyons : ainfi raifonnoient tous les Dualiftes. Mais quel eft ce principe du mal ? Eft-ce la matiere même ? Eft-ce quelque chofe d'étranger à la matiere ? C'eft fur quoi les Dualiftes n'étoient point d'accord. Nous avons vu quel étoit fur ce point le fyftême de Zoroaftre & de fes difciples, quel étoit celui de Pythagore & de Platon, quel étoit celui des Gnoftiques : mais, comme nous l'avons remarqué, il y avoit des Mages dans la Perfe, & en grand nombre, qui, attachés à la doctrine qui s'y enfeignoit avant le fecond Zoroaftre, confervoient cette ancienne doctrine qu'il avoit réformée : on les défignoit fous le nom de *Maguféens*. Ils étoient Dualiftes rigides, n'admettant que deux principes ou deux fouverains gouverneurs de toutes chofes ; favoir la vertu & le vice, le bien & le mal, la lumiere & les ténebres, Dieu & le Diable. Ce fyftême contredifoit ouvertement celui de Zoroaftre ; car s'il n'y a point de fubftance mitoyenne entre celle de Dieu & celle du Démon, la matiere n'étant certainement pas divine ne peut appartenir qu'au Démon, & n'a par conféquent aucun degré de bonté. Ce fut à ce fyftême que Manès donna la préférence ; il fut d'abord Maguféen.

Il prétendoit que Dieu n'avoit aucune part à la construction du monde corporel, que jamais il n'y a pensé, ne l'a voulu, ne l'a permis. Manès n'avoit pas la même complaisance d'attribuer cet ouvrage à l'un des Eons ; Satan seul en étoit donc l'auteur : mais enfin la matiere est dans le monde : comment Satan a-t-il pu l'y faire entrer contre la volonté de Dieu ? De toute éternité, repondoit Manès, la substance de Dieu, & celle de la matiere subsistoient à part, & si loin l'une de l'autre, que jamais elles ne se seroient connues, si Dieu n'avoit jugé à propos de former l'Univers. Il le produisit en se répandant, pour ainsi dire, hors de lui-même, & faisant sortir de sa substance une multitude prodigieuse d'émanations qu'il façonna de toutes les manieres imaginables. Zoroastre, Platon & les autres Philosophes, avoient pensé que la substance corporelle devoit entrer dans cet ouvrage. Il étoit réservé à Manès d'imaginer un monde, un soleil, des étoiles, des planetes, une terre, qui n'eussent rien de matériel. Quoi qu'il en soit, cet Univers tout spirituel, mais très-réellement étendu, fut placé dans l'espace intermédiaire qui séparoit la Divinité de la région des ténebres. Celles-ci, à la faveur du voisinage, apperçurent la lumiere pour la premiere fois, & furent transportées d'une passion si violente pour la beauté de ce nouvel objet que s'élançant avec fureur hors de leurs limites, elles entrerent dans le monde pour s'en saisir. Dieu, ajoutoit Manès, voyant le danger que couroit son ouvrage, envoya l'homme céleste, l'un de ses principaux Eons, pour combattre l'ennemi : mais cet Eon, quoiqu'environné des cinq élémens du ciel, eut la mal-adresse de se laisser enlever une partie de son armure; & cette portion étoit l'ame humaine, qui fut dévorée par le Prince des ténèbres. Celui-ci, pour s'en assurer la possession, l'enferma dans un corps matériel, qu'il construisit à l'image de l'homme céleste; & ce corps, composé des parties impures de la matiere, étoit comme l'élixir des passions les plus inflammables. L'ame séduite par le plaisir des sens, eut le malheur de se plaire dans sa prison, & de resserrer ses liens en s'attachant aux biens de la terre: & comme elle est ordinairement plus souillée, lorsque la mort la sépare du corps, que lorsqu'elle y est entrée, Satan la fait passer successivement dans de nouveaux corps, soit d'hommes, soit d'animaux, soit de plantes; & cette transmigration des ames durera jusqu'à leur parfaite purification. S. Ephrem appelle ce dogme de Manès *l'erreur indienne*; elle étoit en effet contraire à la doctrine de Zoroastre & de ses disciples: mais elle s'étoit répandue dans la Perse par le commerce avec les Indes; & les Maguséens l'avoient adoptée. Quant aux ames qui avoient le bonheur d'achever plutôt leur purification, elles étoient réunies à l'homme céleste, mais par degrés. Elles passoient d'abord dans la lune, ensuite dans le soleil; & ces deux astres, semblables à deux grands vaisseaux, servirent à transporter les ames dans les régions du ciel.

Le Verbe qui, selon Manès, résidoit dans le soleil & dans la lune, eut enfin pitié des ames qui s'oublioient elles-mêmes dans leurs prisons; il descendit sur la terre, se revêtit de la simple apparence du corps humain, parut souffrir la mort & ressusciter, & apprit
aux

aux hommes le secret de se purifier promptement par la pratique de la parfaite continence, & par le détachement de tout objet matériel. En conséquence Manès s'interdit à lui-même & à ses disciples l'usage du vin & des viandes (comme étant du domaine spécial de Satan, & l'aliment naturel de la concupiscence), & se réduit à des nourritures plus simples, dans lesquelles il mêloit encore des observations superstitieuses. A l'égard du mariage, il ne pouvoit qu'en avoir horreur; car dans ses idées, c'est principalement par la génération que Satan perpétue son empire, parce qu'elle n'aboutit qu'à former des prisons pour enchaîner dans la substance de Satan une portion de l'essence divine. Il est vrai que Manès permettoit, ou plutôt toléroit dans le second ordre de ses disciples, qu'on appelloit les *Auditeurs*, ce qu'il interdisoit sévérement à ceux qu'il appelloit ses *Elus*. C'est qu'il sentoit que sa doctrine auroit trop peu de prosélytes, s'il les assujettissoit tous indistinctement à la même continence; mais il avertissoit les premiers que, par cette attache sensuelle, ils se préparoient de grandes miseres, qu'ils passeroient après la mort dans d'autres corps, & qu'ils n'arriveroient que fort tard à leur entiere délivrance.

Il resteroit à savoir si ces gens, qui faisoient parade de cette excessive sévérité, ne se dédommageoient pas en secret. Les Peres & les Auteurs ecclésiastiques nous ont conservé de terribles histoires de ce qui se passoit dans leurs assemblées religieuses. Toutes ces sectes de Gnostiques & de Manichéens avoient pour maxime de regarder le corps, avec l'attirail des passions, comme nous étant étranger,

Tome I. M

& de placer le *moi* dans une partie supérieure & purement intelligente. Or pendant que ce *moi* prétendu est absorbé dans la plus sublime contemplation, & détaché, pour ainsi dire, des liens matériels, sera-t-il coupable si le corps auquel il ne pense plus, se laisse aller machinalement aux penchans de la nature ? C'étoit encore trop peu pour un Manichéen, de penser que le corps est pour nous un être étranger : c'est la substance même de Satan, & notre ame est substance divine. Par quelle raison celle-ci seroit-elle comptable de ce que Satan peut opérer dans ses propres membres ? En un mot, la génération seule étoit odieuse aux yeux des Manichéens, parce qu'elle formoit des prisons aux ames émanées de Dieu. Le reste devoit leur paroître indifférent ; & si quelques-uns d'entr'eux n'admettoient pas la conséquence, c'est qu'ils ne raisonnoient pas conséquemment. J'insiste sur ce point, parce qu'il est essentiel de bien concevoir comment on a prétendu dans chaque système expliquer le phénomene des contrariétés dans l'homme. Nous avons déja vu que l'hypothèse d'un double *moi* dans chaque individu est la plus mauvaise & la plus mal-adroite de toutes les solutions. Zoroastre admettoit deux esprits dans chaque corps humain. Manès ne faisoit qu'un seul être du corps & de la mauvaise ame. Des deux côtés, on admettoit deux *moi* de nature toute différente, l'un sans liberté pour le mal, l'autre sans liberté pour le bien ; & dès-lors il n'y avoit plus ni morale, ni vice, ni vertu. Cependant Manès croyoit son système autorisé dans les livres du Nouveau Testament, & spécialement dans S. Paul. Il faisoit sonner bien haut ces paroles :

« La chair convoite contre l'esprit, & l'esprit
» contre la chair : qui me délivrera de ce corps
» de mort ? » & mille autres choses semblables.
Enfin il croyoit que l'état de purification des
ames devoit durer jusqu'à la consommation
des siecles. Alors, disoit-il, le Verbe reparoîtra
de nouveau sur la terre : un feu vengeur consumera tout ce qu'il y a de corporel & d'impur dans ce bas monde : la matiere réduite en
cendres sera réléguée dans l'ancien séjour des
ténébres : Satan & ses suppôts seront chassés
pour toujours de l'Univers ; & les ames délivrées de leurs corps ne seront plus que de
purs esprits. Tel étoit en gros le systême de
notre Hérésiarque. Je fais grace de ses explications, qui ne présentent qu'un tissu d'extravagances si bizarres, qu'il est inconcevable
qu'elles aient pu venir dans la tête d'un homme
qui certainement ne manquoit pas d'esprit.

Manès, chassé de l'Eglise pour ses blasphêmes, résolut, en se faisant chef de secte, de
se rendre redoutable à ceux qu'il appelloit ses
persécuteurs ; & dans cette vue, il prétendit
avoir reçu dans une extase une mission extraordinaire, qui le constituoit Apôtre de Jesus-Christ pour réformer l'Eglise, & pour élever les Chrétiens à un degré de perfection
inconnu aux premiers disciples du Sauveur.
Il exprimoit avec une telle emphase le pouvoir dont il se disoit revêtu, qu'on l'accusa
de se donner pour le Christ ou pour le Paraclet. Mais ceux qui lui imputent ce blasphême, ne paroissent pas avoir bien compris
ses principes. Manès avoit en horreur le dogme
de l'incarnation ; il ne pouvoit donc se dire
le Verbe ni le Messie, puisqu'il ne s'est jamais
cru un homme fantastique. Aussi ne s'est-il

jamais dit que l'Apôtre de Jesus-Christ: c'est le titre qu'il prenoit à la tête de toutes ses Lettres, au rapport des anciens; & la seule qui nous reste en entier dans les actes d'Archélaüs, n'en porte point d'autre. Par la même raison Manès ne pouvoit se croire le Paraclet; mais il prétendoit avoir reçu les dons de l'Esprit-Saint, dans une plénitude infiniment supérieure à celle des premiers Chrétiens. Plein de ces idées fastueuses, il se fit un plan de religion tout neuf, & rejetta toute autorité capable de le gêner. Les Gnostiques conservoient encore quelque respect pour les Livres de l'Ancien Testament, parce qu'ils en regardoient les Ecrivains comme interprétes de l'Eon, fabricateur de l'Univers. Manès au contraire attribuant au mauvais principe la fabrication du monde corporel, ne pouvoit respecter un Livre qui porte tout entier sur ce dogme fondamental, que *Dieu a créé le ciel & la terre.* Tout lui déplaisoit dans ce livre: la permission de manger la chair des animaux, la vie, les actions & les mariages des Patriarches, la loi de Moïse, les sacrifices sanglans. A l'égard des Livres du Nouveau Testament, Manès les recevoit, du moins en partie, & les regardoit comme divins: mais il prétendoit que ces Livres, & sur-tout les Evangiles, avoient été altérés par ceux qu'il appelloit *Galiléens*, & que l'Eglise Catholique ne les avoit plus dans leur pureté primitive. Aussi leur préféroit-il les faux Evangiles, fabriqués par les Gnostiques; cette méthode étoit pour lui d'une grande commodité. Lui objectoit-on des textes formels contre ses erreurs? *Ils sont faux & altérés par les Galiléens*, répondoit-il hardiment.

Manès se fit un grand parti parmi les Chrétiens de Perse. Il avoit d'ailleurs toutes les qualités nécessaires pour entraîner les simples & les ignorans; une éloquence vive, propre à remuer l'imagination de ses auditeurs; un visage pâle, triste, austere. Sa pauvreté, son détachement des biens du monde, son abstinence, ses jeûnes rigoureux, annonçoient un parfait modele de la vie ascétique. S. Ephrem réunit tous ces traits en deux mots : *pallore*, dit-il, *Manetem Diabolus tinxit ut incautos falleret*.

Manès ayant donc formé sa petite Eglise, établit des loix pour la régir. Il régla l'ordre & le temps des assemblées, les lectures & les instructions qu'on y devoit faire, la forme & les cérémonies du culte, le choix des Diacres, des Prêtres & des Evêques ou Présidens. Non content de ce troupeau particulier, il envoya ses principaux disciples pour étendre sa secte dans les pays les plus éloignés de la Perse. Le succès surpassa son espérance, & dans la vérité l'on a peine à comprendre comment une doctrine, qui ne méritoit que l'indignation & le mépris, put faire de si rapides progrès : mais il y avoit des Gnostiques dans tous les lieux où le Christianisme étoit établi, & ce fut sans doute à eux que les députés s'adresserent; ils en furent reçus à bras ouverts. Toutes ces sectes, divisées entre elles sur des points assez peu importans, furent charmées de voir leurs rêveries canonisées par un nouvel Apôtre, que Dieu, disoient-ils, avoit suscité dans son Eglise. Les Gnostiques se réunirent donc à Manès, & regarderent ses Livres comme inspirés. Depuis ce temps on ne parla presque plus des disciples de Basilide, de Ménandre, de Marcion, de Valentin : tous devinrent Manichéens; & s'animant d'un nouveau zèle, ils gagnerent des gens simples & des esprits mal faits, & grossirent le nombre de leurs profélytes. C'est ainsi qu'en peu d'années le Manichéisme se répandit comme de lui-même dans l'Asie, l'Afrique & l'Europe, jusqu'à donner de l'inquiétude à Dioclétien & aux Empereurs qui lui succéderent.

Cependant Manès ne se fia pas tellement à la grace de son Apostolat, qu'il ne briguât la protection des Grands. Ses talens dans les sciences & les arts lui procurerent une entrée à la Cour, & les bonnes graces du Roi Sapor, à qui il persuada jusqu'à un certain point sa doctrine. Ce Prince le regardant comme un habile Médecin, lui confia le soin de son fils attaqué d'une maladie dangereuse. Ce jeune Prince mourut, & l'on dit que ce fut une des causes de la disgrace de Manès : mais la principale vint de ce que, voulant réformer le culte des Perses, les Mages s'y opposerent, & le défererent au tribunal du Roi. Les Maguséens ne s'opposoient point au culte ni aux cérémonies de la Religion de Zoroastre. Ce ne fut donc pas comme Maguséen que les Mages poursuivirent Manès, mais comme un faux Mage, ennemi du culte national.

Et en effet 1°. en qualité de Chrétien, Manès ne pouvoit reconnoître les Dieux inférieurs, dont le culte étoit la base de la Religion du peuple : il n'auroit pu, sans abjurer grossiérement le Christianisme, adorer Oromaze & Mithra, & mettre au nombre des Dieux le ciel, les planetes & les élémens. Il faisoit même profession de reconnoître un Dieu en trois personnes, le Pere, le Fils, & le Saint-Esprit ; & ceux des anciens qui le ménagent le moins, rendent témoignage à son orthodoxie sur l'article de la Trinité. Cependant, en y regardant de près, cette orthodoxie étoit plus apparente que réelle ; car la divinité n'étant, selon Manès, qu'une lumiere étendue & circonscrite, le Fils & le Saint-Esprit ne pouvoient être que de grandes portions de cette lumiere, consubstantielles au Pere, si l'on veut, mais subsistantes à part. Aussi Manès plaçoit-il le Pere dans le ciel le plus élevé, le Verbe dans le soleil & dans la lune, & le Saint-Esprit dans l'air. Outre ces principales émanations, l'Hérésiarque en admettoit une infinité d'autres, savoir les *Eons* des Gnostiques, les Anges, les étoiles fixes, le soleil & les autres planetes : car dans son systême la matiere n'occupoit que les régions sublunaires, & par conséquent les êtres lumineux plus élevés étoient consubstantiels à Dieu. Il se contentoit néanmoins de leur porter un grand respect, & n'attribuoit la Divinité proprement dite qu'aux deux grands *Proboles*, le Verbe & le Saint-Esprit.

Le second point sur lequel Manès ne pouvoit s'accorder avec les Mages, concernoit les sacrifices sanglans. Les Perses en offroient à leurs Dieux, & les Maguséens se conformoient sans doute au culte reçu : mais un Chrétien ne pouvoit en offrir sans sacrilége, même au vrai Dieu. Le temps des sacrifices figuratifs étoit passé ; d'ailleurs, les principes de Manès le portoient à condamner les sacrifices sanglans, en quelques temps qu'on les eût offerts : car, si la chair est essentiellement impure, & le siége de toutes les passions vicieuses, l'offrande qu'on en feroit à Dieu ne pourroit que lui déplaire infiniment. Moyse, en prescrivant ses sacrifices, avoit travesti le vrai Dieu en un Dieu cruel, insatiable de chair & de sang : *Devoratorem carnis & sanguinis*, disoit Fauste le Manichéen (*a*). Sans aller jusqu'à cet excès, d'autres Philosophes réprouvoient les sacrifices sanglans, comme indignes du Dieu souverain, & même des autres Dieux immatériels, à qui le culte de l'esprit & du cœur a seul droit de plaire. Les Philosophes plus anciens vouloient des offrandes extérieures, mais ils auroient préféré celle des fruits de la terre.

Sapor Roi de Perse, zélé pour sa religion, résolut de sévir contre Manès ; mais celui-ci averti dans un songe, disoit-il, se sauva dans la contrée de Scythie, appellée depuis le *Turkestan*. Ce fut dans cette retraite qu'il s'occupa à la composition ou à la révision de la plupart de ses Ouvrages. Les plus célèbres étoient *le Livre des Mysteres*, *le Trésor de vie*, & *l'Epître du fondement*, ainsi nommée parce qu'elle contenoit tous les principes du système : mais le Livre auquel il donna sa principale occupation, fut celui qu'il intitula : *l'Evangile de vie*, ou *l'Evangile vivant*. Ce n'étoit point une vie de Jesus-Christ, mais une espece d'Apocalypse, ou un Recueil des Révélations que Manès prétendoit lui avoir été faites par Jesus-Christ.

Sapor Ier étant mort en 271 ou 272, son fils Hormisdas monta sur le trône. Dès que Manès le sut, il revint en Perse ; & il présenta son *Evangile de vie* au nouveau Roi, qui l'accueillit très-favorablement. Ce Prince même, pour le dérober à la fureur des Mages, lui fit bâtir une forteresse où il demeura

---

(*a*) Apud Aug. l. 4. cont. Faustum.

plusieurs années ; & ce fut apparemment delà qu'il écrivit à Marcel, & qu'il se rendit chez ce Romain, où il eut une conférence avec Archélaüs, Évêque de Cascar. Nous avons les actes de cette conférence, dans une version latine, rassemblés ou rédigés par un Grec nommé *Hegemonius*. Quelques Savans les regardent comme un Roman mal tissu ; quoi qu'il en soit, il se tint une autre conférence en Perse, qui fut plus funeste à Manès que celle de Cascar. Hormisdas son protecteur étant mort, il ne trouva pas le même appui dans Vararane I qui lui succéda. Ce n'est pas que Vararane, à l'exemple de son pere, n'eût embrassé la doctrine du novateur ; mais ne pouvant résister aux clameurs des Mages, & peut-être étant ébranlé lui-même, il ordonna qu'ils auroient une dispute publique avec Manès : on ignore ce qui se passa dans cette conférence. Les Orientaux disent seulement que Manès fut convaincu d'erreurs grossieres, & condamné comme impie : en conséquence Vararane ordonna qu'on le fît mourir. Les Orientaux ne conviennent pas entr'eux du genre de son supplice. Les uns disent qu'il fut crucifié à la porte de la Ville Royale, d'autres qu'il fut écorché vif, d'autres enfin qu'il mourut en prison. Tous s'accordent à dire qu'après sa mort on remplit sa peau d'air ou de foin, & qu'on pendit ce simulacre à un gibet. Quelques-uns même renvoient cet événement au regne de Vararane II, fils & successeur de Vararane I. Mais, quand même on reculeroit la mort de Manès de quelques années, il faudroit toujours convenir qu'il vécut tout au plus cinquante ans, étant né en 229 ou 230 de l'Ere Chrétienne, & Vararane II étant monté sur le trône vers l'an 276. Telle fut la fin de Manès. Sa secte fut poursuivie vivement après sa mort ; & les Rois de Perse publierent contre elle les Edits les plus sévères : ce qui n'a pas empêché qu'elle ne se soit beaucoup répandue.

Philosophes qui dans les trois premiers siecles de l'Ere Chrétienne ont rejetté l'Evangile, & sont demeurés dans les ténebres du Paganisme.

On a vu ci-dessus que dans les trois siecles qui ont précédé l'Ere Chrétienne, toutes les anciennes sectes philosophiques se réduisirent à huit : & que ces huit sectes se soutinrent très-bien, mais qu'elles ne produisirent que peu de Philosophes célebres. Chaque secte se contenta d'enseigner paisiblement sa doctrine, sans chercher à faire de nouvelles découvertes, ni beaucoup d'écrits philosophiques ; il n'en fut pas de même dans les trois premiers siecles de l'Ere Chrétienne. Ces huit sectes se perpétuerent, les unes avec plus, les autres avec moins d'éclat ; mais elles formerent de grands hommes, & de savans écrivains, qui développerent leur doctrine, & sur-tout la morale, d'une maniere tout autrement intéressante que les anciens. La propagation de l'Evangile y contribua beaucoup. Ils ne firent pas de grands changemens dans leurs dogmes, mais la lecture des livres saints, à laquelle plusieurs s'appliquerent par curiosité, & dont ils profiterent, leur donna l'idée d'une morale beaucoup plus saine, & plus exacte que celle des Philosophes qui les avoient précédés. Nous allons produire, en suivant toujours le même plan, ce que l'histoire nous apprend de plus remarquable sur toutes ces sectes philosophiques qui, après avoir long-temps combattu la Religion Chrétienne, à laquelle néanmoins elles étoient redevables, furent enfin éclipsées par son éclat & son autorité.

PYTHAGORICIENS.

Depuis que Nigidius eut renouvellé l'école de Pythagore, du temps de Cicéron, elle reprit une certaine vigueur, mais elle ne recouvra jamais son ancienne splendeur. Nous ne trouvons dans le premier siecle de l'Ere Chrétienne, qu'Apollonius de Tyanes qui mérite qu'on en fasse mention ; & dans le second, Moderat & Sextus, ou Xiste. Quelques-uns leur joignent Numenius, dont Eusebe a conservé quelques fragmens : mais d'autres le font Platonicien. Il paroît qu'il joignoit ensemble les dogmes de Pythagore & de Platon, qui, comme a vu ci-dessus, sont les mêmes pour le fond, au moins quant aux matieres dont il est question dans cet Ouvrage. Ce Numenius étoit d'Apamée en Syrie. Disons un mot d'Apollonius.

APOLLONIUS.

Apollonius de Tyanes en Cappadoce s'érigea, dès l'âge de seize ans, en observateur rigide de la regle de Pythagore, renonçant au vin, aux femmes & à la viande, ne portant point de souliers, & laissant croître ses cheveux & sa barbe : il passa cinq ans sans parler, selon la pratique ordinaire des Pythagoriciens. Il se mit ensuite à voyager & à faire le Législateur (c'étoit le goût de ces Philosophes) : il pratiquoit dès-lors des Mysteres secrets où il n'admettoit que ceux qui avoient passé quatre ans sans parler. Ses disciples au nombre de sept le quitterent dès qu'il leur parla d'aller aux Indes ; il se vantoit de savoir toutes les langues, sans les avoir jamais apprises, de connoître les pensées des hommes, & d'entendre les Oracles que les oiseaux rendoient par leur chant. Il fit quelques Ouvrages qui ne subsistent plus : entre autres quatre livres sur l'Astrologie judiciaire, & un Traité sur les Sacrifices, où il marquoit ce qu'il falloit offrir à chaque Divinité. Tout ce qu'on sait de sa doctrine, c'est qu'il tenoit fortement à la Métempsycose : il porta la folie jusqu'à vouloir faire adorer un lion, en qui il vouloit que fût l'ame d'Amasis, autrefois Roi d'Egypte. Quoiqu'Apollonius se vantât de posséder toutes sortes de vertus, on l'accusa néanmoins d'aimer l'argent, & de n'être nullement chaste. Lucien nous apprend au moins que ses plus fideles disciples étoient des hommes abominables : il mourut fort âgé, sans qu'on ait jamais sçu ni où, ni de quelle maniere. Sa vie a été amplement écrite plus de cent ans après sa mort par Philostrate, mais elle renferme des inéxactitudes & des contradictions sans nombre, des anachronismes & d'autres fautes sur l'Histoire, des mensonges, des illusions, des fables impertinentes.

En particulier, cet auteur attribue à Apollonius un grand nombre de prophéties & de miracles. Il y marque la résurrection d'une fille sortie d'une maison consulaire, & déja prête à marier ; mais il détruit lui-même ce fait, en n'osant assurer que cette fille fût tout-à-fait morte. C'est sans doute ce prétendu prodige qui a porté Hiéroclès, Platonicien du quatrieme siecle, & grand ennemi du Christianisme, à faire un parallele de Jesus-Christ & d'Apollonius de Tyanes, donnant même la préférence à ce dernier : il a été réfuté par Eusebe dans sa Démonstration Evangélique. Les autres prodiges & prédictions d'Apollonius, rapportés par Philostrate, ne surpassent point le pouvoir des Démons, quand ils seroient vrais. Mais il paroît, soit par le défaut de témoignages suffisans, soit par la vie toute païenne de cet imposteur, que ce n'étoient que des fourberies, ou de vains prestiges, & des effets de la Magie, & non d'une puissance divine, comme Philostrate voudroit le persuader en plusieurs endroits. S. Jérôme, dans sa lettre à Paulin, dit qu'il n'y a que les ignorans qui l'ont cru Magicien : ainsi ou il le regardoit comme un fourbe qui trompoit le peuple, ou il révoquoit en doute tous les prestiges que Philostrate lui attribue. Après la mort d'Apollonius, ceux de Tyanes sa patrie, lui dresserent un temple auprès de leur ville, & son image étoit encore autre part dans beaucoup d'autres temples. L'Empereur Adrien ramassa ce qu'il put de ses lettres. Caracalla lui éleva un temple, & l'Empereur Alexandre avoit son image dans un lieu particulier du Palais, mêlée avec celle de Jesus-Christ, d'Abraham, & des meilleurs Princes ; mais cette folie ne dura pas. Dès le commencement du quatrieme siecle, personne ne l'honoroit plus comme un Dieu, quoiqu'on prétende que les Ephésiens révéroient encore sa statue sous le nom d'Hercule, & non sous le sien. Eusebe assure aussi que presque personne ne connoissoit plus alors Apollonius, non comme un Dieu, ou comme un homme extraordinaire & admirable, mais même comme un simple Philosophe.

Dans le troisieme siecle il fut peu question des Pythagoriciens.

PLATONICIENS.

Les Platoniciens ne firent pas grand bruit pendant le premier siecle de l'Ere Chrétienne. Il n'y eut de fameux que les Gnostiques dont nous avons parlé, qui firent un mélange ridicule de la doctrine de Platon avec celle de l'Evangile ; ce qui rendit les Platoniciens très-odieux aux premiers Chrétiens. Mais dans le second siecle l'Histoire en fournit plusieurs qui firent honneur à leur école ; entr'autres Apollone, sous l'Empereur Adrien, Claudius Maximus, & Maxime de Tyr sous Antonin, Alexandre, Attique & Apulée sous Marc-Aurele.

APULÉE.

Ce Philosophe, plus fameux que les autres, étoit de Madaure, colonie Romaine, sur les confins de la Numidie & de la Gétulie. Il vint à Athènes, où il apprit la Poësie, la Géométrie, la Dialectique, la Musique, & s'instruisit à fond de toutes les sectes de Philosophie. Il fit une profession particuliere de celle de Platon, & en devint l'un des plus illustres défenseurs. Mais il s'engagea par une malheureuse curiosité dans l'étude de la Magie ; & les Païens prétendoient qu'il avoit fait plusieurs miracles par les secrets de cet art, & ils les comparoient aux miracles de Jésus-Christ que l'Eglise annonçoit par-tout. On ne trouvoit néanmoins aucune preuve assurée des prétendus miracles d'Apulée; & ce Philosophe même, au lieu de s'en glorifier, ayant été accusé de Magie devant Claude-Maxime, Proconsul d'Afrique, s'en défendit comme d'un crime: ce qui prouve, non qu'il n'étoit pas Magicien, comme les Païens même ont continué de le croire; mais qu'il étoit contraint d'avouer, malgré ses principes, que la Magie étoit criminelle, & qu'il n'avoit rien fait de miraculeux. On croit que ce fut pour s'instruire de cet art diabolique, qu'il fut passer quelque temps en Thessalie, où la Magie étoit commune. Il dit dans ses Métamorphoses qu'il avoit été changé en âne par une potion magique. C'est une fable qu'il a voulu débiter, imitée ou de Lucien, ou d'un Lucius de Patres, dont Lucien & lui peuvent l'avoir prise. Les Païens mêmes ont condamné cet ouvrage d'Apulée, & l'ont renvoyé aux nourrices qui veulent divertir les petits enfans (*b*).

S. Augustin parle beaucoup d'Apulée dans son huitieme livre de la *Cité de Dieu*, & y réfute sa doctrine sur les Génies ou Démons Δαίμονες. Platon (on l'a vu dans son article) & les disciples de ce Philosophe, distinguoient trois sortes d'êtres raisonnables au-dessous du Dieu suprême & de la seconde Intelligence; savoir, les Dieux inférieurs, les Génies ou Démons, & les hommes. Les Dieux, disoient-ils, occupent le lieu le plus haut, les hommes le plus bas, & les génies qui ne sont ni purement Dieux, ni purement hommes, le mi-

---

(*b*) Voy. Macrobe, Somn. l. 2, c. 2.

lieu. Les Dieux font leur demeure dans le ciel, les hommes sur la terre, les génies dans l'air. S. Augustin remarque qu'Apulée avoit fait un livre sur ce sujet, intitulé: *Du Dieu de Socrate*, où il expliquoit de quel genre de Dieux étoit cet esprit familier de Socrate qui, à ce qu'on disoit, avoit coutume de l'avertir de ne point entreprendre une chose, quand elle ne devoit pas réussir. Apulée, dans cet ouvrage, montroit fort au long que ce Dieu de Socrate n'étoit point un Dieu proprement dit, mais seulement un génie ou Démon familier; d'où S. Augustin conclut qu'il ne devoit pas intituler son livre: *Du Dieu de Socrate*, mais *du Démon de Socrate*.

Le même Apulée, continue le saint Docteur, parlant des mœurs des Démons, dit qu'ils ont les mêmes passions que les hommes; que les injures les offensent, que les présens & les soumissions les appaisent, qu'ils aiment les honneurs, qu'ils se plaisent à cette diversité de cérémonies, & se mettent en colere quand on y omet quelque chose. Il dit aussi que les prédictions des Augures & des Aruspices leur appartiennent, avec les réponses des Oracles & les songes, sans parler des miracles de la Magie. Puis apportant une courte définition de leur nature, il dit que les Démons sont du genre des animaux, que leur esprit est sujet aux passions, qu'ils ont une ame raisonnable, un corps d'air, & qu'ils sont éternels. Quant à leur ministere, ajoute Apulée, ils portent aux Dieux les prieres des hommes, & rapportent aux hommes les graces qu'ils ont obtenues des Dieux; & cela, parce qu'il est indigne des Dieux de se mêler avec les hommes: il faut des Médiateurs, & ces génies ou Démons sont ces Médiateurs.

S. Augustin remarque encore qu'Apulée, en attribuant à ces Démons les passions des hommes, ne distinguoit point entre bons & mauvais Démons, mais qu'il les faisoit tous mauvais, ce qui étoit ridicule : car c'étoit supposer que de mauvais génies étoient Médiateurs entre les hommes & les Dieux, qu'ils offroient aux Dieux les prieres des hommes, & qu'ils obtenoient des graces & des faveurs pour ceux-ci. Cependant le S. Docteur assure que les Platoniciens de son temps prétendoient que cette doctrine d'Apulée étoit la vraie doctrine de Platon. Ces nouveaux Platoniciens se trompoient lourdement, & s'écartoient sur cela, comme sur plusieurs autres points, dont on parlera dans la suite, de la doctrine de leur maître. Platon admettoit ces génies ou Démons comme les ministres des Dieux inférieurs : il ne leur donnoit pas toute la perfection des Dieux ; mais il ne les assujettissoit pas non plus à toutes les imperfections de l'homme, mais seulement à la colere & à la passion de venger les crimes ; & s'il en reconnoissoit de mauvais, il n'a pas cru qu'ils le fussent dès leur origine, & encore moins qu'ils le fussent tous. Voyez ci-dessus l'article de Platon, p. 57.

Saint Augustin montre très-bien, contre toute cette doctrine d'Apulée & des nouveaux Platoniciens, que si, comme ils le prétendoient, ces esprits mitoyens entre les Dieux & les hommes étoient tous mauvais & sujets aux passions humaines, ils étoient misérables, & devoient plutôt être détestés, qu'adorés ; que s'ils présidoient aux Oracles, aux songes, aux mysteres de la Magie, ils autorisoient un art abominable & plein d'impiété ; & enfin que s'ils étoient misérables & impies, on ne devoit point les regarder comme les Médiateurs entre les Dieux & les hommes (c).

Quoique les Platoniciens eussent parmi eux d'habiles Philosophes dans le deuxieme siecle de l'Ere Chrétienne, cependant leur école ne brilloit pas plus que les autres. Ce ne fut que dans le troisieme siecle qu'elle devint très-florissante & féconde en grands hommes; & l'on regarde Ammonius comme celui qui a commencé à lui donner la célébrité, dont elle a joui pendant ce siecle, au-dessus de toutes les autres sectes philosophiques.

AMMONIUS.

Ammonius étoit d'Alexandrie; il fut surnommé *Saccas*, parce que, selon Suidas, son premier métier, dans sa jeunesse, étoit de transporter des marchandises dans des sacs sur le port d'Alexandrie, pour gagner sa vie. Il étoit Chrétien, & il persévéra dans le Christianisme jusqu'à la mort. C'est Eusebe qui lui rend ce témoignage, & qui accuse Porphyre d'une fausseté évidente, pour avoir dit qu'Ammonius abandonna la Religion Chrétienne: nous verrons dans un instant ce qui a pu déterminer Porphyre à parler ainsi.

Ammonius trouva la fameuse école d'Alexandrie misérablement dépravée par les vaines subtilités des disputeurs & des sophistes. Les uns y défendoient vivement les dogmes de Platon, & les autres ceux d'Aristote; & les disciples de ces deux Philosophes, au rapport

---

(c) S. Augustin, l. 8. de Civit. Dei.

d'Hiéroclès dans Photius, étoient si acharnés les uns contre les autres, qu'ils corrompoient les textes de ces deux chefs de secte, afin de montrer plus facilement que l'un étoit opposé à l'autre. « Ce désordre, dit Hiéroclès, » dura jusqu'au temps d'Ammonius, le disci- » ple du grand Dieu. Enlevé par enthousiasme » vers la vérité philosophique, il pénétra le » fond des deux sectes, il les accorda ensemble, » & donna à ses auditeurs un système de Phi- » losophie affranchi des brouilleries de la dis- » pute (d) ». Qu'Ammonius ait donné un nouveau système de Philosophie, la chose est croyable; mais qu'il ait montré que le système de Platon & celui d'Aristote sont les mêmes, au moins sur les matieres que nous traitons, c'est ce qui est démenti par les écrits de ces deux Philosophes qui sont parvenus jusqu'à nous. Il peut se faire néanmoins qu'Ammonius les ait conciliés jusqu'à un certain point sur certains articles de Métaphysique & de Morale: mais, comme on a perdu tous les écrits de philosophie d'Ammonius, on ne peut savoir ni sur quelles questions il concilioit Platon & Aristote, ni comment il s'y prenoit pour cette conciliation; de plus, aucun ancien auteur ne nous l'apprend.

On regardoit Ammonius comme un homme inspiré & enseigné de Dieu, & on lui donna pour cette raison le nom de *Théodidacte*. Moréri croit qu'on l'appella ainsi, parce qu'il enseignoit *la divine Philosophie de Jesus-Christ*, mais il paroît qu'il se trompe. Quelque savant qu'on suppose Ammonius dans les choses de la Foi

---

(d) Hiérocles, apud Photium. Biblioth. n°. 214.

Chrétienne, il n'y a pas d'apparence que les Païens l'appellassent *Théodidacte*, par la raison qu'il enseignât l'Evangile : il est clair qu'il ne l'acquit que par ses leçons de Philosophie, qui ne parloient que de Platon & d'Aristote. En effet ses auditeurs étoient au moins partagés, les uns professant le Paganisme, les autres le Christianisme : cela le mettoit dans le cas de se borner aux questions purement philosophiques. Hiéroclès, qui étoit un Païen zélé, & très-ardent contre la Religion Chrétienne, auroit-il parlé d'Ammonius, comme on a vu, si la science de l'Evangile lui eût fait donner le nom de *Théodidacte* ; & le fameux Plotin, l'un de ses principaux disciples, se seroit-il attaché à lui pendant si long-temps, s'il eût prêché à ses auditeurs la Foi Chrétienne, que celui-ci rejettoit avec mépris ? Cela n'est pas vraisemblable : aussi M. de Tillemont, qui parle de tous les autres Philosophes du troisieme siecle, ne dit-il pas un mot d'Ammonius. Il se sera trouvé embarrassé, & n'aura voulu prendre aucun parti sur le titre de *Théodidacte*, que les autres Païens, & les plus décidés contre le Christianisme lui donnent. Peut-être même qu'Ammonius ne passoit pas extérieurement pour Chrétien, & ç'aura été la raison qui a fait dire à Porphyre, qu'il étoit sorti du Christianisme, en s'attachant à la Philosophie : les Chrétiens se cachoient dans ces temps difficiles & de persécution. Ammonius pouvoit bien n'être connu pour tel que parmi ses freres ; & s'il a fait des écrits, comme on le dit, en faveur du Christianisme, il pouvoit se faire qu'il ne les communiquât point aux Païens, mais seulement à ceux de ses disciples qui étoient Chrétiens comme lui.

Le P. Labbe (e), aussi-bien que Luc d'Holstein (f), disent que Porphyre raconte dans la vie de Plotin, qu'Ammonius enseignoit à ses disciples les secrets de l'Evangile, & qu'il avoit fait promettre à Herennius, à Origène (différent de l'Origène Chrétien), & à Plotin, de ne les point divulger ; mais que ces trois disciples avoient manqué à leur promesse. Tout est faux dans cette narration. 1°. Il n'est pas vrai que, selon Porphyre, Ammonius ait fait jurer à ses disciples qu'ils ne communiqueroient à personne ce qu'ils apprendroient de lui. 2°. Porphyre ne parle point, en cet endroit, d'autres dogmes que de ceux de la Philosophie ; & marque seulement qu'Hérennius, Origène & Plotin, étoient convenus de ne point rendre publiques certaines choses qu'ils avoient apprises d'Ammonius. Plotin garda sa parole, mais Hérennius n'ayant pas gardé la sienne, fut bientôt imité par Origène. Voici le texte de Porphyre : « *Cùm verò Herennius, Origenes &*
» *Plotinus olim inter se constituissent ne Am-*
» *monii dogmata ederent, quæ audita ab eo,*
» *tanquàm in primis purgata præcipuè compro-*
» *baverant ; Plotinus quidem stetit promissis,*
» *familiariter quidem nonnullos excipiens salu-*
» *tantes, instituta verò Ammonii secreta inte-*
» *graque conservans. Herennius autem primus*
» *pacta dissolvit, & Origenes anticipantem He-*
» *rennium est deindè secutus* (g) ».

On a observé, en parlant du système de Platon, que plusieurs des nouveaux Platoniciens

---

(e) Labbe, de Script. Eccles. tom. 1.
(f) Luc d'Holstein, de vitâ & scriptis Porphyr.
(g) Porphyre, in vitâ Plotini.

de l'école d'Alexandrie, ont cru voir dans les écrits de ce Philosophe le système des émanations substantielles dans le sens des Juifs Cabalistes; c'est-à-dire, qu'ils faisoient dire à Platon que la matiere émanoit de la substance de Dieu, aussi-bien que l'esprit; que quelques Pythagoriciens attribuoient la même doctrine à leur maître, & que Plutarque & Calcidius les avoient très-bien réfutés.

Il faut observer en second lieu que, lorsque les Chrétiens annoncerent le dogme de la création proprement dite (dont, à l'exception des Juifs, peu de personnes reconnoissoient la vérité) plusieurs Philosophes, sur-tout parmi les nouveaux Platoniciens, ouvrirent les yeux à cette lumiere. Plotin, Porphyre, Longin, Proclus, Hiéroclès, &c., adopterent ce dogme; & pour ôter aux Chrétiens la gloire de l'avoir enseigné, ils prétendirent le montrer dans les livres de Platon; mais en vain. Nous avons prouvé dans l'article de Platon que ce Philosophe ne tenoit ni le système des Cabalistes, ni le dogme de la création, mais qu'il croyoit d'une part la matiere du chaos avec lequel le monde avoit été construit, coéternelle à Dieu, & très-distinguée de la substance divine; & de l'autre, que l'ame humaine, quant au νοῦς, ou l'intelligence, est une portion ou émanation substantielle de la Divinité; & quant à la partie sensible & sujette aux passions, une portion de l'ame de la matiere, éternelle comme la matiere elle-même.

Cela posé, ou bien Ammonius n'a jamais parlé de ces questions à ses disciples, ou s'il leur en avoit parlé dans le goût de Platon & des anciens Platoniciens, il auroit abjuré la doctrine de l'Evangile. Mais ce qui paroît très-vraisemblable, c'est qu'instruit des vérités chrétiennes, sans vouloir les enseigner comme telles à ses disciples Païens, il aura reformé la doctrine de Platon sur certains points, conformément à ces verités. Il leur aura appris, par exemple, que la matiere a été créée par le Dieu suprême, & que notre ame est aussi son ouvrage. Plusieurs l'auront suivi sur le premier point, mais il ne paroît pas qu'on l'ait écouté sur le second.

Nous avons encore observé que, suivant Pythagore & Platon, le Dieu suprême voulant former l'Univers de la matiere du chaos, avoit donné une ame à cette belle machine, & que cette ame étoit une émanation de sa propre substance; mais que plusieurs de ses disciples se fixerent tellement à cette ame du monde, qu'ils oublierent le Dieu souverain. Il paroît qu'au temps d'Ammonius tous, ou presque tous les nouveaux Platoniciens, en étoient là : ils ne reconnoissoient pour Dieu, comme les Stoïciens, que l'ame de l'Univers. Ce Philosophe chrétien, sans oser leur parler de l'unité de Dieu, des personnes divines & de la génération du Verbe, telle qu'on l'enseignoit dans l'Eglise Catholique, leur aura seulement rappellé le vrai systême de Platon, qui admettoit au-dessus de l'ame du monde un Dieu souverain, dont cette ame qu'il appelloit λόγος le Verbe, la seconde Intelligence, le Fils du Pere par excellence, le Démiourgue étoit la principale émanation ; & ce sera cette véritable exposition de la doctrine de Platon, oubliée par la plupart de ses disciples, qui aura fait appeller Ammonius *Théodidacte*, c'est-à-dire, homme inspiré de Dieu, & le disciple du grand Dieu (1). C'est peut-être aussi cette doctrine qu'Hérennius, Origène & Plotin étoient convenus de ne pas rendre publique, mais que les deux premiers divulguerent parmi les Philosophes de leur secte.

PLOTIN.

Plotin, célebre Platonicien, & l'un des principaux disciples d'Ammonius, acheva de donner un grand lustre à l'école de ces Philosophes. Il ne commença qu'à vingt-huit ans à s'appliquer à la Philosophie : on le recommanda aux plus savans Professeurs d'Alexandrie, mais il n'en fut pas content. Un de ses amis voyant cela, le mena aux leçons d'Ammonius ; dès que Plotin eut ouï ce Philosophe, il s'y attacha, & avoua à son ami que c'étoit l'homme qu'il cherchoit. Il passa onze ans de suite auprès de cet excellent maître : mais les connoissances qu'il avoit acquises ne servirent qu'à lui inspirer le desir d'en acquérir de nouvelles, & de savoir ce que pensoient les Philosophes Persans & les Philosophes Indiens. Il ne perdit point l'occasion qui lui fut fournie par la guerre que l'Empereur Gordien alla faire aux Perses. Il suivit l'armée Romaine, & s'en repentit sans doute, car il eut de la peine à sauver sa vie par la fuite après que cet Empereur eut été tué. Plotin avoit alors trente-neuf ans : l'année suivante il fit un voyage à Rome, & y fit des leçons de Philosophie. Il y demeura dix ans sans composer aucun livre, & lorsqu'il en eut composé une vingtaine, il

---

1) Hierocles, suprà.

ne les communiqua qu'à des gens choisis. Il avoit trente ans lorsque Porphyre devint son disciple : celui-ci lui donna de l'occupation, parce qu'il vouloit qu'on lui expliquât à fond les difficultés, & par écrit. Il fallut donc que Plotin composât des livres ; il en fit vingt-quatre pendant les six ans que Porphyre fut auprès de lui ; & ces vingt-quatre joints aux vingt-un qu'il avoit faits avant l'arrivée de Porphyre, & aux neuf qu'il composa depuis que ce disciple fut parti de Rome, font en tout cinquante-quatre livres. Ils sont divisés en six Ennéades, & roulent sur des matieres extrêmement abstraites : ils contiennent presque tous la Métaphysique la plus guindée ; ce qui faisoit dire à Longin, qu'ils renfermoient de grandes obscurités. Plotin ne relisoit jamais ce qu'il avoit composé ; sa méditation étoit si forte, qu'il rangeoit dans sa tête tout un ouvrage depuis le commencement jusqu'à la fin ; & il suivoit si exactement ce qu'il avoit médité, qu'il n'y changeoit rien en écrivant. Il n'est pas étonnant après cela que ses écrits soient obscurs, & qu'il ne soit point aisé de saisir sa pensée.

La considération que les Romains eurent pour Plotin, est incroyable. Il se fit des disciples jusqu'au milieu du Sénat ; & il y eut même des Sénateurs, qui, non contens d'être assidus à son auditoire, sortirent de la Magistrature pour mener une vie de Philosophe. Il inspira aussi à des personnes de l'autre sexe une forte inclination pour l'étude de la Philosophie. Il ne se fit aucun ennemi dans Rome, pendant les vingt-six ans qu'il y demeura, tant il étoit affable, équitable & honnête. L'Empereur Gallien & l'Impératrice Salonine eurent pour lui une extrême considération; & sans quelques courtisans jaloux, Plotin auroit obtenu de cet Empereur ce qu'il lui demandoit avec instance, de faire rebâtir une ville de la Campanie, & qu'on la lui cédât avec tout son territoire. Il avoit dessein d'y établir une Colonie de Philosophes, & d'y faire pratiquer les loix idéales de la République de Platon. Plotin eut diverses incommodités la derniere année de sa vie, entr'autres des ulceres aux pieds & aux mains, un mal de gorge continuel, une grande foiblesse de vue. Il quitta Rome quand il se vit en cet état, & se fit porter dans la Campanie, où il mourut à l'âge de soixante-six ans chez les héritiers d'un de ses amis intimes, qui lui fournirent tout ce qui lui étoit nécessaire : cette mort arriva l'an 270 de l'Ere Chrétienne (i).

Plotin dans ses ouvrages traite beaucoup de questions de Métaphysique, où il paroît s'écarter sur plusieurs points du système de Platon; ce qui peut venir en partie de la parfaite obscurité qui y regne. 1°. Quant à la matiere, s'il a cru, comme on le dit communément des nouveaux Platoniciens, qu'elle n'est point éternelle, mais qu'elle a été créée, c'est-à-dire, qu'elle a passé de la non-existence à l'existence par la puissance de Dieu; il ne la traitoit pas pour cela avec moins de mépris que Platon. Il avoit honte d'être logé dans un corps; & c'est pourquoi il ne prenoit nul plaisir à dire ni d'où il étoit, ni de quelle famille il étoit sorti, & qu'il menoit la vie la plus frugale. Le mépris pour tout ce qu'il y

---

(i) Voy. Porphyre, vita Plotini.

avoit de matériel alla jusqu'au point de ne pas vouloir se laisser peindre, malgré les instances de ses disciples; cependant il le fut. Amelius mena dans son auditoire un excellent Peintre, qui regarda Plotin autant qu'il voulut, & le peignit ensuite d'après l'image qu'il s'en étoit faite dans son cerveau : le portrait se trouva fort ressemblant.

2°. Par rapport à l'ame de l'homme, Plotin ne regardoit pas chaque ame comme étant créée de Dieu, mais comme une émanation de la grande ame du monde, suivant le système de Platon. La preuve s'en tire de ce qu'il étoit en suspens s'il y avoit plusieurs ames, ou s'il n'y en a qu'une seule qui anime tout les individus : *Utrum omnes animæ una sint;* & qu'il pensoit, soit qu'on n'admît qu'une ame, soit qu'on en admît plusieurs, qu'il y avoit en nous quelque chose de la substance divine, & que cette portion de substance divine devoit un jour se réunir à son principe : ce qui excluoit le dogme des peines & des récompenses après la mort, suivant la doctrine de tous les anciens Philosophes. Plusieurs Savans attribuent aux nouveaux Platoniciens ce système d'une ame universelle qui anime tous les individus. Nous avons remarqué plusieurs fois que c'étoit aussi le sentiment des nouveaux Péripatéticiens. Depuis la propagation de l'Evangile, plusieurs Philosophes comprirent combien il étoit absurde de diviser la Divinité en mille morceaux, pour en former les ames des hommes. Ne comprenant pas d'ailleurs comment nos intelligences pourroient être tirées du néant, ils prirent le parti d'admettre cette ame universelle. Mais ils n'en étoient pas plus avancés : car il falloit toujours qu'ils divisassent la Divinité pour former cette grande ame, ou il falloit qu'ils dissent que la Divinité toute entiere animoit chaque individu ; ou enfin, comme ont dit les Péripatéticiens modernes, qu'elle ne les animoit que comme forme assistante, & non comme forme inhérente. Dans la premiere hypothèse on faisoit Dieu étendu, composé de parties, capable d'être divisé ; ce qui ne convient qu'à la matiere : dans la seconde on feroit un Dieu de chaque homme en particulier : dans la troisieme on suppose que l'ame est purement matérielle, & néanmoins capable de recevoir des idées spirituelles, (voyez *suprà*, l'article d'Aristote). Des conséquences si absurdes & si révoltantes auroient dû convaincre les anciens Philosophes de la possibilité de la création, non-seulement des corps, mais encore de nos ames.

Plotin s'appliqua beaucoup à l'étude des idées ; il fit un livre pour examiner s'il y a des idées des choses singulieres, & un autre où il entreprenoit de prouver que les objets intellectuels ne sont point hors de l'entendement : *Quod intelligibilia non sunt extra intellectum*. Longin écrivit contre ce Traité des Idées, & contre ce que Porphyre avoit répandu pour défendre ces ouvrages. Cette question sur les idées, embrouillée par Plotin, n'étoit pas difficile à décider. Si l'on entend, comme Platon, par idée, l'essence même des choses, il est indubitable que les idées sont hors de l'entendement ; mais si l'on entend la perception par laquelle nous découvrons cette essence des choses, il n'est pas moins certain que les idées prises dans ce sens ne sont point hors de l'entendement.

On a accusé Plotin de n'admettre qu'un seul

être, & de ne reconnoître d'autre Dieu que cet être unique ; parce qu'il a fait deux livres pour prouver *unum & idem ubique totum simul adesse* : mais il n'est pas aisé d'exposer clairement ce qu'il a voulu dire par-là. Auroit-il prétendu que la matiere même ne faisoit qu'un seul & même être avec la Divinité ? Il la regardoit avec trop de mépris, pour lui attribuer cette idée cabalistique ; ou croyoit-il que la matiere ne méritoit pas d'être considérée comme un être, & qu'elle devoit être comptée pour rien ? C'étoit peut-être son système : quoi qu'il en soit, il paroît par les dernieres paroles qu'il dit en mourant, qu'il croyoit l'Univers animé par la substance divine, suivant la doctrine de Platon, & que nos ames, quant à l'entendement, νοῦς, étoient une portion de cette substance divine : « Je fais mon dernier
» effort, disoit-il, pour ramener ce qu'il y a
» de divin en moi à ce qu'il y a de divin dans
» tout l'Univers ». Il se croyoit tellement purifié par la Philosophie, qu'il ne passeroit point par les transmigrations de la Métempsycose, ni par les autres purifications Platoniciennes : il se flattoit d'aller se réunir tout d'un coup à la grande ame, & c'est pourquoi il méprisoit les sacrifices, & les regardoit comme un hommage qui étoit au-dessous de lui. Car on dit que son disciple Amelius, le priant un jour d'assister au sacrifice qu'il alloit offrir aux Génies dans un jour de solemnité, pour être présenté aux Dieux par leur canal, Plotin répondit : « C'est à eux à venir à moi, & non pas
» à moi d'aller à eux », se considérant déja comme jouissant de la claire vision du Dieu suprême, & comme devant lui être réuni avant ces Génies, & même avant les Dieux. « Ame-

» lius, dit Porphyre, avoit appris de l'Oracle
» d'Apollon, après la mort de Plotin, que ce
» Philosophe avoit élevé continuellement son
» ame à Dieu, qu'il avoit eu toutes les ver-
» tus, qu'il s'étoit détaché de cette misérable
» vie autant qu'il étoit possible, & que s'é-
» levant avec toutes les forces de son ame,
» & par tous les degrés que Platon enseigne,
» vers cette Divinité suprème qui surpasse tout
» entendement, il en avoit été éclairé, il avoit
» joui (dès cette vie même), de la vision
» de cet Etre souverain, sous l'entremise des
» idées; mais en lui-même, & selon cette
» nature qui est au dessus de toute intelligence:
» *Ipsi protinus coruscavit Deus ille, nec for-*
» *mam nec ideam aliquam habens, sed super*
» *intellectum universumque intelligibile in se ipso*
» *consistens* ». C'est pour la même raison que
Plotin rejettoit l'Astrologie, à laquelle néanmoins il s'étoit beaucoup appliqué; mais étant
parvenu à la plus haute perfection, elle ne lui
étoit plus nécessaire.

Porphyre dit que Plotin avoit, comme Socrate, un esprit familier qui ne le quittoit point,
& qui le conseilloit & le protégeoit en toute
circonstance: mais il observe en même-temps
que c'étoit un Génie supérieur à celui des autres
hommes; & que ce Génie n'étoit point du
nombre de ceux qu'on appelloit *Démons*, mais
de ceux qu'on appelloit *Dieux*. Ces paroles de
Porphyre montrent que les Platoniciens donnoient au moins à la plupart des hommes,
quelque Génie ou Démon pour protecteur.

Plotin étoit natif de Lycopolis, ville d'E-
gypte (*k*).

(*k*) Voyez sur tout ce que l'on vient de dire de
Plotin; Porphyre, *in vitâ Plotini*.

AMELIUS.

Amelius, autre Platonicien très-célebre, fut disciple de Plotin pendant vingt-quatre ans, à Rome; il étoit de Toscane, & s'appelloit aussi Gentilianus. Avant que de s'attacher à Plotin, il avoit étudié sous un certain Lysimaque, Philosophe Stoïcien peu connu. Amelius étoit un homme d'un grand travail: il composa cent volumes de ce qu'il avoit seulement ouï dire à Plotin dans ses conférences; il les donna & légua à Héfychius son fils adoptif; il composa depuis quarante livres contre Zostrianus. C'étoit un de ces Gnostiques dont on a parlé, qui faisoient un misérable mélange de la doctrine chrétienne avec celle de Platon. Plotin combattit aussi ces Gnostiques, & les Manichéens. Longin ne trouvoit, entre tous les Philosophes de son temps, que Plotin & Amelius, dont les ouvrages méritassent d'être lus. C'étoit à-peu-près la même doctrine, mais plus étendue & plus expliquée par Amelius. Eusebe nous a conservé un passage des écrits de ce dernier, où il citoit, pour confirmer la doctrine de Platon, ce commencement de l'Evangile de S. Jean, « au commencement étoit le » Verbe, & le Verbe étoit avec Dieu, & » le Verbe étoit Dieu..... Toutes choses ont » été faites par lui, &c. » Ce passage d'Amelius est rapporté plus au long par Théodoret & par saint Cyrille d'Alexandrie. Cela donne lieu de croire qu'Amelius tenoit exactement la doctrine de Platon sur la Divinité; c'est-à-dire, qu'il admettoit, comme lui, une premiere & souveraine intelligence, & une principale émanation de ce Dieu suprême, qu'il appelloit λόγος le Verbe, & qui, selon les Pythagoriciens & les Platoniciens, étoit l'ame universelle du monde, d'où les Dieux, les génies & les ames des hommes étoient émanés.

LONGIN.

Longin étoit Athénien ; dès ses premieres années il fit avec son pere & sa mere beaucoup de voyages, qui lui donnerent moyen de voir tous les Philosophes célebres de ce temps-là ; & il fit lui-même profession de la Philosophie de Platon, qu'il apprit sous Ammonius, ce Philosophe Chrétien d'Alexandrie, dont on a parlé, & sous Origène son disciple. Longin n'apprit pas seulement la Philosophie ; il l'enseigna encore aux autres, & eut le célebre Porphyre pour disciple. Porphyre rapporte un entretien de lui, & de quelques personnes de lettres que Longin traitoit à Athènes le jour de la naissance de Platon, comme les maîtres de la Philosophie Platonicienne avoient coutume de faire alors : on célébroit de même la naissance de Socrate.

Quoique Longin excellât beaucoup dans la Philosophie, Plotin disoit néanmoins de lui que c'étoit moins un Philosophe qu'un homme de lettres ; & c'est en effet par les lettres qu'il s'est particuliérement rendu célebre : mais d'un autre côté Plotin ne devoit pas être content de lui ; car Longin avoit fait un écrit sur *le souverain bien*, où il combattoit ce grand Philosophe, & Amelius son disciple. Il témoigne dans le même écrit, qu'il avoit aussi fait un ouvrage contre Porphyre, à cause qu'il avoit quitté ce qu'il avoit appris de lui sur les idées, pour prendre le sentiment de Plotin. Il y parle encore d'une grande lettre qu'il avoit écrite à Amelius, pour combattre quelques autres sentimens de Plotin, & sur l'opinion de Platon touchant la justice.

De tous les écrits de Longin, tant sur les Belles-Lettres que sur la Philosophie, qui étoient en très-grand nombre, il n'y a que celui *du* (style) *sublime* qui soit parvenu jusqu'à nous. Entre les exemples qu'il cite, de ce style sublime, il parle de Moyse en ces termes : « Le Législateur des Juifs, qui n'étoit
» pas un homme ordinaire, ayant fort bien
» conçu la grandeur & la puissance de Dieu,
» l'a exprimée dans toute sa dignité au com-
» mencement de ses loix par ces paroles : Dieu
» dit *que la lumiere se fasse*; & la lumiere se
» fit : *que la terre se fasse*; & elle fut faite ».
Il paroît par ces expressions que Longin étoit du nombre des nouveaux Platoniciens, qui croyoient la création possible; quoiqu'à la rigueur, il put citer ces paroles de l'Ecriture sans la croire, en les entendant seulement de la construction du monde, que Dieu avoit fait, selon Platon, avec une matiere qui lui étoit coéternelle : mais Longin ayant étudié sous Ammonius, il y a tout lieu de croire qu'il les entendoit, comme son maître, d'une création proprement dite.

PORPHYRE

Porphyre, disciple de Longin, étoit Tyrien, d'une honnête famille, plutôt Syrienne que Grecque, autant qu'on le peut juger, du nom de *Malc* que portoit son pere, & qu'il porta lui-même dans ses premieres années : mais, comme le nom de *Malc* en Syriac signifie un *Roi*, Longin lui fit prendre celui de Porphyre, qui a quelque analogie avec celui de Roi. Socrate l'Historien dit que Porphyre avoit d'abord été Chrétien, mais qu'ayant été battu à Céfarée en Palestine par quelques Chrétiens, la colere & la mélancolie, à laquelle il étoit fort sujet, le porterent à abandonner le Christianisme, & à le combattre même par ses écrits. Porphyre vint à Rome, l'an 252, & passa delà à Athènes, où il étudia la Rhétorique & la Philosophie de Platon sous Longin : il y fit les plus grands progrès. Eusebe le met entre les hommes les plus illustres, & entre les Philosophes les plus estimés parmi les Païens. S. Cyrille d'Alexandrie reconnoît sa grande réputation, & saint Augustin dit que c'étoit un génie non médiocre, & le plus habile des Philosophes. Porphyre étant âgé de trente ans passa de Grece a Rome, où Plotin tenoit alors son école ; & dès qu'il l'eut vu, il oublia Longin & tous les autres, & ne voulut plus s'attacher qu'à lui. Suidas le fait aussi disciple d'Amelius ; mais il se trompe : ils étudierent l'un & l'autre sous Plotin. Ce dernier Philosophe laissant toujours des doutes dans l'esprit de ses auditeurs, Porphyre lui proposa plusieurs objections, pour prouver (contre la doctrine de son maître), que nos idées sont hors de notre entendement. Plotin les ayant lues, les donna à réfuter à Amelius. Porphyre répliqua, & Amelius aussi ; enfin Porphyre comprenant la doctrine de Plotin, se rétracta, & lut sa rétractation en plein auditoire. Cela lui attira de la part de Longin son ancien maître, qui pensoit autrement, l'ouvrage dont on a parlé dans l'article de celui-ci.

Porphyre demeura six ans auprès de Plotin ;

& le fruit qu'il tira de ses instructions fut une mélancolie qui lui fit prendre la résolution de se tuer. Plotin qui s'en apperçut, travailla par ses discours à le retirer de cette fureur, & lui persuada de voyager. Porphyre quitta donc Rome & Plotin, & s'en alla en Sicile ; delà il voyagea en Orient, & dans l'Afrique ; après quoi il revint à Rome, où il mourut fort âgé sous l'Empire de Dioclétien. Il s'étoit marié à une veuve, nommée Marcelle, qui avoit cinq enfans de son premier mari. Il les éleva dans les sciences. Ni les Païens, ni les Chrétiens ne lui ont jamais rien reproché sur les mœurs.

Porphyre ayant été Chrétien, & ayant lû tous les livres de l'Ecriture, il n'est pas étonnant qu'il se soit écarté de la doctrine de Platon qu'il professoit, sur l'impossibilité de la création. Mais pensoit-il de même, que l'ame humaine avoit été créée de Dieu comme la matiere, ou la regardoit-il comme une portion de la substance divine, ou bien admettoit-il une ame universelle qui animât chaque individu ? Il nous paroît qu'il suivoit sur cela la doctrine de Plotin; c'est-à-dire, qu'il admettoit en nous quelque chose de divin, qui devoit se réunir un jour à ce qu'il y a de divin dans tout l'Univers ; & que cette émanation divine étoit unie à une ame matérielle, suivant le systême Platonicien. S. Augustin, dans la Cité de Dieu, dit en propres termes, que, selon Porphyre, *une portion de notre ame est spirituelle, & l'autre matérielle.* Le même saint Docteur observe (*ibidem*) (*l*) encore que sur les Démons ou Génies, il différoit d'Apulée, en ce que celui-ci les regardoit tous comme mauvais, au lieu

___
(*l*) S. Aug. l. 10, de civit. Dei, c. 28 & suiv.

que Porphyre admettoit de bons Démons, qui tenoient le milieu entre les Dieux & les hommes. Enfin saint Augustin, & plusieurs autres, ont accusé ce Philosophe, & quelques autres disciples de Plotin, d'être tombés dans les curiosités sacrileges de la Magie (*m*) : c'est ce que nous examinerons dans l'article de Jamblique, disciple de Porphyre.

Porphyre a composé un grand nombre d'écrits, non-seulement sur la Philosophie, mais encore sur la Grammaire, sur la Rhétorique & sur l'Histoire. Entre les écrits qui regardent la Philosophie, Holstenius qui a écrit sa vie, met d'abord ses *Introductions sur les universaux*; qu'il fit étant en Sicile pour Chrisaore son disciple, afin de lui faire entendre les *Catégories* d'Aristote. On a encore un autre ouvrage de Porphyre sur ces *Catégories*, imprimé à Paris en 1543 ; & outre cela il fit sur la même matiere un grand ouvrage en sept livres. On a imprimé à Basle, sur la fin du dernier siecle, l'*Introduction* de Porphyre sur l'ouvrage de Ptolémée touchant les effets des astres. Holstenius estime beaucoup ses quatre livres *de l'abstinence des viandes*. S. Augustin cite beaucoup de choses dans sa Cité de Dieu, d'un autre ouvrage de Porphyre sur le *Retour de l'ame à Dieu*. Il en avoit fait un autre, *de la Philosophie des Oracles*, cité par le même Pere, & par Eusebe, &c. Il faut remarquer en général, sur les ouvrages de ce Philosophe, qu'il ruinoit souvent dans les uns ce qu'il avoit établi dans les autres ; soit qu'il changeât de sentiment avec le temps, soit que les ténebres

---

(*m*) Idem, ibid.

des erreurs, qu'il mêloit avec le peu de connoissance qu'il avoit de la vérité, le rendissent flottant & incertain dans ses sentimens.

Ce qui a rendu Porphyre très-fameux, ce sont les calomnies dont il a tâché de noircir l'Eglise, dans un ouvrage écrit exprès contre les Chrétiens, & divisé en quinze livres. Comme il avoit plus d'esprit & de science que les autres qui ont attaqué l'Eglise par leurs écrits, aussi l'a-t-il fait avec plus de subtilité & de malice. Il lut exprès toute l'Ecriture avec grande application, non pour y chercher la vérité, mais pour tâcher d'y trouver des armes pour la combattre & la décrier. Il se figura y avoir trouvé un grand nombre de contradictions dont on croit qu'il forma son premier livre. Il employa le douzieme contre Daniel, dont il trouvoit les prophéties si claires & si conformes aux événemens, qu'il étoit réduit, dit S. Jérôme, à soutenir que le livre étoit supposé sous le nom de ce Prophete, & fait par un homme qui vivoit du temps d'Antiochus, & qui écrivoit ce qui étoit déja arrivé ; cet ouvrage a rendu le nom de Porphyre très-odieux parmi les Chrétiens. Les anciens ne parlent guères de cet ennemi de la vérité, sans donner des marques de l'horreur qu'ils avoient pour sa malignité & ses calomnies. Il paroît, selon Socrate, que Constantin fit quelqu'Edit sévere, ou contre sa personne, s'il vivoit encore, (ce qui est difficile à croire), ou au moins contre sa mémoire & ses écrits qu'il fit brûler. Ce même prince voulant témoigner l'horreur qu'il avoit des Ariens, ordonna qu'on les nommeroit *Porphyriens* ; mais cela n'empêcha pas les Chrétiens de répondre en particulier aux accusations calomnieuses,

& aux fausses raisons de Porphyre. Saint Méthode composa pour cela un fort bel écrit ; Eusebe de Césarée fit la même chose peu après en trente livres ; & Apollinaire en composa autant environ soixante ans depuis. Tous ces ouvrages ont été perdus, aussi-bien que celui de Porphyre : ainsi il ne nous reste que ce que plusieurs Peres ont dit contre lui par occasion. Tout le grand ouvrage d'Eusebe de la Préparation évangélique, est proprement pour réfuter ce que Porphyre avoit dit, ou pour en profiter en faveur de l'Eglise, & contre le Paganisme. Saint Augustin fait la même chose dans son dixieme livre de la Cité de Dieu ; aussi-bien que S. Jérôme sur Daniel, saint Cyrille d'Alexandrie, en répondant à Julien l'Apostat, Théodoret contre les Païens, &c.

JAMBLIQUE.

Les disciples de Porphyre les plus connus sont Chrisaore, Nemerce & Jamblique. Ce dernier sur-tout fut très-célebre parmi les Païens, comme on en peut juger par les éloges que lui donne Eunape, dans la vie qu'il en a écrite. Ce Jamblique, ou Iamblique, étoit de Calcide dans la basse Syrie, d'une famille considérable & fort riche. Il étudia d'abord la Philosophie sous Anatole, Philosophe peu célebre, & puis sous le fameux Porphyre. Il eut un fort grand nombre de disciples qu'il n'attiroit nullement par son éloquence (car il parloit & écrivoit fort mal), mais par la probité de sa vie, dit Eunape. Celui-ci rapporte néanmoins de lui diverses histoires qui feroient conclure qu'il étoit au moins aussi grand Magicien que Philosophe : mais il ne paroît pas, par ce qui nous reste de lui, qu'il ait donné dans l'art criminel de la Magie proprement dite; ce qui fait croire qu'Eunape, qui écrivoit presque cent ans après sa mort, lui a peut-être attribué des histoires qui regardoient quelqu'autre Philosophe. Et en effet il y eut dans le quatrième siecle, sous l'Empire de Valens, un Jamblique fameux Magicien, qui s'empoisonna lui-même pour se soustraire aux poursuites de cet Empereur. Quoi qu'il en soit, non-seulement notre Jamblique, mais Porphyre lui-même a passé pour Magicien; & cependant il a écrit contre la Magie. Apulée a aussi été accusé de Magie; & il s'en est défendu comme d'un crime.

Pour éclaircir cette matiere, il faut se ressouvenir de l'étymologie que nous avons donnée du terme de Magie, & de la distinction entre la Magie *Théurgique* & la Magie *Goétique*. La Magie *Théurgique* consistoit à s'adresser aux Dieux bienfaisans, par des prieres, des sacrifices, des cérémonies sacrées, pour en obtenir des avantages, & pour s'élever jusqu'à Dieu la source suprême de tous les êtres. Dans la Magie *Goétique* au contraire on ne s'adressoit qu'aux Génies malfaisans, dont on ne pouvoit obtenir la protection que par des cruautés & des crimes: voyez ci-dessus l'article des mysteres du Paganisme.

Les anciens Philosophes, & sur-tout les Platoniciens, s'appliquoient beaucoup à la Magie *Théurgique*, comme à une voie très-excellente pour la purification de l'ame; & depuis l'Ere Chrétienne, Apulée, Plotin, Porphyre, Jamblique, &c, lui donnerent un nouveau lustre. Que les Démons présidassent à cette Magie *Théurgique*, comme ils présidoient aux Oracles, &c, la doctrine chrétienne ne nous permet pas d'en douter ; & c'est pourquoi saint Augustin, parlant de la *Théurgie* si vantée par ces nouveaux Platoniciens, dit qu'elle étoit remplie des piéges des malins esprits, lors même qu'elle les exhortoit à la vertu ; parce qu'en même-temps elle engageoit les ames dans le culte de plusieurs Dieux (*n*).

Mais ce n'est pas de cette Théurgie qu'il s'agissoit, lorsque les Païens accusoient certains Philosophes de la Magie. Ils n'avoient en vue que la Magie *Goétique*, par laquelle on s'adressoit aux mauvais Génies pour faire du mal aux hommes, évoquer les ames des morts, opérer des transformations, & obtenir d'autres prestiges. C'est cette espece de Magie dont Apulée fut accusé, & dont il se défendit comme d'un crime : c'est contre cette espece de Magie, que Porphyre a écrit : c'est de cette Magie que Néron soupçonna (faussement) quelques Philosophes de son temps ; ce qui fut cause qu'il leur ordonna à tous de sortir de Rome : c'est de cette Magie que Julien l'Apostat, & les Philosophes qui l'accompagnoient par-tout, faisoient ouvertement profession ; c'est enfin pour avoir exercé cette espece de Magie, qu'un nombre de Philosophes, Maxime, Simonide, Hilaire, Andronique, &c, furent exécutés à mort sous l'Empereur Valens, qui fit brûler en même-temps une quantité considérable de livres où cet art diabolique étoit enseigné.

Il n'en étoit pas de même de la *Théurgie* ; les Païens ne l'ont jamais regardée comme un crime. Elle passoit au contraire pour une pu-

---

(*n*) S. Aug. l. 10, de Civit. Dei, c. 10 & suiv.

rification de l'ame très-salutaire ; & si les Chrétiens l'ont traitée avec raison d'opération sacrilege, par laquelle les Démons, en se transformant en Anges de lumieres, comme dit S. Augustin, en exhortant à la vertu, &c, précipitoient ceux qui étoient initiés à ces mysteres dans une infinité d'erreurs, ils ne l'ont point absolument confondue avec la Magie proprement dite, à moins qu'elles ne fussent jointes l'une avec l'autre, comme il paroît que S. Augustin l'a cru, au moins à l'égard de quelques nouveaux Platoniciens.

Il est vrai que ceux-mêmes de ces Philosophes qui condamnoient la Magie *Goétique*, tels qu'Apulée, Plotin, Porphyre, &c, en avoient appris quelque chose, soit des Magiciens de Caldée, (comme saint Augustin le dit de Porphyre), soit de ceux de Thessalie, où elle étoit fort en vogue, comme l'Histoire nous l'apprend d'Apulée : mais ils distinguoient très-fort la *Théurgie* de cet art détestable ; & quoique les Démons, sur-tout depuis la publication de l'Evangile, aient accompagné les opérations purement *Théurgiques* de mille prestiges, ainsi que saint Augustin l'a pensé, pour les opposer aux miracles du Christianisme, il ne paroît pas néanmoins que ces prestiges aient eu précisément le même objet que ceux de la Magie *Goétique*. Ils tendoient au contraire à respecter les Dieux & leur rendre un culte particulier, à en obtenir des graces, à se purifier par la pratique de la vertu, à conduire à la connoissance de l'Etre suprême, & à s'unir à lui, comme l'enseigne Jamblique dans son livre *des Mysteres*, où il dit que « la *Théurgie* est la purification entiere de l'ame, sa » parfaite délivrance, le principe de sa trans-

» formation ; qu'elle l'unit à toutes les Puis-
» sances divines ; qu'elle est le germe de la
» béatitude céleste, la béatitude céleste elle-
» même ; qu'elle rend la premiere intégrité,
» & qu'enfin elle place dans le sein du sou-
» verain Maître de l'Univers ».

ACADÉMICIENS & PYRRHONIENS.

Dans l'histoire des trois premiers siecles de l'Ere chrétienne il est parlé des Académiciens & des Pyrrhoniens ou Sceptiques, que l'on confondoit assez communément. Ainsi leurs écoles subsistoient toujours ; mais elles étoient en très-petit nombre, ils vivoient dans l'obscurité. Les autres Sectes, & sur-tout les Stoïciens, les méprisoient souverainement ; aussi ne voyons-nous aucun homme célebre qui en soit sorti. Lucien, dont on parlera dans la suite, & qui s'est distingué parmi les hommes de lettres, n'eut aucune liaison avec eux, quoiqu'il regardât tout comme problématique, parce qu'il n'avoit point de Religion : mais il faisoit extérieurement profession de la Philosophie d'Epicure, & en suivoit les maximes.

PÉRIPATÉTICIENS.

On a vu qu'Andronicus de Rhodes fut le premier restaurateur des livres d'Aristote dans le huitieme siecle des Olympiades. Ces livres étoient demeurés cachés depuis la mort de ce Philosophe : son école, qui étoit comme tombée, commença à renaître par la publication de ses ouvrages ; mais elle ne se remonta pas tout-d'un-coup. Aristote eut peu de sectateurs sous les douze premiers Césars ; il n'y eut guères de célebre Péripatéticien qu'Ariston, du temps d'Auguste, & Modérat du temps de Vespasien : il commença à en avoir davantage sous Adrien & les Antonins. Enfin sous Marc-Aurele, le grand protecteur des Philosophes, l'école Péripatéticienne devint florissante à Rome & à Athènes, où cet Empereur avoit établi des Professeurs pour les principales sectes Philosophiques. Alexandre d'Aphrodisée & Aristocle se distinguerent parmi les autres : cependant les Péripatéticiens eurent quelques revers sous l'empire de Caracalla; mais ce contre-temps ne dura pas. Caracalla avoit la fantaisie de vouloir imiter le Grand-Alexandre; ce qui lui faisoit aimer les Macédoniens : & comme on disoit qu'Aristote avoit contribué à la mort de ce conquérant (ce qui n'est pas prouvé), il haïssoit tous les Aristotéliciens, leur ôtoit les bourses & les écoles qu'ils avoient à Alexandrie & ailleurs, & les privoit de tous les autres avantages dont on les avoit gratifiés : c'étoit au commencement du troisieme siecle, pendant lequel ils ne brillerent pas beaucoup. Il y en avoit un grand nombre à Alexandrie, où florissoit le fameux Ptolémée, qui étoit de leur secte, mais qui s'appliqua tout entier à l'Astronomie, & qui fut auteur du système qui porte son nom. Nous avons remarqué que ces Philosophes eurent de grands démêlés dans cette ville avec les Platoniciens, mais qu'Ammonius les accorda; & que les Platoniciens prirent tellement le dessus, dans ce troisieme siecle de l'Ere chrétienne, qu'ils l'emporterent, non-seulement sur les Péripatéticiens, mais encore sur tous les autres Philosophes.

CYNIQUES.

Les Philosophes Cyniques continuerent toujours, dans les trois premiers siecles de l'Ere chrétienne, à insulter les hommes & même les Puissances par leur morale dure & outrée. Sur la fin du regne de Vespasien, quelques-uns d'eux s'étant glissés dans Rome, malgré la défense que ce Prince avoit faite aux Philosophes d'y demeurer; un des leurs, nommé Diogène, entra au théâtre, & y dit avec insolence tout ce dont il s'avisa contre Tite, que Vespasien avoit associé à l'Empire : ce qui obligea à le faire fouetter. Héras de la même secte voulut l'imiter, croyant qu'il en seroit quitte aussi pour le fouet; mais on lui fit trancher la tête.

Dans le second siecle on trouve sous Adrien un Cynique très-impudent, nommé Agathobule, qui fut maître, en Egypte, du fameux Pérégrin. C'est ce Pérégrin, surnommé Prolée, qui fit dresser un bûcher à Pise, & qui s'y brûla durant les jeux Olympiques, sous l'empire de Marc-Aurele. Lucien parle de cet événement singulier dans le livre qu'il a composé exprès *de la mort de Pérégrin.*

S. Jérôme parle d'un autre Cynique nommé Oënomaüs, qu'il place sous le regne d'Adrien : Suidas le fait plus vieux de cent ans. Ce Philosophe a écrit sur la maniere de vivre des Cyniques, & semble avoir fait l'histoire des plus illustres d'entre eux. Eusebe cite le même Philosophe, & dit qu'il n'étoit pas fort ancien, & qu'il avoit beaucoup de l'aigreur des Cyniques. Il nous apprend aussi qu'Oënomaüs, ayant été trompé par un Oracle, fit un livre intitulé, *les fourbes découverts*, dans lequel il montroit que les Oracles des Grecs ne venoient ni de Dieu, ni des Démons, mais qu'ils n'étoient que des mensonges de quelques hommes fourbes & imposteurs. Cela pourroit être de plusieurs : mais il est démontré dans de savans écrits que les Démons avoient part à la plupart des Oracles du Paganisme ; voyez le P. Balthus sur cette matiere.

Sous le regne de Marc-Aurele, qui favorisoit les Philosophes, les Cyniques étoient en grand nombre ; & l'on se plaignoit beaucoup de ce qu'ils maltraitoient tout le monde, & qu'ils n'avoient ni honte ni respect pour personne. Crescent, l'un d'entre eux, déchiroit publiquement tous les Chrétiens par les crimes qu'il leur imputoit. Il fut cause en particulier du martyre de saint Justin, n'ayant pu souffrir que ce saint Philosophe, qui avoit élevé au milieu de Rome une école de la Religion Chrétienne, l'eût convaincu d'être un ignorant & un calomniateur. Lucien a écrit la vie d'un Philosophe nommé Démonax, dont il avoit été long-temps disciple. Il en fait le plus grand Philosophe qu'il ait connu ; & cependant il paroît que ce n'étoit qu'un Cynique plus poli & plus civilisé que les autres : il avoit peu, ou point de Religion. Ce qu'il avoit de meilleur, c'est que se trouvant avoir de la naissance, du bien, de l'éloquence & de la science, il vivoit cependant d'une maniere dure & pauvre, sans vouloir que personne le servît. Mais la fin de toute cette belle vertu fut, que se voyant âgé de près de cent ans, & dans la nécessité de se faire servir, parce qu'il ne pouvoit s'aider lui-même, il aima mieux se laisser mourir de faim. Il étoit de Cypre, mais il vécut à Athènes, & y mourut, fort eſtimé des Athéniens durant ſa vie & après ſa mort.

STOÏCIENS.

Les plus célebres d'entre les Stoïciens, dans le premier ſiecle de l'Ere chrétienne, étoient Muronius-Rufus, Chevalier Romain, qui fut banni par Néron avec pluſieurs autres Philoſophes, ſous le faux prétexte de Magie; Œneus Cornutus de Leptis en Lybie, qui le fut auſſi par le même Prince; Attale, Socion & Plotin. Ces deux derniers furent maîtres du fameux Séneque, précepteur de Néron.

SÉNEQUE.

L. Annæus Séneque étoit originaire de Cordoue en Eſpagne, d'une famille de Chevaliers Romains. Il s'appliqua à la Philoſophie Stoïcienne préférablement à toute autre; & après avoir enſeigné les lettres à Néron, il reſta à ſa Cour, & eut part au gouvernement. Il fut Queſteur, Préteur & même Conſul. Mais Néron ayant appris qu'il avoit eu connoiſſance de la conjuration de Piſon contre ſa perſonne, & qu'il ne lui en avoit point donné avis, profita de cette occaſion pour ſe défaire de lui. Il lui laiſſa le choix du genre de mort, & Séneque ſe fit ouvrir les veines; mais ennuyé de ne pas mourir auſſi promptement qu'il l'eût voulu, il pria ſon Médecin de lui donner du poiſon. Celui-ci le fit : mais les veines étant épuiſées & les membres froids, le venin ne put agir, on fut obligé de l'étouffer avec la vapeur d'un bain chaud : & comme il entroit dans ce bain, dit Tacite, il prit de l'eau dont il arrosa le plus proche de ses domestiques, & dit qu'il faisoit ses effusions à Jupiter Libérateur.

Pompéïa femme de Séneque, témoigna qu'elle étoit résolue de mourir avec lui ; & au lieu de l'en empêcher, il l'y exhorta & l'y engagea, ensorte qu'elle se fit aussi ouvrir les veines. Néron l'ayant appris donna ordre de bander ses plaies & de lui conserver la vie : on le fit, mais elle ne vécut que quelques années, toujours pâle & languissante. Il n'y avoit rien dans cette étrange conduite, qui ne s'accordât avec le système des Stoïciens sur le suicide, qu'ils autorisoient. On a vu dans un grand passage de Séneque, que nous avons discuté dans l'article de ces Philosophes, qu'il pensoit avec eux, que la partie divine dont notre ame étoit composée, se réunissoit à son principe après la mort; & qu'ainsi il n'y a ni peines à craindre, ni récompenses à espérer; comme il le dit expressément dans son livre de la consolation à Marcia (chap. 19.). Il n'est pas étonnant qu'avec de tels principes la mort soit indifférente, sur-tout dans les temps de disgraces & d'afflictions : c'étoit aussi par une suite des mêmes principes, que Séneque s'embarrassoit fort peu de suivre dans la pratique le système spéculatif des Stoïciens : car, quoiqu'il fît profession de mener la vie de ces Philosophes, on n'a pas laissé de l'accuser de plusieurs choses indignes de cette profession, & même de crimes énormes & honteux. On s'est plaint de même, qu'en déclamant fortement contre les richesses, il en avoit amassé d'immenses, & qu'il aimoit le faste & la bonne-chere ; il n'a pu se le dissimuler à lui-même. Il s'en défend comme il peut ; & le plus vraisemblable est ce qu'il dit, qu'il avoit bien des défauts, mais qu'il tâchoit de les diminuer & de les corriger peu-à-peu. Tout le monde convient que ses écrits sont pleins de très-belles maximes pour les mœurs : d'ailleurs ils se ressentent par-tout du faste de la Philosophie Stoïcienne, qui fait l'homme le principe & l'objet de sa vertu, & met sa félicité à jouir de soi-même. Mais Séneque étant Fataliste, comment pouvoit-il exhorter à la vertu, & crier contre les vices ? Nous avons déja fait remarquer plusieurs fois, combien cette conduite est inconséquente. S'il n'y a point de libre-arbitre, & que tout dépende du destin, nos actions, telles qu'elles soient, ne nous sont imputables ni à louange ni à blâme : chacun est emporté par le tourbillon de sa destinée.

Séneque connoissoit le vrai Dieu, à la maniere des Stoïciens : mais il attaquoit sa toute-puissance, en prétendant qu'il n'avoit pu former un monde plus parfait que le nôtre, ni empêcher les désordres qui y regnent, (voyez *suprà* l'article des Stoïciens.) Il reconnoissoit nettement la folie de l'idolâtrie, & la fausseté de toutes les Divinités du Paganisme. Il réfutoit solidement toutes ces illusions ; & cependant, disoit-il, « nous adorons les statues, » & le Sage même les adorera, non pour plaire » aux Dieux, mais pour suivre la coutume » & obéir aux loix de la ville ». Et c'est par la même politique qu'il vouloit qu'on enseignât le dogme des peines & des récompenses après la mort, quoiqu'il n'en crût rien ; mais ce dogme lui paroissoit utile pour contenir les peuples dans leurs devoirs. Ainsi Séneque dont on fait tant d'éloges, n'étoit dans la vérité, comme les autres Philosophes, qu'un franc
hypocrite

hypocrite qui n'avoit point de Religion, un discoureur spéculatif qui cherchoit plutôt à réformer les mœurs des autres que les siennes propres, & un bas & lâche politique qui sacrifioit la vérité aux prétendus intérêts de l'Etat, & n'appuyoit le gouvernement civil que sur la force, la ruse, la superstition & le mensonge.

Il y eut encore dans le premier siecle de l'Ere chrétienne un fameux Stoïcien, nommé Rustique, que Domitien fit mourir. Son petit-fils, nommé aussi Rustique, embrassa la même secte dans le second siecle, qui fut le plus fécond en Stoïciens de réputation.

EPICTETE.

Epictete, natif d'Hiéraple en Phrygie, tenoit le premier rang parmi ces Philosophes Stoïciens du second siecle. Aulugelle l'appelle le plus grand homme qui soit sorti de leur secte (o): il vivoit très-pauvrement. On marque qu'il avoit une grande force à persuader tout ce qu'il vouloit à ses auditeurs. Il réduisoit toute sa Philosophie à souffrir les maux, & à se modérer dans les plaisirs; ce qu'il exprimoit par ces deux mots *souffrir & se retenir*; il en donna lui-même un grand exemple, étant esclave d'Epaphrodite. Un jour son maître lui donna un grand coup sur la jambe : Epictete lui dit froidement qu'il prît garde de ne la pas rompre. Mais le maître ayant redoublé de telle sorte qu'il lui cassa l'os, notre Philosophe reprit sans s'émouvoir; *Ne vous avois-je pas dit que vous*

(o) Aulugelle, l. 2, c. 2.

jouyiez à me casser la jambe? Tout cela, quelque beau qu'il paroisse, n'est qu'une fausse confiance, une vertu Stoïcienne, qui, bien loin d'aller à la réformation du cœur, n'est capable que de nourrir l'amour-propre, & d'attirer une vaine admiration. Arrien l'Historien, qui étoit de Nicomédie, & disciple d'Epictete, publia après sa mort quatre livres de ses discours, qui sont perdus, & un Manuel qui est parvenu jusqu'à nous. S. Augustin estimoit ces ouvrages, dont la morale étoit plus pure & plus exacte que celle des anciens Stoïciens : ce qui venoit apparemment de ce qu'Epictete, comme plusieurs autres Philosophes de ces temps-là, avoit lû les saintes Ecritures répandues parmi les Chrétiens. On dit que saint Charles lisoit ordinairement son Manuel comme un livre de morale ; mais quelque estime qu'on veuille faire de cette morale, à laquelle tout Chrétien devroit préférer les livres saints, on perd beaucoup de l'idée avantageuse qu'on voudroit donner de son auteur, lorsqu'on apprend d'Arrien lui-même, qu'Epictete combattoit de toutes ses forces le dogme des peines & des récompenses après la mort (*p*). A quoi peut alors servir sa morale, sinon à régler quelques actions de la vie présente ? Eh ! comment persuader à des hommes, qui n'ont rien à craindre ni à espérer pour l'avenir, de souffrir patiemment les maux, comme disoit Epictete, & de se modérer dans les plaisirs ? Ils regarderont ces maximes comme des vertus de fantaisie, qui peuvent charmer les esprits mélancoliques : mais n'ayant d'autre bonheur à

___

(*p*) Arrien, l. 3. c. 3.

espérer que celui qu'ils pourront se procurer durant cette vie, ils donneront à plein collier dans l'Epicuréisme ; & se moquant d'Epictete & de toute sa morale, ils se procureront tous les plaisirs & les satisfactions d'une vie molle & sensuelle, autant qu'ils le pourront : ils commettront même des crimes & de grands crimes, si cela est nécessaire, pour les rendre heureux, & qu'ils le puissent faire impunément. Et à la mort, les personnes vertueuses qui auront beaucoup souffert, soit à réprimer leurs passions, soit à supporter patiemment les injustices des méchans, n'auront pas plus d'avantages que ces hommes qui se seront livrés à tous les plaisirs, & même que les scélérats qui auront donné dans les plus grands excès : le vice & la vertu jouiront d'une parfaite égalité. Quelque bonne morale qu'on prêche avec de tels principes, on n'en peut attendre aucun fruit. Aussi Epictete trompoit-il le public, comme les autres, en cachant avec grand soin ses vrais sentimens sur le dogme des peines & des récompenses d'une autre vie.

Ce Philosophe ne pouvoit souffrir les Pyrrhoniens, quoiqu'il estimât Pyrrhon leur fondateur, parce qu'il ne mettoit point de différence entre la vie & la mort. Il dit un jour à un Pyrrhonien qui s'efforçoit de lui prouver que les sens sont toujours trompeurs : « Qui » de vous autres, voulant aller aux étuves est » allé jamais au moulin » ? Il disoit aussi ; « Si » j'étois valet de ces Pyrrhoniens, je prendrois » plaisir à les tourmenter...... Quand ils me » diroient » *Epictete, verse de l'huile dans le bain,* « je leur répandrois de la saumure sur » la tête. Quand ils me demanderoient de la » tisane, je leur apporterois du vinaigre ;

» & s'ils s'en plaignoient, je leur dirois qu'ils
» se trompent, & leur persuaderois que du
» vinaigre est de la tisane, ou je les ferois
» renoncer à leurs sentimens (q) ».

Epictete vouloit que les Philosophes fussent mariés ; il paroît néanmoins qu'il ne l'étoit pas lui-même.

PLUTARQUE.

Plutarque, qui florissoit sous l'Empire d'Adrien, étoit de Quéronée dans la Béotie, & fit voir qu'il n'y a point de pays si décrié qui ne porte de grands hommes : car ceux de Béotie passoient pour avoir fort peu de génie. Il eut pour maître Aumone, Philosophe Egyptien. On voit par ses ouvrages qu'il avoit extrêmement étudié la Philosophie, l'Histoire, les Belles-Lettres & toute l'Antiquité ; mais il s'est particuliérement appliqué à la Philosophie. Il enseignoit à Rome dès le temps de Domitien ; & Eusebe marque sur l'an 119, qu'il étoit alors célebre entre les Philosophes.

Plutarque étoit dualiste, c'est-à-dire, qu'il admettoit deux principes ; Dieu principe de tout bien, & la matiere, qu'il croyoit essentiellement mauvaise, & principe du mal. Il s'imaginoit en cela suivre la doctrine de Pythagore & de Platon ; mais on a vû, dans l'exposition que nous avons faite du système de ces deux Philosophes sur cette matiere, qu'il se trompoit. Comme il s'est appliqué particuliérement à la morale, & qu'il adopta celle des Stoïciens, nous avons cru devoir le mettre au

___

(q) Voyez Gilles Boileau, vie d'Epictete.

nombre de ces Philosophes. Tous ses ouvrages sont pleins d'une grande érudition, de beaucoup de regles pour la conduite de la vie, & fort agréables à lire. On en a perdu un fort grand nombre, comme on le voit par les citations d'Aulugele, d'Origene, d'Eusebe, de Théodoret, &c. Il ne parle jamais de la religion chrétienne, n'osant peut-être en dire du bien, & ne voulant pas en dire de mal, comme saint Augustin l'a dit de Séneque. Théodore croit qu'il avoit quelque connoissance de l'Evangile; & on remarque qu'il en mêle divers principes parmi ceux qu'il avoit tirés de ses Philosophes. C'est de lui que nous apprenons que, de tous les oracles du paganisme, il n'y en avoit plus de son temps qu'un ou deux qui rendissent des réponses.

Le Stoïcien Euphrates vivoit, comme Plutarque, sous le regne d'Adrien. Ce Philosophe, pour s'affranchir des chagrins de la vieillesse, & des infirmités auxquelles il étoit sujet, obtint permission de cet empereur de se faire mourir par un verre de Ciguë; ce qu'il exécuta de grand cœur, suivant les principes de la secte sur le Suicide. On trouve encore parmi les Stoïciens Apollonius de Calcide, sous Antonin, & Sextus neveu ou petit-fils de Plutarque, sous Marc-Aurele. On croit que c'est cet Apollonius que Photius fait auteur d'un ouvrage sur les femmes qui s'étoient appliquées à la Philosophie: depuis ce temps-là, il ne paroît plus de Philosophes qui se soient distingués parmi les Stoïciens. Leurs écoles s'affoiblirent, & céderent, comme les autres, aux Platoniciens, qui parurent seuls avec éclat pendant tout le cours du troisieme siecle.

ÉPICURIENS.

Numénius, Philosophe Pythagoricien du second siecle, remarque que les Epicuriens étoient les seuls de toutes les sectes qui ne s'étoient jamais départis en rien des sentimens de leur Fondateur. Ils avoient pour lui le plus grand respect; ils célebroient avec solemnité son jour natal, & fêtoient même tout le mois de sa naissance. Ils mettoient son portrait par-tout (a); ce respect & cette unanimité de sentimens faisoient qu'ils vivoient les uns avec les autres dans une paix parfaite, soutenant leur école avec zele, mais ne cherchant point à prévaloir sur aucune autre secte; & c'est pourquoi ils ne produisirent pas de grands Philosophes pendant les trois premiers siecles de l'Ere Chrétienne, ni même depuis. Nous dirons seulement un mot des deux Celses, de Lucien, de Diogene-Laërte, dont l'histoire fait une mention particuliere.

Les deux CELSES.

Un Epicurien nommé Celse entreprit de combattre l'Eglise Catholique par ses écrits; & Origène le réfuta long-temps après dans un ouvrage divisé en huit livres que nous avons encore. Origène y marque qu'il y a eu deux Celses Epicuriens (l'un sous Néron, l'autre sous Adrien & les Empereurs suivans lequel avoit écrit deux livres contre les Chrétiens), différens de celui que réfuta Origène. Il avoit

---

(r) Voy. Gassendi, de vitâ & morib. Epicuri.

aussi écrit plusieurs livres contre la Magie, parce que les Epicuriens s'en mocquoient. Il y a tout lieu de croire que ce dernier Celse est celui dont Lucien parle quelquefois, & qui a vécu jusques sous Commode; car c'étoit un Epicurien qui avoit écrit contre la Magie. Origene ne veut pas tout-à-fait assurer que ce second Celse, Épicurien, fût celui qu'il combattoit, d'autant que celui-ci paroissoit quelquefois suivre Platon, & admettre la Magie Théurgique des Platoniciens. Cependant, nonobstant cette difficulté, il ne laisse pas de croire que c'est l'Epicurien qui oublioit & qui déguisoit un peu ses sentimens, dans l'espérance de combattre plus avantageusement la vérité par ce mensonge; parce que les Epicuriens, ennemis déclarés de la Divinité & de la Providence, avoient très-peu d'autorité sur les esprits. Quoi qu'il en soit, celui qui est réfuté par Origène n'a pu écrire avant Marc-Aurele, puisqu'il parloit non-seulement des Marcionites qui n'ont commencé que vers l'an cinq d'Antonin, & de J. C. 142; mais aussi des Marcelliens sectateurs de Marcelline femme de la secte des Carpocratiens, qui vint à Rome après l'an 157.

LUCIEN.

Lucien encore aujourd'hui fort célebre par ses écrits, que la pureté de la langue grecque, & le style net, agréable, vif & plein d'esprit, font lire avec beaucoup de plaisir, étoit de Samosates en Syrie. Il fit une profession ouverte d'impiété, se mocquant également de la véritable Religion, dont il parle en divers endroits, & des superstitions païennes, qu'il montre être vraiment ridicules ; c'est ce qui lui a fait donner le surnom de blasphémateur & d'Athée. Aussi il suivoit la Philosophie d'Epicure, ou plutôt il n'avoit ni religion ni dogme fixe & constant ; regardant tout comme incertain & problématique, & voulant rire de tout. Ce qui rend encore ses écrits dangereux à lire, c'est que souvent on y voit aussi peu de respect pour la Pudeur que pour la Religion.

DIOGENE-LAERTE.

Diogene-Laërte écrivoit sous l'Empereur Sévere, au commencement du troisieme siecle. Le surnom de Laërte marque apparemment son pays, qui pouvoit être le château ou la ville de Laërte dans la Cilicie. On apprend par ses écrits, qu'après avoir bien étudié l'histoire & les dogmes des Philosophes, il embrassa la secte des Epicuriens les plus éloignés de la vérité. Son histoire des Philosophes qui nous a beaucoup servi, aussi bien que ce qu'en ont écrit Plutarque & Cicéron, est fort estimée par les savans ; parce que sans lui, on auroit très-peu de connoissance de ce qui les concerne. Mais son texte est corrompu, souvent défectueux & très-obscur en certains endroits, parce qu'il est trop laconique.

Fin de la premiere Partie du Tome premier.

EXPOSITION
SUCCINTE
ET
COMPARAISON
DE LA DOCTRINE DES ANCIENS
ET DES NOUVEAUX PHILOSOPHES.

TOME PREMIER. PARTIE II.

XXXV.

Vicissitudes de faveurs & de disgraces que les anciens Philosophes ont éprouvées dans les trois premiers siecles de l'Ere chrétienne.

DEpuis Auguste jusqu'à Néron, les Philosophes jouirent de toute la considération possible ; mais ce dernier Prince commença par les persécuter sous différens prétextes. Il poursuivit les uns pour la magie, à laquelle il s'étoit adonné lui-même ; & il en accusa d'autres d'être entrés dans des conspirations, ou de les avoir sçues sans les révéler : ce fut la cause de la mort de Séneque. Ce qui exposoit davantage les Philosophes à ces persécutions, c'est qu'il y en avoit un grand nombre que les Empereurs consultoient comme plus savans que les autres, ou qui remplissoient même les premieres charges de l'Etat. Sous Vespasien, Héloidius Priscus, grand Stoïcien & Préteur de Rome, déchiroit ce Prince & ses amis, en particulier & en public. Vespasien le souffroit ; mais ce qui l'irrita, c'est qu'Héloidius excitoit du trouble dans la ville, & sembloit ne tendre qu'à rétablir la liberté. Il fut banni en conséquence ; & comme il continuoit à brouiller, on le condamna à mort. Beaucoup d'autres Stoïciens, & Démétrius de la secte des Cyniques, imiterent Héloïde, & soulevoient les esprits par des discours séditieux qu'ils faisoient même publiquement ; de sorte que Vespasien chassa de Rome tous les Philosophes. Sur la fin du regne de cet Empereur, quelques Cyniques rentrerent dans cette ville ; & ayant insulté Tite son fils, associé à l'empire, ils furent punis. Il paroît cependant qu'on permit aux Philosophes de revenir à Rome sous le regne de Tite ; mais Domitien son frere, étant parvenu à l'Empire, les chassa de nouveau ; non-seulement de Rome, mais de toute l'Italie. Il fit même mourir Rustique & Sénécion, célebres Stoïciens, non pour aucun crime, (car les Philosophes ne brouillerent point sous son regne), mais parce qu'il étoit jaloux de l'estime qu'on en faisoit. Epictete, ce grand Moraliste des Stoïciens, fut un de ceux qui quitterent Rome. On prétend que Telesin, qui avoit été Consul sous Néron, aima mieux abandonner cette ville, comme Philosophe, que de s'y conserver dans sa dignité, en renonçant à sa profession. Pline fait un grand éloge du Philosophe Artémidore, qui fut aussi obligé de sortir de Rome : en un mot les Philosophes, effrayés de cette persécution de Domitien, quitterent la plupart l'habit de leur profession, c'est-à-dire, le Pallium ; & s'enfuirent, les uns dans les extrêmités les plus occidentales des Gaules, les autres dans les déserts de la Lybie & de la Scythie. Dion Chrysostôme s'enfuit dans le pays des Gêtes, où il demeura inconnu, allant de côté & d'autres, gagnant sa vie à bêcher, à porter de l'eau & à d'autres ouvrages semblables, tant que Domitien vécut ; sans autre consolation que d'un Traité de Platon & d'une Harangue de Démosthène qu'il avoit portés avec lui. Il y eut d'autres Philosophes qui se tirerent de la persécution en se joignant aux plus forts, & en prenant part eux-mêmes aux crimes des délateurs.

Le fameux Philosophe Apollonius de Tyanes, dans les voyages qu'il fit en Phénicie, en Cilicie, en Ionie, en Grec, &c. s'efforça de soulever tout le monde contre l'Empereur Domitien, & particuliérement Nerva, qui régna depuis. Domitien l'ayant appris donna ordre au gouverneur d'Asie de l'arrêter ; mais Apollone prévint cet ordre, & vint de lui-même à Rome, dans le temps que ce Prince en chassoit tous les Philosophes. A peine y fut-il arrivé qu'on l'arrêta. Il parut devant Domitien qui l'interrogea aussi-tôt sur le sujet de Nerva, & Apollone nia hardiment que Nerva eut jamais songé à aucune conspiration, ni à l'Empire, quoique son Historien dise le contraire : ainsi ce prétendu Prophete se faisoit un jeu de mentir impunément, dans une chose des plus graves & des plus importantes. Sur cela Domitien en colere lui fit couper sa grande barbe & ses cheveux, & le renvoya en prison, chargé de chaînes. Au bout de cinq jours il fut amené de nouveau devant cet Empereur, qui après quelques questions changea tout d'un coup à son égard, & le déchargea de tout ce qu'on disoit contre lui. Apollonius, dit son Historien, avoit prédit ce changement de l'Empereur, & avoit dit, en venant à Rome, qu'il ne lui arriveroit rien de funeste. Ce Philosophe vint ensuite en Sicile, & de-là en Grece & en Ionie. Etant à Ephese, & faisant un discours au peuple, dans le temps qu'Etienne tuoit l'Empereur Domitien, il commença par baisser la voix ; puis s'étant tû tout-à-fait, & regardant fixement à terre, il fit trois ou quatre pas en avant, & se mit à crier : *frappe le tyran, frappe*. Comme tout le monde étoit fort surpris, il ajouta qu'on n'avoit qu'à se réjouir, parce que le tyran venoit d'être tué à cet instant même. Non-seulement Philostrate, mais

Dion rapporte ce fait, comme une chose dont il n'y avoit pas moyen de douter; & il ajoute même qu'Apollonius nomma expressément Etienne. Baronius ne trouve point de difficulté à croire que ce fait est véritable, étant aisé aux démons de connoître ce qui se fait par tout le monde, & de le faire connoître aux hommes quand il plaît à Dieu de le leur permettre: c'est ce que saint Antoine enseignoit à ses disciples, comme nous l'apprenons de saint Athanase.

Sous l'empereur Nerva, les Philosophes revinrent à Rome; & non-seulement Trajan son successeur les favorisoit, il les respectoit même. Adrien qui succeda à Trajan, avoit toujours avec lui des Philosophes & des Sophistes. Les principaux étoient les Philosophes Epictete, & Héliodore; & les Sophistes Phavorin & Denis de Milet; mais il se dégoûta de ces derniers. L'Empereur Antonin fit plus; car il donna des priviléges & des pensions dans toutes les provinces aux Philosophes, & à ceux qui enseignoient la Rhétorique.

Le regne de Marc-Aurele successeur d'Antonin, fut le siecle d'or des Philosophes. Ce Prince, avant de parvenir à l'Empire, avoit étudié la Philosophie Péripateticienne, sous un Claude Sévere qu'il fit Consul vers l'an 163; mais il s'attacha bien plus à celle des Stoïciens, dans laquelle il eut pour maître Apollone de Calcide, Sextus de Queronée, neveu ou petit-fils de Plutarque, Junius Rusticus, Claudius Maximus, & Cinna Catulus. Eusebe y joint un Basilide de Scytopole, &, ce semble, aussi Arrien, disciple d'Epictete. Depuis même que Marc-Aurele fut Empereur, il alloit écouter Apollone & Sextus dans leurs écoles, étant bien aise, quelqu'âgé qu'il fut, d'apprendre ce qu'il ne savoit pas ; mais Rustique étoit celui qu'il estimoit & qu'il consideroit le plus. Il pouvoit être petit-fils de Junius-Aralenus Rusticus, très-célebre sous Domitien, qui le fit mourir. Marc-Aurele le fit Préfet de Rome, & deux fois Consul ; & après sa mort, il pria le Sénat de lui faire dresser des statues. Dion dit que ce Prince établit des Professeurs publics à Athenes pour toutes les sciences, avec des appointemens d'environ 4000 livres par an. On voit par les auteurs, qu'il y avoit de ces professeurs pour les principales sectes de Philosophie, tels que les Stoïciens, les Péripatéticiens, les Platoniciens, & les Epicuriens ; & quand un de ces professeurs mouroit, on en mettoit un autre à sa place, choisi par les personnes les plus habiles, avec l'agrément de l'Empereur.

Il ne faut pas demander si, sous un regne aussi favorable aux Philosophes, ces sortes de gens se multiplierent. On en vit paroître un nombre considérable, ou qui l'étoient en effet, ou qui feignoient de l'être, pour s'enrichir des libéralités de l'Empereur. Tatien, disciple de saint Justin martyrisé sous Marc-Aurele, à l'instigation de ces Philosophes, dit qu'ils étoient si éloignés de s'exercer (comme ils s'en vantoient), à l'amour de la pauvreté, que quelques-uns d'eux tiroient de l'Empereur des pensions de 600 écus d'or, sans rendre aucun service à l'Etat, afin de se faire même payer leur longue barbe. Ces pensions & les diverses exemptions qu'on leur donnoit, alloient si loin, qu'on se plaignoit qu'ils étoient à charge à la République ; & Marc-Aurele fut obligé de se justifier sur ce point.

Tatien fait ensuite une agréable peinture de ces Philosophes. « Qu'est-ce que vos Philoso- » phes, dit-il, ont de si merveilleux & de si » grand ? Je n'y vois rien d'extraordinaire, si- » non qu'ils négligent une de leurs épaules, » (peut-être parce que leur manteau de Phi- » losophe ne leur couvroit qu'une épaule), » qu'ils se laissent venir de longs cheveux, » qu'ils entretiennent bien leur barbe, qu'ils » portent les ongles grands comme les griffes » des bêtes, & qu'avec cela ils publient » qu'ils n'ont besoin de personne, quoiqu'il » leur faille un Corroyeur pour faire leur besa- » ce, un Tourneur pour leur bâton, un Tail- » leur pour leur manteau & leur habit, des » gens riches & un bon Cuisinier pour assou- » vir leur gourmandise. Cependant ce grand » Philosophe se met à déclamer devant tout » le monde avec une autorité & une assurance » incroyables. Si on lui fait quelque tort, il » s'en venge bien lui-même, & paye par des » injures ceux qui ne veulent pas lui donner » ce qu'il demande ».

Sous les regnes suivans, les Philosophes ne jouirent pas d'une protection si puissante & si avantageuse, que sous celui de Marc-Aurele. Les Péripatéticiens en particulier furent per- sécutés par Caracalla, au commencement du troisieme siecle ; mais cela ne dura pas (*s*). Ils furent tous considérés durant le cours de ce siecle, & sur-tout les Platoniciens, qui avoient pris le dessus. on ne fit de la peine qu'aux Philosophes qui furent accusés de Ma- gie. Julien l'Apostat, qui donnoit dans cet art

---

s) Voyez ci-dessus l'article des Péripatéticiens.

diabolique, protégea beaucoup ces Philosophes magiciens : mais sous les Empereurs Chrétiens ses successeurs, on les poursuivit avec rigueur, & plusieurs subirent la peine capitale.

XXXVI.

Etat de la Philosophie pendant les quatre, cinq, six & septieme siecles de l'Ere chrétienne, & sa décadence.

Les huit sectes philosophiques, dont nous avons parlé jusqu'à présent, subsisterent plus ou moins long-temps durant le cours de ces siecles, & même celles des Académiciens & des Pyrrhoniens, qui furent réfutés par saint Augustin; mais nous ne trouvons plus rien de remarquable dans l'histoire, que ce qui concerne les Platoniciens & les Péripatéticiens.

PLATONICIENS.

Jamblique de Calcide, disciple de Porphyre, florissoit au commencement du quatrieme siecle: nous en avons parlé ci-dessus. Ses plus célebres disciples furent Sopatre, Edese, Eusthate, Théodore, Euphrase, &c. Ils perpetuerent pendant ce siecle l'école Platonicienne; mais ils ne se distinguerent par aucun ouvrage philosophique. Il n'en fut pas de même dans le cinquieme siecle : Eunape & Hiéroclès y firent encore honneur à la secte de Platon par les écrits qu'ils publierent.

EUNAPE.

Eunape étoit de Sardes en Lydie; il étudia à Athènes sous Chrysante, & commença par composer, au commencement du cinquieme siecle, une histoire des Empereurs depuis Claude. Nous ne l'avons point; elle se trouve néanmoins presque toute entiere dans Zozime, qui n'a fait que la copier & l'abréger. Mais son principal ouvrage est la vie des Sophistes, qu'il entreprit par le conseil de son maître Chrysante. Il commence par Plotin, d'où il passe à Porphyre, à Jamblique & à ses disciples, sur lesquels il s'étend particuliérement; & selon ce qu'il en dit, il s'ensuivroit qu'ils étoient tous Magiciens. Apparemment que dans ces derniers temps de la Philosophie Platonicienne, la Magie *Théurgique* se trouva accompagnée plus que jamais de prestiges diaboliques, & qu'elle dégénéra même parmi les disciples de Jamblique en Magie *Goétique*, si Eunape a été bien informé.

HIÉROCLÈS.

Hiéroclès, grand Platonicien, enseignoit au cinquieme siecle dans Alexandrie avec beaucoup d'éclat. Il composa sept livres sur la Providence & sur le destin, qu'il adressa au Philosophe Olympiodore, qui rendit par ses ambassades des services importans à l'Empire Romain, au temps d'Honorius & de Théodore le Jeune. On n'a plus ces livres-là, & on ne les connoît que par les extraits qui s'en trouvent dans Photius. Ces extraits nous apprennent qu'Hiéroclès avoit tâché de montrer qu'il y avoit un parfait accord entre la doctrine de Platon & celle d'Aristote, & que ceux qui ont nié cet accord n'entendoient pas le système de ces deux Philosophes. On a vu dans l'article d'Ammonius que dans le deuxieme & troisieme siecle de l'Ere chrétienne on disputoit beaucoup sur ce point dans l'école d'Alexandrie, & qu'Ammonius concilia les esprits: mais on a remarqué en même-temps qu'on ignore quels sont les articles sur lesquels ce Philosophe prétendit montrer la conformité de sentimens qu'il y avoit entre Aristote & Platon; & qu'il paroît clairement, par les écrits qui nous restent de ces deux Philosophes, que cette prétendue conformité ne peut regarder les objets dont nous avons traité dans cet ouvrage, si ce n'est peut-être la morale. Il paroît par les mêmes extraits de Photius, qu'Hiéroclès se mit l'esprit à la torture pour expliquer dans son système les difficultés de la Providence, du destin, & du libre-arbitre. Il prétendoit que la base, ou la clef de toutes ces choses, consistoit dans le passage des ames d'un corps à un autre, & dans la vie qu'elles avoient menée avant que d'entrer dans ces corps humains. Il épuisa là-dessus tous ses raisonnemens; & Photius (r) remarque que tout ce grand attirail de raisonnemens se réduisoit à des niaiseries: *In nugas operosa illa machinatio abit.* Hiéroclès croyoit, avec plusieurs des nouveaux Platoniciens, la Création proprement dite; ils avoient appris ce dogme des Chrétiens. Mais il alla même jusqu'à soutenir que Platon a enseigné que le

_____

(r) Photius, Biblioth. Cod. 142.

monde a été produit de rien, & (s) il voulut le difculper d'avoir enfeigné le contraire. Ce que nous avons dit fur ce fujet, dans l'article de Platon, montre qu'Hiéroclès avoit entrepris de défendre une thèfe abfolument infoutenable, & d'ailleurs c'étoit renverfer tout le fyftême de ce Philofophe fur l'origine du mal, &c. Comment Hiéroclès l'expliquoit-il en admettant la Création ? C'eft ce que nous ignorons. Au refte il réfutoit très-bien ceux des Platoniciens fes confreres, qui croyoient que Dieu par fa puiffance & fa fageffe ne pouvoit former un monde fans le concours d'une matiere incréée. Mais notre Philofophe croyoit-il de même que l'intelligence de l'homme, le νοῦς eft tirée du néant ? C'eft fur quoi Photius ne dit rien. Il ne parle que de la création du monde : mais, en admettant la création de nos ames, quel nouveau bouleverfement dans le fyftême de Platon ? Photius (t) remarque encore qu'Hiéroclès ne fe maria que dans la vue d'avoir des enfans ; & Damafcius fait la même obfervation en parlant de Théofébus difciple d'Hiéroclès : ce qui fait voir que les plus célebres Platoniciens étoient perfuadés que c'étoient-là les juftes regles, & les véritables bornes du mariage.

Il y eut encore dans ce temps-là un fameux Platonicien, nommé Proclus, ami de l'Empereur Anaftafe (v).

(s) Idem, ibid.
(t) Idem, ibid.
(v) Il écrivit contre la Religion Chrétienne, & fut réfuté par Philoponus.

PÉRIPATÉTICIENS.

Dans le quatrième siecle de l'Ere chrétienne, les Platoniciens, qui avoient tant brillé dans le troisieme, commencerent à décheoir, & les Péripatéticiens prirent leur place. Aristote devint plus célebre que jamais : on se mit à faire des commentaires sur ses ouvrages. Archétime, Professeur d'Athènes, lui donna la vogue. Il passa presque pour être égal à Aristote ; & son fils Celse, aussi très-habile, vint d'Athènes à Rome sous le regne de Théodore Premier, pour y enseigner gratuitement la Philosophie Péripatéticienne.

THÉMISTIUS.

Ce Philosophe vivoit dans le même temps qu'Archétime & son fils Celse ; c'est-à-dire, sous l'Empire de Constance, de Julien l'Apostat, de Jovien, de Valens & de Théodose. Il professoit la Philosophie d'Aristote, & fit aussi des Commentaires sur ses ouvrages. Il ne haïssoit pas les Chrétiens, quoique Païen. Comme il étoit puissant à la Cour, lorsque Valens qui étoit Arien persécuta les orthodoxes, il tâcha de l'adoucir par une excellente harangue, dans laquelle il montroit que la division de sentimens étoit plus grande parmi les idolâtres que parmi les Chrétiens, & qu'elle ne devoit pas se terminer par l'effusion du sang. Nous avons encore quelques-unes de ses oraisons ou harangues, adressées aux Princes sous lesquels il vivoit. Ses Commentaires sur Aristote, faits dès sa premiere jeunesse, furent si estimés, qu'un des meilleurs Philosophes de la Grece quitta son école pour l'aller voir. Il enseigna avec tant d'éclat à Antioche, à Nicomédie, à Rome & ailleurs, qu'il effaçoit tous les Philosophes de son temps. Les Romains en furent tellement charmés, qu'ils députerent vers l'Empereur pour faire en sorte qu'il l'obligeât de demeurer au milieu d'eux : mais ils n'obtinrent pas cet avantage. Thémistius aima mieux s'en retourner à Constantinople, où il passa la plus grande partie de sa vie. Ce Philosophe admettoit, comme doctrine d'Aristote, une ame ou intelligence universelle, qui, sans se multiplier, anime chaque individu de l'espece humaine. On a vu plus haut dans l'article d'Aristote & ailleurs, ce qu'il falloit penser de cette opinion, dont il sera encore question dans la suite. L'Empereur Constantin conféra à Thémistius la dignité de Préteur; & Théodose-le-Grand le fit Préfet de C. P. Quelques Auteurs ajoutent que ce Prince le donna, tout Païen qu'il étoit, pour Précepteur à son fils : cela n'est pas exact. Théodose eut à la vérité quelque dessein de donner à Thémistius la conduite de son fils Arcade. Ce Philosophe courtisan l'avoit demandé; & il dit que ce Prince lui recommanda en une occasion d'en prendre soin : mais Théodose ne lui confia point absolument son éducation, de peur qu'il ne lui inspirât de fausses maximes. Aussi nous voyons que ce fut S. Arsene, depuis si illustre entre les Solitaires, qui eut le soin de l'éducation des Empereurs Arcade & Honoré.

Les premiers Docteurs de l'Eglise improuverent d'abord les écrits d'Aristote; ils le regardoient comme un discoureur, qui donnoit trop au raisonnement & aux sens; & ils avoient raison (x). Mais Anatolius, Evêque de Laodicée, le célebre Didyme d'Alexandrie, saint Jérôme & d'autres, lui furent plus favorables. Apparemment qu'ils n'avoient lu que sa logique, ou des lambeaux de ses autres écrits qui ne contenoient pas ses mauvais principes, ou bien qu'ils n'y avoient pas fait attention. Quoi qu'il en soit, sa Philosophie fut dangereuse, même à plusieurs des Docteurs Chrétiens ; elle fit tomber Origène dans de grandes erreurs sur la préexistence des ames & le libre-arbitre. Némésius, Evêque d'Emèse, sur la fin du quatrieme siecle, en réfutant la fatalité des Stoïques, tomba dans ces erreurs d'Origène en un livre qu'il intitula, *de naturâ hominis*. Synèse de Ptolémaïde, dans le même siecle, ne pouvoit croire la résurrection, parce qu'il s'imaginoit, avec Platon & Aristote, que l'ame existoit avant le corps ; & comme il étoit attaché à la Religion Chrétienne, il prétendoit que ce que l'Ecriture dit de la résurrection des morts, cachoit quelque grand mystere, & devoit se prendre dans un sens allégorique, &c. On voit par-là avec combien de raison & de nécessité S. Paul invective, en différens endroits de ses Epîtres, contre la Philosophie Païenne. Il étoit extrêmement à craindre que des esprits imbus des principes de cette Philosophie ne voulussent les appliquer aux vérités de la Religion. C'est en effet ce qui a formé les Gnostiques, & fait tomber plusieurs anciens Docteurs Catholiques, dans des erreurs très-dangereuses.

―――――――――――――――――――

(x) Voy. leurs textes dans M. de Launoi, *de variâ Aristot. fortunâ*.

AMMONIUS.

Outre l'Ammonius Platonicien d'Alexandrie, & surnommé Saccas, dont on a parlé ci-dessus, il y en a eu deux autres Péripatéticiens. Philostrate fait mention du premier, qui n'a pas été fort célebre ; l'autre étoit d'Alexandrie, comme Ammonius Saccas, & vivoit au sixieme siecle. Il avoit été à Athènes disciple de Proclus fameux Péripatéticien. Zacharie, Evêque de Mitylène, qui assista au Concile de C. P. en 536, le donne comme son contemporain, & dit que cet Ammonius enseignoit que Dieu & le monde étoient & seroient toujours coéternels : c'étoit le sentiment d'Aristote. Zacharie réfuta ce Philosophe par un livre intitulé, *de mundi æternitate;* on l'a inféré dans la Bibliotheque des Peres. Il est étonnant qu'on souffrît au sixieme siecle, qu'un Philosophe Païen fut Professeur dans Alexandrie, & qu'il dogmatisât hautement sur l'éternité du monde contre la foi des Chrétiens. On ne pouvoit pas ignorer qu'il n'enseignât publiquement son erreur, & qu'il ne la persuadât à plusieurs de ses disciples. L'un d'eux nommé Gessius, étant devenu le principal Professeur en médecine dans la même ville, disputoit avec chaleur pour le même sentiment. Tout cela paroît par le Traité de Zacharie, Evêque de Mitylène ; & c'étoit une raison très-forte pour se défier très-fort des livres d'Aristote. Au contraire le célebre Boèce, dans le même siecle, traduisit quelques-uns de ses ouvrages en latin ; & par-là il fit connoître de plus en plus ce Philosophe dans les pays occidentaux : Aristote y fut néanmoins assez négligé, aussi-bien que chez les Grecs.

Depuis le cinquieme siecle, toutes les sectes philosophiques dont nous avons exposé les sentimens, si on en excepte les Péripatéticiens, se dissiperent insensiblement. On n'en voit plus dans la suite aucun vestige : & ce qui contribua à leur parfait anéantissement fut, 1°. la Religion Chrétienne qui se repandit avec beaucoup d'éclat dans tout le monde connu, & qui dévoila au grand jour toutes les erreurs & les absurdités incroyables de ces Philosophes aveugles & pleins d'eux-mêmes ; qui « ayant
» connu *Dieu*, dit saint Paul, ne l'ont point
» glorifié comme *Dieu*, & ne lui ont point
» rendu graces, mais se sont égarés dans leurs
» vains raisonnemens ; dont le cœur insensé a
» été rempli de ténebres, & qui sont devenus
» fous en s'attribuant faussement, & par un
» orgueil insuportable, *le nom de Sages* ». 2°. Les Edits de Théodose le Jeune, qui ordonnerent d'abattre les Temples, de briser les Idoles, d'abolir toutes les cérémonies du Paganisme, & de détruire tout ce qui s'opposoit au Christianisme : 3°. L'irruption des Barbares qui saccagerent l'Empire Romain, & le remplirent de confusion & de troubles. Enfin les sectateurs de Mahomet, au septieme siecle, ennemis des lettres & des sciences, acheverent de renverser les écoles, & tout ce qui pouvoit rester des anciennes sectes dans les pays de leur domination : ce qui s'étendit jusques sur les Chrétiens qu'ils ont toujours tenus sous la plus dure servitude.

Secte de MASDEK dans la Perse.

Il parut dans la Perse vers le milieu du sixieme siecle, du temps de l'Empereur Justin, un réformateur nommé Masdek. Il étoit Maguséen, c'est-à-dire, d'une secte féconde en fanatiques, & par conséquent Dualiste pur, comme étoit Manès, dont on a parlé ci-dessus; mais avec cette différence, qu'il ôtoit toute intelligence à la substance des ténebres, & ne lui laissoit qu'un mouvement fortuit & machinal (voyez *suprà* l'article de Manès) : au reste ce n'est point par ses dogmes spéculatifs que Masdek se fit un nom, mais par sa morale. Sous prétexte d'un détachement général, il vouloit que les richesses & les femmes fussent communes entre les citoyens, comme l'air & l'eau. Des maximes si conformes au goût des libertins & de la populace, lui attirerent beaucoup de partisans : & ce qu'il y eut de singulier, c'est que le Roi de Perse Cobad, embrassant ouvertement le Masdékéisme, ordonna par un Edit que tous ses sujets suivissent cette Religion, & qu'on fit une nouvelle distribution des biens entre les citoyens du Royaume. Les gens riches étant devenus par-là la proie des brigands, les Grands du Royaume se liguerent, déposerent Cobad, le mirent en prison, & firent monter sur le trône son fils Giamasp. Masdek se sauva par la fuite; cependant Cobad par le secours de sa femme, qui le revêtit de ses habits, sortit de sa prison, & se réfugia auprès du Roi des Huns, qui lui donna des troupes avec lesquelles il soumit ses sujets révoltés, & remonta sur le trône. Mais instruit par ses malheurs, il abandonna la Religion

gion de Mafdek. Cet impofteur revint en Perfe fous le regne de Cofroes I, fils & fucceffeu de Cobad. Ce Prince fit arrêter Mafdek, & le fit périr dans les fupplices. Il rétablit le bor ordre dans fes Etats, publia des Edits févere contre les fectateurs de Manès & de Mafdek, & fit refleurir le Magifme dont il étoit zélé partifan.

Pour ne plus revenir à ce qui regarde les Perfes, nous obferverons ici que le Magifme, après avoir régné tant de fiecles dans la Perfe, fuccomba enfin fous les coups du Mahométifme. Les Arabes, fouvent alliés, quelquefois ennemis des Perfes, ne maintenoient qu'avec peine leur liberté contre la puiffance du plus grand Roi de l'Afie. S'ils ofoient l'attaquer, ce n'étoit que par des incurfions légeres, dont un prompt repentir leur obtenoit le pardon. Mais les Arabes, ennyvrés du fanatifme de Mahomet, devinrent d'autres hommes, & n'afpiroient à rien moins qu'à la conquête du monde entier. Celle de la Perfe fut prefqu'auffitôt achevée qu'entreprife. Vezdegerd III du nom, vaincu plufieurs fois, fe réfugia dans les provinces orientales de fes Etats. Après fa mort, c'eft-à-dire, vers le milieu du feptieme fiecle, toute la Perfe paffa fous la domination des Sarrafins. Ce malheureux Royaume fut dans la fuite la proie des Huns & des Turcs. Les Mufulmans, par principes, tolerent toutes les Religions qui reconnoiffent l'unité de Dieu : ils ne féviffent que contre l'Idolâtrie. En entrant dans la Perfe, ils n'y trouverent point d'idoles, ni de temples ; mais les Perfans adoroient le foleil & le feu. A cette vue les Mufulmans s'enflamerent, ils abattirent les Pyrées, infulterent les Mages & le culte public, & punirent

Tome I. Q

ceux qui montroient un grand attachement à l'ancienne Religion. Cependant la persécution ne fut pas vive; jamais Persan ne fut traduit devant les Tribunaux, ni mis à mort pour cause de sa croyance. Les Zoroastriens mêmes conservèrent leurs Pyrées, en payant une redevance aux Emirs. Ces Pyrées ont subsisté long-temps dans les montagnes de Médie & de la Bactriane: aujourd'hui même la religion du feu jouit de ses anciens privileges dans la province de Kerman. L'Eglise patriarchale de la secte où réside l'Archimage avec l'élite de ses Prêtres, est à Kerman. Cependant la persécution, sans être sanglante, ne pouvoit manquer à la longue de changer le gros de la nation, & sur-tout ceux que la noblesse & les richesses distinguoient du simple peuple. Il n'y eut guères que la populace qui resta fidele à la Religion de Zedutz, ou Zoroastre. Mais cette populace est encore assez considérable: on la voit dans les bourgs & dans les villes de la Perse; elle est plus nombreuse dans les lieux écartés, & dans les pays des montagnes; elle abonde dans le Kerman. Ce sont les descendans d'anciens Zoroastriens zélés, qui se réfugierent dans ces contrées. Les Turcs les appellent *Ghêbres*, c'est-à-dire, Infideles. On prouve dans les Mémoires de l'Académie sur la Religion des Perses, contre plusieurs Missionnaires & voyageurs peu instruits, 1°. que les Ghêbres reconnoissent un Dieu suprême: 2°. qu'ils adorent le soleil, les astres & le feu, comme des particules de la Divinité: 3°. qu'ils croyent la création impossible: 4°. qu'ils admettent les deux principes *Oromaze* & *Arimane*. Ainsi ils admettent le *Dualisme*, non pas celui des Maguséens, mais celui de Zoroastre, voy.

suprà l'article de ce dernier Philosophe, & celui de Manès.

XXXVII.

Etat de la Philosophie depuis le septieme siecle de l'Ere chrétienne jusqu'au douzieme.

Secte des Parlans parmi les Arabes.

Le systême de Leucippe, de Démocrite & d'Epicure sur les Atômes & le Vuide se perpétua jusqu'à un certain point dans une secte de Philosophes Arabes Orientaux, dont le fameux Rabin Maimonide parle amplement; cette secte se nommoit *les Parlans*. Ils s'exerçoient principalement sur quatre points; 1°. que le monde n'est pas éternel, 2°. qu'il a été créé, 3°. que son Créateur est unique, 4°. Qu'il est incorporel. Maimonide rapporte douze principes qui leur servoient de fondement : le second étoit qu'il y a du vuide, & le troisieme que le temps est composé de momens indivisibles. Il ne paroît pas que leurs Atômes fussent tels que ceux de Leucippe & d'Epicure : car ils ne leur donnoient aucune grandeur, & ils les faisoient tous semblables les uns aux autres. Ces Philosophes Arabes enseignoient (& en cela ils différoient encore de Leucippe & d'Epicure,) que chaque Atôme des corps vivans, étoit vivant, & que chaque Atôme des corps qui sentent, étoit sensible; & que l'entendement résidoit dans un Atôme : ainsi ils faisoient l'ame matérielle. Il n'y avoit point de dispute entre eux sur cette doctrine; mais à l'égard de l'ame, ils se partagerent en deux opinions. Les uns dirent qu'elle consistoit dans l'un des

Atômes dont l'homme, par exemple, est composé : les autres la composerent de plusieurs substances très-subtiles. Le même partage se vit parmi eux touchant la science : les uns la poserent dans un seul Atôme, & les autres dans chacun des Atômes qui constituent le savant.

Autres sectes parmi les Mahométans.

On trouve, dès le huitieme siecle, une secte parmi les Mahométans, qui enseignoit une sorte de Métempsycose différente de celle de Pythagore & de Platon, & qu'on appelloit *Métempsycose de résolution*. Le fameux voyageur *Pietro d'ella Vallé*, dit que les partisans de cette secte s'appelloient *ehl Eliakhik*, c'est-à-dire, *hommes de vérité & de certitude*. « Ils » croient, dit-il, qu'il n'y a point d'autre Dieu » que les quatre élémens....... qu'il n'y a » point d'ame raisonnable, ni d'autre vie après » celle-ci ; mais que tout l'homme n'est qu'un » mélange des quatre élémens, dont chaque » individu est composé pendant sa vie ; con- » joints ensemble & animés par cette étroite » union qui les tient liés les uns aux autres, » & qui, en mourant, se résoud & se dissipe » dans les quatre élémens simples, & par con- » séquent s'en retourne à Dieu dont il est » sorti ; & ainsi de toutes les autres choses » qui sont sur la terre & dans le ciel : en un » mot, qu'il n'y a pour tout que les quatre » élémens qui sont Dieu, qui sont l'homme, » & qui sont toutes choses ; & que par con- » séquent les quatre élémens sont éternels, » aussi-bien que le monde avec toutes ses vi- » cissitudes & ses changemens ».

Pietro d'ella Vallé parle aussi des Zindikites, autre secte Mahométane ; ils approchent des Sadducéens, & ont pris leur nom d'eux. Ils croient qu'il n'y a point de Providence ni de Résurrection des morts....... Une de leurs opinions est, que tout ce que l'on voit, que tout ce qui est dans le monde, que tout ce qui a été créé, est Dieu (*y*).

Progrès de la Philosophie d'ARISTOTE.

Depuis Boèce, qui dans le sixieme siecle traduisit quelques ouvrages de ce Philosophe, jusqu'à la fin du huitieme siecle, il n'y eut que S. Jean de Damas qui fit un abrégé de la Philosophie d'Aristote ; & c'est apparemment ce qui lui donna ce goût de scholastique qu'on remarque dans ses ouvrages, & qu'il introduisit dans l'Eglise. Les Grecs, qui firent refleurir les sciences dans le neuvieme siecle, s'attacherent, à l'exemple de Jean de Damas, très-célebre chez eux, à la Philosophie d'Aristote. Elle se répandit aussi parmi les Arabes, qui se firent une regle de négliger les bons Auteurs de Rome & d'Athènes qu'ils trouvoient par-tout, s'imaginant que la lecture de ces livres, où les noms des faux Dieux paroissoient souvent, étoit incompatible avec la loi de Mahomet, dont ils faisoient profession. Ils se bornerent donc aux ouvrages d'Aristote, où ils ne trouvoient pas le même inconvénient, & qui étoient répandus par-tout. Les plus savans d'entre eux, Alfarabius, Arguzel, Avicenne, Averroès, &c, firent des Commentaires sur sa doctrine, qu'ils

---

(*y*) Voy. Pietro d'ella Vallé, tom. *I*, p. 295.

enseignoient publiquement en Afrique & à Cordoue, où les Arabes Sarrasins & les Maures avoient établi un collége fameux depuis qu'ils eurent conquis l'Espagne.

AVICENNE & AVERROES, Philosophes Arabes.

Avicenne dont on vient de parler, Philosophe & Médecin Arabe dans le onzieme siecle, naquit à Bochar en la province Transoxane. Il n'a point été, comme plusieurs l'ont cru, disciple d'Averroès à Cordoue. Averroès florissoit dans le douzieme siecle, & Avicenne plus de cent ans auparavant : ce dernier fit des Commentaires principalement sur la Métaphysique d'Aristote, qu'il avoit beaucoup étudié. Mais le plus célebre de ces Commentateurs Arabes fut Averroès, natif de Cordoue. Il s'attacha d'une maniere toute particuliere à l'étude d'Aristote; & il en commenta les ouvrages avec tant d'habileté & de subtilité, qu'on le nommât *le Commentateur*, par excellence. Quelques Savans admirent, que ne sachant point le Grec, il ait si bien pénétré le sens de l'original : mais d'autres pensent qu'il ne l'a pas bien entendu; & cela vient, disent-ils, de ce qu'il n'avoit lu Aristote que dans une Traduction Arabe de ses ouvrages, faite sur une Traduction latine, & de ce qu'il ignoroit la belle littérature. Quoi qu'il en soit, Averroès nioit que la création fût possible : il soutenoit en conséquence que tous les êtres matériels & spirituels sont éternels, & que Dieu ne connoît pas les choses particulieres, & n'étend point sa providence sur les individus de ce monde. Jusqu'à présent on reconnoît dans ces paroles la doctrine d'Aristote. Averroès pensoit encore, 1°. qu'il y a deux portions de substance différente dans l'ame de chaque homme; l'une intelligente, incorruptible & immortelle; l'autre matérielle, corruptible & mortelle; & que ces deux ames, ou portions d'une même ame, sont réellement distinguées: 2°. que cette ame intelligente est *un numero* dans tous les hommes; mais que l'ame corruptible & mortelle est multipliée dans chacun. Il en concluoit qu'à la mort de chaque homme, cette ame intelligente, universelle, cessoit d'exercer en lui les fonctions de l'ame raisonnable, qu'elle continuoit d'exercer dans les autres hommes vivans, & que l'ame corruptible & mortelle périssoit; d'où il inféroit encore qu'il n'y a ni châtiment à craindre après la mort, ni récompense à espérer.

On regarde assez communément Averroès comme l'inventeur de cette opinion d'une ame universelle dans tous les hommes; mais on se trompe. Avicenne l'avoit enseignée avant lui; & nous avons vu qu'elle l'avoit été long-temps auparavant par Themistius, Alexandre, Aphrodisée, Prisque de Lydie, fameux Péripatéticiens, &c. Ces Auteurs l'ont même attribuée à Aristote leur chef: mais nous croyons avoir prouvé, dans l'article de ce Philosophe, qu'on peut consulter, qu'il n'a jamais tenu ce système d'une ame universelle, & que c'est sans preuve que les Jésuites de Coïmbre le font remonter jusqu'à Théophraste successeur de ce Philosophe dans le Lycée. Il paroît, comme nous l'avons déja observé, qu'il a été embrassé depuis le Christianisme, non-seulement par un nombre de Péripatéticiens, mais encore par plusieurs des nouveaux Platoniciens, qui comprirent enfin combien il étoit absurde de détacher l'ame de chaque individu de la substance divine : mais nous avons fait voir en même-temps, que ce nouveau système n'est pas moins faux, ridicule & extravagant que l'ancien, si même il ne l'est pas davantage.

Le peuple de Cordoue éleva Averroès à deux charges considérables, que son pere & son aïeul avoient possédées : c'étoient celles de grand-Justicier & de chef des Prêtres. Pendant qu'il exerçoit ces charges, le Roi de Maroc (que le peuple de Cordoue avoit voulu avoir pour maître, après avoir secoué le joug de son Prince), lui offrit celle de Juge de Maroc, & de toute la Mauritanie, à cette condition qu'il conserveroit tous les emplois dont il jouissoit en Espagne. Cette proposition plut à Averroès : il alla à Maroc ; mais y ayant établi des Juges comme ses Subdélégués, il s'en retourna à Cordoue. Comme il ne pouvoit guères cacher ses sentimens sur la Religion, quelques ennemis qu'il avoit en prirent occasion pour le perdre ; ils subornerent des jeunes gens qui le prierent de leur faire une leçon de Philosophie, (comme ayant été autrefois un très-habile Professeur de l'Académie de Maroc.) Il leur accorda ce qu'ils demandoient, & leur découvrit dans cette leçon toute sa créance philosophique. Ils en firent dresser un acte par un Notaire, & cet acte fut envoyé à Mansor Roi de Maroc. Ce Prince l'ayant vu se mit en colere contre Averroès, & dit tout haut : *Il est clair que cet homme-là n'est point de notre Religion.* Il fit confisquer tous ses biens, & le condamna à se tenir au quartier des Juifs. Averroès obéit ; mais étant allé quelquefois à la Mosquée pour y faire ses prieres, & ayant été chassé à coups de pierres par les enfans, il se retira de Cordoue à Fez, & s'y tint caché. On le reconnut en peu de jours : on le mit en prison, & on demanda à Mansor ce qu'on en feroit. Mansor assembla plusieurs des Docteurs Musulmans, qui déciderent qu'il méritoit la mort : mais quelques-uns représenterent qu'il ne falloit pas faire mourir un tel personnage, mais l'obliger à se rétracter devant la porte de la grande Mosquée. Cet avis plut au Roi, & il donna ses ordres au Gouverneur de Fez pour l'exécuter. En conséquence de quoi, un vendredi, à l'heure de la priere, notre Philosophe fut conduit devant la porte de la Mosquée, & mis, tête nue, sur le plus haut degré ; & tous ceux qui entroient dans la Mosquée, lui cracherent au visage. La priere étant finie, les Docteurs avec les Notaires, & le Juge avec les Assesseurs vinrent là, & demanderent à Averroès s'il se repentoit : il répondit par un *oui*. On le renvoya ; il se tint à Fez, & y fit des leçons de Jurisprudence. Mansor lui ayant permis quelque temps après de revenir à Cordoue, il y retourna, & y vécut misérablement, privé de biens & de livres. Cependant le Juge qui lui avoit succédé, s'acquitoit si mal de sa charge, & en général la justice étoit si pitoyablement administrée dans ce pays-là, que les peuples en gémissoient. Mansor, voulant remédier à ces désordres, assembla son Conseil, & y proposa de rétablir Averroès. La plupart des Conseillers en furent d'avis : c'est pourquoi il lui envoya un ordre de venir incessamment à Maroc, pour y faire les fonctions de sa premiere Magistrature. Averroès partit aussitôt avec toute sa famille, & passa tout le reste de ses jours à Maroc. Il y fut enterré; son tombeau & son Epitaphe y ont paru fort long-temps (ʒ).

Gilles de Rome assure qu'étant à la Cour de l'Empereur Frédéric II, il y trouva deux fils d'Averroès, dont il apprit que ce Philosophe ne trouvoit point de secte pire que celle des Chrétiens, qui, disoit-il, mangent & déchirent eux-mêmes le Dieu qu'ils adorent. (Il parloit du mystere de l'Eucharistie, dont il se formoit, comme on voit, une idée toute charnelle); qu'il appelloit la Religion des Juifs une Religion d'enfans à cause des observances légales; & celle des Mahométans, qui ne regarde que la satisfaction des sens, une Religion de pourceaux; & qu'ensuite il s'écrioit: que mon ame meurt de la mort des Philosophes: *Moriatur anima mea morte Philosophorum* (a). Ces traits caractérisent parfaitement Averroès; & il ne faut pas s'étonner que, pensant ainsi de la Religion Mahométane, dont il faisoit extérieurement profession, il ait été poursuivi par ses compatriotes.

Quelque tort que les Arabes aient fait à la société, par la Philosophie qu'ils y ont introduite, par la barbarie du langage, &c; il ne faut pas néanmoins refuser à quelques-uns de ces Docteurs Sarrasins la justice qui leur est due. Plusieurs cultiverent la Médecine; & cette étude s'est perpétuée en plus d'un de leurs postes après leur retraite; par exemple, à

_____

(ʒ) Ceci est tiré d'un écrit de Jean Leon, rapporté par Hottinger, Biblioth. Theol. p. 276.

(a) Gilles de Rome, in quodlib. l. 2; voyez aussi le Card. du Perron, l. 3 de l'Euch. c. 29.

Salerne au royaume de Naples ; & avec un
tout autre succès à Montpellier, qui s'est formé des débris de Maguelone, un de leurs
meilleurs établissemens. Nous devons aux Arabes les chiffres de notre Arithmétique vulgaire,
& l'usage de l'Algebre, si celle-ci n'est une
de leurs inventions. Quelques-uns d'eux, excités
par les Califes d'Egypte & de Babylone, cultiverent l'Astronomie, mesurerent le circuit de
la terre, traduisirent en leur langue, & com-
muniquerent à l'Europe les livres de Ptolomée
d'Alexandrie l'Astronôme, avec l'usage de l'As-
trolabe, de la sphere plate, & de plusieurs
autres choses très-ingénieuses, dont toutes les
pieces portent encore des noms Arabes, quoiqu'ils ne nous en aient montré que l'usage,
& que l'invention en soit due aux Grecs.

XXXVIII.

Vicissitudes de bonne & de mauvaise fortune qu'ont éprouvés les écrits & la Philosophie d'ARISTOTE, depuis le douzieme siecle jusqu'au dix-septieme.

Les Arabes de la secte de Mahomet ne s'é-
tablirent pas seulement en Afrique & en Espagne ; ils se répandirent encore sur les côtes de
Languedoc, comme on vient de le remarquer,
& sur celles d'Italie, de Sicile, &c ; & ils
apporterent avec eux les livres d'Aristote, &
les Commentaires d'Avicenne & d'Averroès sur
ce Philosophe. Ces livres d'Aristote étoient déja
en France ; &, avant le milieu du douziem
siecle, on enseignoit sa Philosophie dans l'U-
niversité de Paris, comme il paroît par les
plaintes ameres qu'en fit S. Bernard, que

prévoyoir les suites. Et en effet, on en apperçut bientôt les funestes fruits dans Amauri & David de Dinant son disciple, qui furent même beaucoup plus loin qu'Aristote & ses Commentateurs : car Amauri enseignoit que toutes choses étoient Dieu, & un seul être ; & David de Dinant ne mettoit aucune distinction entre Dieu & la matiere premiere. Amauri fut condamné dans un Concile de Paris en 1210. Les livres d'Aristote, qui avoient au moins donné occasion à ces erreurs monstrueuses, y furent brûlés, & la lecture en fut interdite sous peine d'excommunication. Depuis, sa métaphysique fut condamnée en particulier par une assemblée d'Evêques, sous le regne de Philippe Auguste. L'an 1215, le Cardinal du titre de S. Etienne, Légat Apostolique en France, confirma les mêmes défenses ; mais il permit d'enseigner la Dialectique, & la Logique de ce Philosophe. L'an 1231, le Pape Grégoire IX défendit encore d'enseigner la Physique & la Métaphysique d'Aristote, jusqu'à ce que ses livres eussent été corrigés. Néanmoins, malgré ces défenses, Albert-le-grand, S. Thomas d'Aquin & d'autres, firent des Commentaires sur Aristote : ils le citerent comme une grande autorité dans leurs écrits, même théologiques, & ne firent pas difficulté d'expliquer les vérités chrétiennes suivant les principes & la méthode de ce Philosophe, sans néanmoins donner dans ses erreurs & ses impiétés. Mais d'un côté tous ces Commentaires, soit des Arabes, soit des Docteurs Chrétiens, au lieu d'éclaircir la doctrine d'Aristote, ne servirent qu'à la rendre plus obscure dans ces explications arbitraires, que dans les livres même de ce Philosophe, chacun lui faisant dire ce qui lui plaisoit : & de l'autre, cette nouvelle méthode, subtile, abstraite, pointilleuse, dont les anciens Auteurs Ecclésiastiques ne s'étoient jamais servis, jetta les Philosophes & les Théologiens dans une Métaphysique obscure & embarrassée, dans une multitude de questions inutiles, curieuses, dangereuses pour la foi, & dans une foule d'opinions fausses ou incertaines, dont on n'avoit jamais entendu parler dans l'Eglise. Cependant, malgré cette célébrité que les Théologiens, sur-tout de l'Université de Paris, donnoient à la Philosophie d'Aristote, l'an 1265, Simon Cardinal du titre de sainte Cécile, Légat du S. Siége, défendit absolument la lecture de la Métaphysique & de la Physique de ce Philosophe.

Mais dans le quatorzieme siecle, cette opposition que Rome avoit toujours témoignée avec tant de raison pour les livres d'Aristote, s'affoiblit insensiblement. Raimond Lulle, au commencement de ce siecle sollicita instament le Pape Clément V, à condamner au moins les Commentaires d'Averroès, & tâcha d'engager Philippe-le-Bel Roi de France, à solliciter la même chose. Il représenta que c'étoient des livres impies & remplis d'erreurs très-pernicieuses. Il présenta des requêtes ; il fit un livre sur ce sujet : mais il trouva sourds le Pape & le Roi de France. On ne toucha ni à Aristote ni à ses Commentateurs, au contraire, en 1366, les Cardinaux du titre de saint Marc & de saint Martin, Commissaires députés par le Pape Urbain V pour réformer l'Université de Paris, permirent l'explication des livres de ce Philosophe, dont la lecture avoit été auparavant tant de fois défendue. Alors les esprits s'échaufferent sur des distinctions de Logique, par l'émulation qui se forma sur la doctrine d'Aristote, entre les Nominaux & les Réalistes. Les Nominaux avoient pour chef Ocham, cordelier Anglois & disciple de Scot. Ils disoient que les natures universelles n'étoient que des paroles ; & les Réalistes qui s'appuyoient sur l'autorité de Scot, soutenoient que ces mêmes natures universelles étoient très-réelles. Ces disputes partagerent toutes les Universités de l'Europe : chacun tâcha de se signaler par des écrits pleins d'aigreur & d'emportement contre son adversaire. La Philosophie ne s'occupa plus que d'*opérations de l'entendement*, de *concepts*, d'*abstractions* ; ce qui forma finalement un pur galimathias inintelligible : & chaque secte prétendoit s'autoriser d'Aristote.

Cependant la fortune de ce Philosophe alloit toujours croissant ; en 1448 le Pape Nicolas V ne se contenta pas de permettre la lecture de ses ouvrages : il les approuva, & en fit faire une nouvelle Traduction latine. Enfin, en 1452, le Cardinal d'Estouteville, qui avoit été nommé par le Roi Charles VII pour rétablir l'Université de Paris, ordonna que les Professeurs expliqueroient la morale d'Aristote, aussi-bien que sa Logique, sa Physique, sa Métaphysique & ses autres Traités. C'étoit assurément un grand scandale dans l'Eglise, de permettre & même d'ordonner ainsi indistinctement l'explication de tous les ouvrages d'Aristote. Il faut néanmoins convenir que ses plus aveugles sectateurs, dans l'Université de Paris & ailleurs, l'abandonnerent communément dans les choses où il choque visiblement les vérités & les dogmes du Christianisme. Luther lui-même en convient : il reprochoit aux Théologiens de Cologne & de Louvain qu'ils adoucissoient, par des interprétations forcées, les plus grandes & les plus impies absurdités d'Aristote : *Aristotelem ipsis in summo esse pretio, & nihil ab eo dictum esse tam absurdè, vel alienè à nostrâ Religione, quod non defendant; quod non aliquâ interpretatione, quantùmvis longè petitâ circumvestiant, quò suus illi constet honos atque nominis existimatio* (b).

Je dis qu'on abandonnoit *communément* Aristote dans les choses opposées au Christianisme, parce qu'il y avoit toujours un certain nombre d'esprits vains & hardis, qui tomboient plus ou moins dans ses erreurs; & c'est ce qui auroit dû le faire absolument proscrire. Nous en trouvons un exemple des plus frappans au commencement du seizieme siecle. On y soutenoit conformément aux idées d'Aristote, que l'ame étoit mortelle, & conformément à celle d'Averroès & d'autres Péripatéticiens plus anciens, que toutes les ames ou les intelligences humaines, n'étoient qu'une seule & même ame. Ce sentiment devint même si commun parmi les Philosophes & les Théologiens, particuliérement en Italie, que le Pape Léon X, fut obligé de le condamner solemnellement, & de soumettre à de grièves peines tous ceux qui l'enseigneroient. Voici les paroles de sa Bulle donnée dans le cinquieme Concile de Lattran, & datée du 19 Décembre 1513. *Cùm diebus nostris zizaniæ seminator nonnullos pernitiosos errores in agro Domini seminare sit ausus, de naturâ præsertim animæ rationalis, quod videlicet mortalis sit, aut unica in cunctis ho-*

(b) Apud Sleidanum de statu Relig. & Reipub. l. 2, fol. 33.

minibus ; & nonnulli temerè philosophantes, secundùm saltem Philosophiam, veram esse asseverant : contrà hoc, sacro approbante Concilio, damnamus & reprobamus omnes asserentes animam intellectivam mortalem esse, aut unicam in cunctis hominibus, aut hoc in dubium vertentes ; cùm illa..... immortalis, & pro corporum quibus infunditur multitudine, singulariter multiplicabilis, & multiplicata & multiplicanda sit. La Bulle ajoute, *omnes hujusmodi erroris adstrictionibus inhærentes, veluti damnosissimas hæreses seminantes, per omnia ut detestabiles & abominabiles hæreticos, & infideles catholicam fidem labefactantes, vitandos & puniendos fore decrevimus.*

Dispute de POMPONACE & de NÉPHUS.

Pierre Pomponace né à Mantoue en 1462, enseigna la Philosophie à Padoue avec un certain éclat ; il étoit grand Péripatéticien. Entr'autres ouvrages il composa un livre de l'immortalité de l'ame, dans lequel il soutenoit, qu'en se tenant aux principes d'Aristote, on ne sauroit s'empêcher de dire que l'ame meurt avec le corps. Néphus, autre Philosophe de ce temps-là, soutint au contraire que l'ame est immortelle, selon les principes de ce Philosophe. La dispute fut vive & dura long-temps entre ces deux Savans : mais, ou ils ne connoissoient pas bien la doctrine d'Aristote, ou ils jouoient l'un & l'autre à l'équivoque. Pomponace avoit tort de dire en général que, selon les principes d'Aristote, l'ame meurt avec le corps. Il falloit distinguer entre l'intelligence active (qui, selon ce Philosophe, étoit une portion détachée de la substance divine), &

l'intelligence paſſive, qu'il faiſoit corruptible & mortelle: la première, dans le ſyſtême d'Ariſtote, ſubſiſtoit après la mort, & ſe réuniſſoit à Dieu ſon principe; la ſeconde périſſoit avec le corps, (voy. ſon article *ſuprà*). D'un autre côté Néphus, en ſoutenant de même en général que dans les principes d'Ariſtote l'ame eſt immortelle, ne parloit pas exactement: car 1°. ce Philoſophe croyoit qu'une partie de notre ame périt à la mort; & 2°. quant à ſa portion divine & éternelle, qui, ſelon lui, ſubſiſtoit après la mort, il ne la regardoit pas comme une ſubſtance ſpirituelle qui ſubſiſtât à part, & qui formât un être particulier comme dans ce monde-ci: mais il la conſidéroit comme réunie à Dieu ſon principe, & ne faiſant plus qu'une ſeule ſubſtance avec lui *numero*, comme elle faiſoit avant que d'en être détachée. En diſtinguant exactement ces différens objets, la diſpute entre Pomponace & Néphus auroit été bientôt terminée.

Si Pomponace s'étoit contenté d'obſerver qu'en ſe tenant aux principes d'Ariſtote, on ne ſauroit s'empêcher de dire que l'ame meurt avec le corps, on ne lui auroit reproché que l'erreur de fait que nous venons de relever: mais il alla juſqu'à mettre en problême, ſi l'ame eſt mortelle ou non. C'étoit trois ans après la publication de la Bulle de Léon X, dont on vient de parler, qu'il fit paroître ſon livre de l'*Immortalité de l'ame*, où il avançoit ce problême. Ainſi il ne déféra pas beaucoup à ce décret; il étoit peut-être lui-même du nombre de ceux qui y donneroient occaſion: car il eſt probable qu'il avoit enſeigné cette doctrine avant la publication de ſon livre. Quoi qu'il en ſoit, il fut vivement attaqué par l'autorité ecclésiastique; & il ne se tira d'embarras, qu'en déclarant qu'il croyoit par la foi l'immortalité de l'ame, mais qu'il ne la croyoit pas prouvée par la raison. Mais quand même elle ne seroit pas prouvée par la raison, la foi enseignant, de l'aveu de Pomponace, que l'ame est immortelle, étoit-il permis de mettre en problême si elle est mortelle ou non? D'ailleurs si l'ame est mortelle, il faut qu'elle ait des parties, & qu'elle soit par conséquent matérielle. Or n'est-il pas clair, par les lumieres même de la raison, que l'ame n'est point composée de parties; & par conséquent qu'elle n'est point mortelle comme le corps, dont les parties se corrompent & se dissolvent à la mort? Que Pomponace adopte le sentiment de plusieurs Métaphysiciens, qui disent que nos ames, n'étant point des êtres nécessaires, peuvent être anéanties, de même qu'elles ont pu ne point exister, on ne lui en auroit pas fait un crime : il s'ensuivroit simplement que Dieu est le seul être nécessaire, & que tous les autres sont contingens. Mais 1°. il ne s'ensuit point delà, que nos ames soient mortelles par leur nature : 2°. En se bornant même aux seules lumieres de la raison, le desir inné que Dieu a imprimé dans toutes les ames humaines, d'être heureuses, & de l'être sans fin, (ce qui est même essentiel à toute ame raisonnable, étant contre la nature de l'homme de desirer d'être malheureux, ou de cesser d'être heureux), montre invinciblement que Dieu ne cessera jamais de les conserver; parce que ce seroit détruire ce qui est une suite essentielle de leur existence, telle qu'il a bien voulu la leur donner; ce qui implique contradiction. Il n'est pas nécessaire que nos ames existent : mais leur existence une fois supposée, telle qu'elle est, il est nécessaire qu'elles existent toujours.

Le sentiment de Pomponace, dans son livre de l'*Immortalité de l'ame*, le fit passer pour un Athée dans l'esprit d'un grand nombre de personnes. Quelques Auteurs disent que cet ouvrage fut condamné au feu à Venise, & qu'il fut même désavoué par l'Auteur. Les réponses qu'il fait à cette question, *la mortalité de l'ame porteroit-elle les hommes à toutes sortes de crimes*, achevent de montrer qu'il étoit aussi mauvais Chrétien que foible Philosophe ? Car il répond négativement ; & ses raisons sont 1º. que l'homme aimant naturellement la félicité & haïssant la misere, il suffit, pour en faire un honnête homme, de lui montrer que le bonheur de la vie consiste dans la vertu, & la misere dans le vice ; 2º. que ceux qui enseignent la mortalité de l'ame, ouvrent le chemin à la vertu la plus parfaite, qui est celle qui n'a pour but ni récompenses ni châtimens ; 3º. que c'est aux brutaux qu'il faut proposer l'immortalité de l'ame pour réprimer leurs passions ; 4º. qu'un nombre de scélérats ont cru l'immortalité de l'ame, & que plusieurs gens *très-doctes* & *très-bons* ne l'ont pas crue. Ces gens *optimi & divini* sont, suivant Pomponace, Platon, Simonide, Homère, Hypocrate, Aristote, Alexandre Aphrodisée, Alfarabius & les autres Arabes des dixieme & onzieme siecles. Il y ajoute Séneque, qui (L. 7, Epist. *ad Lucilium*, Ep. 54, & dans son Traité *de Consolatione ad Marcium*), établit manifestement la mortalité de l'ame.

Tels ont été les fruits de l'étude d'Aristote, & des autres Philosophes de l'antiquité ; nous en trouvons un nouvel exemple dans le temps du Concile de Trente. Un certain Simon Remigleux, en 1553, avança à Toulouse, dans une dispute publique, entr'autres erreurs, qu'on peut soutenir le sentiment d'Epicure sur le souverain bien ; que la science n'est qu'une réminiscence ; qu'on peut conclure la résurrection des corps de la métempsycose de Pythagore ; que l'ame de l'homme est mêlée de matiere ; que le monde est éternel, &c. Cette doctrine fut condamnée par la Faculté de Théologie de Paris en 1553 (c).

Mais, au lieu d'aller à la source, & de proscrire les livres d'Aristote & des autres Philosophes dont on tiroit toutes ces erreurs, on continua tellement de s'en infatuer en France, comme dans les autres pays, que Ramus ou la Ramée, qui vouloit établir une autre Philosophie, ne pût y réussir. Il avoit composé pour cela deux livres intitulés l'un, *Dialecticæ institutiones* ; l'autre, *Aristotelicæ animadversiones*. L'Université de Paris fit un vacarme si grand, que le Roi François I supprima ces livres, & autorisa ceux d'Aristote que l'Université continua de lire publiquement; & l'on causa tant de chagrins à Ramus, qu'il se jetta dans le parti des Protestans. En 1624, Antoine Villon, Etienne de Claves & Bitaut, ayant de même voulu publier & soutenir des Thèses contre la doctrine d'Aristote, furent condamnés par l'Université & par le Parlement de Paris. En 1629, la Sorbonne présenta des Rémontrances au Parlement sur lesquelles il donna un Arrêt contre les Chymistes. On lisoit dans ces Remontrances « qu'on ne peut cho-

---

(c) Voy. le Cont. de Fleuri, tom. 30, l. 149, n°. 152.

» quer les principes de la Philosophie d'Aris-
» tote, sans choquer ceux de la Théologie
» scholastique reçue » dans l'Eglise. Enfin la
folie fut portée si loin à l'égard de ce Philosophe, que Fortunius Licetus, l'un de ses plus grands partisans, composa un ouvrage intitulé, *de la piété d'Aristote envers Dieu & envers l'homme, De pietate Aristotelis erga Deum & hominem*, qu'il dédia à Innocent X., & qui fut approuvé par deux Inquisiteurs généraux. Il y donnoit plusieurs raisons pour tâcher de persuader qu'Aristote n'est point damné. Dans le siecle précédent (le seizieme), Sepulreda Docteur Espagnol n'avoit point hésité de le placer parmi les Saints, & de soutenir cette opinion affirmativement & par écrit (*d*). C'étoit un grand Ultramontain, qui entr'autres ouvrages scandaleux en fit un pour autoriser & justifier les cruautés inouies, commises par les Espagnols dans la conquête du nouveau monde (*e*). Enfin dans le quinzieme siecle, un autre fanatique nommé Lambert de Moulé avoit aussi fait un livre intitulé, *de salute Aristotelis*: mais il ne donnoit son salut que comme une opinion probable; ce qu'il s'efforçoit de montrer par l'autorité de l'Ecriture-Sainte (*f*). Ces Auteurs alloient plus loin que les Pélagiens, comme nous l'avons remarqué dans l'article de Socrate, que quelques Théologiens téméraires ont aussi voulu mettre au nombre des Saints, voyez cet article, voyez aussi sur

---

(*d*) Voyez le cont. de Fleuri, l. de animâ, cité par la Mothe le Vayer, tom. 5, p. 114.

(*e*) Voy. le cont. de Fleuri & Dupin.

(*f*) Gisvoot, disp. Théol. tom. 2, p. 602.

tout ce qu'on vient de dire, M. de Launoy, *De variâ Arist. fortunâ*. La Motthe le Vayer, dans son ouvrage *de la vertu des Païens*, p. 226, prétend que les Pyrrhoniens ne peuvent être sauvés : mais il admet dans les anciens Philosophes plusieurs de ces faux Sages, qui, sans jamais avoir entendu parler du Médiateur, ont eu, à ce qu'il croit, une foi implicite avec laquelle ils sont parvenus au salut avec une grace extraordinaire du ciel. C'est toujours la même erreur, pire que celle des Pélagiens, & qui a encore été avancée de nos jours dans le Bélisaire du sieur Marmontel. Cette fausse doctrine plus ancienne que les Jésuites, a été adoptée & vivement défendue par ces Peres : mais on a prouvé contre ces nouveautés, dans un grand nombre d'excellens ouvrages, qu'il n'y a point de vraie vertu sans la foi en Jesus-Christ, & que les anciens Philosophes, non plus que les autres Païens, n'ont point eu cette foi, même implicitement; d'autant plus qu'ils n'ont jamais été unis au peuple de Dieu, & que le Médiateur ne leur a point été annoncé même obscurément. N'en ayant pas eu la moindre connoissance, ils n'ont pu avoir aucune foi en ses mérites; & d'ailleurs comment la foi, même la moins distincte, pouvoit-elle se trouver dans des hommes qui avoient une fausse idée de Dieu, qui regardoient notre ame comme une portion de sa substance, qui nioient la création, qui n'admettoient ni peines ni récompenses après la mort, qui trompoient les peuples sur l'article essentiel de Dieu & de la Religion, & qui portoient l'hypocrisie jusqu'à adorer les idoles & les faux Dieux des nations contre le témoignage de leur conscience. Tels sont les Saints dont plusieurs Théologiens

SOCINIENS.

De tous les sectaires qui ont causé t[ant de] troubles en Europe pendant le cours du se[izième] siecle, nous nous bornons aux Sociniens, [parce] que les autres sectes, en combattant la [doctrine de] l'Eglise, n'ont rien enseigné qui eût r[apport] aux matieres que nous traitons. Nous ne [trou]vons même dans la fausse doctrine des Soc[iniens] qu'un article principal, sur lequel nous cr[oyons] devoir faire quelques réflexions; c'est [qu'à] l'exemple des anciens Philosophes, ils o[nt nié] la création proprement dite. Ils ont donc re[connu] l'existence indépendante de la matiere; [ce]pendant ils la soumettent à l'autorité d'un [autre] être, c'est-à-dire, de Dieu: cela n'est pa[s con]séquent. Disons plus; il a fallu qu'ils avou[assent] que l'existence nécessaire peut convenir [à une] substance qui est d'ailleurs toute charg[ée de] défauts & d'imperfections: ce qui renver[se une] notion très-évidente, savoir que ce qui [ne dé]pend de quoi que ce soit pour exister [éter]nellement, doit être infini en perfection[s: car] qui est-ce qui auroit mis des bornes à la [puis]sance & aux attributs d'un tel être?

Le P. Mallebranche montre très-bien c[ontre] les anciens Philosophes, & contre tous [ceux] qui penseroient comme eux sur la créa[tion,] qu'il n'y auroit point de Providence, si [Dieu] n'avoit créé la matiere; & même que [Dieu] ignoreroit qu'il y eût une matiere, si elle [étoit] incréée. « Que les Philosophes, dit-il, [sont] » stupides & ridicules! Ils s'imaginent [que la] » creation est impossible, parce qu'ils ne

» çoivent pas que la puissance de Dieu soit
» assez grande pour faire de rien quelque chose :
» mais conçoivent-ils bien que la puissance de
» Dieu soit capable de remuer un fétu ? S'ils
» y prennent garde, ils ne conçoivent pas plus
» l'un que l'autre, puisqu'ils n'ont pas d'idée
» claire d'efficace & de puissance ; de sorte
» que, s'ils suivoient leur faux principe, ils
» devroient assurer que Dieu n'est pas même
» assez puissant pour donner le mouvement à
» la matiere. Mais cette fausse conclusion les
» engageroit dans des sentimens si impies,
» qu'ils deviendroient bientôt l'objet du mé-
» pris & de l'indignation des personnes même les
» moins éclairées : car ils se trouveroient bien-
» tôt réduits à soutenir qu'il n'y a point de
» mouvement ni de changement dans le monde,
» ou bien que tous ces changemens n'ont point
» de cause qui les produise, ni de sagesse qui
» les regle...... Si la matiere étoit incréée,
» Dieu ne pourroit la mouvoir, ni en former
» aucune chose. Car Dieu ne peut remuer la
» matiere, ni l'arranger avec sagesse, sans la
» connoître : or Dieu ne peut la connoître,
» s'il ne lui donne l'être. Car Dieu ne peut
» tirer ses connoissances que de lui-même : rien
» ne peut agir en lui, ni l'éclairer. Si Dieu
» ne voyoit donc point en lui-même, & par
» la connoissance qu'il a de ses volontés, l'exis-
» tence de la matiere, elle lui seroit éternel-
» lement inconnue : il ne pourroit donc pas
» l'arranger avec ordre, ni en former aucun
» ouvrage. Or les Philosophes demeurent d'ac-
» cord que Dieu peut remuer les corps : ainsi,
» quoiqu'ils n'aient point d'idée claire de puis-
» sance ou d'efficace, quoiqu'ils ne voient
» nulle liaison entre la volonté de Dieu & la

production

» production des créatures ; ils doivent recon-
» noître que Dieu a créé la matiere, s'ils ne
» veulent le rendre impuissant & ignorant ; ce
» qui est corrompre l'idée qu'on a de lui, &
» nier son existence (*g*) ».

XXXIX.

Décadence de l'autorité & de la Philosophie d'ARISTOTE dans le dix-septieme siecle. Vraie méthode de traiter cette science.

Dès le seizieme siecle, la manie pour la Philosophie d'Aristote commença à diminuer peu-à-peu dans l'esprit d'un certain nombre de Philosophes plus sensés & plus réfléchissans que les autres : mais le nuage se dissipa tout-à-fait dans le dix-septieme, qui abonda en lumieres & en savans de toute espece. Les Théologiens, & sur-tout ceux de Port-Royal, bien loin de regarder ce Philosophe comme une autorité, l'apprétierent ce qu'il valoit, & l'éliminerent absolument de leurs écrits, pour ne s'attacher qu'à l'autorité des Saintes Ecritures, des Conciles & des Docteurs de l'Eglise. Les Philosophes ne lui firent pas plus d'accueil : ils l'abandonnerent peu-à-peu, & substituerent à sa Philosophie une Logique plus solide, & moins embarrassée de questions inutiles, une Métaphysique infiniment plus exacte & plus lumineuse, une morale plus saine, fondée sur les plus pures maximes du Christianisme, & une Physique plus sûre, appuyée principale-

---

(*g*) Le P. Mallebranche, Méditations chrét. num. 3 & 5.

ment sur l'expérience, & dégagée de mille hypothèses imaginaires dont on s'entêtoit dans les siecles précédens.

GALILÉE.

Galilée, né à Florence en 1564, fut le premier qui osa s'écarter des sentimens d'Aristote. Il s'appliqua fortement aux Mathématiques ; & cette étude l'ayant accoutumé à ne raisonner que sur des principes évidens, & à n'admettre que des conclusions qui coulassent directement de ces principes, il ne put point s'accommoder des idées vagues & confuses sur lesquelles étoient fondés tous les raisonnemens de la Philosophie qu'on enseignoit alors dans les écoles. Il ne s'attacha guères qu'à la Physique & à l'Astronomie, & devint Astronome du Grand-Duc de Toscane. Il est vrai que ce Philosophe & son disciple Torricelli étoient encore pleins des fausses idées de l'ancienne Philosophie, mais on ne doit pas moins pour cela les regarder comme les Peres de la Physique moderne, puisqu'ils ont fondu la glace & osé les premiers soutenir les droits de la raison contre l'autorité d'Aristote, & introduire la méthode si sensée de ramener tout à l'expérience. Les Physiciens jusqu'à Galilée n'étoient que des discoureurs : depuis lui, & à son exemple, ils devinrent presque tous observateurs. Il prouva contre les disciples d'Aristote, que les corps pesans augmentent leur vîtesse à mesure qu'ils descendent, & trouva la proportion avec laquelle cette vîtesse augmente. Il rejetta le système du monde imaginé par Ptolomée d'Alexandrie, au second siecle de l'Ere chrétienne, pour embrasser celui de

Copernic, né en 1472 à Thorn, ville de Pologne & Chanoine de l'Eglise de Warmie; & il fit beaucoup de nouvelles découvertes dans l'Aſtronomie, par le moyen de la lunette de Hollande qui fut trouvée de ſon temps.

Ce ſyſtême de Copernic n'étoit pas nouveau: plus de cinq cents ans avant Jeſus-Chriſt les Pythagoriciens l'enſeignoient fort myſtérieuſement, comme toutes leurs autres opinions; & il le fut encore dans la ſuite par Philolaüs, Ariſtarque & Cléante de Samos, &c, (h).

GASSENDI.

Au commencement du dix-ſeptieme ſiecle, Pierre Gaſſendi, Profeſſeur Royal de Mathématiques à Paris, prit auſſi une nouvelle maniere de philoſopher. Il avoit étudié la Philoſophie d'Ariſtote comme on l'enſeignoit dans les écoles: mais, après avoir conſulté les divers ſyſtêmes des anciens Philoſophes, il ſe déclara en faveur de la Philoſophie d'Epicure. Il admettoit, comme lui, le Vuide & les Atômes: mais étant Chrétien, il ſoutenoit que Dieu les avoit créés, & qu'il leur avoit donné le mouvement de l'extention & la figure; au lieu qu'Epicure enſeignoit qu'ils les avoient d'eux-mêmes, & qu'ils exiſtoient de toute éternité. Gaſſendi reconnoiſſoit la Providence qu'Epicure rejettoit; & il rectifia ſa morale par les lumieres du Chriſtianiſme. Il ne faiſoit pas grand cas de la Logique, non plus qu'Epicure; mais il enrichit la Philoſophie de pluſieurs découvertes inconnues aux anciens,

---

(h) Plutarque, *de facie in orbe lunæ.*

principalement sur ce qui concerne l'Astronomie. Malgré cela l'on doit plutôt regarder Gassendi comme un homme dangereux, que comme un restaurateur de la Philosophie : car son systême des Atômes le conduisit à des hypothèses fausses & pernicieuses sur la nature de l'ame. Le célebre M. Arnaud dans ses difficultés proposées à M. Steyaert, dit qu'on « découvrit de son temps à Naples des gens que
» la lecture des ouvrages de Gassendi avoit
» jettés dans l'erreur d'Epicure sur la mor-
» talité de l'ame. Il faut avouer, continue M.
» Arnaud, que le livre *des Instances* de ce
» Philosophe, contre les Méditations méta-
» physiques de M. Descartes, est très-capable
» d'inspirer cette erreur pernicieuse à de jeunes
» gens qui ne seroient pas fermes dans la foi ;
» parce qu'il a employé tout ce qu'il a d'es-
» prit à prouver, qu'en s'arrêtant à la raison,
» il n'y a point de preuves solides qui nous
» empêchent de croire que notre ame n'est
» distinguée de notre corps que comme un
» corps subtil l'est d'un corps grossier ». M. Arnaud montre ensuite que Dieu a permis que Descartes parût dans ce temps-là, pour désabuser ceux à qui ces principes seroient dangereux, en établissant, comme il a fait, que l'ame & le corps, c'est-à-dire, ce qui pense & ce qui est étendu, sont deux substances totalement distinctes : de sorte qu'il n'est pas possible, ni que l'étendue soit une modification de la substance qui pense, ni que la pensée en soit une de la substance étendue (*i*).

(*i*) Difficultés à M. Steyaert, part. 9.

DESCARTES.

René Descartes contemporain de Gassendi, a été le vrai restaurateur de la Philosophie, qui avoit langui si long-temps sous la tyrannie d'Aristote. Par une méthode qui n'avoit été connue que très-imparfaitement avant lui, il a découvert plus de vérités dans la Philosophie qu'on n'avoit fait dans tous les siecles précédens. On peut voir dans un petit Traité qu'il a intitulé, *la Méthode*, la maniere dont il s'y est pris pour découvrir la vérité. Il regardoit la Logique qu'on enseigne dans les écoles, comme une science qui peut servir à enseigner aux autres ce qu'on sait déja, mais qui est inutile pour conduire l'esprit dans la connoissance de la vérité. Au lieu donc de cette multitude de préceptes dont la Logique accable l'esprit, Descartes propose quatre regles fort simples, qui suffisent pour conserver toujours l'évidence dans nos perceptions, & pour découvrir les vérités les plus cachées : ce qui est le but de la vraie Logique.

La premiere de ces regles est « qu'il ne » faut rien recevoir pour vrai qu'on ne con- » çoive clairement & distinctement être vrai »; c'est-à-dire, qu'il faut éviter de juger avec précipitation, & n'affirmer que ce qui paroît si évident qu'on n'en puisse douter en aucune maniere.

La seconde regle est « qu'il faut diviser la » question qu'on veut examiner en autant de » parties qu'il faut pour pouvoir la résoudre » plus commodément ».

La troisieme « qu'il faut ranger ses pensées » dans un certain ordre, de sorte qu'on com-

» mence par les choses les plus simples & les
» plus faciles à comprendre, afin de monter
» insensiblement & par degrés à la connois-
» sance des plus difficiles & des plus com-
» posées ; & qu'il faut même donner un
» ordre déterminé aux choses qui naturelle-
» ment ne se précédent point les unes les
» autres ».

La quatrieme enfin « qu'il faut faire par-tout
» des dénombremens si entiers & des revues
» si générales, qu'on se puisse assurer de ne
» rien omettre de ce qui est nécessaire pour
» résoudre une question ».

Descartes commence ses recherches par la Métaphysique ; & comme nous sommes tous sujets aux préjugés, aux faux jugemens & à l'erreur dès l'enfance, & que nous nous trompons très-souvent, de notre propre aveu, il veut qu'on commence par douter de tout jusqu'à ce qu'une entiere évidence nous force à donner notre consentement à quelque vérité : d'où il conclut que nous sommes obligés d'admettre ce principe, « *Je doute, je pense ; donc je suis* ». De cette premiere connoissance Descartes infere que l'existence de notre ame, ou de cette substance qui pense en nous, nous est plutôt connue que l'existence des corps, ou de la substance étendue ; & que nous sommes même plus certains de l'existence de notre ame, que de celle de quelque corps que ce soit. Delà encore Descartes infere que cette substance qui est en nous, qui doute, affirme, nie, imagine & pense, est entiérement différente du corps ou de la substance étendue. Après cela, cherchant la raison qui l'a assuré de la vérité & de la certitude de cette proposition, *je pense, donc je suis*, afin de voir s'il pourroit s'en servir pour découvrir quelqu'autre vérité ; il prouve qu'il n'a été porté à regarder cette proposition comme indubitable, que parce qu'il voit clairement qu'il est impossible que ce qui pense n'existe pas : d'où il conclut qu'il peut admettre pour regle générale de ses connoissances, *que tout ce qu'il conçoit clairement & distinctement, est vrai & indubitable.*

Cela posé, notre Philosophe poursuit sa méditation, pour tâcher de découvrir s'il n'y a point quelque être distingué de lui. Il trouve d'abord en lui-même plusieurs idées qui lui représentent des êtres hors de lui, comme un ciel, une terre, des astres. Il jugeoit autrefois que ces êtres existoient hors de lui ; mais maintenant qu'il ne veut rien affirmer, il se contente de dire qu'il a des idées de tous ces êtres. Mais d'où peuvent venir ces idées ? Descartes ne sachant à qui en attribuer la cause, suppose d'abord qu'il en est lui-même l'auteur : il ne peut donc point encore savoir s'il y a quelque être distingué de lui qui existe réellement. Mais Descartes nous fournit encore une voie pour reconnoître si, de toutes les idées que nous trouvons en nous, il n'y en a point quelqu'une d'où nous puissions conclure l'existence de quelque être distingué de nous.

1°. Si je regarde toutes ces idées comme des manieres de penser, je ne trouve aucune différence entre elles : mais, si j'ai égard aux choses qu'elles me représentent, je vois clairement & distinctement qu'elles sont fort différentes. L'idée, par exemple, qui me représente un être infiniment parfait, est sans doute très-différente de celle qui me représente un être fini & borné. Or il est manifeste par la lumiere naturelle, qu'il doit y avoir pour le moins autant de réalité dans la cause efficiente & totale que dans l'effet ; le plus parfait ne pouvant point être une suite du moins parfait. Je dois donc conclure de ce principe, qu'ayant en moi l'idée d'un être infiniment parfait, laquelle ne peut avoir été formée par moi qui suis borné & fini, il faut nécessairement que cet être infiniment parfait existe, de ce que je reçois l'idée d'une infinité de perfections, puisqu'il faut qu'il y ait autant de réalité dans la cause que dans l'effet : & comme, par cet être infiniment parfait, j'entends Dieu même; de ce que j'ai en moi l'idée de l'infini, je dois conclure que Dieu existe. D'ailleurs supposé que l'Etre infiniment parfait n'existe point, comment pourrois-je exister, moi qui ai l'idée de cet Etre infiniment parfait ? Serois-je l'auteur de mon existence, ou bien quelqu'autre moins parfait que Dieu ? Mais, si j'existois par moi-même, je ne douterois point, je ne m'épuiserois point en desirs, je posséderois toutes les perfections dont j'ai quelque idée ; car m'étant donné l'existence, rien n'eût empêché que je ne me fusse orné de toutes ces perfections: & ainsi je serois cet être infiniment parfait que nous cherchons. Je ne tire point aussi mon existence d'un autre qui soit moins parfait que Dieu. Car ou cet autre existe par lui-même, ou il existe par un autre. S'il existe par lui-même, c'est Dieu lui-même, comme on vient de le prouver : & s'il existe par un autre, il faudra demander si cet autre existe encore par lui-même, ou par un autre, jusqu'à ce qu'on vienne à un premier auteur, qui, existant par lui-même, possède toutes les perfections que ceux-là n'ont pas : & par conséquent il faut avouer que Dieu existe.

Descartes s'étant ainsi assuré de l'existence de Dieu, examine ensuite quelle peut être la cause de ses erreurs. Ce ne peut être Dieu : étant infiniment parfait, il est impossible qu'il veuille nous séduire. Il en faut donc chercher la cause en nous-mêmes. Nous ne sentons en nous que deux manieres d'être, auxquelles toutes se peuvent rapporter, savoir l'*entendement* & la *volonté*. Après avoir prouvé que l'entendement ne peut point être la cause de nos erreurs, parce qu'il ne fait simplement que recevoir certaines idées qui se présentent à l'esprit sans les comparer ensemble, (en quoi il ne peut y avoir d'erreur, l'entendement ne pouvant point appercevoir que ces idées aient des rapports qu'elles n'ont pas), il conclut que ce n'est que lorsque nous jugeons que ces idées ont des rapports qu'ils n'ont pas, que nous tombons dans l'erreur ; & par conséquent que la volonté, dont la fonction est de juger, est la véritable cause de nos erreurs. Nous voilà donc persuadés, non-seulement de l'existence de notre ame & de celle de Dieu, mais encore d'une infinité de principes ; comme, qu'il est impossible qu'une chose soit ou ne soit pas en même-temps, que le tout est plus grand que la partie, & de toutes les vérités mathématiques que nous avons une fois vues d'une maniere claire & distincte.

Enfin de ce principe, que Dieu n'est point trompeur, Descartes conclut que nous avons un corps auquel notre ame est unie, & que nous sommes environnés de plusieurs autres corps ; & il finit en faisant voir que l'ame &

le corps sont deux substances entiérement différentes.

Passons à la Physique : Descartes se propose de ne raisonner que sur des idées claires & distinctes, aussi-bien dans la Physique que dans la Métaphysique. Sur ce fondement, il examine en quoi consiste l'essence de la matiere ou du corps en général. On entend par l'essence d'une chose le premier attribut que nous concevons dans une chose, & sans lequel nous ne pouvons concevoir cette chose. Suivant cela, Descartes assure que l'essence du corps ne consiste pas dans la dureté, la liquidité, la pésanteur, la légéreté, la chaleur, la froideur, la sécheresse, l'humidité ou dans quelqu'autre qualité semblable, parce qu'il n'y a pas une de ces choses qui soit inséparable de la matiere ; mais qu'elle consiste dans l'étendue, parce que l'étendue est le premier attribut que nous concevions dans la matiere, & qui lui convient si nécessairement, qu'aussi-tôt que nous avons l'idée de la matiere, nous avons l'idée d'une substance étendue en longueur, largeur & profondeur, sans pouvoir séparer en aucune maniere ces deux idées. Ainsi, selon Descartes, il est impossible qu'il y ait du vuide, c'est-à-dire, un espace où il n'y ait aucune matiere ; parce que tout espace a de l'étendue, & que l'étendue & la matiere sont une même chose.

De ce premier attribut qui fait l'essence de la matiere, Descartes déduit toutes les autres propriétés que l'étendue enferme nécessairement, savoir la divisibilité & la figure : mais comme les divisions que l'on fait seulement par la pensée, ne changent rien dans la matiere, &

que toute division réelle dépend du mouvement, Descartes examine fort au long la nature du mouvement.

C'est sur ces principes simples d'étendue, de figure & de mouvement, que ce Philosophe fonde tous les raisonnemens qu'il fait dans la Physique. Il n'y a qu'à lire *les principes de sa Philosophie*, pour être convaincu qu'on ne peut rien savoir de certain dans la Physique, si on ne suit sa méthode; c'est-à-dire, si on ne raisonne sur les plus claires & les plus simples idées de la matiere : & on verra en même-temps que ce Philosophe a effectivement découvert par cette méthode plusieurs vérités, qui étoient absolument inconnues avant lui, & plusieurs autres dont on n'avoit que des idées fort obscures. Aucun Philosophe, par exemple, n'avoit donné, avant Descartes, une idée claire & distincte des qualités sensibles, des couleurs, des saveurs, des odeurs, &c. C'est lui qui le premier s'est avisé de distinguer le sentiment qu'a notre ame à l'occasion d'un objet qu'on nomme coloré, odoriférant, &c, d'avec ce qui produit ce sentiment. Si l'on n'eût raisonné comme lui que sur l'idée distincte de la matiere, on n'auroit jamais mis les couleurs dans les objets qui excitent en nous les différens sentimens de couleur, &c; puisqu'on n'a jamais vu clairement que ce sentiment puisse convenir au corps, quel qu'il soit, dans lequel nous ne voyons que de l'étendue, des figures & du mouvement : mais on auroit attribué ce sentiment à l'ame, qui est capable de sentir, comme chacun peut s'en convaincre, en se consultant soi-même ; & on se seroit apperçu facilement qu'il y a quelque petit corps qui, tombant sur le corps qu'on nomme coloré, & réfléchissant sur nos yeux, produit par ses différens mouvemens des sentimens différens auxquels nous avons donné des noms particuliers pour les distinguer les uns des autres ; comme Descartes l'a fait voir d'une maniere évidente par les seuls principes d'étendue, de figure, & de mouvement.

Mais si la méthode de Descartes, de ne rien établir que ce qui est fondé sur des idées claires & distinctes, est excellente, & la seule qui conduise à découvrir la vérité, & à garantir des pieges de l'erreur ; s'il a suivi cette méthode dans sa Métaphysique & sa Physique générale, il s'en est écarté sur plusieurs points, & principalement dans les hypothèses qu'il a imaginées sur la construction du monde ; & c'est ce qui nous reste à examiner.

Suivant Plutarque, *de placitis Philosophorum* (L. 1, c. 18.) 1°. Depuis Thalès jusqu'à Platon on nia le vuide : 2°. Leucippe, Démocrite, Démétrius, Métrodore & Epicure admirent un Vuide infini : 3°. les Stoïciens enseignerent que tout est plein dans le monde, & que hors du monde il y a un vuide infini : 4°. Aristote nie simplement qu'il y ait des corps au-delà du ciel ; ce qui suppose qu'il admettoit aussi un vuide infini au-delà du monde, rien n'étant plus absurde que d'admettre au-dessus du dernier ciel un espace vuide & borné.

Les Philosophes Chrétiens, qui font profession de ses dogmes, ont enseigné que tout est plein dans le monde, & que hors du monde il y a un vuide infini. Ils le nomment *les espaces imaginaires*, & ne croient pas que ce soit un vuide proprement dit, quoiqu'il ne renferme aucun corps : car ils appellent proprement vuide un espace qui ne contient point de corps, & qui de toutes parts est environné de corps ; or il est visible que cette définition ne convient pas aux espaces imaginaires. Pour ce qui est de la plénitude du monde, ils l'ont admise comme un point fondamental cher & précieux à la nature, puisqu'ils ont dit qu'elle avoit une telle horreur pour le vuide, qu'elle aimoit mieux violer ses loix, que de permettre qu'il s'introduisît quelque part. Elle fait descendre les corps légers, & monter les corps pesans toutes les fois que le vuide la menace, disent-ils. Ces mouvemens sont contraires à ses propres loix, & violentent les élémens : mais que faire à cela ? De deux maux n'est-il pas juste d'éviter le pire ? Les Philosophes modernes se sont moqués de ces visions. Galilée & son successeur Toricelli ramenerent la doctrine du vuide : Gassendi la mit à la mode. Descartes au contraire se déclara pour le plein, & poussa la chose beaucoup plus avant que les sectateurs d'Aristote : car non-seulement il soutint qu'il n'y avoit point de vuide, mais aussi qu'il étoit absolument impossible qu'il y en eût. Il se fonda sur ce que le vuide, ayant toutes les propriétés & toute l'essence des corps, c'est-à-dire, les trois dimensions, c'étoit une contradiction dans les termes de prétendre que le vuide fût un espace où il n'y avoit point de corps. Les raisons de Descartes ont paru fortes & même évidentes à grand nombre de personnes. Ils ont cru qu'avec la matiere subtile on accordoit aisément ensemble le mouvement & la plénitude, & ils ont trouvé du paralogisme dans les démonstrations de Gassendi. Le regne du plein sembloit donc affermi, lorsqu'on a vu tout-à-coup de grands

Philosophes dans un autre sentiment. Huighens s'est déclaré pour le vuide. Newton a pris le même parti, & a combattu fortement sur ce point l'hypothèse de Descartes, comme une chose incompatible avec le mouvement, la légéreté & quelques autres phénomènes. Ce qu'il y a d'embarrassant pour ces nouveaux sectateurs du vuide, est qu'ils ne peuvent nier que les argumens des Cartésiens contre le néant de l'espace ne soient très-forts; c'est-à-dire, qu'ils n'osent pas soutenir, comme certains Scholastiques, que l'espace n'est rien, & que c'est une pure privation. Quand donc on leur demande ce que c'est que ces espaces, qui ont réellement les trois dimensions, qui sont distincts du corps, & qui se laissent pénétrer par les corps, sans leur faire nulle résistance; ils ne savent que répondre, & peu s'en faut qu'ils n'adoptent la chimere de quelques Péripatéticiens, qui ont osé dire que l'espace n'est autre chose que l'immensité de Dieu, doctrine des plus absurdes, comme M. Arnaud l'a fait voir dans ses écrits, où il prétend que le P. Mallebranche semble attribuer à Dieu une étendue formelle.

Cela posé, voyons si Descartes avec son plein a mieux réussi que les autres dans ses hypothèses sur la construction du monde. On a observé ci-dessus que les Péripatéticiens croyoient le monde composé d'une *matiere premiere*, qui n'a, disoient-ils, nulle forme, mais qui peut recevoir toutes les formes; en sorte que l'eau peut devenir feu, l'air devenir eau, l'or devenir pierre, & *vice versâ*. Il y a quelque différence entre cette matiere premiere & les Atômes de Leucippe & d'Epicure: mais le systême des Péripatéticiens & celui des Épicuriens conviennent, en ce qu'ils admettent d'abord un premier fond de matiere indéterminée, & capable d'entrer dans toutes fortes d'états & de compositions. Quoique Gaſſendi, qui a fait revivre ces Atômes dans le ſiecle paſſé, les mette dans la main de Dieu pour les faire marcher ſelon les ſages vues de ſa Providence, on retrouve encore dans ſon ſyſtême le même fond de matiere vague, qui en premier lieu n'a rien de régulier ni de déterminé, & qu'on pourra changer enſuite indifféremment en un corps ou en un autre, ſelon qu'on voudra la manier, la déſunir & la remettre en d'autres mains. Enfin Deſcartes, en rejettant le vuide & en adoptant le plein, eſt tombé dans le même écart, en développant ſon hypothèſe ſur la création. Voici comment il la conçoit.

Dieu forme d'abord une maſſe immenſe de matiere homogène, & dont toutes les parcelles ſont dures, cubiques, ou du moins anguleuſes. Enſuite il imprime à ces parcelles un mouvement double, il les fait tourner la plupart ſur leur centre, & divers pelotons d'entre elles autour d'un centre commun; ce qu'il nomme tourbillon. Cela fait, ſelon lui, tout eſt fait, & du frottement de ces parcelles, écornées par leurs angles, il s'en formera une pouſſiere très-fine, qu'il nomme le premier élément, ou la matiere ſubtile; en ſecond lieu une matiere globuleuſe, qu'il nomme le ſecond élément, ou la lumiere; & enfin une pouſſiere maſſive, ſtriée, branchue, qu'il nomme le troiſieme élément, dont ſe formeront toutes ſortes de maſſes. Ce chaos, ſorti de la main de Dieu, s'arrange, ſelon Deſcartes, en vertu de la continuation des deux mouvemens que Dieu y a imprimés, & devient de lui-même un monde semblable au nôtre ; *dans lequel, quoique Dieu n'y mette aucun ordre ni proportion,* ce sont ses termes, *on pourra voir toutes choses, tant générales que particulieres, qui paroissent dans le vrai monde.* Mais 1°. comment concilier la liberté du mouvement avec la parfaite exactitude du plein tel que Descartes l'expose ici, c'est-à-dire, d'une matiere dont toutes les parcelles sont dures ? Il faudroit au moins, pour ce mouvement dans le plein, supposer que Dieu auroit joint d'abord la matiere subtile avec cette matiere dure. 2°. Il est faux, comme il est prouvé par l'expérience, que le seul mouvement d'une matiere homogène puisse produire les natures particulieres des différens corps dont le monde est composé, & c'est principalement en cela que consiste la plus grande erreur de Descartes.

C'est par une suite de cette erreur, aussi ancienne que la Philosophie, que les Alchymistes ont cru possible la transmutation des métaux. Voici leur raisonnement, selon Aristote, Epicure, Gassendi & Descartes, de l'or & du sable sont fonciérement la même matiere. Le grand Descartes, en écarnant ses cubes, en a vu naître le soleil, l'or & la lumiere même. Remuons du sable, brisons-en les coins à force de feu & de frottemens, ôtons-lui cette forme accidentelle qui le rend sable, & amenons-le par un heureux pli à devenir or.

Il suffit, pour sentir la grande méprise de ces nouveaux Philosophes à système, de savoir qu'ils construisent le monde avec une matiere informe, qui d'abord n'étoit ni eau, ni feu, ni métal, ni terre, ni rien de ce que nous voyons aujourd'hui, & qui enfuite par le mouvement eft devenue tout ce que nous voyons. Une expérience conftante leur montre que, pour donner le développement & l'accroiffement aux efpeces paffageres qui entretiennent la fcene du monde dans la durée des fiecles, Dieu a préparé une multitude de natures fimples qui ne font jamais forties d'une matiere premiere différente d'elle-même ; que ces natures n'ont d'autres caufes immédiates de leur formation que Dieu même ; qu'elles n'ont point paffé d'un premier état à un fecond ; qu'elles font invariables ; que nul mouvement ne peut jamais les altérer ni les changer, ni les convertir en d'autres natures, ni les réfoudre en autre chofe que ce qu'elles font. Elles font également indeftructibles & ingénérables ; & puifque le mouvement le plus terrible ne peut aujourd'hui y rien opérer, elles ne doivent point leur nature fpéciale à aucun tour ou pli qui leur ait été donné par le mouvement. Ainfi qu'on prenne de l'or affiné, & qu'on le pouffe au plus grand feu, il demeurera en fonte pendant des mois entiers. Pouffez de même au feu le fable, ou le limon ou le mercure, ou quelque métal que ce foit : le fable deviendra verre, par la liaifon qu'il acquiert dans le feu ; & après avoir été des années entieres dans le pot du verrier, il fera toujours verre : le limon tombera en chaux ou en cendre, & ne fera jamais après les défunions que cendre & terre morte. Il en eft de même des métaux ; qu'on les tourmente, qu'on leur donne tel mouvement, telle altération qu'on voudra par le feu, par les eaux fortes, &c ; ils ne changeront point de nature un feul inftant. Concluons-en que le mouvement, qui n'a jamais pu produire le moindre grain d'or, de fer, de terre, d'eau, de fable, &c, n'a pu produire à plus forte raifon ni une terre, ni des habitans, ni un atmofphere, ni un foleil, &c. Le mouvement conferve le monde, mais ne le peut ordonner, de même que les reſſorts d'une montre & le foin de la remonter tous les jours la font aller régulièrement, mais ne la peuvent conſtruire. Si les nouveaux Philofophes, dont il eſt ici queſtion, ont parlé exactement de Dieu, de la nature de l'ame, & des autres queſtions, foit de Métaphyfique, foit de Morale, ils fe font trompés lourdement fur la conſtruction du monde: ce qu'ils auroient évité, s'ils s'en fuſſent tenus au récit de Moyfe dans la Genèfe, qui détruit tout leur fyſtême; ou s'ils euſſent confulté l'expérience, plutôt que des idées creufes & fyſtématiques.

Nous ne parlerons point de Newton, parce qu'il avoue modeſtement que nous ne connoiſſons pas le fond de la nature, & que fon fyſtême ne regarde point la création du monde, mais feulement fa marche & fon entretien. Il penſe, comme Defcartes, que tout corps perſévere dans fon état de repos & de mouvement, juſqu'à ce qu'une nouvelle force l'en tire ou l'en détourne. Il croit en fecond lieu avoir obſervé dans toute la nature, & (c'eſt le point diſtinctif de fon fyſtême) que tous les corps font attirés les uns par les autres, à proportion de leur diſtance & de leur maſſe; qu'ils tendent les uns vers les autres, & péfent les uns fur les autres: que le foleil tend vers la terre, & la terre vers le foleil; mais que celui-ci étant incomparablement plus gros, on n'apperçoit que les approches de la terre vers le soleil : que la terre de même tend vers la pierre qu'on en a séparée par la projection, comme cette pierre tend vers la terre ; ou plutôt que la pierre attire la terre à elle, comme la terre attire la pierre ; mais que la terre, en raison de sa masse, attirant bien plus que ne fait une petite pierre, il arrive delà que la terre ne quitte point sa place, & que c'est la pierre qui la vient chercher, ou qui est entraînée par la puissance attractive que la terre exerce sur elle.

Cette action que Newton croit voir par-tout entre un corps & un autre, il la nomme *attraction*, & la donne comme un effet qui est dans tout l'Univers, sans qu'il en puisse assigner d'autre cause que la volonté de Dieu, qui l'a ordonnée pour faire marcher toute la nature ; & c'est en effet par cette attraction que Newton tâche d'expliquer tout le méchanisme du monde. Mais le malheur est que l'application qu'on veut faire de ce système, comme des autres, que nous avons exposés, aux effets particuliers, ne satisfait point. Qu'on applique ce système de l'attraction au phénomène de l'aimant, où il semble qu'il devroit être de grand usage, ou à l'électricité, ou à ce qu'on appelle fermentation ; on trouvera que le principe abandonne par-tout, & ne donne l'intelligence de rien. On est réduit à varier les attractions comme les effets. Ici c'est une attraction qui agit de toute la profondeur de la masse ; là c'est une attraction qui n'agit que de la plus légere superficie du corps. Qu'ils soient minces ou épais, certaine attraction y est la même, tandis qu'une autre attraction varie comme l'épaisseur des corps. Muschembroeck, fameux Newtonien, a fait cent expériences sur l'aimant : après des calculs & des précautions infinies, il avoue de bonne grace que l'attraction lui manque au besoin, & qu'il n'y a pu rien comprendre.

On voit par-là que la Physique systématique n'est appuyée que sur des conjectures & des opinions très-incertaines, dont on ne peut faire aucune démonstration. Il n'y a que la Physique expérimentale qui nous conduise sûrement à la vérité : elle est la seule qui soit certaine, la seule utile, la seule conforme à notre état.

X L.

Nouveaux Philosophes incrédules & impies, qui ont renouvellé les faux systêmes, & même enchéri sur les erreurs & les absurdités des anciens.

Le Christianisme ayant dévoilé & corrigé toutes les erreurs des anciens Philosophes sur la nature de Dieu, sur celle de notre ame, sur la création, sur l'origine du monde, sur la morale, &c; leurs sectes se dissiperent comme un nuage, & la vérité parut dans tout son jour. La Philosophie d'Aristote, que les Arabes Musulmans adopterent dans la suite, les précipita dans des erreurs monstrueuses, & elle infecta même de plusieurs faux principes les écoles Chrétiennes dans lesquelles elle perça. Mais, lorsqu'on eut secoué le joug de cette mauvaise Philosophie, & que cette science commençoit à s'épurer dans toute l'Europe, & à régler sa marche sur des principes clairs, évidens & conformes aux vérités du Christianisme, on vit paroître tout-à-coup dans le dix-septieme siecle un impie d'une trempe singulière, qui, non content de fouler aux pieds cette sage & lumineuse Philosophie, attaqua toutes les Religions; & qui, levant même avec une audace incroyable l'étendard de l'Athéisme, devint comme le précurseur & le chef d'une armée de Philosophes incrédules & impies, dont les progrès rapides parvenus jusqu'à nous menacent encore aujourd'hui tout l'Univers d'un apostasie presque générale.

BENOIT DE SPINOSA.

L'impie dont nous parlons s'appelloit *Benoît de Spinosa*, Juif de naissance. Il étoit originaire d'Espagne, mais il naquit à Amsterdam. On ne sait rien de particulier de sa famille; il étudia la langue latine sous un Médecin de cette ville. Il s'appliqua de fort bonne heure à l'étude de la Religion, après quoi il se consacra tout entier à celle de la Philosophie. Comme il ne goûtoit point la doctrine des Rabins, on s'apperçut qu'il désapprouvoit le Judaïsme en plusieurs articles; il déclara librement ses doutes & sa croyance. On dit que les Juifs offrirent de le tolérer, pourvu qu'il voulût accommoder son extérieur à celui de leur Religion, & qu'ils lui promirent même une pension annuelle : Spinosa ne put s'y résoudre. Il ne s'aliéna néanmoins que peu-à peu de leur synagogue; & peut-être auroit-il gardé plus long-temps quelques mesures avec eux, si, en sortant de la comédie, il n'eût été attaqué en trahison par un Juif, qui lui donna un coup de couteau. La blessure fut légere, mais il crut que l'intention de l'assassin avoit été de le tuer. Dès-lors il rompit tout commerce avec les Juifs, & composa en Espagnol une Apologie de sa sortie de la synagogue. Dans la suite, importuné par les visites de ses amis, qui empêchoient ses spéculations philosophiques, & troubloient son esprit méditatif, il quitta Amsterdam, & se retira à la campagne. Enfin il se fixa à la Haye, où il mourut d'une maladie lente, le 21 Février 1677, âgé d'un peu plus de quarante-quatre ans.

 On dit qu'il étoit d'un bon commerce, honnête, officieux, & réglé dans ses mœurs ; qu'il ne juroit jamais, qu'il ne parloit qu'avec respect de la majesté divine, qu'il ne se soucioit ni de vin, ni de bonne-chere, ni d'argent, ni de jeu ; & delà quelques gens, comme Baîle, en concluent qu'on peut être Athée, & vivre en honnête homme. Oui sans doute on le peut, au moins à l'extérieur & par des motifs de pure cupidité : mais Spinosa, si c'eût été son goût, auroit pu aussi donner dans toutes sortes de vices, sans rien appréhender pour une autre vie qu'il ne croyoit point. Eh ! qui a dit à ces personnes qu'il ne s'est point dédommagé en secret ? Le vrai, à ce qui paroît, c'est que la plupart des grandes passions étoient absorbées dans Spinosa par une passion plus forte qui l'occupoit tout entier, & qui consistoit à chercher des raisons & des argumens de toute espece pour combattre toutes les Religions, & en particulier celle des Juifs, & pour établir un affreux Athéisme. Il commença cette attaque par son livre intitulé, *Tractatus Theologico-politicus*, parce qu'il y envisage la Religion en elle-même, & par rapport à son exercice eu égard au gouvernement civil. Dans cet ouvrage imprimé à Amsterdam en 1670, il ne trouve rien dans la nation Juive qui l'ait distinguée des autres peuples, sinon qu'elle étoit d'une constitution politique plus sage que celle des autres nations. Il ne fait consister la prophétie que dans l'expression d'une image sensible, que les prophetes, dit-il, appliquoient, selon qu'il leur plaisoit, aux événemens futurs : & à l'égard des miracles, il les juge impossibles ; parce que, selon lui, ils derangeroient l'ordre de la nature, & que ce dérangement est contradictoire. Enfin Spinosa insinue dans ce Traité toutes les semences de l'Athéïsme, qui se montre à découvert dans ses Ouvrages Posthumes, & sur-tout dans sa morale. Son système sur la Divinité est la plus monstrueuse hypothèse qui se puisse imaginer, la plus absurde & la plus diamétralement opposée aux notions les plus évidentes de notre esprit.

Spinosa suppose qu'il n'y a qu'une substance dans la nature, & que cette substance unique est douée d'une infinité d'attributs, & entre autres de l'étendue & de la pensée : ensuite de quoi il assure que tous les corps qui se trouvent dans l'Univers, sont des modifications de cette substance en tant qu'étendue, & pareillement les ames des hommes sont des modifications de cette substance en tant que pensée ; de sorte que Dieu, l'Etre nécessaire & souverainement parfait, est bien la cause de toutes les choses qui existent, mais il ne differe point d'elles. Il n'y a qu'un seul être & qu'une nature ; & cette nature produit en elle-même, & par une action immanente, tout ce qu'on appelle créatures. Il est tout ensemble agent & patient, cause efficiente & sujet. Il ne produit rien qui ne soit sa propre modification.

Le fond de ce système n'est pas nouveau,

la secte Ionique, jusqu'à Diogène d'Apollonie inclusivement, n'admettoit de même qu'une seule substance, un seul être principe de tout. C'étoit aussi la doctrine de la secte Eléatique, & de la secte Cabalistique : c'étoit celle d'Epicure & de plusieurs autres Philosophes particuliers : enfin c'est encore le système de plusieurs sectes Orientales, dont quelques-unes ont subsisté jusqu'aujourd'hui : voyez (*suprà*). Chacune de ces sectes a tenu plus ou moins clairement ce même fond de système : mais on n'en voit aucune qui l'ait développé comme Spinosa, & qui en ait fait un corps de doctrine suivi & tissu à la maniere des Géometres.

Réflexions sur l'hypothèse de SPINOSA.

Dans l'horrible hypothèse de Spinosa, tout roule sur ce principe, *une substance ne sauroit en produire une autre* ; & c'est delà qu'il conclut qu'il n'y a qu'une substance, que cette substance est l'univers, & que l'univers est Dieu. *Præter Deum nulla dari, neque concipi potest substantia* : (c'est sa quatorzieme proposition) ; voici comment il tâche de prouver sa maxime. » Il ne sauroit y avoir dans la na-
» ture deux substances de même attribut», *in rerum naturá*, (c'est sa cinquieme proposition), *non possunt dari duæ vel plures substantiæ ejusdem naturæ seu attributi*; c'est-à-dire, selon l'Auteur, « deux substances qui aient
» quelque chose de commun entre elles. Donc
» l'une ne peut être la cause de l'autre. Si
» l'une pouvoit être la cause de l'autre, elles
» pourroient se concevoir l'une par l'autre. Or
» deux substances qui n'ont rien de commun
» ne se peuvent concevoir l'une par l'autre.
Donc

» Donc l'une ne peut être la cause de l'autre ». Pur sophisme.

1°. *In rerum naturâ*, dit Spinosa, *non possunt dari duæ vel plures substantiæ ejusdem naturæ seu attributi*. Un écolier de Logique, qui a appris ce que c'est que *genre*, *espece*, *individu*, réfutera tout d'un coup cette proposition par cette distinction : *Non possunt dari plures substantiæ ejusdem numero naturæ seu attributi*, concedo. *Ejusdem specie naturæ sive attributi*, nego. Que pourroit dire Spinosa & ses partisans contre cette distinction ? Ne falloit-il pas qu'il l'admît lui-même par rapport aux modalités ? L'homme, selon lui, n'est-il pas une espece de modification ? Et Socrate, par exemple, n'est-il pas un individu de cette espece ? Voudroit-il qu'on lui soutînt que Spinosa & le Juif qui lui donna un coup de couteau n'étoient pas deux modalités, mais une seule. On le pourroit invinciblement si la preuve de l'unité de substance étoit bonne : mais puisqu'elle prouve trop, (car elle prouve qu'il pourroit n'y avoir dans l'Univers qu'une modification), il faut qu'il soit des premiers à la rejetter. Il auroit donc dû observer que le mot *idem* signifie deux choses, ou *identité*, ou *similitude* ; & c'est ce qu'il confond sans cesse. Pythagore & Aristote, selon son système, étoient deux modalités semblables : chacune avoit toute la nature de modalité ; & néanmoins l'un différoit de l'autre. Disons-en autant de deux substances ; chacune possede toute la nature & tous les attributs de la substance ; & néanmoins elles ne sont pas une substance, mais deux.

2°. Dire, comme Spinosa, que des substances qui n'ont point les mêmes attributs, l'ame ne puisse se concevoir par l'autre, c'est un autre sophisme. Car, malgré la différence de leur nature, elles peuvent être connues, non à la vérité par leurs attributs puisqu'on suppose qu'elles n'en ont point de commun, mais par le rapport de cause & d'effet qui est entre elles. On avoue que la connoissance de l'effet ne donne pas la connoissance parfaite de la cause, l'effet ne contenant jamais toutes les perfections de son principe, & pouvant ne lui pas ressembler : mais on soutient que l'idée de l'effet occasionne nécessairement l'idée d'une cause, & que ces deux idées sont essentiellement relatives ; parce qu'il n'y a point d'effet qui n'ait une cause, ni de cause qui n'ait un effet. L'effet connu est l'invincible preuve de l'existence de la cause ; & la cause connue mene à la notion de l'effet ou existant ou possible, sans lequel elle ne seroit pas conçue comme cause. Une substance de différent attribut peut donc en produire un autre : deux ou plusieurs substances peuvent donc exister à la fois avec les rapports de cause ou d'effet : par conséquent il est faux qu'on ne puisse concevoir qu'une seule substance.

Autres réflexions plus étendues sur l'hypothèse de SPINOSA.

Nous connoissons distinctement deux substances, l'une spirituelle, l'autre matérielle ou étendue, dont les attributs ne sont pas communs : mais, quand on ne pourroit connoître les attributs de l'une par les attributs de l'autre, il seroit faux d'en conclure qu'il n'y auroit qu'une seule substance. Disons plus : quand on ne pourroit les connoître par le rapport de cause & d'effet, il seroit beaucoup moins absurde d'en conclure qu'elles sont toutes deux éternelles & indépendantes, que de les identifier ensemble, malgré la disparité de leurs attributs, pour n'en faire qu'un seul & même être. Mais Spinosa, bien loin de reconnoître l'étendue & l'intelligence pour deux substances distinctes, ne les regarde que comme des modalités d'une substance unique, sans nous donner aucune idée claire de ce qu'il entend par cette substance.

I.

Il est impossible que l'Univers soit une substance unique : car tout ce qui est étendu a nécessairement des parties, & tout ce qui a des parties est composé ; & comme les parties de l'étendue ne subsistent point l'une dans l'autre, il faut nécessairement, ou que l'étendue en général ne soit pas une substance, ou que chaque partie de l'étendue soit une substance particuliere & distincte de toutes les autres. Or, selon Spinosa, l'étendue en général est l'attribut d'une substance. Il avoue, avec tous les autres Philosophes, que l'attribut d'une substance ne differe point réellement de cette substance. Il faut donc qu'il reconnoisse que l'étendue en général est une substance ; d'où il faut conclure que chaque partie de l'étendue est une substance particuliere ; ce qui ruine les fondemens de tout le système de cet impie. Il ne sauroit dire que l'étendue en général est distincte de la substance de Dieu : car, s'il le disoit, il enseigneroit que cette substance est en elle-même non étendue : elle n'eut donc jamais pu acquérir les trois dimensions qu'on les créant, puisqu'il est visible que l'étendue ne peut sortir ou émaner d'un sujet non étendu que par voie de création. Or Spinosa ne croyoit point que rien ait pu être fait de rien. Il est encore visible qu'une substance non étendue de sa nature ne peut jamais devenir le sujet des trois dimensions : car comment seroit-il possible de les placer sur un point mathématique ? Elles subsisteroient donc sans sujet : elles seroient donc une substance ; de sorte que si cet Auteur admettoit une distinction réelle entre la substance de Dieu, & l'étendue en général, il seroit obligé de dire que Dieu seroit composé de deux substances distinctes l'une de l'autre, savoir de son être non étendu & de l'étendue. Le voilà donc obligé à reconnoître que l'étendue & Dieu ne sont que la même chose : & comme d'ailleurs il soutient qu'il n'y a qu'une substance dans l'Univers, il faut qu'il enseigne que l'étendue est un être simple & aussi exempt de composition que les points mathématiques ; ce qui est le comble de la déraison.

Et qu'on ne vienne pas alléguer des reproches contre l'imagination & les préjugés des sens : car les notions les plus intellectuelles & les plus immatérielles nous font voir avec la derniere évidence, qu'il y a une distinction très-réelle entre des choses dont l'une possède une qualité que l'autre ne possede pas. Les Scholastiques ont parfaitement bien réussi à nous marquer les caracteres & les signes infaillibles de la distinction. Quand on peut affirmer d'une chose, nous disent-ils, ce que l'on ne peut pas affirmer de l'autre, elles sont distinctes : les choses qui peuvent être séparées les unes des autres, ou à l'égard du temps, ou à l'égard du lieu, sont distinctes. Spinosa ne sauroit nier que ces caracteres de distinction, employés par les Scholastiques, ne soient très-justes ; car c'est à ces marques qu'il reconnoît que les pierres & les animaux ne sont pas la même modalité de l'Etre infini. Il avoue donc, dira-t-on, qu'il y a quelque différence entre ces choses. Il faut bien qu'il l'avoue : car il n'étoit pas assez fou pour croire qu'il n'y avoit point de différence entre lui & le Juif qui lui donna un coup de couteau, ni pour oser dire qu'à tous égards son lit & sa chambre étoient le même être que l'Empereur de la Chine. Que disoit-il donc ? Il enseignoit, non pas que deux arbres fussent deux parties de l'étendue, mais deux modifications. Cependant a-t-il bien pu se promettre quelque avantage de ce changement de mot ? Qu'il évite tant qu'il voudra le nom de partie ; qu'il y substitue tant qu'il voudra celui de modification : les idées qu'on attache au mot *parties* s'effaceront-elles ? Ne les appliquera t-on pas au mot *modification* ? Les signes & les caracteres de différences sont-ils moins réels & moins évidens, quand on divise la matiere en modifications, que quand on la divise en parties ? L'idée de la matiere demeure toujours celle d'un être composé, celle d'un amas de plusieurs substances. En voici la preuve.

Les modalités sont des êtres qui ne peuvent exister sans la substance qu'elles modifient : il faut donc que la substance se trouve par-tout où il y a des modalités. Il faut même qu'elle se multiplie à proportion que les modifications incompatibles entre elles se multiplient ; de sorte que par-tout où il y a cinq ou six de ces modifications, il y a aussi cinq ou six substances. Il est évident (nul Spinosiste ne le peut nier) que la figure carrée & la figure circulaire sont incompatibles dans le même morceau de cire : il faut donc nécessairement que la portion de cire modifiée par la figure carrée ne soit pas la même substance que celle qui est modifiée par la figure ronde. Ainsi, quand je vois une table ronde & une table carrée dans une chambre, je puis soutenir que l'étendue qui est le sujet de la table ronde est une substance distincte de l'étendue qui est le sujet de l'autre table : car autrement il seroit certain que la figure carrée & la figure ronde se trouveroient en même-temps dans un seul & même sujet. Or cela est impossible ; l'étendue est donc composée d'autant de substances distinctes que de modifications.

On auroit tort d'objecter ici que dans l'Eucharistie, selon la doctrine Catholique, les accidens ou modifications du pain & du vin subsistent sans sujet après la consécration. Car 1°. le mystere de l'Eucharistie, étant d'un ordre surnaturel & infiniment élevé au dessus de nos foibles lumieres, ne peut faire matiere d'objection dans le cas présent. Il faudroit connoître clairement & distinctement la maniere dont Jesus-Christ est réellement présent dans ce Sacrement, pour pouvoir raisonner sur cet objet qui surpasse toutes nos pensées. Or ne la connoissant pas, il faut s'en tenir à la foi de l'Eglise, & croire avec simplicité que le pain & le vin dans l'Eucharistie sont changés au corps & au sang de Jesus-Christ, & qu'il n'en reste plus que les apparences. 2°. Nous ne sommes point obligés de croire par la foi que ces apparences du pain & du vin soient des accidens ou des modifications absolues, qui subsistent réellement hors de l'ame. Jamais les Peres ne l'ont enseigné; ils se contentent de dire qu'il paroît que nous voyons, que nous touchons, que nous goûtons du pain & du vin, mais que nous devons croire que ce n'en est point. L'Eglise ne l'a point non plus décidé; elle a simplement déclaré dans le Concile de Trente que le vrai corps & le vrai sang de Jesus-Christ sont réellement dans l'Eucharistie sous les apparences du pain & du vin. Il est donc très-permis de dire que, quand nous voyons, nous touchons, nous goûtons le pain & le vin Eucharistique, c'est Dieu qui affecte nos ames de la même maniere que si nous voyions ou goûtions effectivement du pain & du vin, quoiqu'il ne reste ni pain ni vin, ni modification absolue de ces deux substances changées au corps & au sang de Jesus-Christ; & l'on ne peut pas dire qu'en cela Dieu tromperoit nos sens, parce que nous sommes avertis. En s'arrêtant à cette explication, l'objection dont il s'agit n'a plus aucune force.

II.

S'il est absurde de faire Dieu étendu, parce que c'est lui ôter sa simplicité, & le composer d'un nombre infini de parties; que dirons-nous quand nous songerons que c'est le réduire à la condition de la matiere, le plus vil de tous les êtres? Qui dit la matiere dit le théâtre de toutes sortes de changemens, le champ de bataille des causes contraires, le sujet de toutes les corruptions & de toutes les générations; en un mot, l'être dont la nature est la plus incompatible avec l'immutabilité de Dieu. Les Spinosistes soutiennent pourtant qu'elle ne souffre nulle division ; mais ils soutiennent cela par la plus frivole de toutes les chicaneries : ils prétendent qu'afin que la matiere fût divisée, il faudroit que l'une de ses portions fut séparée des autres par des espaces vuides ; ce qui n'arrive jamais. C'est très-mal définir la division : nous sommes aussi réellement séparés de nos amis, lorsque l'intervalle qui nous sépare est occupé par d'autres hommes rangés de file, que s'il étoit rempli de terre. On renverse donc & les idées & le langage, quand on soutient que la matiere réduite en cendre & en fumée ne souffre point de séparation.

Mais, sans nous arrêter à cet objet, combien d'autres preuves n'avons-nous pas de la mutabilité & de la corruptibilité du Dieu de Spinosa ? Tous les hommes ont une idée fort claire de l'immuable : ils entendent par ce mot un être qui n'acquiert jamais rien de nouveau, & qui ne perd jamais ce qu'il a eu une fois, qui est toujours le même, & à l'égard de sa substance, & à l'égard de ses façons d'être. La clarté de cette idée fait que l'on entend très-distinctement ce que c'est qu'un être mobile : c'est non-seulement une nature dont l'existence peut commencer & finir, mais une nature qui subsistant toujours, quant à sa substance, peut acquérir successivement plusieurs modifications, & perdre les accidens ou les formes qu'elle a eues quelquefois. Tous les anciens Philosophes ont reconnu que cette suite continuelle de générations & de corruptions, qui se remarquent dans le monde, ne produit ni ne détruit aucune portion de matiere ; & delà vient qu'ils ont dit que la matiere est *ingénérable* & *incorruptible* quant à sa substance, encore qu'elle soit le sujet de toutes les générations & de toutes les corruptions. Elle est cependant l'exemple le plus sensible, & le plus propre que l'on puisse donner d'un être muable, & sujet actuellement à toutes sortes de variations & de changemens intérieurs. Je dis *intérieurs*, car les différentes formes sous lesquelles elle existe, ne sont point semblables aux variétés d'habits sous lesquels on peut subsister sans aucune sorte de changement ou d'altération : mais les formes qui sont produites dans la matière lui sont unies intérieurement & pénétrativement. Elle est leur sujet d'inhérence ; & selon la bonne Philosophie, il n'y a point d'autre distinction, entre elles & la matière, que celle qui se rencontre entre les modes & la chose modifiée. D'où il résulte que le Dieu des Spinosistes est une nature actuellement changeante, & qui passe continuellement par divers états qui différent intérieurement & réellement les uns des autres : il n'est donc point l'Etre souverainement parfait, dans lequel il n'y a ni *variation*, ni *ombre de vicissitude & de changement*.

Xénophane, chef de la secte Eléatique, & ses disciples, qui tenoient, comme Spinosa, l'unité de substance, ont senti toute la force des argumens que nous venons de développer ; & dans l'impuissance d'y satisfaire, ils prirent le parti de récuser le témoignage des sens, (ainsi qu'on l'a vu ci-dessus dans l'article de ce Philosophe), & de dire qu'il n'est pas vrai qu'il se fasse des changemens & des générations dans la nature quoique extérieurement cela paroisse ; mais que tout ce qui existe n'est qu'un seul être éternel, immuable, infini, immobile, &c. On a vu aussi que quelques sectes de la Chine & des Indes, qui soutenoient de même l'unité de substance, vouloient qu'on ne regardât l'Univers que comme une espece de songe & de pure illusion. C'étoit, en voulant éviter une erreur clairement démentie par la raison & l'expérience, tomber dans une autre qui n'étoit pas moins extravagante.

Il est vrai que Descartes, qui étoit bien éloigné de souscrire à la doctrine de ces Philosophes, suppose que Dieu pourroit nous faire voir un monde tel que celui où nous sommes, & nous laisser croire que ce monde seroit réel, quoiqu'il n'existât point en effet. Mais son idée est bien différente de celle de Xénophane, &c : non-seulement il n'en tiroit pas la même conséquence que ce Philosophe ; mais il étoit persuadé que, dans ce cas, Dieu qui ne peut nous tromper, nous feroit connoître que le monde que nous croirions voir seroit un monde imaginaire. D'où il s'ensuit que le monde que nous habitons est un monde réel : car ce seroit de la part de Dieu nous induire en erreur, que de nous donner une idée aussi vive, aussi générale, aussi constante de l'existence des corps qui nous environnent, si ces corps n'existoient point effectivement. Or Dieu ne pouvant nous induire en erreur, la conséquence naturelle de ce principe incontestable, c'est que les corps que nous voyons existent réellement ; puisque tout nous porte à le croire, & que, quelque desir que nous eussions de le regarder comme une illusion, nous ne pouvons nous le persuader, ni en acquérir la preuve. Il ne faut pas séparer ici les perfections de Dieu ; il est assez puissant pour faire paroître comme existante une matiere qui n'exifteroit point en effet; mais fa véracité ne lui permettroit pas de le faire, fans nous en avertir. Il ne peut donc le faire, quelque puiffant qu'il foit, à moins qu'il ne nous le faffe connoître : autrement ce feroit nous tromper; ce qui eft indigne de Dieu, & par conféquent impoffible. Dieu a toute la puiffance néceffaire pour faire fouffrir à un homme jufte & innocent les plus grands fupplices, fi on confidere la chofe phyfiquement : mais fa bonté, fa juftice & fa fageffe s'y oppofent; & par cette raifon il ne le peut point, parce qu'il répugne à fon effence de faire des chofes injuftes. Il répugne de même à fon effence de nous tromper & de nous faire illufion, en affectant vivement, clairement & perfévéramment notre ame de la réalité de l'exiftence des corps, fi ces corps n'exiftoient pas véritablement. Et qu'on ne dife pas que Dieu ne nous induiroit point en erreur, quand même ces corps que nous croyons exiftans, n'exifteroient pas; parce que fachant qu'ils peuvent paroître exifter par la puiffance de Dieu, fans exifter réellement, nous devons être fur nos gardes, & douter au moins de leur exiftence : car il feroit contraire à la bonté de Dieu de nous tenir dans cette incertitude, & à fa véracité de nous affecter de maniere à croire fortement & invinciblement que les corps exiftent, s'ils n'exiftoient pas. Il faut faire un effort contraire à la nature & au fentiment univerfel, pour douter de leur exiftence. Tout nous porte à croire que nous n'avons pas feulement l'idée de leur poffibilité, de leur effence & de leurs qualités, mais encore de leur exiftence actuelle & permanente : ce fentiment naturel vient de Dieu comme tous les autres. Il nous exposeroit donc lui-même à l'erreur, si ce sentiment n'étoit qu'une illusion.

Bayle, qui se plaît à baloter le pour & le contre, & à jetter des nuages sur les choses les plus claires, même contre son propre sentiment, objecte que nos sens sont continuellement trompés par de semblables erreurs ; & qu'il y a dans la nature des choses très-fausses, dont tout le monde néanmoins paroît intimement persuadé : par exemple, dit-il, tout le monde croit que le goût est dans les fruits, la chaleur dans le feu, les couleurs dans les objets, &c. On a cependant reconnu que cela est faux : Bayle, sans vouloir le conclure absolument, suppose qu'il pourroit bien en être ainsi de l'existence de la matiere : mais son raisonnement ne prouve rien contre la thèse que nous défendons. 1°. Il est vrai que les sens sont trompeurs ; mais cela n'arrive que quand on n'examine pas suffisamment, & que l'on juge des choses par préjugé & avec précipitation : les sens, loin d'être trompeurs par eux-mêmes, nous sont donnés au contraire pour nous faire éviter l'erreur. 2. Il est faux que tout le monde croie que le sentiment ou la sensation du goût soit dans les fruits, ni que la sensation de la chaleur soit dans le feu : ceux qui ont l'esprit cultivé, & qui se sont appliqués aux études philosophiques, n'ont garde de le penser : ils prouvent au contraire que cette sensation est en nous, & non pas dans les fruits, ou dans le feu. 3. Le commun du monde à la vérité croit du premier abord que cette sensation est dans les fruits ou dans le feu. Ils disent que les fruits ont du goût, & que le feu est chaud : mais avec un peu de réflexion, il leur est aisé d'appercevoir leur erreur, bien loin qu'ils soient portés fortement & invinciblement à la soutenir avec persévérance ; & l'on n'a aucune peine, à moins qu'ils n'aient l'esprit lourd ou bouché, à leur faire concevoir que la sensation de chaleur n'est pas plus dans le feu, que la sensation de douleur n'est dans l'épingle qui nous picque ; & que l'un & l'autre n'est que l'occasion de la chaleur & de la douleur que nous éprouvons, quand nous nous approchons du feu, ou que nous sommes piqués par une aiguille, &c.

Mais revenons à Spinosa.

III.

Nous allons remarquer des absurdités encore plus monstrueuses que celles dont nous avons parlé jusqu'à présent, en considérant le Dieu de Spinosa comme le sujet de toutes les modifications de la pensée. C'est déja une difficulté considérable, que de combiner l'étendue & la pensée dans une seule substance : car il ne s'agit point ici d'un alliage comme celui des métaux, ou comme celui de l'eau & du vin ; mais l'alliage de la pensée doit être une *identité*. Le pensant & l'étendu sont deux attributs identifiés avec la substance : ils sont donc identifiés entre eux par la regle fondamentale & essentielle du raisonnement, *quæ sunt idem uni tertio, sunt idem inter se*.

S'il y a quelque chose de certain & d'incontestable dans les connoissances humaines, c'est cette proposition : *Opposita sunt quæ neque de se invicem, neque de eodem tertio secundum idem ad idem, eodem modo atque tempore verè affirmari possunt* ; c'est-à-dire, on ne peut pas affirmer véritablement d'un même sujet, aux mêmes égards & en même temps, deux termes qui sont opposés : par exemple, on ne peut pas dire avec vérité, *Pierre se porte bien, Pierre est fort malade ; il nie cela & il l'affirme :* bien entendu que les termes ont toujours le même rapport & le même sens. Les Spinosistes ruinent cette idée & la falsifient de telle sorte, qu'on ne sait plus où ils pourront prendre le caractere de vérité : car, si de telles propositions étoient fausses, il n'y en a point qu'on pût garantir pour vraies. On ne peut donc rien se promettre d'une dispute avec eux : car, s'ils sont capables de nier cela, ils nieront toute autre raison qu'on voudra leur alléguer. Montrons que l'axiome philosophique dont on vient de parler, est très-faux dans leur système; & posons d'abord pour maxime incontestable, que tous les titres que l'on donne à un sujet pour signifier ou ce qu'il fait ou ce qu'il souffre, conviennent proprement & physiquement à sa substance, & non pas à ses accidens. Quand nous disons « *le fer est dur, le fer est pesant, il s'enfonce dans l'eau, il fend le bois* », nous ne prétendons pas dire que sa dureté est dure, que sa pésanteur est pesante, &c ; ce langage seroit ridicule & absurde. Nous voulons dire que la substance étendue qui le compose, résiste ; qu'elle pese, qu'elle descend sous l'eau, qu'elle divise le bois. De même, quand nous disons qu'un homme nie, affirme, se fâche, caresse, loue, &c, nous faisons tomber tous ces attributs sur la substance même de son ame, & non pas sur ses pensées en tant qu'elles sont des accidens ou des modifications. S'il étoit donc vrai, comme le prétend Spinosa, que les hommes fussent des modalités de Dieu, on parleroit faussement quand on diroit; Pierre nie ceci, il veut cela, il affirme une telle chose: car réellement & de fait, selon ce systême, c'est Dieu qui nie, qui veut, qui affirme; & par conséquent toutes les dénominations qui résultent des pensées de tous les hommes, tombent proprement & physiquement sur la substance de Dieu. D'où il s'ensuit que Dieu hait & aime, nie & affirme les mêmes choses en même-temps, & selon toutes les conditions requises pour faire que la regle rapportée plus haut touchant les termes opposés soit fausse. Car on ne sauroit nier que, selon toutes ces conditions prises en toute rigueur, certains hommes n'aiment & n'affirment ce que d'autres hommes haïssent & nient. Passons plus avant : les termes contradictoires, vouloir & ne vouloir pas conviennent, selon toutes ces conditions, en même temps à différens hommes. Il faut donc que, dans le systême de Spinosa, ils conviennent à cette substance unique & indivisible qu'il nomme Dieu. C'est donc Dieu qui en même-temps forme l'acte de vouloir, & qui ne le forme pas à l'égard d'un même objet. On vérifie donc de lui deux termes contradictoires : ce qui est le renversement des premiers principes de Métaphysique : *Duo contradictoria non possunt esse simul vera. De qualibet re vera est affirmatio vel negatio.*

Afin d'éviter toute équivoque, & d'éclaircir de plus en plus la question que nous traitons, il est bon d'observer avec soin qu'il ne suffit pas, pour être modification de la substance divine, de subsister dans l'immensité de Dieu, d'en être pénétré, d'exister par la vertu de Dieu, de ne pouvoir exister ni sans lui, ni hors de lui; il faut de plus que la substance divine soit le sujet d'inhérence d'une chose, comme l'ame humaine est le sujet d'inhérence du sentiment & du desir. Quelques personnes portées à excuser & à justifier, autant qu'ils pouvoient, Spinosa, ont pensé que tout ce qu'il avoit enseigné sur la question présente, devoit s'entendre dans le premier sens qu'on vient d'exposer, & non dans le second. Mais il est clair qu'elles se sont fait illusion à elles-mêmes, ou qu'elles ont voulu jetter de la poudre aux yeux : car ce premier sens suppose la création, & une substance distinguée de Dieu. Or Spinosa rejette ouvertement la création, & prétend qu'il n'y a aucun être, aucune substance vraiment distinguée de Dieu. Il suffit, pour s'en convaincre, de jetter les yeux sur ses ouvrages posthumes, dont nous avons tiré le système horrible que nous lui attribuons.

IV.

Mais si c'est, physiquement parlant, une absurdité prodigieuse, qu'un sujet simple & unique soit modifié en même-temps par les pensées de tous les hommes ; c'est une abomination exécrable, quand on considere ceci du côté de la morale. Quoi donc, l'Etre infini, l'Etre nécessaire, l'Etre souverainement parfait, ne sera point ferme, constant & immuable ! Que dis-je, *immuable !* Il ne sera pas un moment le même ! Ses idées se succéderont les unes aux autres sans fin & sans cesse ! La même bigarrure de passions & de sentimens ne se verra pas deux fois. Cela est dur à digérer : mais voici bien pis ! Cette mobilité continuelle gardera beaucoup d'uniformité en ce sens, que toujours, pour une bonne pensée, l'Etre infini en aura mille de sottes, d'extravagantes, d'impures, d'abominables ! Il produira en lui-même toutes les folies, toutes les saletés, toutes les iniquités du genre humain ! Il en sera non-seulement la cause efficiente, mais aussi le sujet passif, le *subjectum inhæsionis* ! Il se joindra avec elles par l'union la plus intime qui se puisse concevoir ! Car c'est une union pénétrative, ou plutôt c'est une vraie *identité* ; puisque le mode n'est point distinct réellement de la substance modifiée. Plusieurs Philosophes ne pouvant comprendre qu'il soit compatible avec l'Etre souverainement parfait, de souffrir que l'homme soit si méchant ou si malheureux, ont supposé deux principes, l'un bon, l'autre mauvais : & voici un Philosophe qui trouve bon que Dieu soit lui-même & l'agent & le patient de tous les crimes & de toutes les miseres de l'homme ! Que les hommes se haïssent les uns les autres ; qu'ils s'entr'assassinent au coin des bois ; qu'ils s'assemblent en corps d'armée pour s'entretuer ; que les vainqueurs mangent quelquefois les vaincus : cela se comprend ; parce qu'on suppose qu'ils sont distincts les uns des autres, & que le tien & le mien produisent en eux des passions contraires. Mais que les hommes, n'étant que la modification du même être, n'y ayant par conséquent que Dieu qui agisse, & le même Dieu en nombre qui se modifie en Turc, ou en Hongrois, il y ait des guerres & des batailles ; c'est ce qui surpasse tous les monstres & tous les déréglemens chimériques des plus folles têtes qu'on ait jamais enfermées aux *Petites Maisons*. Remarquons bien, comme on l'a déja dit, que les modes ne sont rien, & que ce sont les substances seules qui agissent & qui souffrent. Cette phrase, *la douceur du miel chatouille la langue*, n'est vraie qu'entant qu'elle signifie, que la substance étendue dont le miel est composé, chatouille la langue. Ainsi dans le système de Spinosa, tous ceux qui disent : *Les Allemands ont tué dix mille Turcs*, parlent mal & faussement, à moins qu'ils n'entendent *Dieu modifié en Allemand a tué Dieu modifié en dix mille Turcs*. Et ainsi toutes les phrases par lesquelles on exprime ce que font les hommes les uns contre les autres, n'ont point d'autres sens, véritable que celui-ci : *Dieu se hait lui-même, il se demande des graces à lui-même & se les refuse, il se persécute, il se tue, il se mange, il se calomnie*, &c. Cela seroit moins inconcevable, si Spinosa s'étoit représenté Dieu comme un assemblage de plusieurs parties distinctes, mais il le réduit à la plus parfaite simplicité, à l'unité de substance, à l'indivisibilité. Il débite donc les plus infâmes & les plus furieuses extravagances qui se puissent concevoir, & infiniment plus ridicules que celles des Poëtes touchant les Dieux du Paganisme.

V.

Il y a eu des Philosophes assez impies, pour nier qu'il y eût un Dieu ; mais ils n'ont point poussé l'extravagance jusqu'à dire que, s'il existoit, il ne seroit point une nature parfaitement heureuse. Les plus grands Sceptiques de l'antiquité sont convenus que tous les hommes ont une idée de Dieu, selon laquelle il est une nature vivante, heureuse, incorruptible, parfaite dans la félicité, & non susceptible d'aucun mal.

Communem, dit Sextus Empiricus (*k*), anticipatam homines omnes habent de Deo notionem, ex quâ beatum est quoddam animal, ab interitu alienum, in felicitate perfectum, in quod nullum possit malum cadere. Le bonheur étoit la propriété la moins séparable que l'on enfermât dans son idée. Ceux qui lui ôtoient l'autorité & la direction du monde, lui laissoient au moins la félicité, & une immortelle béatitude. Les Epicuriens même, lorsqu'ils parloient des Dieux pour s'accommoder à la Religion populaire, leur attribuoient tout ce qu'Homere leur donne dans ces paroles si souvent répétées : *Beati Dii semper existentes*. Si quelques Stoïciens, tels que Chrysippe, les faisoient sujets à la mort; c'est un sentiment aussi absurde que particulier, comme Plutarque (*l*) le leur a prouvé : & d'ailleurs ils ne parloient que des Dieux inférieurs, & non pas du grand Dieu qu'ils appelloient l'ame du monde; & ils donnoient au moins à ces Dieux inférieurs une certaine félicité pendant leur vie. Platon n'alloit pas si loin; il supposoit que les Dieux inférieurs n'avoient pas toute la félicité du Dieu suprême & de ses principales émanations; & il prétendoit même qu'ils ne pouvoient se flatter de leur entiere immortalité, que par une attention scrupuleuse à se conformer aux ordres de ce grand Dieu : mais il ne parloit non plus que des Divinités subalternes (*m*). Les Spinosistes sont peut-être les seuls qui aient réduit la Divinité à la misere : or quelle misere? quelquefois si grande, que

---

(*k*) Sextus-Empiricus, adv. Mathemat.
(*l*) Plutarque, cont. Stoicos.
(*m*) Voyez ci-dessus art. de Platon.

Dieu se jette dans le désespoir, & qu'il s'anéantiroit, s'il le pouvoit. Il y tâche, il s'ôte tout ce qu'il peut s'ôter, il se pend, il se précipite, ne pouvant plus supporter la tristesse affreuse qui le dévore. Ce ne sont point ici des déclamations; c'est un langage exact & philosophique : car si l'homme n'est qu'une modification, il ne fait rien. Ce seroit une phrase impertinente, bouffonne, burlesque, que de dire, *la joie est gaie, la tristesse est triste* : c'est une semblable phrase, dans le système de Spinosa, que d'affirmer *l'homme pense, l'homme s'afflige, l'homme se pend*, &c. Toutes ces propositions doivent être dites de la substance dont l'homme n'est que le mode. Comment a-t-on pu s'imaginer qu'une nature indépendante, qui existe par elle-même, & qui possede des perfections infinies, soit sujette à tous les malheurs du genre humain? Si quelqu'autre nature le contraignoit à se donner du chagrin, à sentir de la douleur ; on ne trouveroit pas si étrange, qu'elle employât son activité à se rendre malheureuse ; on diroit, il faut bien qu'elle obéisse à une force majeure ; mais elle est seule dans l'Univers ; rien ne lui commande ; rien ne l'exhorte ; rien ne la prie. C'est sa propre nature, dira Spinosa, qui la porte à se donner à elle-même, en certaines circonstances, un grand chagrin, & une douleur très-vive : mais lui répondra-t-on, ne trouvez-vous pas quelque chose de monstrueux & d'inconcevable dans une telle fatalité ?

V I.

Spinosa s'est jetté dans une hypothèse qui rend absurde & ridicule tout son travail ; car à qui en veut-il, quand il rejette certaines doctrines & qu'il en propose d'autres ? Veut-il apprendre des vérités ? Veut-il réfuter des erreurs ? Mais est-il en droit de dire qu'il y ait des erreurs ? Les pensées des Philosophes ordinaires, celles des Juifs, celles des Chrétiens, ne sont-elles pas des modes de l'Etre infini, aussi-bien que celles de son Ethique ? Ne sont-elles pas des réalités aussi nécessaires à la perfection de l'Univers, que toutes ses spéculations ? N'émanent-elles pas de la cause nécessaire ? Comment donc ose-t-il prétendre qu'il y a là quelque chose à rectifier ? Son système suppose nécessairement un tolérantisme universel de toute Religion, de tout système ; quelque absurde & contradictoire qu'il paroisse en lui-même, & avec les autres systêmes ; de toute action bonne, mauvaise, avantageuse, nuisible, religieuse, impie, chaste, impure, juste, injuste, &c.

Spinosa est tombé dans toutes les erreurs & les impiétés qu'on vient de relever ; 1°. parce qu'il ne pouvoit concevoir la possibilité de la création proprement dite ; 2°. parce qu'il trouvoit répugnant qu'un Dieu infiniment bon, infiniment saint, infiniment libre, pouvant faire des créatures toujours saintes & toujours heureuses, ait mieux aimé permettre le péché qui les rend malheureuses. Voilà ce qui l'a engagé à chercher un nouveau système où Dieu ne fût pas distingué de la matiere, & où il agît nécessairement, & selon toute l'étendue de ses forces, non pas hors de lui-même, mais en lui-même : d'où il résulte que cette cause nécessaire, ne mettant aucune borne à sa puissance, & n'ayant pour regle de ses actions, ni la bonté, ni la justice, ni la science, mais la seule force infinie de sa nature, a dû se modifier selon toutes les réalités possibles ; de sorte que les erreurs & les crimes, la douleur & le chagrin étant des modalités aussi réelles que les vérités, les vertus, & les plaisirs, l'Univers a dû contenir de tout cela : c'est-à-dire, que Spinosa, pour n'avoir pu comprendre des choses qui faisoient peine à sa raison, a enfanté un système tout-à-fait déraisonnable, & dont l'impossibilité & l'extravagance est manifeste.

VII.

C'est en vain que Spinosa traite de chimériques les peines après la mort; il devoit les appréhender dans son propre système. 1°. Un Spinosiste est obligé par son principe de reconnoître l'immortalité de l'ame : car il se regarde comme la modalité d'un être essentiellement pensant; & quoique la modalité de son corps éprouve des changemens à sa mort, il ne s'ensuit point que la modalité spirituelle en éprouve de même, ou qu'elle cesse d'être spirituelle. 2°. On ne peut nier qu'il n'y ait des modalités qui se fâchent contre les autres, qui les mettent à la gêne & à la question, qui font durer leurs tourmens autant qu'elles peuvent, qui les envoient aux galeres pour toute leur vie, & qui feroient durer ce supplice éternellement, si la mort n'y mettoit ordre de part ou d'autre. Tibere, Caligula, &c, sont des exemples de ces sortes de modalités. 3°. Un Spinosiste se rend ridicule, s'il n'avoue que tout l'Univers est rempli de modalités ambitieuses, chagrines, jalouses, cruelles; car puisque la terre en est pleine, il n'y a nulle raison de s'imaginer que l'air & les cieux n'en soient pleins aussi. 4°. Or qui lui a dit qu'après la mort il ne tombera pas entre les mains de quelqu'une de ces modalités farouches, cruelles & plus fortes que lui ; & qu'elle ne lui fera pas souffrir des supplices considérables & même éternels, si elle le veut ?

Nous aurons occasion dans la suite de réfuter d'autres principes particuliers de Spinosa ; par exemple, sur les prophéties, sur les miracles, &c.

Les principaux Auteurs qui ont écrit contre cet impie sont Velthuise, Aubert de Versé, Poiret, Wittichius, Henri Morus, D. François Lami, Bénédictin, Jacquelot, Jens, Bayle, Tournemine, &c.

Spinosa a été le précurseur & le chef de cette multitude de Philosophes impies, qui depuis soixante ans font les progrès les plus rapides, & qui se sont déclarés ouvertement, les uns contre la Divinité même, les autres contre toutes les Religions, & principalement contre celle de Jesus-Christ. Ces nouveaux Philosophes n'ayant d'autre regle que les fausses lumieres de leur raison obscurcie par leurs passions, ont renouvellé la plupart des erreurs & des extravagances des Philosophes anciens. Disons plus : ils y en ont ajouté de nouvelles. Comme ils se font gloire de rejetter toute autorité, ils ont formé différentes sectes, suivant les différens systêmes qu'il leur a plu d'enfanter. La raison des uns leur a fait condamner comme faux, ou abandonner comme incertain, ce que la raison des autres leur a fait adopter comme vrai & incontestable. Ils se sont divisés sur une infinité de questions très-importantes, & ne se sont réunis que pour obscurcir, autant qu'ils ont pu, les lumieres de la vérité. C'est ce qu'on remarquera toujours dans les hommes vains & superbes, qui ferment volontairement les yeux à la révélation ; comme on l'a vu, depuis les siecles les plus reculés, dans les Philosophes à qui elle n'a point été manifestée.

Ces nouvelles sectes philosophiques peuvent se réduire à quatre : savoir, les Théistes, les Déistes, les purs Matérialistes ou Athées, & les nouveaux Pyrrhoniens.

On entend par Théistes ceux qui, en rejettant la révélation & tous les mysteres de la Religion Chrétienne, admettent un Dieu, une Providence, la nécessité d'un culte quelconque, l'immortalité de l'ame, des loix naturelles, des récompenses & des peines après cette vie.

Les Déistes reconnoissent un Dieu ; mais ils veulent que ce premier être, après avoir donné à la matiere l'impression du mouvement, se soit retiré en lui-même pour ne plus s'occuper des choses du monde. Ils ne croient point l'homme obligé à lui rendre aucun hommage. Ainsi ils ne reconnoissent point de Providence ; ils n'admettent que des vertus & des vices de convention : ils se partagent sur l'immortalité de l'ame ; & ceux qui la croient, se flattent qu'après cette vie tout le monde jouira d'un bonheur parfait.

Les purs Matérialistes ou Athées sont ceux qui nient l'existence de Dieu, & qui soutiennent que tout est matiere. Ils ne connoissent ni liberté, ni vertus, ni vices proprement dits, & pensent que l'homme tout entier périt à la mort.

Enfin les Pyrrhoniens modernes prétendent, comme les anciens, qu'il n'y a rien de certain dans la nature, & que tout est arbitraire dans le moral.

Mais reprenons & expliquons plus en détail ce qui concerne chacune de ces quatre sectes.

Systême

Système des Philosophes Théistes.

Ces termes *Théistes* & *Déistes* signifient la même chose, avec cette seule différence que l'un est grec & l'autre latin. Mais depuis un certain temps, on a consacré le mot *Théiste*, pour marquer ceux des Déistes qui s'éloignent moins que les autres de la vérité.

Les Théistes enseignent, comme les Chrétiens, qu'il n'y a qu'un Dieu, & que c'est un pur esprit, souverainement parfait, éternel, immuable, infini, &c, qui gouverne tout par sa Providence. Ils conviennent que cet Etre souverain peut révéler à l'homme tout ce qui lui plaît : mais ils ajoutent qu'ils se doit à lui-même de ne lui révéler que des choses qu'il puisse comprendre, tels que les préceptes de la loi naturelle; & cette loi imprimée dans nos ames, jointe à la connoissance de Dieu, c'est ce qu'ils appellent *la Révélation & la Religion naturelle*. Ils rejettent absolument toute autre révélation qui renfermeroit des mysteres incompréhensibles à la raison, parce qu'il est déraisonnable, disent-ils, de croire ce qu'on ne comprend pas. C'est l'axiome fondamental du Théisme. « Dieu ne peut nous
» révéler, dit Jean-Jacques Rousseau dans son
» Emile, & nous ne pouvons croire que ce qui
» est démontré vrai par la raison. Dieu ne m'a
» pas doué d'un entendement, continue-t-il,
» pour m'en interdire l'usage; me dire de sou-
» mettre ma raison, c'est outrager son auteur (n).
» Je croirois plutôt à la Magie que de recon-
» noître la voix de Dieu dans les leçons contre

(n) Emile, tom. 3, p. 106.

Tome I.   T

» la raison (*o*) » ; c'est-à-dire, selon Rousseau, contre tout ce que je ne comprends pas.

En conséquence de ce principe, les Théistes n'admettent de la doctrine des Chrétiens que ce qui leur paroît conforme à l'idée qu'ils ont de la loi naturelle : mais pour les dogmes du Christianisme, ils refusent de les croire, parce qu'ils ne peuvent les accorder avec les lumieres de leur raison. Et comme la Religion Chrétienne est appuyée sur des faits, & ses dogmes sur l'autorité de l'Ecriture, de la Tradition & de l'Eglise établie par Jesus-Christ ; ils posent d'abord pour principe, que « Ce que Dieu veut » qu'un homme fasse, il ne lui fait pas dire par » un autre homme ; il le lui dit lui-même, il l'é-» crit au fond de son cœur (*p*) » : & ils en concluent que « la raison est la regle unique de » notre croyance (*q*) ». Dieu nous l'a donnée pour nous conduire ; & c'est par elle qu'il nous parle. Ainsi l'on doit « récuser l'autorité des » hommes (*r*), recourir encore moins à » celle des livres (*s*), » & ne faire aucun cas des preuves de fait, parce que « les faits re-» mettent la Religion sous l'autorité des hom-» mes (*t*) ». Par ce moyen les Théistes tâchent d'écarter toutes les preuves de la Religion Chrétienne. En vain leur oppose-t-on l'autorité des prophéties & des miracles ; ce sont des faits

---

(*o*) Ibid, tom. 2, p. 322.
(*p*) Emile, tom. 2, pag. 163.
(*q*) Lettre à l'Archev. de Paris, p. 58.
(*r*) Ibid.
(*s*) Ibid, p. 76.
(*t*) Ibid.

appuyés sur le témoignage des hommes. Ils regardent les livres de l'Ancien & du Nouveau Testament, qui contiennent ces prophéties & ces miracles, comme des ouvrages supposés & fabriqués par des imposteurs, ou du moins comme des livres dont à la vérité la morale est bonne & utile, mais que l'on a gâtés en y insérant après coup ces prétendues merveilles, & plusieurs dogmes incompréhensibles & absurdes. C'est ainsi que Rousseau, après avoir fait l'éloge de Jesus-Christ dans son Emile, & y avoir relevé la morale de l'Evangile, se plaint de ce qu'on l'a défiguré par une foule d'absurdités, & de doctrines bisarres, inconcevables & contradictoires. Mais les Théistes pensent-ils que les prophéties & les miracles soient impossibles ? Voltaire le dit en propres termes. Il trouve les prophéties impossibles ; & la raison qu'il en donne, c'est qu'il lui « paroît évident qu'on » ne peut savoir l'avenir, parce qu'on ne peut » savoir ce qui n'est pas (v) ». Les miracles lui paroissent de même impossibles, parce qu'ils dérangeroient les loix générales & immuables de la nature. Rousseau de Genève ne va pas si loin : il ne décide pas que les prophéties & les miracles soient absolument impossibles ; mais il prétend que « soit qu'il y en ait, soit qu'il n'y » en ait pas, il est impossible au Sage de s'assu- » rer que quelque événement ou quelque fait » que ce soit, puisse être l'accomplissement » d'une prophétie, ou un fait miraculeux (x) ». Pour que les prophéties fissent autorité, dit-il, » il faudroit trois choses dont le concours est

---

(v) Emile, tom. 3, p. 100.
(x) Ibid.

» impossible ; savoir, que j'eusse été témoin de
» la prophétie, que je fusse témoin de l'événe-
» ment, & qu'il me fût démontré que cet évé-
» nement n'a pu quadrer fortuitement avec la
» prophétie : car fut-elle plus précise, plus
» claire, plus lumineuse qu'un axiome de Géo-
» métrie ; puisque la clarté d'une prédiction
» faite au hasard n'en rend pas l'accomplisse-
» ment impossible, cet accomplissement, quand
» il a lieu, ne prouve rien à la rigueur pour ce-
» lui qui la prédit (y) ». Rousseau dit de même au
sujet des miracles : « Puisqu'un miracle est une
» exception aux loix de la nature, pour en ju-
» ger sûrement, il faut les connoître toutes :
» car une seule qu'on ne connoîtroit pas, pour-
» roit en certains cas inconnus aux spectateurs,
» changer l'effet de celles qu'on connoîtroit.
» Ainsi celui qui prononce qu'un tel ou tel acte
» est un miracle, déclare qu'il connoît toutes
» les loix de la nature, & qu'il sait que cet acte
» en est une exception (z) ». Or qui peut se
flatter de connoître toutes les loix de la nature ? On peut juger que l'autorité de la Tradition & de l'Eglise ne doit pas faire beaucoup
d'impression sur des Philosophes qui pensent de
la sorte : car cette autorité est fondée sur celle
des prophéties & des miracles, & sur le témoignage des hommes, qu'ils rejettent. D'ailleurs ils soutiennent que quand l'autorité de
l'Eglise Catholique seroit aussi réelle qu'elle
leur paroît imaginaire, les simples, c'est-à-dire,
la plus grande partie des hommes ne pourroient
s'en convaincre ; parce qu'il leur faudroit pour

(y) Emile, suprà.
(z) Idem, ibid.

cela entrer dans une aussi grande discussion, que s'ils examinoient directement la doctrine : ce qui est au-dessus de leur portée. « L'on donne » pour loi l'autorité de l'Eglise, dit Rousseau » (a) : mais ou c'est l'Eglise qui s'attribue à » elle-même cette autorité, & qui dit : *Je dé-* » *cide que je suis infaillible, donc je le suis ;* » & alors elle tombe dans le sophisme appellé » *cercle vicieux* : ou elle prouve qu'elle a reçu » cette autorité de Dieu ; & alors il lui faut » un aussi grand appareil de preuves pour mon- » trer qu'en effet elle a reçu cette autorité, » qu'aux autres sectes pour établir directement » leur doctrine ». Le grand nombre des Fideles, ajoute-t-il, ne pouvant sonder tout cet appareil de preuves, « chacun n'a donc d'autre » raison de se persuader qu'il est dans la vé- » ritable foi que l'autorité de son Curé », c'est-à-dire, d'un homme sujet à se tromper, & capable de tromper les autres, par ignorance, par prévention ou par intérêt (b).

Les Théistes, ne reconnoissant pas l'autorité des saintes Ecritures, se partagent sur la création. Les uns la croient volontiers, soit parce qu'elle ne leur paroît pas contraire à la raison, soit parce que le systême de l'éternité de la matiere & des esprits renferme des difficultés insurmontables : mais il y en a d'autres qui, sans nier absolument la création, ne la trouvent pas clairement démontrée par la raison. « Si Dieu, dit Rousseau de Geneve, a créé » la matiere, les corps, les esprits, le monde, » je n'en sais rien. L'idée de la création me

---

(a) Idem, Lettre à l'Archev. de Paris, p. 124.
(b) Emile, tom. 3, p. 127.

» confond & passe ma portée : je la crois au-
» tant que je la puis concevoir (c). Si l'exis-
» tence éternelle & nécessaire de la matiere a
» pour nous ses difficultés, la création n'en a
» pas de moindres. C'est de toutes les idées
» qui ne sont pas clairement contradictoires
» les moins compréhensibles à l'esprit humain
» (d) ». Il ajoute : « La coexistence des deux
» principes (Dieu & la matiere), semble ex-
» pliquer mieux la constitution de l'Univers
» (que la création). Cette coexistence des deux
» principes semble lever les difficultés qu'on a
» peine à résoudre sans elle, entr'autres l'o-
» rigine du mal (e) ». Mais ce seroit admettre
le système des Manichéens, ou du moins celui
de Platon, qui dégrade la Divinité & fourmille
d'absurdités, voyez *suprà*. Quoi qu'il en soit,
les Théistes, ne donnant pas dans l'Optimisme,
ont à essuyer les mêmes difficultés que les Chrétiens sur l'origine du mal. Il faut qu'ils disent,
ou que Dieu n'a pu l'empêcher (ce qui seroit
blasphématoire), ou qu'ayant pu l'empêcher,
il ne l'a pas voulu ; & alors il faut qu'ils
prouvent, comme nous, que cette permission
du péché n'est opposée ni à la sainteté, ni à la
justice de Dieu.

A l'égard de l'état actuel de l'homme qui naît
sans l'usage de sa raison, & qui, avant d'avoir
pu transgresser la loi naturelle, se trouve sujet
à cette foule de miseres qui nous accablent,
à l'ignorance de ses devoirs, & à cette pente
violente qui nous porte au désordre & au mal ;

(c) Ibid, p. 86.
(d) Lettre, p. 48, 49.
(e) Lettre à l'Archev. de Paris, p. 51.

les Théistes regardent toutes ces miseres comme l'état naturel de l'homme. Ne reconnoissant pas la doctrine du péché originel, qu'ils traitent de *dogme barbare* qui obscurcit la « justice & la » bonté de l'Etre suprême (*f*) » ; ils sont obligés de convenir que dans leur système Dieu afflige sans sujet des créatures innocentes, qu'il leur laisse ignorer la loi naturelle, & qu'il est l'auteur de cette inclination déréglée qui nous excite continuellement au mal : ou s'ils attribuent toutes ces miseres à des causes naturelles, il faut qu'ils disent que Dieu ne peut en délivrer les hommes ; ou que, s'il le peut, il n'en a pas la volonté : doctrine contraire à l'idée qu'ils donnent eux-mêmes de sa justice & de sa bonté : aussi passent-ils légérement sur ces objets qu'ils présentent sous la face la moins désavantageuse qu'ils peuvent. Si on les en croit, les maux physiques sont une suite nécessaire de l'ordre des choses ; & la concupiscence même n'est « qu'un penchant naturel, conforme à cet » ordre, & à la bonne constitution de l'homme ; » puisqu'il seroit hors d'état de se conserver, » s'il n'avoit un amour très-vif pour lui-même, » & pour le maintien de tous ses droits, tels » qu'il les a reçus de la nature (*g*) ».

Les Théistes distinguent « le cérémonial de » la Religion avec la Religion même (*h*) ». Ils appellent *Religion de l'homme*, la Religion naturelle, (c'est-à-dire, le culte du Dieu suprême, & l'accomplissement des devoirs de la morale) ; & *Religion du citoyen*, le cérémo-

---

(*f*) Ibid, p. 19.
(*g*) Ibid, p. 22, en note.
(*h*) Ibid, p. 5.

nial joint à cette Religion dans les différens pays. « La Religion de l'homme, dit Rousseau, sans temples, sans autels, sans rit, bornée au culte purement intérieur du Dieu suprême, & aux devoirs éternels de la morale, est la pure & simple Religion, le vrai Théisme, ce qu'on peut appeler le droit divin naturelle (*i*) ». Cette Religion exclut le sacrifice & la priere. « Je ne prie point Dieu, ajoute le même Auteur ; que lui demanderois-je (*k*) » ? Seroit-ce les vertus morales ? Les Théistes ne les attendent point du secours de Dieu : ils croient pouvoir les acquérir par leurs propres forces, sans que l'Etre suprême s'en mêle. Il suffit, selon eux, qu'il leur ait fait connoître la loi naturelle. Voltaire dit de même dans son Epître à Uranie.

« Un Dieu n'a pas besoin de nos vœux assidus ».

Le cérémonial de la Religion, ou la Religion du citoyen, est parfaitement étrangere à la Religion naturelle dont on vient de parler, & qui est la seule véritable. C'est un culte purement extérieur, une affaire de police, pour laquelle il ne faut point de révélation : & c'est aux Souverains qu'il appartient, chacun dans ses Etats, d'établir, de changer & d'abolir, quand il leur plaît, ce cérémonial de Religion, parce que c'est au Prince à régler la Police dans son Royaume. Or ce pur cérémonial, cette Religion du citoyen, suivant le commun des Théistes, ne renferme pas seulement les objets de

---

(*i*) Ibid, p. 5, & contrat. social. p. 307.
(*k*) Emile, tom. 3, p. 126.

la discipline (tels, par exemple, que l'érection des temples & des autels, la priere publique, les jeûnes, les abstinences, les différens rits & les autres cérémonies du culte extérieur); mais encore tous les dogmes dont on fait profession dans les différentes Religions, soit du Paganisme, soit du Mahométisme, soit du Christianisme; parce que tous ces dogmes, qui contiennent des choses merveilleuses & incroyables, ne sont que de pures opinions fabuleuses, que l'on a inventées pour donner au peuple naturellement superstitieux une plus grande idée de ce culte civil, nécessaire pour le retenir dans la crainte & dans le devoir. Ecoutons sur tout cela le fameux Rousseau de Genève. « Ne confondons point, dit-il, le cérémonial » de la Religion avec la Religion. Le culte que » Dieu demande est celui du cœur. Quant au » culte extérieur, c'est une affaire de police : » il ne faut pas de révélation pour cela (*l*) : » or c'est au Souverain à régler la Police dans » ses Etats (*m*) ». Et ailleurs : « qu'une Vierge » soit la mere de son Créateur ; qu'elle ait en- » fanté Dieu, ou seulement un homme auquel » Dieu s'est joint : que la substance du Pere » & du Fils soit la même, ou ne soit que » semblable, que l'Esprit procede de l'un des » deux qui sont le même, ou de tous deux » conjointement, (& ainsi de tous les autres » dogmes du Christianisme) : je ne ne vois pas » que la décision de ces questions, en appa- » rence essentielle, importe plus à l'espece » humaine, que de savoir quel jour de la lune

---

(*l*) Ibid, tom. 3, p. 124.
(*m*) Lettre à M. l'Archev. de Paris, p. 85.

T v

« on doit célébrer la Pâques ; s'il faut dire le
» chapelet, jeûner, faire maigre, parler la-
» tin ou françois à l'Eglise, orner l'Eglise d'i-
» mages, dire ou entendre la Messe, &c. Que
» chacun pense là-dessus comme il lui plaira ;
» j'ignore en quoi cela peut intéresser les au-
» tres : quant à moi, cela ne m'intéresse point
» du tout. Mais ce qui m'intéresse, moi &
» tous mes semblables, c'est que chacun sache
» qu'il existe un arbitre du sort des hommes,
» duquel nous sommes tous enfans ; qu'il nous
» prescrit à tous d'être justes, de nous aimer
» les uns les autres, d'être bienfaisans, misé-
» ricordieux, de tenir nos engagemens envers
» tout le monde, même envers nos ennemis
» & les siens ; que l'apparence du bonheur de
» cette vie n'est rien, qu'il en est une autre
» après elle, dans laquelle cet Etre suprême
» sera le rémunérateur des bons, & le juge
» des méchans. Ces dogmes & les dogmes
» semblables sont ceux qu'il importe d'ensei-
» gner à la jeunesse, & de persuader à tous
» les citoyens (n) ».

Il y a beaucoup de Théistes qui se contentent de cette Religion naturelle, qu'ils appellent la Religion de l'homme, sans prendre aucune part à celle du citoyen ; persuadés que, pourvu qu'on ne trouble point l'ordre public en combattant ce culte civil & politique, « quiconque
» est homme de bien, miséricordieux, humain,
» charitable, en croit assez pour être sauvé (o) ».
Mais il y en a d'autres qui pensent, qu'on doit se conformer dans chaque pays au cérémonial

---

(n) Emile, tom. 4, p. 86.
(o) Lettre à M. l'Archev. de Paris, p. 59.

de Religion qui s'y trouve établi; parce que le bon ordre de chaque Etat demande qu'on y suive les loix du Prince, & les coutumes de ses concitoyens. Ainsi lorsque ces Théistes sont dans un pays Catholique, ils professent à l'extérieur la Religion Catholique : ils assistent à la Messe, ils reçoivent les Sacremens, & se conforment aux autres pratiques de cette Religion. Quand ils sont parmi les Hérétiques, ils suivent de même tout le culte extérieur de chaque secte. Quand ils sont avec les Infideles, tels que les Mahométans, les Indiens, les Chinois, &c.; ils vont à la Mosquée & aux autres lieux d'assemblée, & pratiquent tous les actes de Religion, & les coutumes qu'ils trouvent établies chez ces peuples. Et quoiqu'ils regardent ces divers cultes comme des erreurs & des superstitions populaires, que les Princes sont obligés d'autoriser pour le bien de leurs Etats, ils estiment que ceux qui les croient vrais de bonne-foi peuvent être sauvés, quand ils observent en même-temps la Religion naturelle. « Un homme de bien, dit Rousseau, » dans quelque Religion qu'il vive de bonne-» foi, (Païenne, Mahométane, Chrétienne, » Socinienne,) peut être sauvé (p) ». Quoique toutes ces Religions, continue-t-il, soient « mauvaises en elles-mêmes, en ce qu'étant » fondées sur l'erreur & le mensonge, elles » trompent les hommes, les rendent crédules » & superstitieux, & noyent le vrai culte de » la Divinité dans un vain cérémonial (q) ».

La Religion naturelle des Théistes, n'admet-

(p) Ibid, p. 86.
(q) Idem, contrat. social.

tant ni temples, ni autels, ni priere, ni sacrifice, ni culte extérieur; les Prêtres ne sont point nécessaires dans cette Religion : mais on en a besoin dans celle du citoyen. Si ces Prêtres vouloient entrer dans le système qu'on vient d'exposer, c'est-à-dire, s'ils ne regardoient la Religion dont ils sont les Ministres, que comme une affaire de Police qui dépend uniquement des loix, des coutumes, de la volonté du Prince, ils vivroient en assez bonne intelligence avec les Théistes, qui ne rejettent point cette Religion politique, & qui enseignent même que le Prince est en droit de punir ceux qui s'y opposent (r). Mais les Prêtres de la Religion Chrétienne, prêchant à pleine bouche que cette Religion est divine & la seule véritable, & sur-tout ceux de l'Eglise Catholique Romaine, condamnant de plus toutes les sectes séparées de son unité; les Théistes se déchaînent contre eux, & les traitent d'intolérans, de cruels, de fanatiques, d'hypocrites, que tous les gens de bien doivent détester (s) : car « quiconque ose » dire, *hors de l'Eglise point de salut*, doit être » chassé de l'Etat », dit Rousseau (t). « Ce » dogme horrible de l'intolérance arme les » hommes les uns contre les autres, & les » rend tous ennemis du genre humain (v) ». Et cependant les Théistes eux-mêmes embrassent cette intolérance qu'ils condamnent, à l'égard de ceux qui attaquent leur Religion naturelle. « Quiconque, ajoute le même Auteur, com-

---

(r) Lettre à M. de Paris, p. 86.
(s) Ibid, passim & dans le contrat social.
(t) Cont. social. Emile, tom. 3, p. 172.
(v) Ibid, p. 172.

» bat cette Religion universelle, mérite châ-
» timent : il est le perturbateur de l'ordre, &
» l'ennemi de la société (x) ». Et ailleurs, « si
» quelqu'un dogmatise contre cette Religion,
» qu'il soit banni de la société (y) ».

Mais quelque confiance que les Théistes paroissent avoir dans leur Religion naturelle, elle ne les éclaire point d'une maniere uniforme; & par conséquent ils n'en tirent pas tous les secours qu'ils en espérent, pour la conduite de leur vie. Croyant d'un côté que l'ignorance & la concupiscence sont un apanage de la nature de l'homme ; de l'autre, ayant l'esprit offusqué par les ténebres de cette ignorance, & le cœur corrompu par les mauvais desirs de la cupidité; enfin n'admettant d'autre regle pour discerner le bien d'avec le mal que les lumieres de leur raison, obscurcie par ces suites du péché contre lesquelles ils ne sont point en garde; ils n'ont rien ou presque rien de fixe sur la loi naturelle, dont ils reconnoissent l'existence. Si quelques-uns en admettent assez exactement les premiers principes, beaucoup d'autres ne conviennent point avec eux sur un certain nombre de ces principes généraux; & tous en restreignent plus ou moins, chacun suivant ses préjugés & ses caprices, les conséquences directes ou indirectes, prochaines ou éloignées : en sorte que chacun abonde dans son sens, & que ce qui paroît à ceux-ci un principe ou une conséquence nécessaire du droit naturel, ne le paroît point à ceux-là, sans qu'ils aient d'autre autorité, pour se décider dans ce conflit d'opi-

---

(x) Ibid, tom. 4, p. 86.
(y) Lettre, p. 83.

nions, que leur propre raison. Mais s'imaginant tous, quelques disparates que soient leurs sentimens, être éclairés des pures lumieres de la vérité, ils sont exposés entre eux à des disputes interminables ; chacun ne pouvant persuader à ceux avec lesquels il n'est point d'accord, la vérité de son opinion, ni par autorité, ni par la raison ; sur-tout si ces derniers persistent à soutenir que ce qu'on leur présente comme conforme à la loi naturelle, ne leur paroît point renfermé dans l'idée qu'ils en ont. Voilà pourquoi la morale des Théistes est si disparate, sur des points même très-essentiels, & qu'on ne peut juger de la doctrine de l'un par la doctrine de l'autre. Ainsi lorsqu'on est dans le cas de s'expliquer avec eux sur cette matiere, il faut, avant toute chose, s'assurer de ce qu'ils croient appartenir, ou ne point appartenir à la loi naturelle : & comme ils rejettent la révélation, il n'est guères possible de les convaincre que par le raisonnement, lorsqu'ils s'obstinent à soutenir comme vrai ce qu'on leur démontre être contraire à la raison, ou comme faux ce qu'on leur prouve être conforme à cette lumiere naturelle.

Enfin les Théistes reconnoissent la spiritualité de l'ame, son immortalité, sa liberté. Ils attendent des récompenses après la mort, pour ceux qui auront observé la loi naturelle, & des punitions pour ceux qui l'auront violée. Mais le corps ressuscitera-t-il un jour ? Aura-t-il part à ces récompenses & à ces punitions ? C'est sur quoi leur raison ne leur apprend rien. Elle ne leur découvre point non plus quelles seront ces récompenses & ces punitions, ni le temps qu'elles dureront. Ils ne savent si l'on pourra pécher de nouveau dans la vie future,

& perdre par-là les biens qu'on avoit mérités dans celle-ci ; ou si ces récompenses seront éternelles, sans qu'on puisse s'en rendre indignes par de nouvelles prévarications. Ils supposent, il est vrai, que les châtimens ne seront point éternels : ils disent même que « la » raison leur montre qu'un Dieu clément & » bon ne peut destiner sa créature à cet affreux » supplice (z) ». Mais ils ne le prouvent point : car si Dieu, n'écoutant que sa justice, ne pardonnoit point après la mort à certains pécheurs, il seroit assûrément en droit de les punir tant que leur péché ne seroit point effacé ; & s'il ne vouloit jamais le leur pardonner, il pourroit les punir éternellement. La raison loin de détruire cette assertion, semble l'autoriser d'une manière évidente. Les Théistes auront beau répéter sans cesse, qu'il est de la bonté de Dieu de pardonner tous les péchés des hommes dans cette vie ou dans l'autre, & par conséquent de leur en épargner le châtiment éternel ; il faudroit, avant de pouvoir l'assurer, que Dieu l'eut promis expressément, ou qu'il fût certain qu'il ne peut écouter à l'égard de tous les pécheurs que la voix de sa miséricorde, au moins dans ce qui concerne la durée de leur châtiment. Or d'un côté la Religion naturelle de nos incrédules ne présente aucune promesse de la part de Dieu, sur laquelle ils puissent se fonder pour espérer cette grace ; & de l'autre, ils ne prouveront jamais, avec leur prétendue raison, que dans une chose qui dépend uniquement de la volonté de Dieu, sa miséricorde puisse imposer des loix invaria-

---

(z) Emile, tom. 3, p. 137.

bles à sa justice, & en arrêter nécessairement les droits.

Ainsi un Théiste est une espece de Philosophe aveugle, qui croit à la vérité l'existence de Dieu & sa Providence, la spiritualité & l'immortalité de l'ame, le libre-arbitre, des loix naturelles, des récompenses & des peines après la mort; mais qui n'a sur la plupart de ces objets que des idées vagues & générales, sur lesquelles il ne peut établir que des conjectures. C'est un homme qui vit à l'aventure, sans d'autre guide qu'une raison pleine de ténebres qui ne lui fournit que des idées sombres sur les objets les plus intéressans, & sans savoir ce qu'il a sujet de craindre ou d'espérer après la mort.

La plupart des Textes que nous avons rapportés sur la doctrine des Théistes sont tirés, comme on a vu, des ouvrages de Jean-Jacques Rousseau de Genève, parce qu'il expose leur système d'une maniere plus précise & plus méthodique que les autres incrédules. On trouve les mêmes principes répandus dans tous les ouvrages de Voltaire. Mais il faut remarquer avec soin que, si ces deux coriphées de l'incrédulité semblent adopter le Théisme dans plusieurs de leurs livres, ils établissent dans d'autres des principes non-seulement favorables, mais tout-à-fait conformes au pur Déisme, & même au Matérialisme & au Pyrrhonisme : ce sont des Protées, qui prennent diverses formes suivant les circonstances. Quelquefois même, afin de faire illusion & de jetter de la poussiere aux yeux, ils parlent comme s'ils étoient Chrétiens, & paroissent respecter les dogmes de la Foi : mais les personnes éclairées ne s'y laissent point tromper. Ces divers personnages, que nos Philosophes modernes prennent & déposent, selon qu'ils le jugent plus ou moins expédiens, font que leurs livres sont remplis de contradictions grossieres; & qu'on ne sait, quand on n'est point au fait de leurs manœuvres, comment les concilier avec eux-mêmes. Nous releverons quelques-unes de ces contradictions dans la suite de cet ouvrage: mais si on veut les voir dans un plus grand détail, on peut consulter le *Déisme réfuté par lui-même*, *l'Oracle des nouveaux Philosophes*, *les Lettres de plusieurs Juifs Portugais & Allemands*, &c. Le premier de ces ouvrages est contre Rousseau, & les deux autres contre Voltaire.

Quand on aura exposé la doctrine des autres sectes de nos nouveaux Philosophes, on réfutera leurs systêmes, & tout ce qu'ils opposent contre l'autorité de la révélation & de la Religion Chrétienne.

Systême des Déistes.

Les purs Déistes font profession de croire qu'il y a un Dieu; c'est-à-dire, un Etre spirituel, nécessaire, éternel, infini, immuable, souverainement parfait. Cet Etre suprême a-t-il créé la matiere? La plupart le révoquent en doute; mais ce qu'ils assurent tous, c'est qu'après lui avoir donné l'impression du mouvement, & avoir formé l'Univers, il s'est retiré en lui-même, pour ne plus s'occuper des choses de ce monde. Ils n'admettent donc point de Providence: « ce seroit, disent-ils, assujettir l'auteur de la nature à des attentions pénibles » & continuelles, pour un dessein aussi petit

» que la conservation de l'Univers (a) ». Quelques-uns cependant reconnoissent avec Aristote une Providence générale, qui ne s'étend point aux individus ni aux événemens particuliers, parce que ce seroit gêner la détermination des causes libres. Et ils inférent delà que, « sui-
» vant les principes de la Métaphysique, il
» n'est pas possible que Dieu prévoie les choses
» qui dépendent de la détermination de ces
» sortes de causes (b) ». Mais comme Aristote, malgré cette doctrine, n'en étoit pas moins fataliste, nos Déistes donnent dans le même écueil, faisant dépendre tous les événemens de certaines loix générales & invariables qui conduisent tout à l'aveugle, & auxquelles il n'est pas possible de résister. Comment concilier cela avec la liberté ? La chose n'est pas facile : mais il paroît que, par ce terme de causes libres, les Philosophes dont nous parlons, n'entendent avec Aristote que la diversité des déterminations & des actions humaines qui dépendent des événemens réglés par le destin, quoique absolument les choses pussent arriver autrement ; ou si quelques-uns conservent la vraie notion de la liberté, on ne peut pas dire que ce soit le sentiment commun des purs Déistes : cette vraie notion de la liberté ne s'accorde nullement avec le fond de leur système.

Parmi les Déistes il y en a beaucoup qui se déclarent pour la spiritualité & l'immortalité de l'ame ; les autres la croient matérielle & mortelle : mais plusieurs de ces derniers se

---

(a) Téliamed, pag. 322.
(b) Lettres Persannes, Lett. 67.

contentent de mettre cette question au nombre des choses problématiques. Ces Philosophes n'ont aucune idée de la corruption de la nature ; ils enseignent que l'ignorance, la pente au mal, les miseres de cette vie, & même le désordre & le péché sont l'état naturel de l'homme ; & que ces choses qu'on regarde communément comme de grands maux, contribuent à la perfection du monde. Leur principe fondamental est ce qu'on appelle l'*Optimisme*, c'est-à-dire, que « tout est bien dans » la nature, & que tout désordre apparent est » un ordre réel (c) ». Ce principe qui justifie tous les crimes, est tiré du Traité *Theologico-politique* de Spinosa ». La nature, dit cet impie, n'est pas renfermée dans les bornes de la raison humaine, lorsqu'elle ne vise qu'à la conservation & à l'utilité des hommes : mais ce mot de nature, dont l'homme n'est qu'un petit point, dit une infinité d'autres choses qui regardent un ordre éternel, & cette loi inviolable qui donne l'être, la vie & le mouvement à toutes choses. Delà vient que ce qui nous paroît *ridicule, absurde & mauvais*, ne semble tel que pour ne connoître les choses qu'en partie, & parce que nous ignorons pour la plupart les liaisons de la nature, & que nous voudrions que tout suivit les regles de notre petite raison ; encore que ce que la raison nous représente comme un mal, ne le soit point à l'égard de l'ordre & des loix de la nature universelle, mais seulement au respect des loix de la nôtre (d) ».

_____

(c) Poëme de Pope.
(d) Spinosa.

Les Déistes ne posent ce principe, *que tout est bien dans la nature*, qu'afin d'en tirer cette conséquence, que *l'homme est tel qu'il doit être, & qu'un état plus parfait ne lui conviendroit pas* (e). Spinosa enseigne de même « qu'il ne » convient pas plus de perfection à la nature » humaine que ce qu'elle en a présentement, » & que ce que Dieu lui en donne en consé- » quence des loix immuables de la nature (f) ». « Penser, dit Voltaire, que la terre, les hom- mes & les animaux sont ce qu'ils doivent être dans l'ordre de la Providence, est, je crois, d'un homme sage. Il y a bien de l'orgueil & de la témérité à prétendre que par notre na- ture nous devons être mieux que nous ne som- mes (g) ». Il ajoute : « Le mélange de bien & de mal, avec lequel nous naissons, sont comme les ingrédiens nécessaires qui entrent dans le composé de l'homme (h) ». Et ailleurs, *tout est bien dans le monde, tout y est ce qu'il doit être.* On est étonné après cela d'entendre dire au même Voltaire : « Tout s'arrange au hasard, & rien n'est à sa place (i) ». Et encore : « Qu'est- » ce que l'Optimisme ? C'est la rage de soute- » nir que tout est bien quand on est mal (k) ». Mais c'est un échantillon de ces contradictions perpétuelles dans lesquelles cet Auteur tombe ; ainsi qu'on l'a remarqué plus haut.

(e) Poëme de Pope, traduit par l'Abbé du Resnal.
(f) Spinosa Ethic. p. 29.
(g) Voltaire, Let. Philosophiques, Let. 25.
(h) Idem, ibid.
(i) Idem, Poëme pour l'encouragement des Arts.
(k) Idem sur l'Optimisme.

Un second principe des Déistes, qui ne leur paroît pas moins essentiel que le premier, c'est que Dieu a donné à l'homme l'amour-propre pour le conduire dans toutes ses actions, & le rendre heureux sur la terre (*l*). Or ils n'entendent point, par cet amour-propre, l'amour réglé de nous-mêmes; mais l'amour sensuel, tel que celui des richesses, des plaisirs, & de tout ce qui peut satisfaire nos inclinations & nos penchans (*m*). Cette inclination vers les choses sensibles étant, selon eux, un présent du ciel, l'homme en la suivant ne fait que se conformer aux loix de la nature (*n*). Les Déistes ne connoissent point d'autre droit naturel que cet amour-propre qui rapporte tout à nous-mêmes (*o*). Ils pensent que, si c'est à la raison de nous éclairer dans les choses purement spéculatives, son but n'est point de nous guider dans nos penchans; c'est au contraire à nos penchans qu'il appartient de nous conduire dans toutes nos actions (*p*) : doctrine qu'ils ont encore empruntée de Spinosa. Si l'on en croit cet impie, « ce n'est point à la raison à régler le » droit naturel, mais à la convoitise & aux » forces de chacun en particulier : car, tant » s'en faut que la nature nous ait déterminés » à vivre selon les loix & les regles de la rai- » son, qu'au contraire nous naissons tous dans » une profonde ignorance; & nonobstant la

---

(*l*) Pope, *suprà*.

(*m*) Voltaire, *suprà* Let. 25, & discours sur la nature du plaisir, p. 81.

(*n*) Pope & Voltaire, *suprà*.

(*o*) Iidem.

(*p*) Iidem.

» bonne éducation, notre vie est fort avancée
» avant que nous puissions connoître ni raison,
» ni vertu. Cependant, poursuit Spinosa,
» comme nous vivons avec obligation de con-
» server notre être naturel, ce ne peut être
» que par les loix de l'appétit; puisque la nature
» nous refuse l'usage actuel de la raison, &
» que chacun de nous n'est pas plus obligé de
» vivre suivant les regles du bon sens qu'un
» chat suivant les loix de la nature du lion:
» d'où il s'ensuit que, dans l'état purement na-
» turel, nous avons un droit légitime sur toutes
» choses sans distinction, & pouvons en user
» sans crime, si nous les pouvons obtenir, soit
» par force, soit par ruses ou par prieres, jus-
» qu'à tenir pour ennemi quiconque nous em-
» pêche de contenter notre appétit. Donc le
» droit naturel, sous lequel tous les hommes
» naissent, & vivent pour la plupart, ne leur
» défend que ce qu'aucun d'eux ne convoite,
» & qui n'est point en leur pouvoir. Il n'interdit
» ni la discorde, ni la haine, ni la colere, ni
» la fraude, ni rien enfin de ce que veut l'ap-
» pétit (*q*) ». Avec de tels principes, on peut
tuer même son pere, sa mere, ses freres, &c,
voler, tromper, insulter la femme de son prochain, & donner dans tous les autres crimes,
si l'appétit le demande; & l'on sera assuré qu'en
agissant ainsi, on ne violera point le droit naturel : au contraire on s'y conformera; & quand
même la raison nous condamneroit, nous ne
devons pas nous en inquiéter; elle n'est pas
notre regle.

Cependant, pour ne pas trop révolter les

___

(*q*) Sipinosa, tract. Theol. polit. c. 16.

esprits, & prévenir ces conséquences qui font horreur, Spinosa conseille aux hommes d'écouter la raison, & de faire pour notre utilité & pour le bien public, ce à quoi nous ne sommes point obligés par ce qu'il appelle le droit naturel. Il veut donc que les hommes se dépouillent de ce droit jusqu'à un certain point. « Nonobstant, dit-il, ces grands avantages & cette vaste liberté que donne la nature, le plus sûr est de suivre la raison & de vivre suivant les loix qui ne regardent que ce qui nous est véritablement utile. D'ailleurs il n'est personne qui ne souhaite de mener une vie paisible & tranquille, autant qu'il est possible : chose néanmoins inconcevable, tant que le désordre regne, & que la haine & la colere sont plus en vogue que la raison, nul ne pouvant vivre en repos & sans inquiétude parmi la violence & les fourbes, que chacun tâche d'éviter par toutes sortes de moyens. Ajoutez à cela que, n'y ayant rien de plus triste que notre vie destituée d'un secours mutuel, il falloit par nécessité, pour nous mettre à couvert de tant d'insultes à quoi nous sommes trop sujets, que nous conspirassions unanimement à nous défaire de notre droit naturel pour le posséder en commun, & à renoncer à notre appétit pour le soumettre à la puissance & aux édits de toute une communauté ; ce qu'on eut néanmoins tenté vainement, si chacun eut voulu demeurer ferme dans la résolution de tout sacrifier à la convoitise, tant il est véritable que les appétits sont divers ! Et c'est pourquoi il falloit demeurer d'accord de n'écouter que la raison, (à quoi personne n'ose contredire ouvertement, de peur de se décréditer), & consen-

» tir en même-temps à tenir l'appétit en bride,
» & à le gourmander en tant qu'il veut nuire
» au prochain : il falloit se résoudre à ne traiter
» les autres que comme on veut être traité,
» & enfin à défendre l'intérêt & le bien d'autrui
» aussi ardemment que le sien propre (r) ».

On trouve la même doctrine dans les ouvrages du fameux Hobbes ; & il la présente d'une maniere pour le moins aussi révoltante. « Pour
» bien connoître, dit-il, les droits & les de-
» voirs de l'homme, il faut le placer dans son
» premier état de nature, où il n'y avoit point
» encore de loi écrite. Les priviléges dont il
» jouissoit alors, subsistent encore aujourd'hui
» fonciérement ; & il est permis d'en jouir
» quand on le peut sans danger. Voici ces pri-
» viléges : que tous les hommes étant égaux
» par nature, & portés à desirer les mêmes
» choses, ils ont tous un même droit de se
» les approprier, si elles sont à leur bienséance ;
» qu'ils aspirent tous à exercer un empire ab-
» solu sur les autres hommes ; que ce desir
» étant naturel, ils peuvent justement mettre
» en œuvre tous les moyens possibles de par-
» venir au despotisme, s'emparer du bien d'au-
» trui par force, & ôter la vie sans scrupule
» à ceux qui s'y opposent, ou se trouvent dans
» leur chemin s'ils le prennent en haine ; qu'é-
» tant obligés à leur propre conservation, ils
» peuvent prévenir ceux qu'ils soupçonnent
» d'être leurs ennemis ; qu'il est permis de les
» opprimer & de les détruire, soit par surprise,
» soit à force ouverte ; que dans la conscience,
» il est licite à chacun de faire ce qu'il lui plaît,

(r) Spinosa, suprà.

parce

« parce que le bien & le mal, le juste & l'in-
» juste ne sont point fondés sur la nature des
» choses, mais uniquement sur des loix posi-
» tives qui existent dans un siecle ou dans un
» Royaume & non dans un autre, & que ces
» loix n'ont d'autre fondement que la volonté
» des hommes ; que le commandement d'ho-
» norer son pere & sa mere, la défense de se
» rendre homicide, voleur, adultere, n'oblige
» qu'en vertu de la loi du Prince qui l'a statué
» ainsi, & que par-tout où le Législateur n'a
» rien prononcé expressément, il est permis de
» faire tout ce que l'on voudra (s) ».

Les Déistes ont bâti leur systême sur ces principes de Hobbes & de Spinosa. Ils supposent que les hommes furent d'abord, pendant des milliers d'années, dans un état de bêtes & de sauvages, sans presque aucune communication les uns avec les autres (t). Ils n'avoient alors d'autre regle pour se conduire que le droit naturel. Or ce droit naturel ne consiste pas, selon ces Messieurs, à se conformer aux lumieres de la raison (elle ne nous a pas été donnée pour guide), mais à suivre les penchans & les desirs de la convoitise : & ce qui prouve, disent-ils, cette assertion, c'est que la nature refuse aux enfans l'usage actuel de la raison pendant un temps considérable, au lieu qu'elle leur inspire dès la naissance une inclination très-forte vers les biens sensibles. Il s'ensuit delà, qu'en nous

---

(s) Ces maximes sont tirées de l'extrait que M. Clarke, dans son livre de la Religion Nat. c. 4, a fait des ouvrages de Hobbes.

(t) Nous parlerons plus au long dans l'article suivant de ce systême singulier.

Tome I.   V

considérant dans l'état naturel, nous avons droit d'user de tout ce qui nous plaît, & de nous le procurer légitimement par la force, la ruse, la surprise, &c, sans nous embarrasser si cela est avantageux ou nuisible au prochain ; parce que l'homme n'ayant d'autre fin que celle de se rendre heureux par la jouissance de tout ce qui peut flatter son amour-propre, la nature l'autorise à sacrifier, lorsqu'il le peut, tout ce qui s'oppose à son bien-être & à son intérêt particulier : & quoique la raison semble condamner cette conduite, on n'est point obligé d'écouter sa voix ; car ce n'est point à elle, mais à la convoitise & aux forces de chacun en particulier, qu'il appartient de régler le droit naturel.

Les Déistes ajoutent que dans la suite les hommes s'étant apperçus qu'il étoit plus sûr & plus utile pour le commun du monde de vivre en société, soit afin de se procurer mille avantages réciproques dont ils ne pouvoient jouir dans l'état de sauvages, soit afin de se garantir de l'oppression de ceux qui étoient plus forts & plus puissans que les autres ; ils consentirent de renoncer, au moins en partie, à leur droit naturel, pour suivre les regles de la raison. C'est pourquoi ils établirent entre eux des conventions & des loix pour l'utilité publique & le maintien de la société. Ils donnerent le nom de *vertu* à l'observation de ces loix, & lui attribuerent des avantages ; & celui de *vice* à leur transgression, & la menacerent de châtimens. Or ces conventions & ces loix n'étant point établies sur la nature, mais seulement sur la raison & l'utilité commune, qui ne sont point la regle naturelle & primitive de l'homme; elles peuvent changer suivant les pays, les circonstances & la volonté des communautés, des Législateurs & des Princes : ensorte que ce qui est réputé vertu dans un temps & dans un pays particulier, peut cesser de l'être dans un autre temps & dans un autre pays, & par conséquent ne plus obliger. Il en est de même de ce qu'on appelle vice.

Cependant l'homme, suivant les Déistes, ne s'est pas tellement dépouillé par ces conventions de son droit naturel, qu'il ne puisse encore en user dans certaines circonstances. Il le peut, par exemple, lorsqu'étant dans le cas de nuire au prochain en se procurant des avantages, il est attentif à lui causer le moins de tort qu'il est possible : delà cette fameuse maxime de nos Philosophes, *fais ton bien avec le moins de mal d'autrui qu'il est possible* (v). Il le peut encore, si on les en croit, lorsqu'il trouve moyen de transgresser les loix de la société, sans qu'on s'en apperçoive, ou qu'il en résulte un grand mal. Il le peut enfin dans toutes les choses sur lesquelles la société n'a point porté de loi qui gênât le droit naturel. Or ce dernier article est très-étendu; car il autorise généralement toutes les passions auxquelles la convoitise nous porte, lorsque les loix ne les ont point expressément défendues. Et c'est pourquoi Voltaire prétend montrer dans son discours *sur la nature du plaisir*, que ceux qui vivent dans les plaisirs des sens, sans troubler la société, sont heureux, & qu'en les goûtant ils remplissent la fin pour laquelle Dieu les a créés. Il ne veut pas, à la vérité, qu'on s'abandonne sans me-

---

(v) Voyez le discours sur l'origine de l'inégalité des hommes.

sure à toutes les voluptés : on abregeroit ses jours, & l'amour de soi-même demande qu'on les prolonge : c'est ce que la raison dicte. Mais, si l'on se croit plus heureux en les abrégeant par une plus grande abondance de plaisir, on ne laisse pas de remplir la fin pour laquelle on est créé ; parce que la nature, qui est notre regle primitive, ne demande point qu'on les modere. La raison seule nous y porte ; mais elle ne nous a point été donnée pour guide : & quoiqu'il semble qu'on soit dans le désordre en ne s'y conformant pas, ce n'est qu'un désordre apparent ; parce que, soit qu'on suive le penchant naturel de la convoitise, ou qu'on y renonce, soit qu'on pratique ce qu'il a plu aux hommes d'appeller *vertu*, soit qu'on s'adonne à ce qu'ils désignent sous le nom de vice, *tout est bien dans la nature, & tout désordre apparent est un ordre réel*, selon le premier principe des Déistes. Quelque chose qui arrive, *l'homme est tel qu'il doit être, & un état plus parfait ne lui conviendroit pas.*

Un troisieme principe que les Déistes ont puisé, comme les deux autres, dans Spinosa, c'est qu'on ne doit pas dire que Dieu ait tout fait pour l'homme, ni que l'homme soit fait pour Dieu (*x*). Par une suite nécessaire de cette maxime, ils rejettent non-seulement la Réligion Chrétienne, mais encore toute Religion quelconque. Ils prétendent que Dieu n'a jamais révélé aux hommes qu'il voulût être honoré par aucun culte. Il n'en a pas besoin : ce culte ne pourroit lui procurer aucun bien. D'ailleurs il ne se mêle point des affaires du monde : ce

---

(*x*) Pope, *suprà*. Spinosa Ethic. part. 1, p. 34.

toin dégraderoit sa grandeur & aviliroit sa Majesté. Ce culte de la Divinité n'est pas non plus nécessaire aux hommes : *ils ne sont pas faits pour Dieu.* Voilà pourquoi les Déistes appellent toute Religion une vaine *superstition*, & pourquoi ils enseignent, après Spinosa, que c'est la crainte seule qui est le principe de toutes celles qui existent ou qui ont existé dans les siecles précédens (y). « Les hommes, dit-il, » dans la Préface de son Traité Théologico-» politique, n'étant pas capables de prendre » une bonne *résolution*, se laissent aisément do-» miner par la *crainte*. Tout ce qu'ils voient » avec admiration, est un prodige à leur avis, » qui marque le courroux du ciel; & si on ne » l'appaise *par des vœux & des sacrifices*, c'est » un scandale pour ces superstitieux qui, par » un esprit opposé *à la véritable Religion*, fei-» gnent cent choses qu'ils prennent pour des » vérités ». Or ce que Spinosa appelle ici *véritable Religion*, n'est pas un culte extérieur, il la borne à l'amour de Dieu & à l'accomplissement de sa loi. « Puisqu'il n'y a, dit-il, que » l'amour de Dieu qui puisse être la souveraine » félicité de l'homme, sa principale fin & le » but de toutes ses actions; il s'ensuit que, » pour accomplir la loi divine, il faut s'efforcer » d'aimer Dieu, non par la terreur des sup-» plices ni pour l'amour de quelque autre chose, » comme, par exemple, des délices de la re-» nommée; mais seulement parce que l'on con-» noît Dieu, ou que l'on sait que le souve-» rain bien ne consiste qu'à le connoître & à

(y) Pope, Voltaire, & en général tous les Déistes & les Matérialistes.

» l'aimer : si bien que le sommaire de la loi
» divine, & le plus grand de ses commande-
» mens, est d'aimer Dieu pour l'amour de lui-
» même, sans y être incité par les peines ou
» par les récompenses ; puisque la seule idée
» que nous en avons, nous dicte clairement
» qu'il est notre souverain bien, & que sa con-
» noissance & son amour est la fin derniere &
» le but où doivent viser toutes nos actions (z) ».

Outre que toutes ces expressions ressentent le Quiétisme, & qu'elles excluent la révélation & tout culte extérieur, il est visible que Spinosa n'a cherché qu'à en imposer : car elles ne peuvent s'accorder avec le reste de son Traité Théologico-politique d'où elles sont tirées, & encore moins avec le systême monstrueux sur la Divinité qu'il a imaginé dans son Ethique. En effet, n'admettant dans cet affreux systême qu'une seule & unique substance dont la pensée & l'étendue sont des modifications, & soutenant qu'il n'y a point d'autre Dieu que cette seule & unique substance, il s'ensuit (on l'a démontré), que ce n'est pas l'homme qui aime Dieu & qui observe sa loi : c'est Dieu qui s'aime lui-même, & qui observe lui-même sa loi : pareillement, quand l'homme hait Dieu, qu'il l'offense, qu'il désobéit à ses préceptes, ou qu'il n'agit que par la crainte ou par l'amour des récompenses ; c'est Dieu qui se hait lui-même, qui s'offense, qui désobéit à ses préceptes, ou par intérêt, &c, voyez *suprà*.

Nos Déistes, sans parler avec tant d'énergie de l'amour de Dieu, bornent de même à cet amour toute la Religion de l'homme ; mais il faut bien remarquer qu'il ne s'agit point dans

---

(z) Spinosa, Tract. Theolog. polit. c. 4.

leur pensée, non plus que dans celle de Spinosa, d'un amour proprement dit qui nous unisse à Dieu, & nous fasse desirer sa possession : suivant leur doctrine, *nous ne sommes point faits pour lui.* C'est un simple amour d'estime, de respect, d'admiration, qui se borne à considérer ses perfections infinies, comme quelque chose de très-excellent. Ils recommandent aussi l'amour du prochain & l'observation des loix naturelles : mais on a vu que cet amour, dans leurs principes, se rapporte beaucoup plus à nous qu'aux autres hommes ; & que nous ne sommes obligés de les aimer & de leur rendre service, que quand nos intérêts peuvent se concilier avec les leurs, ou que les loix de la société nous l'ordonnent ; & à l'égard du droit naturel, qu'il n'est pas réglé par la raison, mais par la convoitise & l'amour-propre : ce qui n'empêche pas ces incrédules de débiter quelquefois de très-beaux préceptes de morale, de faire l'éloge de la vertu & de foudroyer les vices : mais il ne faut point oublier qu'ils n'entendent par ces termes que des vertus & des vices de convention, qui peuvent changer, s'abolir, se renouveller suivant les caprices & la volonté des Princes, & les divers intérêts des nations. Nous reviendrons dans l'article suivant sur cette singuliere morale, qui leur est commune avec celle des Matérialistes & des Athées.

Quoique les Déistes rejettent comme inutile & superstitieux tout culte extérieur, ils ne s'opposent pas néanmoins ouvertement aux différentes Religions qui ont cours dans le monde. Ils consentent qu'on les pratique, pourvu qu'on ne les regarde que comme un culte purement civil & politique. Ils les pratiquent eux-mêmes, sur-tout lorsque leur intérêt l'exige ; & semblables aux Théistes, en France ils feront les exercices de la Religion Catholique, en Angleterre, &c. ceux de la Religion Protestante, en Turquie ceux de la Religion de Mahomet, à la Chine ceux du Paganisme, &c.

Enfin, si les Déistes s'efforcent de bannir la crainte du cœur de l'homme, ils ne lui enlèvent pas de même l'espérance. Ceux d'entre eux qui croient l'immortalité de l'ame, lui promettent des plaisirs futurs ; mais en général : car ils ne savent ni en quoi consistera ce bonheur, ni combien il durera. Ce qu'ils croient savoir sur ce point, c'est qu'il n'y a rien à craindre, & qu'il y a tout à espérer. « Connois ton être, » dit Pope, s'adressant à l'homme, le ciel t'a » donné un juste, un heureux degré d'aveu-» glement & de foiblesse. Soumets-toi, sûr » d'être aussi heureux que tu peux l'être *dans* » *cette sphere, ou dans quelque autre sphere* » *que ce soit* ; & sûr, soit dans l'heure de ta » naissance, soit dans l'heure de la mort, de » trouver ton salut entre les mains de qui » dispose de tout (*a*) ». Voltaire avance de même que « l'Auteur de la nature adoucit » nos chagrins par l'espérance qui nous peint » des plaisirs futurs dans la possession des plai-» sirs présens (*b*) ».

Mais les Déistes Matérialistes, quant à la substance de l'ame, ne la croyant point immortelle, prétendent au contraire que non-seulement l'homme n'a rien à craindre, mais encore qu'il n'a rien à espérer après la mort : & quoi-

---

(*a*) Pope, Poëme suprà.
(*b*) Voltaire, Lettres Philosoph. Lett. 25.

que Voltaire, comme on vient de voir, admette dans plusieurs de ses ouvrages l'immortalité de l'ame & des plaisirs futurs dans une autre vie; il penche à croire dans d'autres une *matiere pensante*, & dit clairement qu'il n'y a rien à espérer après la mort (c). C'est un nouvel exemple des contradictions de cet Auteur, qui fait dans ses livres un mélange monstrueux de Théisme, de Déisme & de Matérialisme.

Système des Athées, purs Matérialistes.

1°. Les Athées purs Matérialistes remarquent d'abord que le Dieu annoncé par la Religion Chrétienne ne peut être le vrai Dieu, parce qu'elle le fait injuste & cruel. Selon Diderot, dans ses *Pensées philosophiques*, « la pensée » qu'il n'y a point de Dieu, n'a jamais effrayé » personne, mais bien celle qu'il y en a un tel » que celui dont la Religion Chrétienne fait la » peinture. Sur le portrait qu'elle fait de l'Etre » suprême, sur son penchant à la colere, sur » la rigueur de ses vengeances, sur certaines » comparaisons qui nous expriment en nombre » le rapport de ceux qu'il laisse périr à ceux » à qui il daigne tendre la main, l'ame la » plus droite seroit tentée de souhaiter qu'il » n'existât pas (d) ». Il en conclut que la superstition (c'est-à-dire la Religion), est plus injurieuse à Dieu que l'Athéisme. Voltaire suit la même idée, lorsqu'il avance effrontément que les Chrétiens « font leur Dieu injuste,

---

(c) *Idem, Epît. à Uranie*, &c.
(d) Diderot, *Pensées philosophiques*, Pensée neuvieme.

» emporté, vain, jaloux, séducteur, inconstant
» & barbare comme eux (e) ».

« Comment, dit le Philosophe militaire, puis-
» je aimer un maître de qui j'ai mille fois plus
» à craindre qu'à espérer ?..... Je mets au
» nombre de mes plus heureux momens, celui
» auquel j'ai secoué le joug des préjugés reli-
» gieux (f) ».

2°. Ces nouveaux Athées ne veulent point
qu'on parle de Dieu aux enfans, sous prétexte
qu'ils ne sont point en état de comprendre ce
qu'on leur en dit : « cette question, *Qu'est-ce*
» *que Dieu ?* observe Diderot, est une question
» qu'on fait aux enfans, à laquelle les Philo-
» sophes ont bien de la peine à répondre. A
» peine un enfant entend-il ce qu'on lui de-
» mande : *Qu'est-ce que Dieu ?* On lui inculque
» une des plus importantes vérités d'une ma-
» niere capable de la décrier un jour au tri-
» bunal de la raison ». Et plus bas : « Qu'y aura-
» t-il en effet de surprenant si un jeune homme,
» trouvant à l'âge de vingt ans l'existence de
» Dieu confondue dans sa tête avec une foule
» de préjugés ridicules, vient à la méconnoître,
» & à la traiter ainsi que nos juges traitent
» un honnête homme qui se trouve engagé par
» accident dans une troupe de coquins (g) ».

3°. Ces Philosophes impies ont jetté des nuages sur les démonstrations de l'existence de
Dieu, & n'ont travaillé qu'à les affoiblir, non
par des raisons, mais par des railleries & des
sophismes. Suivant l'Auteur du *Pyrrhonisme du*

(e) Voltaire, Poëme sur la Religion, p. 4.
(f) Le Philosophe militaire, p. 32.
(g) Diderot, Pensées philosophiques.

Sage, « Il est difficile de démontrer par les » seules lumieres de la raison l'existence de » Dieu : les lumieres de la raison suffisent seu- » lement, pour être assuré qu'il est impossible » de démontrer le contraire (*h*) ». Diderot va plus loin lorsqu'il ajoute « que toutes les dé- » monstrations que l'on donne de l'existence » de Dieu, ne sont que des billevesées de » Métaphysique (*i*) ». « On répond ordinaire- » ment, dit-il encore, que l'Athée est un scé- » lérat ; & que s'il n'avoit point à craindre de » Dieu, il n'en combattroit point l'existence. » Nous laissons cette phrase aux déclamateurs : » on n'a recours aux invectives, que parce » qu'on manque de preuves (*k*) ». Un autre, (c'est l'Auteur des *Réflexions sur l'existence de l'ame & de Dieu*) ne rougit pas d'avancer im- pudemment, « que l'existence de Dieu est le » plus grand & le plus enraciné de tous nos » préjugés ». « On ne finiroit pas, dit Helvé- » tius, si l'on vouloit donner la liste de tous les » peuples qui vivent sans avoir l'idée de Dieu. » Et plus bas : les peuples sans idée de Dieu » peuvent vivre en société plus ou moins » heureusement, selon l'habileté plus ou moins » grande de leur Législateur (*l*) ».

4°. Après avoir ainsi prévenu les esprits con- tre les preuves & le sentiment intérieur que nous avons de l'existence de Dieu, les nouveaux Athées ont enfin levé le masque : ils ont en- seigné à découvert qu'il n'y a point d'autre

---

(*h*) Pyrrhon, du Sage § 96.
(*i*) Diderot, *suprà*.
(*k*) Idem, ibid.
(*l*) L. de l'esprit, p. 237.

Dieu que la nature. L'Auteur de l'*Examen de la Religion en général* l'enseigne en propres termes : « Dieu, dit-il, *c'est-à-dire*, *la nature*, » en tant qu'elle est le principe de tout mou- » vement, a excité dans nos cœurs la loi na- » turelle ». Mais l'Auteur du *systême de la nature* a traité la matiere *ex professo*, & a dé- veloppé ce que les autres Philosophes modernes n'avoient fait qu'ébaucher. Il avance crument que « l'Athéisme est le seul systême qui puisse » conduire l'homme à la liberté, au bonheur » & à la vertu (*m*) ». Plein d'un zele fanati- que & impie, il s'écrie : « Consultons la rai- » son, appellons l'expérience à notre secours, » interrogeons la nature ; & nous trouverons » ce qu'il faut faire pour travailler efficace- » ment au bonheur du genre humain. Nous » verrons que l'erreur (de la croyance d'un » Dieu) est la source des malheurs de notre » espece ; que c'est en rassurant nos cœurs, en » dissipant les vains fantômes dont les idées » nous font trembler, & portant la coignée » à la racine de la superstition, que nous pour- » rons paisiblement chercher la vérité, & » trouver dans la nature le flambeau qui peut » conduire à la félicité...... C'est dans l'at- » telier de la tristesse que l'homme malheureux » a façonné le fantôme dont il a fait son Dieu » (*n*) ». Mais quelle est cette vérité & cette félicité ? L'Athéisme tout pur. Quelle est l'er- reur & la superstition dont on veut nous dé- livrer ? C'est la croyance d'un Dieu, & le culte qu'on lui rend. « Ramenons, dit l'Auteur, les

---

(*m*) Systême de la nature, 2 p., p. 302.
(*n*) Idem p. 1, p. 238.

» mortels égarés aux autels de la nature. Dé-
» truisons pour eux les chimeres, que leur
» imagination ignorante & troublée a cru de-
» voir élever sur son trône: *Disons-leur qu'il*
» *n'est rien au-dessus d'elle, ni hors d'elle*. Ap-
» prenons-leur qu'elle est capable de produire,
» sans aucuns secours étrangers, tous les phé-
» nomenes qu'ils admirent, tous les biens qu'ils
» desirent, ainsi que tous les maux qu'ils ap-
» préhendent. Disons-leur que la raison peut
» seule les rendre heureux, que cette raison
» n'est autre chose que la *science de la nature*
» appliquée à la conduite de l'homme en so-
» ciété. Disons-leur que les fantômes, dont
» leur esprit s'est si long-temps & si vaine-
» ment occupé, ne peuvent ni leur procurer
» le bonheur qu'ils demandent à grands cris,
» ni détourner de leur tête les maux inévi-
» tables auxquels la nature les a soumis, &
» que la raison doit leur apprendre à suppor-
» ter, quand il ne leur est pas permis de les
» écarter par des moyens naturels. Apprenons-
» leur que tout est nécessaire, que les biens
» & les maux sont les effets d'une nature, qui
» dans toutes ses œuvres suit des loix que rien
» ne lui peut faire révoquer. Enfin répétons-
» leur sans cesse que c'est, en rendant leurs
» semblables heureux, qu'ils parviendront à
» la félicité, qu'ils attendroient en vain du
» ciel, lorsque la terre la leur refuse. Que
» l'homme, conclut l'Auteur, cesse donc de
» chercher hors du monde qu'il habite, des
» êtres qui lui procurent un bonheur que la
» nature lui refuse..... Tout ce qui est au-
» dessus du monde visible n'est que *chimere*....
» pour un être (tel que l'homme) formé par
» la nature. Il n'existe rien au-delà du *grand*

« tout dont il fait partie, & dont il éprouve
» les influences. Les êtres que l'on suppose
» au-dessus de la nature, ou distingués d'elle-
» même, seront toujours des chimeres (o) ».
Et dans la Préface il avoit dit : « Ce sont des
» *fantômes dangereux* auxquels l'imposture,
» l'enthousiasme & la crainte ont élevé des
» autels. En combinant ces mots vagues d'in-
» finité, d'immensité, de spiritualité, d'omni-
» science, d'ordre, de sagesse, d'intelligence,
» de puissance sans bornes, on crut faire quel-
» que chose. On étendit ces qualités par la
» pensée ; & l'on crut avoir fait un Dieu,
» tandis qu'on ne fit qu'une chimere. Voilà
» les matériaux dont la Théologie se sert, pour
» composer le fantôme inexplicable devant le-
» quel elle a ordonné au genre humain de tom-
» ber à genoux (p) ».

Des hommes qui attaquent l'existence de Dieu avec tant d'impiété, doivent rejetter avec mépris toutes les Religions, & même celles que les Théistes & les purs Déistes tolerent comme un culte civil & politique ; c'est aussi ce que font nos Matérialistes. Ils s'opposent à tout culte religieux ; & c'est ce qui les porte à se déchaîner, avec encore plus de fureur que les Philosophes dont on vient de parler, contre les Prêtres de toutes les Religions, & principalement contre ceux de l'Eglise Catholique. « Les Moralistes, dit Helvétius, (c'est ainsi
» qu'il les nomme), ces ambitieux, hypocrites
» & discrets, sentent que pour s'assurer les
» peuples, ils doivent les aveugler : aussi ces

(o) Idem, 2 part. p. 286.
(p) Préface, p. 4.

» impies crient-ils sans cesse à l'impiété contre
» tout homme né (comme les Philosophes mo-
» dernes) pour éclairer la nation. Ce sont des
» hommes dont l'esprit est dépourvu de talens
» & l'ame de vertu, auxquels pour être grands
» scélérats, il ne manque que du courage (*q*) ».
Ailleurs il les traite de *pédans*, de *fanatiques*
« qui s'opposent au progrès de la morale, &
» qui veulent qu'on tienne les peuples prosternés
» devant les préjugés reçus, comme devant
» les crocodiles sacrés de Memphis ». On
trouve de semblables déclamations dans l'*Oracle des anciens Fideles*, dans le *Dictionnaire Philosophique*, & dans les autres ouvrages de cette trempe. Voltaire représente aussi les Ministres de l'Evangile *comme les plus dangereux des hommes*. Il les appelle les *prétendus précepteurs* & *les ennemis du genre humain* (*r*). Enfin l'Auteur du système de la nature enrichit à son ordinaire sur tous ses maîtres. Il ne voit dans tous les Prêtres « qu'*avarice*, *ambition*,
» *intérêt*, qui leur a fait inventer toutes les
» chimeres (du culte divin). C'est sur les notions
» puériles & absurdes d'une Divinité
» irascible & placable, que le Clergé, le
» Sacerdoce fonda ses droits, ses temples,
» ses autels, ses richesses, son autorité, ses
» dogmes (*s*) ». « Aussi, dit-il ailleurs (*t*), les
» Prêtres sont-ils communément les plus fourbes
» des hommes : les meilleurs d'entre eux sont

(*q*) Helvétius, l. de l'esprit, p. 274.

(*r*) Voltaire, premiere réponse au Roi de Prusse en 1736.

(*s*) Premiere part. p. 79, 183.

(*t*) Seconde part. p. 241.

» des méchans de bonne-foi ». Ces Messieurs ne se bornent pas aux Prêtres ; ils déclament avec encore plus de fureur contre les Saints les plus respectables, soit de l'Ancien, soit du Nouveau Testament.

La seule chose qu'ils veulent que nous adorions, est la nature qu'ils ont mise à la place de Dieu. Et voici le protocole des prieres qu'ils demandent qu'on lui adresse : « O nature sou-
» veraine de tous les êtres, & vous ses filles
» adorables, vertu, raison, vérité, soyez à
» jamais nos seules Divinités. (Notez que ce qu'on appelle ici *vertu*, *raison*, *vérité*, sont des qualités chimériques d'une matiere tournée & combinée d'une certaine façon comme on le verra dans la suite). » C'est à vous que sont
» dus l'encens & les hommages de la terre.
» Montre-nous donc, ô nature, ce que l'hom-
» me doit faire pour obtenir le bonheur que
» tu lui fais desirer. Vertu, réchauffe-le de
» ton feu bienfaisant ? Raison, conduis ses pas
» incertains dans les routes de la vie. Vérité,
» que ton flambeau l'éclaire. Réunissez, ô Déi-
» tés secourables, votre pouvoir pour sou-
» mettre les cœurs : bannissez de nos esprits
» l'erreur, la méchanceté, le trouble : faites
» régner à la place la science, la bonté, la
» sérénité : que l'imposture confondue n'ose
» jamais se montrer : fixez enfin nos yeux si
» long-temps éblouis, ou aveuglés sur les ob-
» jets que nous devons chercher : écartez pour
» toujours ces fantômes hideux & ces chimeres
» séduisantes qui ne servent qu'à nous égarer :
» tirez-nous des abîmes où la superstition nous
» plonge : renversez le fatal empire du prestige
» & du mensonge : arrachez-leur le pouvoir
» qu'ils ont usurpé sur vous : commandez sans

» partage aux mortels : rompez les chaînes qui
» les accablent : déchirez le voile qui les cou-
» vre : appaifez les fureurs qui les ennyvrent :
» brifez dans les mains fanglantes de la ty-
» rannie le fceptre dont elle les écrafe : rele-
» guez ces Dieux qui les affligent, dans les
» régions imaginaires dont la crainte les a fait
» fortir : infpirez du courage à l'être intelligent :
» donnez-lui de l'énergie : qu'il ofe enfin s'ai-
» mer, s'eftimer, fentir fa dignité : qu'il ofe
» s'affranchir : qu'il foit heureux & libre : qu'il
» ne foit jamais l'efclave que de vos loix : qu'il
» perfectionne fon fort : qu'il chériffe fes fem-
» blables : qu'il jouiffe lui-même, qu'il faffe
» jouir les autres. Confolez l'enfant de la na-
» ture, des maux que le deftin le force de
» fubir, par les plaifirs que la fageffe lui per-
» met de goûter : qu'il apprenne à fe foumettre
» à la néceffité. Conduifez-le fans allarmes au
» terme de tous les êtres : apprenez-lui qu'il
» n'eft fait ni pour l'éviter, ni pour le crain-
» dre (*v*) ».

(Il faudra fe reffouvenir de cette priere, ou plutôt de cette déclamation, qui n'eft qu'un pur galimathias dans le fyftême de l'auteur. On verra dans la fuite combien elle eft ridicule & peu compatible avec fes principes.)

Mais quelle eft donc cette nature qu'il fait fi puiffante ? Cet auteur la définit ainfi : « La
» nature n'eft qu'une machine fourde, infen-
» fible, incapable d'intelligence, être abftrait
» qui n'eft autre que l'affemblage des diffé-
» rentes matieres, de leurs différentes combi-
» naifons, & des différens mouvemens que

(*v*) Syftême de la nature, feconde part., p. 411.

» nous voyons dans l'Univers ». L'Auteur ajoute que « ce grand tout, cette vaste ma-
» chine, cet immense & éternel amas de ma-
» tiere, est la souveraine maitresse de toutes
» choses, la cause de tout, au-dessus de la-
» quelle il n'y a rien & ne peut rien y
» avoir (*x*) ».

Il paroît par cette définition de la nature qu'il regarde la matiere comme un être éternel ; & en effet qu'est-ce qui l'auroit créé s'il n'y a rien, & s'il ne peut y avoir rien au-dessus d'elle ? Aussi les Matérialistes croient-ils la création impossible. « Si de rien, dit l'au-
» teur de la *Philosophie du bon sens*, il se pou-
» voit faire quelque chose, on appercevroit
» continuellement sortir du néant de nouvelles
» choses (*y*) ». L'Auteur *du Traité de l'ame* :
« La plupart des Philosophes (modernes),
» aussi-bien que les Philosophes Païens, re-
» connoissent que le monde existe nécessaire-
» ment par lui-même, & qu'il n'est point de
» sa nature d'avoir pu commencer, ni de pou-
» voir finir (*z*) ».

Cependant si cette nature éternelle n'est, (comme dit l'Auteur du système de la nature), qu'une machine sourde, insensible, incapable d'intelligence, & composée uniquement de matiere ; comment peut-elle être *maitresse de toutes choses*, & *la cause de tout* ? Cela ne se comprend pas. Mais, pour expliquer toutes les opérations de cette nature aveugle,

---

(*x*) Idem, seconde part. p. 25, & premiere part. p. 11 & 12.

(*y*) Tom. 1, p. 138.

(*z*) Traité de l'ame, p. 12.

les Matérialistes ont recours à deux especes de principes qui, sans appartenir à la nature, la mettent en mouvement, & lui donnent la forme & l'ordre que nous appercevons dans ce qu'on appelle *esprits* & *corps*. Ces deux especes de principes sont d'un côté la *force* ou *l'énergie* de la nature, & de l'autre le *destin* ou la *fatalité* : l'énergie donne la forme à tout ; la *fatalité* regle tout. Et cependant, quoiqu'il n'y ait *rien au-dessus de la nature*, ni l'une ni l'autre n'en font partie. Car 1°. par elle-même la nature n'a aucune force : c'est *une machine sourde, insensible, incapable d'intelligence* : donc elle ne produit rien par elle-même ; elle est seulement la matiere que l'énergie met en action. 2°. La fatalité qui ne fait point non plus partie de la nature, commande à tout, dispose de tout. « Il n'est jamais permis, dit l'Auteur du » systême de la nature, de se soumettre à ses » loix ; parce qu'elle est toujours prête à punir » l'infraction de ses décrets irrévocables, aux- » quels, ajoute-t-il, *la nature est soumise* » *comme tout le reste* (a) ». Diderot enseigne la même chose dans l'Encyclopédie article *fatalité* : voici ses paroles : « La force qui lie les » causes particulieres les unes aux autres, » & qui enchaîne tous les faits, est la cause » générale des événemens, & par conséquent » de l'événement fatal : c'est cela même que » les Philosophes & le peuple ont connu sous » le nom de *fatalité*..... Ce principe, c'est- » à-dire, l'existence d'une force qui lie tous » les faits, & qui enchaîne toutes les causes, » ne sauroit être contesté pour ce qui regarde

---

(a) Seconde part. p. 402.

» l'ordre physique. Mais en supposant *l'existence*
» *d'un mal moral* qui entre dans le système de
» l'Univers, la même loi de continuité d'action
» doit s'y observer ainsi que dans le monde
» physique.... L'enchaînement des causes em-
» brasse non-seulement les mouvemens qui s'é-
» xécutent dans le monde physique, mais en-
» core les actions des êtres intelligens ».

Il s'ensuit que quand l'Auteur du système de la nature avance que la nature est *maîtresse de toutes choses & cause de tout*, il se contredit lui-même; puisque de son aveu, & de celui de ses compagnons d'impiété, elle est soumise comme tout le reste à l'empire de l'*énergie* & de la *fatalité*, qui ne font point partie d'elle-même.

On ne doit pas s'étonner que des hommes qui tiennent une pareille doctrine, rejettent absolument les miracles & les prophéties comme des choses impossibles : car ils dérangeroient les loix générales & immuables du destin, disent les Matérialistes. « Il ne peut y avoir, selon
» eux, dans la nature, ni monstres, ni pro-
» diges, ni merveilles, ni miracles..... Ce
» que nous nommons des prodiges, des mer-
» veilles, des effets surnaturels sont des phé-
» nomenes de la nature, dont notre ignorance
» ne connoît point les principes ni la façon
» d'agir : c'est faute d'en connoître les causes
» véritables, que nous les attribuons follement
» à des causes fictives..... Quant à ce qu'on
» nomme des miracles, disent-ils encore, c'est-
» à-dire, des effets contraires aux loix immua-
» bles de la nature ; on sent que de telles œu-
» vres sont impossibles, & que rien ne pourroit
» suspendre un instant la marche nécessaire des
» êtres, sans que la nature entiere ne fut

» arrêtée & troublée dans sa tendance (*b*) ».

Les Matérialistes raisonnent de la même manière sur les prophéties & sur la révélation : ils les jugent impossibles, parce qu'ils ne peuvent les accorder avec leurs idées, ni avec les loix générales & l'ordre immuable de la fatalité. C'est ce qui leur fait dire que « l'Evangile est
» plein de choses incroyables, de choses qui
» répugnent à la raison, & qu'il est impossible
» à tout homme sensé de concevoir & d'ad-
» mettre : — que la révélation ne nous apprend
» que des choses absurdes & sans raison : —
» que les Prophetes de l'Ancien Testament ne
» sont que des visionnaires, des auteurs de
» séduction & de prestige : que les livres saints
» ne sont que des recueils absurdes & discor-
» dans, où ce qu'on donne pour la parole du
» Dieu de sagesse n'est qu'un langage obscur,
» inintelligible, déraisonnable, &c. (*c*) ». C'est ainsi que ces impies s'efforcent de renverser, par de vaines déclamations, les plus fortes preuves que nous ayons de la révélation & de la vérité de la Religion Chrétienne ; les prophéties & les miracles.

Après avoir exposé le système des Athées purs Matérialistes sur la Divinité & sur la nature en général, examinons maintenant ce qu'ils pensent de l'homme en particulier ; qui est sans contredit la partie la plus noble de la nature, & celle où l'énergie & la fatalité doivent produire les plus grands effets.

Quant à l'origine de l'homme, ils conjectu-

(*b*) Système de la nature, seconde part. p. 60.

(*c*) Emile, tom. 3, p. 133. Diderot, 45 Pensée philosop. Système de la nature, seconde part. c. 3, &c.

rent que « l'animalité avoit de toute éternité
» ses élémens particuliers épars & confondus
» dans la masse de la matiere : qu'il est arrivé
» à ces élémens de se réunir, parce qu'il étoit
» possible que cela se fît ; que l'embryon formé
» de ces élémens a passé par une infinité d'or-
» ganisations & de développemens ; qu'il a eu
» par succession, du mouvement, de la sensa-
» tion, des idées, de la pensée, de la réfle-
» xion, de la conscience, des sentimens, des
» passions, des signes, des gestes, des sons
» articulés, une langue, des loix, des sciences
» & des arts (d) ».

Voilà l'origine de l'homme, suivant nos Philosophes : on retrouve la même idée dans le *système d'Epicure* par *Lamétrie*. « Les animaux,
» dit-il, formés d'un germe éternel, quel qu'il
» ait été, à force de se mêler entre eux, ont
» produit ce beau monstre qu'on appelle *hom-*
» *me* ».

Mais ce *beau monstre* a une ame qui connoît, aime & sent. Quelle est sa nature ? Les propriétés de la matiere lui conviennent-elles ? Ou bien est-ce une substance différente de la matiere ? Plusieurs des nouveaux impies, n'osant attaquer tout d'un coup la spiritualité de l'ame, ni assûrer qu'elle soit matérielle, ont laissé la question indécise, en posant des principes qui conduisent à cette erreur. Le fameux Lock Anglois leur en avoit tracé la route : non content de rejetter les idées innées, & de renouveller cette maxime d'Aristote, qu'il n'y a rien dans l'esprit qui n'ait passé par les sens, *nihil est in intellectu, quod priùs non fuerit in sensu*;

(d) Interp. de la nature, p. 291.

il a été jusqu'à dire qu'il n'est pas démontré que la matiere soit incapable de penser. Voltaire dans sa vingt-septieme Lettre Philosophique loue beaucoup cette découverte. « Tant
» de raisonneurs, dit-il, ayant fait le Roman
» de l'ame, un Sage est venu qui en a fait
» modestement l'histoire : Lock a développé à
» l'homme la raison humaine ». Et après avoir incliné dans sa vingt-sixieme Lettre à croire une *matiere pensante*, il avance dans celle-ci :
« Qu'il importe peu à la Religion de quelle
» substance soit l'ame, pourvu qu'elle soit vertueuse
» (à la façon de cet impie,) c'est une
» horloge qu'on nous a donnée à gouverner ;
» mais l'ouvrier ne nous a pas dit de quoi le
» ressort de cette horloge étoit composé. Je
» suis corps & je pense. Je n'en sais pas davantage
» ».

Les Matérialistes ne s'en sont pas tenus à ces incertitudes : ils ont enfin décidé hardiment que l'ame est & ne peut être que matiere. Ecoutons l'Auteur de *l'histoire d'Ema*, (c'est-à-dire de l'ame,) « L'ame est une substance
» matérielle & étendue, nommée *sensorium*
» *commune* : celui qui en voudra connoître les
» propriétés, doit auparavant chercher celles
» qui se manifestent clairement dans les corps :
» sur cela il n'est point de plus sûrs guides
» que les sens (*e*) ».

Helvétius va même jusqu'à dire « qu'on peut
» soupçonner que la faculté de sentir, qui ne
» se manifeste que dans les corps organiques
» des animaux, peut cependant être commune
» à tous les corps. Du moins, poursuit-il, est-

(*e*) Hist. d'Ema, c. 2.

» il certain qu'il est à la rigueur impossible de
» démontrer que tous les corps soient abso-
» lument insensibles (*f*) ». On avance de même
dans l'Encyclopédie que « le vivant & l'animé
» ne constituent pas une classe distinguée, ou
» (comme on s'exprime en Philosophie) ne
» sont pas un degré métaphysique des êtres,
» mais une propriété physique de la matiere
» (*g*) ». Ces incrédules en concluent que la
pensée est un attribut de la matiere : car, dit
l'Auteur du *discours sur la vie heureuse*, — *penser est une maniere de sentir* (*h*). L'Encyclopédie ajoute que le *discernement s'exécute par les sensations*; & que ce qu'on appelle *conséquence*, dans une suite de jugemens, n'est que l'accord de ces sensations; & Helvétius, que *juger n'est jamais que sentir* (*i*).

L'auteur du système de la nature enchérit encore sur ces idées pleines d'extravagance. Selon lui, « l'homme n'est qu'un être matériel, qui ne peut avoir des idées quelconques que de ce qui est matériel (*k*). « L'homme n'est qu'une machine, un être purement physique (*l*) ». L'homme moral n'est que cet être physique, considéré sous un certain point de vue, relativement à ses façons d'agir dues à son organisation particuliere (*m*) ».

(*f*) De l'esprit, p. 32.
(*g*) Tom. 1, p. 474, au mot *animal*.
(*h*) P. 77.
(*i*) Encyclopédie, au mot *Evidence*, tom. 6, p. 148. L. de l'Esprit, c. 9.
(*k*) Système de la nature, seconde part. p. 180.
(*l*) Idem, premiere part. p. 246.
(*m*) Ibid, p. 4.

« L'homme

« L'homme n'est qu'un foible ressort de la
» vaste machine de la nature. L'homme de bien
» n'est qu'une machine dont les ressorts sont
» adaptés de maniere à remplir leurs fonctions
» d'une façon qui doit plaire (*n*) ». « La tête
» d'un homme de génie, (par exemple, la tête
» d'Homere & la tête de Virgile), n'est qu'un
» assemblage de molécules ; ou, si l'on veut,
» des dez pipés par la nature, c'est-à-dire,
» des êtres combinés & élaborés de maniere à
» produire l'Iliade & l'Enéïde....... Qu'est-
» ce en effet que les hommes ? sinon des dez
» pipés, ou des machines que la nature a rendu
» capables de produire des ouvrages d'une cer-
» taine espece (*o*) ».

C'est donc la nature, cet être aussi insensible
qu'incapable de connoissance, de bonté, de
malice, qui a formé l'homme doué d'intelligence & de raison, capable de malice & de
bonté morale, de vice & de vertu.

Eh ! comment la nature a-t-elle formé les
hommes d'une infinité de molécules de matiere ?
Par une infinité de combinaisons, de mouvemens divers, dont elle ignoroit parfaitement
elle-même que le résultat seroit un être tel que
l'homme. Sans le savoir & le vouloir, (car elle
est aussi incapable de volonté que de science
& d'intelligence), « elle a fait des machines
» plus ou moins actives, énergiques : elle ne
» fait les hommes ni bons ni méchans (*p*) ».

Mais qu'on n'aille pas s'imaginer que ces molécules de matiere, dont l'homme tout entier

---

(*n*) Ibid, premiere part. p. 148.
(*o*) Idem, seconde part. p. 162.
(*p*) Idem, seconde part. p. 149.

Tome I.   X

est composé, soient tellement propres à former un homme, qu'ils ne puissent parfaitement bien servir à former toute autre chose; par exemple, une *bête*, un *insecte*, un *papillon*, un *végétale*, une *plante*, une *fleur* (*q*). La nature de l'homme a, l'on en convient, des *propriétés* qui le distinguent des autres êtres : mais ces *propriétés* ne sont que le résultat des combinaisons de ces *molécules de matiere*, dont l'homme tout entier est composé. Cette nature particuliere de l'espece humaine n'est, comme toutes les autres, « considérée dans chaque être, que le » tout qui résulte de l'essence, c'est-à-dire, des » propriétés, des combinaisons, des mouve- » mens ou façons d'agir, qui la distinguent des » autres êtres (*r*) ». Cela est tellement vrai, qu'après la dissolution de l'homme par la mort, les molécules de matiere qui le forment, peuvent servir à la nature, & lui servent effectivement à former des êtres insensibles, des végétaux, des brutes ; comme les molécules de ces dernieres especes peuvent aussi, après leur dissolution, lui servir à former un homme : de maniere qu'un homme après sa mort, qui *n'est autre chose que l'époque d'une autre maniere d'exister*, peut devenir un chien, un cheval, un crapaud, une mouche, un ver, un arbre, une pierre, un oignon, un choux ; comme ceux-ci pourront après leur destruction ne pas manquer de devenir des hommes.

Premiere conséquence que les Matérialistes tirent de ces principes : *la spiritualité de l'ame*

(*q*) Idem, seconde part. p. 152.
(*r*) Idem, premiere part. p. 12.

est une notion *extravagante* (*s*). Cependant l'homme *pense*, il *connoît*, il *comprend*, il *réfléchit*, il *veut*, il *délibere*, il *croit*, il *juge*, il *hait*, il *aime*, il *imagine*, il *se souvient*, il *prévoit*, il *soupçonne*, il *conjecture*, il *approfondit*, il *doute*, il *décide*, il *nie*, il *affirme* (*t*); il communique à ses semblables ses pensées, ses connoissances, ses réflexions, ses jugemens. Qu'est-ce que tout cela, suivant les Matérialistes? pas autre chose que *des mouvemens purement matériels*, qui se passent dans sa machine. Son intelligence, sa volonté, sa raison; en un mot, toutes ses autres *facultés* que nous appellons *intellectuelles*, ne sont autre chose que *différentes modifications de son cerveau* purement matériel. Toutes les opérations de notre ame ne dépendent pas plus de nous, que celle d'un papillon, d'une fleur, de tout autre végétal, de toute brute, de tout insecte, ne dépendent de ces especes: « il en est, nous dit-on, de même de l'homme qui, dans tous ses progrès, dans toutes les variations qu'il éprouve, n'agit jamais que d'après les loix propres à son organisation, & aux matieres dont la nature est composée (*v*) ». « Un homme de génie produit un bon ouvrage; comme un arbre d'une bonne espece, placé dans un bon terrein, cultivé avec soin, produit des fruits excellens (*x*) ».

(*s*) Systême de la nature, premiere part. p. 187 & 158.

(*t*) Ibid, premiere part. p. 158, 187, 257; voy. aussi les ch. 4, 6 & 8 de la même part.

(*v*) Idem, premiere part. p. 4.

(*x*) Idem, seconde part. p. 162.

Ainsi, suivant la folle imagination des Matérialistes, ce que nous appellons *ame* dans l'homme, n'est autre chose que divers tourbillons de molécules de matiere ; d'où l'on voit se former la *Philosophie*, la *Théologie*, une *profonde politique*, l'*imposture*, l'*enthousiasme*, le *fanatisme*, des *notions de tout genre*, la *faculté de sentir*, de *penser*, de *raisonner*, de *réflechir*, des *idées réjouissantes*, des *idées affligeantes*, des *craintes*, des *terreurs*, des *jugemens*, des *recherches*, des *découvertes très-utiles*, de l'*étonnement*, des *méditations*, la *religion*, la *superstition*, le *vice*, la *vertu*, la *sagesse*, tous les *principes de la sociabilité*, de la *morale*, de la *politique*, &c, (*y*). Tout cela, & mille autres choses semblables, ne sont que de pures modifications, combinaisons, agitations, tourbillonnemens d'une poussiere très-menue, formés par l'énergie de la nature, & dirigés par le destin.

Seconde conséquence : *l'ame de l'homme est mortelle comme le corps; & il n'a rien à craindre ni à espérer après sa mort.* « Dans les temps les
» plus réculés, (dit Voltaire monté sur le ton du Matérialisme), » l'entiere destruction de
» notre être étoit *une vérité* reçue & triviale
» parmi les Philosophes. . . . ; & dans un siecle
» aussi éclairé que le nôtre, où la nature est
» si connue, il est enfin démontré par mille
» preuves sans réplique, qu'il n'y a qu'une
» vie & qu'une félicité (*z*) ». L'Auteur du *Discours sur la vie heureuse* conclut du même principe que « l'orgueilleux Monarque meurt

---

(*y*) Idem, passim.
(*z*) Dix-septieme Lettre philosoph.

» tout entier, comme le sujet modeste & le
» chien fidele (a) ». Il dit encore : « Se bor-
» ner au présent, qui seul est en notre pou-
» voir, c'est un parti digne du Sage : nuls in-
» convéniens, nulles inquiétudes de l'avenir
» dans ce système (b) ». L'Auteur de la *Philosophie du bon sens* convient néanmoins que
» la croyance de l'immortalité de l'ame est né-
» cessaire pour contenir le bas peuple & les
» personnes vulgaires » : mais il pense que,
» parmi les gens d'un certain rang, cette
» croyance n'est point un attribut qui leur
» soit nécessaire pour devenir, ou pour être
» honnêtes hommes (c) ». Enfin l'Auteur du
Système de la nature, qui nous a dit plus haut que
» la spiritualité de l'ame étoit une notion extra-
» vagante », ajoute, « qu'il en est de même de
» sa prétendue immortalité ». Il trouve que
celle-ci, (la notion de l'immortalité de l'ame),
est une des plus dangereuses chimeres, ainsi
que l'idée d'une autre vie. En effet, poursuit-
il, s'il y a peu de raison & de philosophie
dans le système de la spiritualité & de l'immortalité de l'ame, on ne peut disconvenir que
ce système ne soit l'effet d'une politique très-
profonde & très-intéressée dans les Théologiens.
Il fallut imaginer un moyen pour soustraire
une portion de l'homme à la dissolution, afin
de la rendre susceptible de récompense & de
châtimens : d'où l'on voit que ce dogme étoit
très-utile aux Prêtres, pour intimider, gouverner & dépouiller les ignorans ; & même

_____

(a) P. 34 & 35.
(b) Ibid.
(c) Ibid, p. 29.

X iij

pour embrouiller les idées des personnes plus éclairées, qui sont également incapables de rien comprendre à ce qu'on leur dit sur l'ame & sur la Divinité (*d*).

Troisieme conséquence : *l'ame étant matérielle, ne jouit d'aucune liberté*. Ses actions même qui paroissent les plus libres, sont le fruit de la nécessité. « Nous nous applaudissons de notre » liberté, dit l'Auteur du *Discours sur la vie* » *heureuse*; & cependant une détermination » nécessaire nous entraîne. Nous ne voulons pas » être esclaves : que nous sommes fous ! & fous » d'autant plus malheureux, que nous nous » reprochons sans cesse de n'avoir pas fait ce » qu'il n'étoit pas en notre pouvoir de faire (*e*) » ! Selon Helvétius, « nous croyons délibérer, » lorsque nous avons, par exemple, à choisir » entre deux plaisirs à-peu-près égaux & presqu'en » équilibre : cependant on ne fait alors » que prendre pour délibération, la lenteur » avec laquelle, entre deux poids à-peu-près » égaux, le plus pesant emporte l'un des bassins » de la balance ». Et plus bas : « La diversité » des passions & des goûts décide de nos vertus » ou de nos vices. Sans mépriser le vicieux, il » faut le plaindre, & remercier le ciel de ne » nous avoir donné aucun de ces goûts & de » ces passions qui nous eussent forcés de chercher » notre bonheur dans l'infortune d'autrui ». Et encore : « Les passions seules peuvent combattre » contre les passions ; & ces gens rai- » sonnables, qui s'en disent vainqueurs, don-

---

(*d*) Système de la nature, ch. 7 & 13 de la premiere partie.

(*e*) Discours sur la vie heureuse, p. 72.

» nent à des goûts très-foibles, le nom de paf-
» sion, pour se ménager l'honneur du triomphe:
» dans le fait, ils ne résistent pas à leurs paf-
» sions ; mais ils leur échappent (*f*) ». L'Encyclopédie au mot *Evidence*, « Nous éprouvons
» que les objets que nous appellons *corps* &
» *matiere*, sont dans l'ordre naturel, les causes
» physiques de toutes les différentes idées re-
» présentatives des différentes affections, du
» bonheur, du malheur, des volontés, des
» passions, des déterminations de notre être
» sensitif ; & que ces objets nous instruisent
» & nous affectent, selon des loix certaines
» & constantes : ces mêmes objets, quels qu'ils
» soient, sont donc des causes nécessaires de
» nos sentimens, de nos connoissances & de
» nos volontés (*g*) ». Cette nécessité à laquelle
nous sommes assujettis, vient encore de la circulation du sang, dit l'Auteur du *Discours sur
la vie heureuse* : car « la volonté est nécessaire-
» ment déterminée à désirer ou à rechercher ce
» qui peut faire l'avantage actuel de l'ame &
» du corps ; & comment ? si ce n'est par ce
» qui la produit actuellement elle-même ; je
» veux dire, par la circulation, sans laquelle
» il n'y a ni volonté, ni sentiment. Lorsque
» je fais le bien ou le mal, que je suis vicieux
» le matin, vertueux le soir ; c'est mon sang
» qui en est cause, c'est ce qui l'épaissit, l'ar-
» rête, le dissout ou le précipite (*h*) ». L'Auteur du *système de la nature* n'est pas moins précis. « Le système de la liberté de l'homme,

---

(*f*) L. de l'Esprit, p. 37, 53, 618.
(*g*) Tom. 6, p. 143.
(*h*) P. 72.

» dit-il, est aussi déraisonnable que celui de
» la spiritualité & de l'immortalité de l'ame.
» L'homme n'est point libre (*i*). Toutes nos
» idées, nos volontés, nos actions, sont des
» effets nécessaires de l'essence, des qualités
» que la nature a mises en nous, & des cir-
» constances par lesquelles elle nous oblige de
» passer, & d'être modifiés (*k*). Le système si
» peu fondé de la liberté de l'homme, fut visi-
» blement imaginé pour laver l'Auteur (pré-
» tendu) de la nature, du reproche qu'on doit
» lui faire d'être l'auteur, la source, la cause
» primitive des crimes de sa créature (*l*). Dans
» l'homme, la liberté n'est que la nécessité ren-
» fermée au dedans de lui-même. Les actions
» des hommes ne sont jamais libres (*m*). Toutes
» nos actions sont soumises à la fatalité, qui
» regle notre système particulier, comme le
» système entier de l'Univers...... Tout ce
» qui se passe en nous, ou qui se fait par nous,
» ainsi que tout ce qui arrive dans la nature,
» ou que nous lui attribuons, est dû à des
» causes nécessaires qui agissent d'après les loix
» nécessaires, & qui produisent des effets né-
» cessaires, d'où il en découle d'autres (*n*).
» Comme c'est d'après l'ordre éternel, im-
» muable, nécessaire, de la fatalité, que les
» corps pesants tombent; que les corps légers
» s'élevent; que les matieres analogues s'atti-
» rent; que les contraires se repoussent; qu'en

(*i*) Système de la nature, premiere part. c. 11 & 12.

(*k*) Ibid, premiere part. p. 3.

(*l*) Idem, seconde part. p. 7.

(*m*) Idem, premiere part. p. 133, 209.

(*n*) Ibid, p. 221.

» un mot, tout est l'effet de l'attraction & de
» la répulsion physique ; de même les hommes
» se mettent en société, se modifient les uns
» les autres, deviennent bons ou méchans,
» se rendent mutuellement heureux ou mal-
» heureux, s'aiment ou se haïssent nécessai-
» rement, d'après la maniere dont ils agissent
» les uns sur les autres : d'où l'on voit que la
» nécessité qui regle les mouvemens du monde
» physique, regle aussi ceux du monde moral,
» où tout est par conséquent soumis à la fata-
» lité (o). Dans le moral comme dans le phy-
» sique, tout ce que nous voyons, est néces-
» saire, & ne peut être autrement qu'il n'est...
» Rien ne peut agir autrement qu'il n'agit (p).
» Un homme vertueux agit nécessairement
» d'une façon d'où résulte le bien-être de ses
» associés : le méchant agit nécessairement d'une
» maniere d'où résulte leur malheur (q). Il est
» dans l'ordre que le méchant nuise, parce
» qu'il est de son essence de nuire (r) : tout
» pousse les méchans irrésistiblement au mal
(s) ».

Mais s'il en est ainsi, les exhortations, les
louanges, le blâme, les récompenses, les châtimens, sont donc inutiles ? Les Matérialistes
en conviennent. « L'homme modéré, dit Hel-
» vétius, répéte sans cesse à l'ambitieux : *Ne*
» *soyez point ambitieux*. Il me semble entendre
» un Médecin dire à son malade : *N'ayez pas*

(o) Système de la nature, p. 222.
(p) Idem, seconde part. p. 51, 52, 53.
(q) Ibid, p. 64.
(r) Ibid, p. 65.
(s) Ibid, p. 204.

» *la fievre* (t) ». Qu'on applique cette maxime à tous les vices : il est aussi ridicule de reprendre ceux qui les commettent, qu'il est ridicule de dire à un malade de n'avoir point la fievre. Et pourquoi le reprendroit-on ? ils ne sont coupables ni criminels ; c'est encore ce que soutiennent nos Philosophes. « Le sentiment, dit l'Auteur du livre des *Mœurs*, n'est point libre. Ce n'est pas parce qu'on le veut, qu'on aime ou qu'on hait : il ne peut donc être criminel (*u*) ». Par la même raison cet Auteur ne veut pas qu'on » sévisse contre les malfaiteurs, tels que les voleurs & les assassins. Je ne vois pas, dit-il, que la loi naturelle souffre qu'on réprime les méchans par des méchancetés, & qu'on punisse les homicides par le meurtre. . . . . . Un citoyen trouble la police de l'Etat ? empêchez-le de le faire, vous le pouvez sans l'attacher au gibet (*x*) ». Les Matérialistes plus conséquens que l'Auteur des Mœurs qu'on peut mettre au nombre des Déistes, justifient les châtimens ; en ce que la même fatalité, qui fait commettre le crime sans liberté, le fait aussi punir par une nécessité inévitable : ils pensent en cela comme les Stoïciens, qui étoient aussi Fatalistes. Zénon, leur Fondateur, battit son valet, parce qu'il l'avoit volé : celui-ci, conformément aux principes de sa secte, s'excusoit, en disant qu'il étoit destiné à voler ; & *à être battu*, répondit Zénon.

Quelle idée de pareils Philosophes peuvent-

(t) Helvétius, L. de l'Esprit, p. 172.

(u) Les Mœurs, p. 81.

(x) Ibid, p. 458.

ils avoir de la morale ? Ils doivent la faire consister à satisfaire tous les penchans, bons ou mauvais, que la nature, ou plutôt la fatalité, inspire aux hommes; & c'est en effet à quoi ils la réduisent toute entiere : commençons par l'Auteur du système de la nature. « La mo-
» rale, selon lui, c'est la fidélité à suivre tous
» les instincts de la nature ; c'est l'obéissance
» que nous rendons aux passions dont, ajoute-
» t-il, la satisfaction modérée suivant les loix
» de la nature, peut seule causer notre bon-
» heur ». Quiconque résiste aux penchans de la nature, quiconque les combat, les mortifie, est *un homme pervers & méchant*, un *fou*, un *enthousiaste*, un *fanatique* (y). « Voilà ce
» que la Religion fait des mortels : elle ne
» peut que les rendre méchans & malheureux :
» *elle est l'unique cause de toutes les horreurs*
» *que nous voyons sur la terre* (z) ». Observons néanmoins que, dans le système de l'Auteur, c'est la fatalité à laquelle personne ne peut résister, & qui regle tout le mal comme le bien ; & c'est, dis-je, la fatalité qui fait par nécessité l'homme religieux, comme l'impie, le fou, l'enthousiaste, le fanatique, comme le sage de la nouvelle Philosophie. Comment après cela cet Auteur si inconséquent peut il dire avec quelque ombre de raison : « Banissons à ja-
» mais de notre esprit (la Divinité) ce fan-
» tôme propre à le troubler, & à nous em-
» pêcher de prendre les voies simples, natu-
» relles & sûres, qui peuvent nous conduire au
» bonheur (*a*). Bouchons nos oreilles aux cris

___

(y) Système de la nature, *suprà*.
(z) Idem, seconde part. p. 79.
(*a*) Ibid, pag. 190.

» inefficaces de la Religion qui ne pourra
» jamais nous faire aimer une vertu qu'elle rend
» hideuse & haïssable, & qui nous rend réel-
» lement malheureux en ce monde, dans l'at-
» tente des chimeres qu'elle nous propose.....
» Suivons les leçons de cette morale humaine
» & douce, qui nous conduit à la vertu par
» la voie du bonheur » (b). Et ailleurs : « O
» homme, laisse-toi entraîner doucement par
» la nature, jusqu'à ce que tu t'endormes pai-
» siblement dans le sein qui t'a fait naître (c)».
Enfin, faisant parler la nature (*cette machine
matérielle, sourde, insensible, incapable d'intelligence, & qui ne peut rendre les hommes ni bons
ni méchans*) l'Auteur lui met dans la bouche
ce beau discours : « O mortel, rendu à la
» nature, à l'humanité, à toi-même, répands
» des fleurs sur la route de la vie ; cesse de
» contempler l'avenir : vis pour toi ; vis pour
» tes semblables : descends dans ton intérieur :
» considere ensuite les êtres sensibles qui t'en-
» vironnent, & laisse là ces Dieux qui ne peu-
» vent rien pour ta félicité : jouis & fais jouir
» des biens que j'ai mis en commun pour tous
» les enfans également sortis de mon sein : ai-
» des-les à supporter les maux auxquels le des-
» tin les a soumis comme toi-même. J'approuve
» tes plaisirs, lorsque, sans te nuire à toi-même,
» ils ne seront point funestes à tes freres que
» j'ai rendus nécessaires à ton propre bonheur :
» ces plaisirs te sont permis, si tu en uses dans
» cette juste mesure que j'ai fixée moi-même.
» Sois donc heureux, ô homme, la nature t'y

(b) Idem, premiere part. p. 367, & 368.
(c) Ibid, p. 369.

» convie : mais souviens-toi que tu ne peux
» l'être tout seul. J'invite au bonheur tous les
» mortels ainsi que toi : ce n'est qu'en les ren-
» dant heureux, que tu le seras toi-même. Tel
» est l'ordre du destin : si tu tentois de t'y sous-
» traire, songe que la haine, la vengeance &
» les remords sont toujours prêts à punir l'in-
» fraction de ces décrets irrévocables (*d*) ».

Cependant l'Auteur a senti lui-même que cette morale attrayante, aussi lubrique qu'inconséquente & insensée, manquoit absolument de toute ressource pour consoler les malheureux, dont la multitude est & a toujours été si nombreuse sur la terre. Que leur offre-t-on pour essuyer leurs larmes ? La raison qui doit leur faire sans cesse considérer que ce qu'ils souffrent, vient de *l'ordre du destin*, dont il est impossible à la nature de changer les loix. Tout ce qui m'afflige, doit dire le misérable, est nécessaire : c'est *l'effet de la fatalité*. Elle veut que je n'aie aucun soulagement, ni dans cette vie, ni dans une autre qui n'est qu'une chimere. Mais du moins quand j'aurai bien souffert dans celle-ci, sans pouvoir y trouver aucun remede contre la *fatale nécessité* qui m'opprime, je cesserai d'être : une heureuse dissolution de moi-même anéantira totalement mon existence. Belle consolation ! La merveilleuse Philosophie des Matérialistes n'en a pas d'autres à nous offrir, si ce n'est pourtant le *suicide*. Si par le secours de la raison, ni par aucun autre moyen physique & naturel, le misérable ne peut rien trouver qui le soulage, il lui reste la consolante ressource de se tuer ; & pour l'y engager,

_____

(*d*) Ibid, p. 492.

l'Auteur du fystême de la nature lui fait voir qu'en se donnant la mort, il ne fera rien que de très-raisonnable & de très-légitime. Cet Auteur emploie un chapitre presque entier à faire l'Apologie & la justification du suicide (e). Mais le suicide ne dépend-il pas du destin, comme tout le reste? & s'il en dépend, on ne pourra effectivement se donner la mort, qu'autant que cette action aura été arrêtée par la fatalité. Si elle a décidé qu'on soit malheureux sans pouvoir se tuer, il faudra l'être, & nécessairement, tant qu'il lui plaira.

Les autres Matérialistes qui ont écrit avant l'Auteur du système de la nature, avoient déja enseigné la même doctrine. Ils avoient dit, comme lui, que la regle de la nature consiste à suivre nos penchans, & à n'agir que pour notre intérêt propre, & pour celui des autres, quand il n'y est point opposé; ce qui leur est commun avec les Déistes : mais ils ont développé davantage ce dernier point, en confondant la morale avec la politique, & en la plaçant uniquement dans des loix arbitraires & de convention, & sur-tout dans ce qui concerne l'ordre public. C'est aussi ce que les Déistes ont enseigné (voyez *suprà*) : écoutons ces nouveaux Moralistes.

« Il n'y a en soi, dit l'Auteur *de la vie heu-*
» *reuse*, ni vice ni vertu, ni bien ni mal moral,
» ni juste ni injuste : tout est arbitraire, &
» fait de main d'homme. Ce qui n'étoit qu'une
» chimere, est devenu un bien réel par con-
» vention, & parce qu'on a remué l'imagina-
» tion des hommes (*f*) ». Dans la pensée

―――――――――――――――――

(e) Le quatorzieme chap. de la premiere part. p. 302.
(f) P. 12.

d'Helvétius, « la probité n'est que l'habitude
» des actions utiles (g), & elle doit nécessai-
» rement être fondée sur la base de l'intérêt
» personnel (h). Eh quel autre motif pourroit
» déterminer un homme à des actions géné-
» reuses ! Il lui est aussi impossible d'aimer
» le bien pour le bien, que d'aimer le mal
» pour le mal. Car les hommes ne sont point
» méchans, mais soumis à leurs intérêts (i) ».
C'est pourquoi, ajoute l'auteur du discours *sur
l'inégalité des hommes* : « A cette maxime su-
» blime de justice raisonnée, *fais à autrui,
» comme tu veux qu'on te fasse*, nous avons
» substitué cette autre maxime de bonté na-
» turelle, plus utile que la précédente : *fais
» ton bien avec le moins de mal d'autrui qu'il
» t'est possible* ; parce qu'il a de même l'amour-
propre pour unique motif, & qu'il est naturel
de ne pas s'opposer à son intérêt, lorsque
nous n'y trouvons aucun avantage : car notre
intérêt propre doit l'emporter sur le sien, à
moins, selon plusieurs de ces nouveaux moralistes, que le bien public & l'intérêt général ne s'y opposent. « La morale, disent-
» ils, tire son origine, de la politique,
» comme les loix & les bourreaux. Il s'ensuit
» qu'elle n'est point l'ouvrage de la nature,
» ni par conséquent de la Philosophie ou de
» la raison ». C'est ce qu'enseigne La Métrie
dans le discours préliminaire de ses œuvres
philosophiques. Helvétius va même jusqu'à dire
« que la morale n'est qu'une science frivole,

(g) L. de l'Esprit, p. 73.
(h) Ibid., p. 232.
(i) Ibid. p. 73.

si on ne la confond avec la politique & la législation. « On doit regarder, continue-t-il, les
» actions comme indifférentes en elles-mêmes.
» C'est au besoin de l'Etat à déterminer celles
» qui sont dignes d'estime ou de mépris, &
» au Législateur à fixer l'instant où chaque
» action cesse d'être vertueuse, & devient vi-
» cieuse (*k*). La vertu, dit un autre (*l*), n'est
» que l'effet de la conduite habile des rusés poli-
» tiques. Plus nous examinerons de près la na-
» ture de l'homme, plus nous nous convaincrons
» que les vertus morales sont des productions
» politiques que la flaterie engendra de l'or-
» gueil ; & que la convention, ajoute l'Au-
» teur du *Discours sur la vie heureuse* (*m*), fait
» tout le mérite & le démérite de ce qu'on
» appelle *vice* & *vertu*. Le même Auteur con-
» tinue (*n*) : Une ame mortelle n'a point de
» devoirs. On croit lui faire beaucoup d'hon-
» neur de vouloir la décorer d'une prétendue
» loi née avec elle : comme elle a d'autres idées
» acquises, elle n'est point la dupe de cet hon-
» neur-là. Une ame bien organisée se con-
» tente de ce qu'elle est ; & ne portant point
» ses vues plus loin, dédaigne tout ce qu'on
» lui accorde au-dessus de ce qui lui appar-
» tient en propre, *& se réduit au sentiment* ».
Mais n'avons-nous pas l'idée du juste, de
l'honnête & du beau ? « Les Moralistes, ré-
» pond Helvétius, sont partagés sur ce sujet.
» Les uns soutiennent que nous avons de la

(*k*) Helvet. de l'Esprit, p. 161, 168.
(*l*) Fable des Abeilles, tom. 2., p. 16.
(*m*) P. 33.
(*n*) Idem, ibid. p. 65.

» vertu une idée absolue & indépendante des
» siecles & des gouvernemens divers, & que
» la vertu est toujours une & toujours la même :
» les autres soutiennent au contraire que cha-
» que nation s'en forme une idée différente.
» Ceux qui soutiennent la premiere opinion,
» apportent en preuve les rêves ingénieux,
» mais inintelligibles du Platonisme. La vertu,
» selon eux, n'est autre chose que l'idée
» même de l'ordre, de l'harmonie & du beau
» essentiel : mais ce beau est un mystere, dont
» ils ne peuvent donner d'idée précise. Les
» seconds, avec des armes plus fortes que
» des raisonnemens, c'est-à-dire, avec des
» faits, attaquent l'opinion des premiers ; font
» voir qu'une action vertueuse au Nord, est
» vicieuse au Midi ; & en concluent que
» l'idée de la vertu est purement arbitraire.
» Mais ces deux sectes se sont également
» trompées. Par ce mot de *vertu*, on ne peut
» entendre que le desir du bonheur général.
» Le bien public est l'objet de la vertu ;
» & les actions qu'elle commande, sont les
» moyens dont elle se sert pour remplir cet
» objet : l'idée de la vertu n'est donc point
» arbitraire. D'un autre côté, les intérêts d'un
» peuple éprouvent de grands changemens. Les
» mêmes actions peuvent lui devenir successi-
» vement utiles & nuisibles, & par conséquent
» prendre tour-à-tour le nom de *vertueuses*
» & de *vicieuses*. L'idée de la vertu n'est donc
» pas une idée absolue & indépendante des
» circonstances (o) ».

Et qu'on n'objecte pas les coutumes ridicules,

(o) Helvetius, l. de l'Esprit, p. 133.

cruelles, barbares &c. de certains peuples.
» Quelque stupides qu'on suppose ces peu-
» ples, il est certain qu'éclairés par leurs
» intérêts, ils n'ont point adopté sans motif
» les coutumes ridicules qu'on trouve établies
» chez quelques-uns d'eux. La bizarerie de ces
» coutumes tient donc à la diversité des in-
» térêts des peuples. En effet, s'ils n'ont donné
» le nom d'*honnête* qu'aux actions utiles à la
» patrie ; & si l'idée d'utilité a toujours été
» secrétement associée à l'idée de vertu ; on
» peut assurer que les coutumes les plus ri-
» dicules & même les plus cruelles, ont tou-
» jours eu pour fondement l'utilité réelle ou
» apparente du bien public. C'est ainsi que
» parmi quelques nations sauvages, le patri-
» cide est inspiré & commis par le même
» principe d'humanité qui nous le fait regarder
» avec horreur. Le vol nuisible à tout peuple
» riche, mais utile à Sparte, devoit y être
» honoré. De même le libertinage qui est cri-
» minel en France, puisqu'il blesse les loix du
» pays, se trouve chez différentes nations au-
» torisé par les loix, & même consacré par
» la Religion (p) ».

Le même Auteur continue : « Il faut sans
» contredit défendre aux hommes tout plaisir
» contraire au bien général ; mais avant cette
» défense, il faut par mille efforts d'esprit,
» tâcher de concilier ce plaisir avec le bon-
» heur public...... (Par exemple,) si les
» femmes étoient communes, & les enfans
» déclarés enfans de l'Etat, le libertinage alors
» n'auroit politiquement plus rien de dange-

(p) Idem, ibid, p. 135, 136, 137, 147.

» reux (*q*). Cette utilité publique est le prin-
» cipe de toutes les vertus humaines......
» C'est à ce principe qu'il faut sacrifier tous
» les sentimens, jusqu'aux sentimens même
» de l'humanité. L'humanité publique est quel-
» quefois impitoyable envers les particuliers.
» Lorsqu'un vaisseau est surpris par de longs
» calmes, & que la famine, d'une voix im-
» périeuse, a commandé de tirer au sort la
» victime infortunée qui doit servir de pâture
» à ses compagnons, on l'égorge sans remords.
» Ce vaisseau est l'emblême de chaque nation :
» tout devient légitime & même vertueux,
» pour le salut public (*r*) ».
L'Auteur dit encore : « La probité, consi-
» dérée par rapport au public, est la seule
» qui réellement en mérite généralement le
» nom. Ce n'est qu'en considérant la probité
» sous ce point de vue, qu'on peut se former
» des idées nettes de l'honnêteté, & trouver
» un guide à la vertu. J'appellerai donc *vertus*
» *de préjugé* toutes celles dont l'observation
» exacte ne contribue en rien au bonheur pu-
» blic (*s*) ». En effet, « qu'importe au public
» la probité d'un particulier ? Cette probité ne
» lui est presque d'aucune utilité : c'est uni-
» quement par ses talens, qu'un homme privé
» peut se rendre utile & recommandable à sa
» nation. Aussi le public juge-t-il les vivans,
» comme la postérité juge les morts. Elle ne
» s'informe point si Ovide étoit débauché,

(*q*) Ibid, p. 147, 148.
(*r*) Ibid, p. 80.
(*s*) Ibid, p. 119, 142.

» Annibal cruel, Lucrece impie, Horace libertin, Auguste dissimulé : c'est uniquement
» leurs talens qu'elle juge ». (Tout le reste
n'est que vertu ou vice de *préjugé*.) « La
» sensibilité physique & l'intérêt personnel sont
» les auteurs de toute justice. Cette vérité
» confirmée par mille faits, me prouve que
» nous sommes vertueux ou vicieux, selon que
» nos passions & nos goûts particuliers sont
» conformes à l'intérêt général..... Ensorte
» que la justice de nos actions n'est jamais
» que la rencontre heureuse de nos actions
» avec l'intérêt public........ Et c'est ce
» qui doit faire sentir aux législateurs la né-
» cessité de fonder les principes de la probité
» sur la bâse de l'intérêt personnel (*t*) ».

Ainsi, dès que le bien public n'y est point
intéressé, on peut, on doit même suivre tous
ses penchans sans aucun remords, & vivre
selon ses passions, telles qu'elles puissent être.
« Ces passions, dit Helvétius, sont le feu qui
» vivifie le monde moral (*v*). Il n'y a que
» l'homme fortement passionné, qui pénétre jus-
» qu'au sanctuaire de la vertu (*x*). Si l'humanité
» doit aux passions ses vices & la plupart de
» ses malheurs, ces malheurs ne donnent point
» aux Moralistes le droit de condamner les
» passions, & de les traiter de *folie*. La su-
» blime vertu & la sagesse éclairée sont deux
» assez belles productions de cette folie pour
» la rendre respectable à leurs yeux (*y*). Cette

___

(*t*) L. de l'Esprit, p. 276, 277, 90 & 232.
(*v*) Ibid, p. 319.
(*x*) Ibid, p. 368.
(*y*) Ibid, p. 319, 320.

» raison tant vantée, synonime du *bon sens*,
» ne mérite que peu d'estime........; & la
» prudence seroit sans contredit le plus funeste
» de tous les dons du Ciel, s'il le rendoit com-
» mun à tous les citoyens (z) ».

L'Auteur du Livre des Mœurs fait encore moins de cas de la raison. « Loin de nous,
» dit-il, ces Moralistes qui déclament avec
» force contre les passions, & ne se lassent
» point de vanter la raison. Nous ne craignons
» pas d'avancer au contraire, que ce sont
» nos passions qui sont innocentes, & notre
» raison qui est coupable (*a*). Loin de nous,
» dit Helvétius, ces pédans épris d'une fausse
» idée de perfection. Rien de plus dangereux
» dans un Etat, que ces déclamateurs sans es-
» prit, qui, concentrés dans une petite sphere
» d'idées, répétent continuellement ce qu'ils
» ont entendu dire à leurs mies ; recomman-
» dent sans cesse la modération des desirs, &
» veulent dans tous les cœurs anéantir les
» passions. Ils ne sentent pas que leurs pré-
» ceptes seroient la ruine des nations qui les
» adopteroient (*b*). Que doit-on à des hommes
» qui veulent abrutir les peuples pour les ty-
» ranniser ? Il faut d'une main hardie briser
» le sceptre d'ignorance, le talisman d'imbé-
» cillité auquel est attachée la puissance de ces
» génies malfaisans, découvrir aux nations les
» vrais principes de la morale, & leur ap-
» prendre que la douleur & le plaisir sont les
» seuls moteurs de l'Univers moral, & que

(*z*) Ibid, p. 583.
(*a*) Ibid, p. 583.
(*b*) L. de l'Esprit, p. 164.

» le sentiment de l'amour de soi est la seule
» bâse sur laquelle on puisse établir les fon-
» demens d'une morale utile (c) ». Et à l'égard
de la passion de l'amour, l'Auteur du livre des
mœurs ne rougit pas de dire : « Les hommes
» se sont persuadés follement qu'il est beau d'y
» résister, & honteux d'y succomber. Qu'ils
» suivent leurs desirs ; c'est le vrai moyen de
» s'affranchir de leur importunité. C'est le seul
» bien, ajoute Helvétius, que le Ciel mêle
» aux maux dont il nous afflige. Eh quelle
» ame assez barbare voudroit encore nous le
» ravir ! (d) ».

Delà ces Messieurs concluent 1°. que soutenir qu'il faut couvrir des statues & des tableaux immodestes, c'est la décision d'un fanatique (e) : 2°. qu'on ne doit point exclure des conversations les matieres galantes (f) : 3°. que c'est un vain scrupule de supprimer ce qu'il y a de licencieux dans certains ouvrages, tels que ceux d'Horace, de Juvénal, d'Ovide, &c., & qu'il faut présenter aux jeunes gens les ouvrages de ces Auteurs en entier (g) : 4°. qu'un pere doit procurer à ses enfans tout ce qui peut allumer dans leur cœur la passion de l'amour, » parce que cette passion ne peut
» que perfectionner les mœurs. Toutes les ver-
» tus se tiennent par la main : or la tendresse
» du cœur en est une (h) ». 5°. Que si une

_____

(c) Ibid, p. 230.
(d) Les Mœurs, p. 72. L. de l'Esprit, p. 148.
(e) Vingt-deuxieme Lettre Juive.
(f) Les Mœurs, p. 180.
(g) Cinquante-troisieme des Lettres Juives.
(h) Les Mœurs, p. 398, 399.

jeune personne veut vivre dans le concubinage, sans se marier, on ne doit point lui en faire un crime : « elle suit l'instinct de la nature (i) ». 6°. Qu'il seroit à souhaiter que, selon nos loix, le mariage fût dissoluble, & le divorce permis (k) : 7°. Que les femmes galantes sont souvent plus utiles au public, (& par conséquent plus vertueuses) que les femmes sages (l) : 8°. Qu'on ne devroit point se faire de scrupule d'aller tout nud, quand on est incommodé des grandes chaleurs. « Il est clair, dit sur cela l'Auteur sur l'origine de l'inégalité des hommes, « que le premier qui se fit
» des habits, se donna en cela une chose peu
» nécessaire (m). Pourquoi, dit Helvétius, au-
» rions-nous honte d'aller nuds, puisque nous
sommes sortis nuds du ventre de nos meres (n) ?
» Les femmes Siamoises ne paroissent-elles pas
» dans cet état, portées sur des Palanquins
» dans les rues ? Les jeunes Lacédémoniennes ne
» dansoient-elles pas découvertes dans les fêtes
» solemnelles ? & n'est-ce pas un des moyens
» que le fameux Lycurgue employa pour por-
» ter dans le cœur de ses concitoyens l'en-
» thousiasme, &, pour ainsi dire, la fievre de
» la vertu ? Si la plupart des Sauvages cou-
» vrent certaines parties de leur corps, ce
» n'est point en eux l'effet d'une pudeur na-
» turelle, mais de la crainte de se blesser en

___

(i) Ibid, p. 347, 248.

(k) Encyclop. du prélim. du tom. 7, p. 1, Les Mœurs p. 344, 346.

(l) L. de l'Esprit, p. 168.

m) P. 27.

(n) P. 142, 147, 161.

» traversant les bois & les halliers (o) ». Enfin les Matérialistes concluent encore de leur morale, que les Romains avoient une bonne police sur l'exposition des enfans (p) : que le pouvoir paternel consiste à élever & gouverner ses enfans, pendant qu'ils ne sont point en état de se conduire eux-mêmes ; mais qu'il ne s'étend pas plus loin dans le droit de nature (q) : que toute la distinction que l'on doit à un pere, dont on n'éprouve que des témoignages de haine, c'est de le traiter en ennemi respectable, &c (r).

Mais en suivant cette étonnante morale, en quoi les Matérialistes font-ils consister le bonheur de l'homme ?

Ils répondent, 1°. que « la vraie Philosophie » (n'admettant point l'immortalité de l'ame) » ne reconnoît qu'une félicité temporelle (s) »; » 2°. Que le bonheur est une sensation agréable, » un bien-être, un plaisir, en un mot, tout » ce qui flatte le corps. Voilà le seul Pilote qui » conduise à la félicité : les objets étrangers, » la vérité, le savoir, la vertu, ne sont que » des biens d'idée, des causes extrinseques. » La conformation, l'organisation du corps, » le méchanisme qui lui imprime une douce » idée, qui lui fait chérir son existence, une » sensation qui ne trompe jamais, parce qu'elle » exprime l'ame telle qu'elle est *actu*, voilà le » vrai bonheur (t) ».

___

(o) P. 147.
(p) L'Esprit des Loix, tom. 2, p. 162.
(q) Encyclopédie, tom. 5, p. 654.
(r) Les Mœurs, p. 459.
(s) P. 30.
(t) P. 6 & 17.

» Par le terme de *bien*, dit-on dans l'En-
» cyclopédie, on entend toutes les choses qui,
» par l'ordre établi par l'Auteur de la nature,
» sont les canaux par lesquels il fait, pour ainsi
» dire, couler les plaisirs jusqu'à l'ame. Plus
» les plaisirs qu'elles nous procurent, sont vifs,
» solides & durables, plus elles participent à
» la qualité de bien ». On parle ici de l'*Auteur
de la nature.* Ce qui fait croire que celui
qui a dressé cet article de l'Encyclopédie, est
Déiste, & non pas pur Matérialiste : mais les
Déistes, qui n'admettent point l'immortalité de
l'ame, pensent sur ce point comme les purs
Matérialistes (*u*).

Suivant ces maximes, la vertu n'est pas le
véritable bien de l'homme. « La vertu & la
» vérité, dit l'Auteur du *Discours sur la vie
» heureuse*, sont des êtres qui ne valent qu'au-
» tant qu'ils servent à celui qui les possede :
» il est très-évident, continue-t-il, que par
» rapport à la félicité, le bien & le mal sont
» fort indifférens ; & que celui qui aura une
» plus grande satisfaction à faire le mal, sera
» plus heureux que quiconque en aura moins
» à faire le bien (*x*). Il faut songer au corps
» avant que de songer à l'ame, procurer à son
» corps toutes les commodités, ne point se
» priver de ce qui fait plaisir, *donner à la
» raison la nature pour guide.* Alors soyons
» hommes seulement, & nous serons ver-
» tueux (*y*) ». Helvétius enchérit encore sur
ces maximes Epicuriennes, lorsqu'il ose avancer

(*u*) Au mot *bien*, tom. 2, p. 243.
(*x*) Pag. 106 & 54.
(*y*) Ibid. pag. 48.

Tome I. X

que « les plaisirs des sens peuvent nous ins-
» pirer toute espece de sentimens & de ver-
» tus (z). Ce sont ces plaisirs qui font agir
» & penser les hommes, & qui peuvent seuls
» mouvoir le monde moral (a). Ils sont les
» plus propres à élever l'ame, & la plus digne
» récompense des héros & des hommes ver-
» tueux (b). C'est de ce germe que sont
» sorties toutes les vertus (c) ».

Et c'est contre toute raison qu'on objecteroit
le cri de la conscience. « Si tu veux être heu-
» reux, s'écrie l'Auteur du *Discours sur la vie
» heureuse*, tu n'as qu'à étouffer les remords;
» ils sont inutiles avant le crime, ils ne
» servent pas plus après, que pendant qu'on
» le commet. La bonne Philosophie se dés-
» honoreroit en pure perte, en réalisant des
» spectres...... (en s'occupant) de ces
» fâcheuses réminiscences, & en s'arrêtant à
» ces vieux préjugés ». Et plus bas: « Le remords
» surcharge des machines aussi à plaindre que
» mal réglées (d) ».

Résumons maintenant en deux mots tout ce
systême des Matérialistes, tant sur le dogme
que sur la morale. 1º. Sur le dogme, ils rejettent l'existence de Dieu, & par conséquent
la Providence : ils n'admettent d'autre être
que la matiere qu'ils croyent éternelle &
nécessaire; & pensent que le monde s'est formé
au hazard, par l'énergie de la nature. Quant à

(z) De l'esprit, p. 148.
(a) Ibid, p. 365.
(b) Ibid. p. 361.
(c) Ibid. p. 228.
(d) Discours sur la vie heureuse, p. 63.

l'homme, ils ne reconnoissent ni la spiritualité, ni l'immortalité de son ame; ils croyent que tout meurt avec lui, & qu'il n'a rien à espérer ni à craindre pour une autre vie. Dans leur système, tous les corps ont plus ou moins, par leur nature, la faculté de sentir; & quand ils sont modifiés d'une certaine maniere, ils ont la faculté de penser, parce que penser, disent-ils, est une certaine maniere de sentir. Ainsi, selon les Matérialistes, tous les corps ont en eux le principe & le germe de la pensée, de l'amour & du sentiment. Il suffit que des molécules de matière soient réduites à une poussière très-fine & très-subtile, & tournées d'une certaine façon, pour pouvoir sentir effectivement, penser, réfléchir, aimer & exercer toutes les fonctions que nous attribuons à l'ame; & ils soutiennent, comme de raison, que cette matiere subtile, qui pense, aime, sent, agit, &c. n'a aucune liberté, mais qu'elle est nécessitée dans tous ses mouvemens. C'est la force & l'énergie de la nature qui tourne ainsi ces molécules de matiere, qui leur donne le mouvement & les différentes modifications qui les distinguent des corps grossiers; & c'est le destin & la fatalité qui déterminent & qui reglent cette énergie & cette force de la nature dans toutes ses opérations: & quoique les Matérialistes appellent cette énergie *force de la nature*; & la fatalité, *loix de la nature*; ni l'une, ni l'autre n'appartiennent point cependant à la nature, qui, selon eux, n'est qu'une masse lourde, insensible, sans mouvement & sans intelligence.

2°. Sur la morale. Suivant les Matérialistes, la fin principale que l'homme doit se proposer dans toutes ses actions, est son intérêt propre, son intérêt personnel, & celui des autres, lorsqu'il n'est point opposé au sien; & la regle de sa conduite, ce sont les penchans que la nature lui inspire. Il n'y a en soi ni vice, ni vertu, ni bien, ni mal moral, ni juste, ni injuste; mais ce qu'on appelle vertu ou vice, bien ou mal, justice ou injustice, est une chose de pure convention : & lorsque l'homme vit en société, & sous un gouvernement politique, c'est à ce gouvernement à établir quelles sont les actions vertueuses ou vicieuses, selon le goût, le temps, le climat, les personnes qui composent chaque société particuliere; ensorte que ce qui passe pour mauvais est déréglé dans un temps ou dans un pays, parce qu'on a réglé qu'on le regarderoit comme tel, pour devenir bon & vertueux dans un autre temps ou dans un autre pays, si l'on en convient. On appelle donc probité, honnêteté, justice, vertu proprement dite, tout ce qui est conforme à cet ordre établi pour le bien public; & vice, injustice, déshonneur, infamie, tout ce qui y est opposé. Lorsqu'on s'écarte de ces vertus établies par l'autorité publique, on peche contre cette autorité, & l'on s'expose aux punitions qu'elle inflige. Lorsqu'on les pratique, on est dans l'ordre, & l'on a droit aux louanges & aux avantages de la société. Mais ceci ne regarde que les actions publiques & connues; car les Matérialistes innocentent tout le bien qu'on feroit contre le bien de la société, si on le faisoit en particulier, & sans que personne s'en apperçût. Ils le considerent alors comme l'effet des passions & des intérêts de la nature, qui, en eux-mêmes, ne sont ni bons ni mauvais. La société ne s'appercevant point du tort qu'on lui fait, ce tort est censé non avenu. « Sitôt » qu'on peut désobéir impunément, dit l'Au-

» teur du Contrat Social, on le peut légitime-
» ment (e) ». Quant à ce que chaque particulier imagine, comme étant un vice ou une vertu, indépendamment du gouvernement politique & des conventions de la société, ce sont des vertus & des vices de *préjugé*. Chacun sur cela peut abonder dans son sens, de maniere que ce que l'on considérera comme un mal, l'autre pourra le considérer comme un bien. La société n'y prend aucun intérêt. On fait toujours bien, quand on suit ses penchans, tels qu'ils soient; & pourvu qu'on ne fasse rien de contraire à l'ordre public, on peut donner légitimement un libre cours à ses passions, sans écouter ce que la raison nous diroit au contraire; parce que la raison n'est point notre guide; mais un pédant incommode, qui, prêchant sans cesse la *modération des desirs*, tend à nous rendre malheureux. Si tout le monde se conduisoit par la raison, tout iroit très-mal; de sorte que, si nous voulons être heureux, *il faut donner à la raison la nature pour guide*. Enfin, les Matérialistes, refusant de croire l'existence d'un Dieu, rejettent absolument toute religion, & même tout culte politique. Ne croyant pas non plus, par une suite de cette erreur, la spiritualité, ni l'immortalité de l'ame, ils ne reconnoissent qu'une félicité temporelle, qu'ils font consister dans les sensations agréables, le bien-être de la vie, les plaisirs des sens, en un mot, dans tout ce qui flatte le corps. La vérité, le savoir, la vertu, ne sont, à leur avis, que des biens d'idée, qui ne valent pour le bonheur, qu'autant qu'ils ser-

_____

(e) Contrat social de Rousseau, pag. 11.

vent à procurer ces plaisirs des sens ; en sorte que le mensonge, l'injustice & le vice, peuvent de même nous conduire au bonheur. Ainsi, par rapport à la félicité, le bien & le mal sont fort indifférens ; & celui qui aura une plus grande satisfaction à faire le mal, sera plus heureux que quiconque en aura moins à faire le bien. Mais si l'homme, malgré tous ses efforts, ne peut parvenir à cette félicité, & que le destin le rende persévéramment malheureux, il peut se soustraire à ses loix par le suicide qui le délivre de tout malheur en changeant la modification de son être. Ceux qui, dans ce cas, prennent le parti de s'ôter la vie, font une action très-belle, très-courageuse & très-légitime. On a remarqué plus haut que l'Auteur du *système de la nature* avoit employé un Chapitre tout entier pour le prouver. Montesquieu lui en avoit tracé la route dans la soixante-quatorzieme des Lettres Persannes. « Quand
» je suis accablé de douleur, de misere, de
» mépris, dit-il, pourquoi veut-on m'empê-
» cher de mettre fin à mes peines, & me
» priver cruellement d'un remede qui est entre
» mes mains ? Pourquoi veut-on que je travaille
» pour une société dont je consens de n'être
» plus ?... Lorsque la société me devient oné-
» reuse, qui m'empêche d'y renoncer ?.....
» Troublé-je l'ordre de la Providence, lorsque
» je change les modifications de la matiere,
» & que je rends quarré une boule que les
» premieres loix avoient fait ronde ?.....
» Lorsque mon ame sera séparée de mon corps,
» y aura-t-il moins d'ordre & d'arrangement
» dans l'univers ?... Ceux qui se donnent la
» mort par dégoût de la vie, conclut Helvétius,

» ne péchent donc pas ; mais ils méritent pres-
» que autant le nom de *Sages*, que de cou-
» rageux (*f*) ».

Les Matérialistes, en établissant que ce qui fait le vice ou la vertu dans un Etat, c'est-à-dire, dans une société d'hommes soumis à un Gouvernement politique, c'est la conformité ou la non-conformité aux loix de cet Etat, ont imaginé que l'homme dans son état primitif ne vivoit point en société, & qu'alors il n'étoit tenu qu'à suivre les penchans de la nature, & à se procurer son bien-être par toutes les voies qui lui paroissoient conformes à cet instinct naturel. Il est bon de les écouter eux-mêmes débiter cette folle & ridicule imagination qui leur est commune avec un nombre de Déistes. (Voyez *Supra*, pag. 496 & suiv.)

« Les hommes, dit un de leur plus fameux
» Auteurs, vivoient dans leur premier état
» comme des sauvages, n'ayant ni domicile
» fixe, ni aucun besoin l'un de l'autre. Ils se
» rencontroient à peine deux fois dans la vie,
» sans se connoître & sans se parler (*g*). Un
» pareil commerce n'exigeoit pas un langage
» beaucoup plus rafiné que celui des Corneilles
» ou des Singes, qui s'attroupent à-peu-près
» de même : des cris inarticulés & quelques
» bruits imitatifs durent composer pendant
» long-temps la langue universelle (*h*). L'ame
» de l'homme, que rien n'agitoit, (dans cet état)
» se livroit au seul sentiment de son existence

(*f*) Liv. de l'Esprit, pag. 450.

[*g*] Discours sur l'origine & les fondemens de l'inégalité parmi les hommes, pag. 44.

(*h*) Ibid. pag. 104.

» actuelle, sans aucune idée de l'avenir,
» quelque prochain qu'il pût être; & ses pro-
» jets, bornés comme ses vues, s'étendoient à
» peine jusqu'à la fin de la journée (*i*). Seul,
» oisif, & toujours dans le danger, il devoit
» aimer à dormir, & avoir le sommeil léger;
» comme les animaux, qui pensant peu, dor-
» ment, pour ainsi dire, tout le temps qu'ils
» ne pensent point. Sa conservation faisant
» son unique soin, ses facultés les plus exer-
» cées devoient être celles qui ont pour objet
» principal, l'attaque & la défense, soit pour
» subjuguer sa proie, soit pour se garantir d'être
» celle d'un autre animal (*k*) ». L'homme dans
» cet état n'éprouvoit que les passions de la
» nature: ses desirs ne passoient point ses be-
» soins physiques. Les seuls biens qu'il con-
» noissoit dans l'univers, étoient la nourriture,
» une femelle & le repos: les maux qu'il
» craignoit, étoient la douleur & la faim.
» Je dis *la douleur*, & non la mort..... La
» connoissance de la mort & de ses terreurs
» est une des premieres acquisitions (malheu-
» reuses) que l'homme ait faite, en s'éloignant
» de la condition animale(*l*). L'union de l'homme
» & de la femme se faisoit au hazard.....
» & ils se quittoient avec la même facilité.
» La mere allaitoit d'abord ses enfans pour son
» propre besoin; puis l'habitude les lui rendant
» chers, sitôt qu'ils avoient la force de chercher
» leur pâture, ils ne tardoient pas de quitter
» la mere elle-même: ils en étoient bientôt au

(*i*) Ibid. pag. 39.
(*k*) Ibid. p. 28.
(*l*) Ibid. p. 36.

ET DES NOUVEAUX PHILOSOPHES. 513

» point, de ne pas même se connoître les uns
» les autres (m). Cette premiere période (de
» l'état du genre humain) dût être l'époque
» la plus heureuse & la plus durable..... Il
» semble que le genre humain étoit fait pour y
» rester toujours, & que cet état est la véritable
» jeunesse du monde (n) ».

Comment donc a-t-il cessé? Comment l'homme « qui n'a pas, selon le même Auteur (o),
» plus besoin d'un autre homme, qu'un singe ou
» un loup de son semblable, s'est-il déterminé à
» quitter cet état heureux pour se mettre en
» société ? Le voici. Les hommes errans
» dans les forêts, se rapprocherent lentement.
» On s'accoutuma à s'assembler devant les ca-
» banes, ou autour d'un grand arbre (p); le
» premier qui, ayant enclos un terrain, s'avisa
» de dire, *ceci est à moi*, & trouva des gens
» assez simples pour le croire, fut le vrai fon-
» dateur de la société civile.... Mais que
» de crimes, de guerres, de meurtres, n'eût
» point épargné celui qui, arrachant le pieux
» ou comblant le fossé, eût crié à ses sembla-
» bles : *Gardez-vous d'écouter cet imposteur ;*
» *vous êtes perdus, si vous oubliez que les*
» *fruits sont à tous, & que la terre n'est à*
» *personne* (q) ». Cependant, suivant les Matérialistes, quoique les hommes ayent été assez
simples pour se mettre en société, ils con-

(m) Discours sur l'orig. & les fond. de l'inég. parmi les hommes, p. 47.

(n) Ibid. p. 116.

(o) Ibid. p. 61.

(p) Ibid. p. 112.

(q) Ibid. p. 95.

servent tous les droits de leur liberté : car, « la liberté est un présent du ciel, & chaque » individu de la même espece a le droit d'en » jouir aussi-tôt qu'il jouit de la raison (*r*) »; & ils ont conclu de ce principe, que chaque société particuliere & volontaire doit vivre selon les loix dont chacun des membres est convenu, de maniere néanmoins qu'ils peuvent quitter cette société particuliere, ou y rester, suivant leur volonté, sans que personne y puisse trouver à redire (*s*) : & delà ils ont pris occasion de s'élever contre tous les Gouvernemens politiques, & sur-tout, contre le Gouvernement monarchique, qui gênent cette liberté naturelle. Il seroit trop long de rapporter ici toutes les maximes fausses & séditieuses dont leur écrits sont remplis sur cet objet. Nous nous bornerons à ce qui nous a paru plus intolérable.

On peut voir d'abord le Discours de Jean-Jacques Rousseau sur *l'inégalité des conditions* (*t*), & le troisieme discours du livre de *l'esprit* d'Helvétius, où l'on pose tous les principes de la révolte. Dans un autre livre (l'Asiatique tolérant), on lit que « le Prince n'est » que le premier domestique de ses sujets (*u*) : » que tous les Princes sont obligés de rendre à » leur peuple un compte exact de leurs actions : » que les Princes, peu contens de la primauté, » ont voulu donner des loix, & qu'on le leur » a sottement permis (*x*) : qu'un Roi est tou-

---

(*r*) Encyclop. tom. 1, p. 898.
(*s*) Idem, tom. 7, p. 789.
(*t*) Pag. 156, 157, 158.
(*u*) L'Asiatique tolérant, p. 99 & 105.
(*x*) Idem, ibid.

» jours coupable, quand la plus grande partie
» de ses sujets le trouve tel. Il ajoute qu'un
» Monarque qui cesse d'être le berger de son
» peuple, en devient l'ennemi; & que l'obéis-
» sance à un tel Prince, est un crime de haute
» trahison au premier chef contre l'huma-
» nité (*y*) ».

Le Militaire Philosophe: « Tous les hommes
» sont nés libres: il n'y a de subordination na-
» turelle que celle des enfans aux peres; (mais
» seulement dans leur enfance, voyez *suprà*).
» Si les hommes étoient aussi sages qu'ils
» pourroient & qu'ils devroient l'être, il n'y
» auroit pas d'autre domination (*z*) ».

L'Encyclopédie, article *autorité*. « Le Gou-
» vernement, quoique héréditaire dans une fa-
» mille, & mis entre les mains d'un seul, n'est
» pas un bien particulier, mais un bien public,
» qui par conséquent ne peut jamais être enlevé
» au peuple à qui il *appartient essentiellement*
» *& en pleine propriété* (*a*) ».

Voltaire. « Tous les hommes à qui le peuple
» veut donner la couronne par voie d'élection,
» la possede à plus juste titre que celui qui
» la tient par les droits de sa naissance (*b*).
» Voulez-vous vivre heureux, vivez toujours
» sans maître (*c*) ». Ailleurs, il se déchaîne
ouvertement contre les Princes souverains.
« Ce qu'il faut punir, dit-il, ce sont les Princes

(*y*) L'Asiatique tolérant, p. 50 & 106.
(*z*) Pag. 51.
(*a*) L'Encyclopédie, tom. 1, art. *autorité*.
(*b*) Voltaire, tom. XI, de ses Œuvres, p. 108.
(*c*) Idem, tom. 6, p. 28.

» mêmes ; ces barbares fédentaires, qui, du
» fond de leur cabinet, ordonnent dans le temps
» de leur digeſtion, le maſſacre d'un million
» d'hommes, & qui enſuite en font remercier
» Dieu ſolemnellement (*d*). Le vulgaire des
» Rois, eſclaves des plaiſirs, fiers oppreſſeurs
» des loix, fardeaux de la nature, ou fléaux
» de la terre, endormis ſur le trône en lançant
» le tonnerre (*e*) ».

C'eſt ſur-tout aux Rois Chrétiens, que nos prétendus Philoſophes en veulent. Ils n'ont d'encens que pour les Souverains idolâtres & perſécuteurs du Chriſtianiſme : ils ne peuvent ſouffrir l'*odieux Conſtantin* (*f*), ni tous ceux qui, comme ce grand Prince, ont établi & protégé la vraie Religion dans leurs Etats. Trajan, Marc-Aurele & Julien l'Apoſtat, ſont leurs héros & leurs idoles. C'eſt principalement contre les premiers qu'ils dirigent toutes les maximes de leur politique ſéditieuſe, qu'ils entremêlent à deſſein de quelques vérités pour les faire paſſer plus aiſément.

C'eſt ſur ce plan, que l'audacieux Auteur du *Syſtême de la nature* a dirigé tout ce qu'il a écrit contre les Souverains. Il trouve très-mauvais que « l'homme ſe ſoit ſoumis ſans
» réſerve à des hommes comme lui, que ſes
» préjugés lui firent reconnoître comme des
» êtres d'un ordre ſupérieur, comme des Dieux
» ſur la terre (*g*) ». Ce fut, à ce qu'il pré-

___

(*d*) Idem, tom. 8, p. 346.
(*e*) Idem, ibid. p. 73.
(*f*) Voyez Eſſai ſur l'Hiſtoire générale, & le Roman de Béliſaire, &c.
(*g*) Syſtême de la nature, 1 part., p. 6. & 7.

tend, l'effet de l'ignorance. « C'est faute de
» connoître sa propre nature, sa propre ten-
» dance, ses besoins & ses droits, que l'homme
» en société est tombé de la liberté dans l'escla-
» vage. Il méconnut, ou se crut forcé d'étouffer
» les desirs de son cœur, & de sacrifier son
» bien-être aux caprices de ses chefs (*h*) ».
C'est à la Religion & à ses Ministres, si l'on en
croit ce fanatique, que l'homme est redevable
d'une si dangereuse méprise. « Les Ministres
» du Très-haut, dit-il, toujours tyrans eux-
» mêmes, ou fauteurs des tyrans, ne crient-
» ils pas sans cesse aux Monarques, qu'ils sont
» les images du Très-haut ? Ne disent-ils pas
» au peuple crédule, que le Ciel veut qu'ils
» gémissent sous les injustices les plus cruelles
» & les plus multipliées ; que souffrir est leur
» partage ; que les Princes, comme l'Etre su-
» prême, ont le droit indubitable de disposer
» des biens, de la personne, de la liberté, de
» la vie de leurs sujets ? Hélas ! les idées théo-
» logiques & surnaturelles, adoptées par l'or-
» gueil des Souverains, n'ont fait que cor-
» rompre la politique, & la changer en ty-
» rannie. Les chefs des nations, ainsi empoi-
» sonnés du nom de la Divinité, s'imaginent
» que tout leur est permis (*i*). Il est donc
» évident que c'est aux notions théologiques,
» aux basses flatteries des Ministres de la Di-
» vinité, que sont dus le despotisme, la ty-
» rannie, la corruption, la licence des Princes,
» & l'aveuglement des peuples (*k*). Ces Dieux

(*h*) Idem, Ibid.
(*i*) Système de la nature, seconde part., p. 243.
(*k*) Ibid, p. 242.

» de la terre profiterent de l'erreur de l'homme, » pour l'asservir, le corrompre, le rendre vi- » cieux & misérable (*l*) ».

En quoi donc a consisté cette erreur & cette ignorance des peuples ? En ce qu'ils n'ont pas connu que « tout gouvernement, pour être lé- » gitime, ne peut être fondé que sur le con- » sentement libre de la société, sans lequel il » n'est qu'une violence, une usurpation, un » brigandage. Ceux qui en sont chargés, sui- » vant la forme que la société a voulu lui » donner, s'appellent Souverains, Chefs, Lé- » gislateurs, Monarques, Magistrats, Repré- » sentans. Le gouvernement n'empruntant son » pouvoir que de la société, & n'étant établi » que pour son bien, il est évident qu'elle peut » révoquer ce pouvoir quand son intérêt l'e- » xige, changer la forme de son gouverne- » ment, étendre ou limiter le pouvoir qu'elle » confie à ses Chefs sur lesquels elle con- » serve toujours une autorité suprême par la » loi immuable de la nature, qui veut que la » partie soit subordonnée au tout (*m*). On » en conclut qu'une société, dont les Chefs ne » procurent aucun bien à ses membres, perd » évidemment ses droits sur eux; & que les » Chefs qui nuisent à la société, perdent le » droit de lui commander (*n*) ».

Enfin l'Auteur ne se contente pas de ces maximes générales, il attaque tous les Prin- ces qui vivent aujourd'hui. « Nous ne voyons, » dit-il, sur la surface de ce globe, que des

---

(*l*) Ibid, premiere part. p. 71.
(*m*) Ibid, p. 142, 143.
(*n*) Ibid, p. 141.

» Souverains injustes, incapables, amollis par
» le luxe, corrompus par la flatterie, dépra-
» vés par la licence & l'impunité, dépourvus
» de talens, de mœurs & de vertus, indiffé-
» rens sur leurs devoirs que souvent ils igno-
» rent, & qui ne sont guère plus occupés du
» bien-être de leurs Peuples, &c. (o) ».

Ainsi, selon le fanatique Auteur, tous ces Monarques ont perdu leur autorité, & devroient être déposés. Dans un autre endroit, il les traite tous de *brigands*, de *méchans*, de *furieux*; & parlant ensuite des Souverains en général, anciens & nouveaux, il ajoute « qu'à
» peine, dans des milliers d'années, s'en trou-
» ve-t-il un seul qui ait l'équité, la sensibilité
» & les vertus les plus ordinaires (*p*) ». Il attribue tous leurs défauts à ce qu'ils ont eu quelque religion, & s'écrie : « Concluons donc
» de la conduite de tant de Princes si re-
» ligieux & si peu vertueux, que les notions
» de la Divinité, loin de leur être utiles, ne
» servent qu'à les corrompre & à les rendre
» plus méchans que la nature ne les a faits (*q*) ».

Tout ceci montre que le chagrin de nos Philosophes vient de ce que l'homme s'est mis en société; & que ce qui les chagrine encore davantage, c'est que, s'étant mis en société, chacun n'ait pas conservé la liberté naturelle, mais qu'on se soit soumis aux différens gouvernemens que nous voyons dans le monde. C'est pourquoi ils conseillent très-fort aux Sages, sans cependant en donner l'exemple eux-

---

(o) Idem, premiere part. p. 291.
(p) Système de la nature, seconde part. p. 242.
(q) Idem, ibid.

mêmes, de quitter toute société, & de reprendre le train de l'homme primitif, qui, selon eux, étoit errant & vagabond dans les forêts & les déserts de la terre. « O vous, » dit l'Auteur du *Discours sur l'origine & les* » *fondemens de l'inégalité parmi les hommes*, » qui ne reconnoissez pour votre espece d'autre » destinée, que d'achever en paix cette courte » vie, reprenez, puisqu'il dépend de vous, » votre antique & premiere innocence. Allez » dans les bois perdre la mémoire & la vue » des crimes de vos contemporains; & ne » craignez point d'avilir votre espece, en renonçant à ses lumieres pour renoncer à ses » vices (r) ».

Ainsi le but de ces nouveaux réformateurs, dont la Philosophie, si on les écoute, est le *flambeau & la marche de la raison*, *qui découvre aux nations les vrais principes de la morale*, *qui leur apprend à penser*, *qui les éleve au-dessus du vulgaire*, *en éteignant les torches du fanatisme & de la superstition*; le but, dis-je, de ces *esprits sublimes qui considèrent le monde comme leur école*, *& le genre humain comme leur pupille*, c'est de reléguer l'homme dans les forêts avec les bêtes fauves, & de les réduire au niveau de ces animaux farouches & irraisonnables. Non-seulement ils ne rejettent point cette conséquence si humiliante pour l'homme; ils la tirent eux-mêmes, & l'établissent en principe. Ecoutons l'Auteur de l'*homme plante*: « Notre ame, dit-il, est bien cer» tainement de la même pâte & de la même

_____

(r) L'Auteur du discours sur l'orig. & le fond. de l'inég. parmi les hommes.

» fabrique que celle des animaux (*s*). Mais
» l'homme est celui de tous les êtres connus,
» qui a plus d'ame ; comme la plante est celui
» de tous qui en a le moins, si ce n'est les mi-
» néraux. L'homme & la plante forment le blanc
» & le noir : les quadrupedes, les oiseaux, les
» poissons, les insectes, les amphibies, nous
» montrent les couleurs intermédiaires : sans ces
» couleurs, l'homme, fait de boue, comme les
» autres, eut cru être un Dieu sur la terre (*t*) ».
L'Auteur *de l'origine de l'inégalité des hommes*
enseigne de même que « l'homme ne diffère de
» la bête que du plus au moins. Quelques Phi-
» losophes, ajoute-t-il, ont même avancé qu'il
» y a plus de différence de tel homme à tel
» homme, que de tel homme à telle bête. Je
» ne vois, dit-il encore, dans tout animal,
» qu'une machine ingénieuse, à qui la nature
» a donné des sens pour se remonter elle-
» même. J'apperçois précisément la même chose
» dans la machine humaine (*v*) ».

Cependant l'homme n'a-t-il pas des facultés
qui lui sont propres, & qui ne peuvent appartenir aux animaux ? « Nous n'avons que
» deux facultés, répond Helvétius ; la sensibi-
» lité physique, & la mémoire : encore la mé-
» moire n'est-elle autre chose qu'une sensa-
» tion continuée, mais affoiblie. Ces deux fa-
» cultés nous sont communes avec les ani-
» maux (*x*), & produisent les mêmes fonctions dans l'homme & dans les bêtes. J'ap-

_____

(*s*) L'homme plante, p. 31.
(*t*) Idem, p. 24.
(*v*) L'Auteur du discours sur l'orig. &c., p. 31.
(*x*) L. de l'Esprit, p. 1 & 2.

» perçois, dans les animaux, dit-on dans l'En-
» cyclopédie, l'exercice des mêmes fonctions
» sensitives que je reconnois dans moi-même.
» Ces fonctions en général se réduisent à huit,
» au discernement, à la rémémoration, aux
» relations, aux indications, aux abstractions,
» aux déductions, aux inductions & aux pas-
» sions (y) ».

« Nous convenons néanmoins, ajoutent nos
» Philosophes, que, quoique les bêtes exer-
» cent les mêmes fonctions que l'homme, elles
» ont moins d'industrie & moins d'esprit : mais
» cela vient 1°. de ce que toutes les pates des
» animaux sont terminées, ou par de la corne
» (comme dans le bœuf & le cerf), ou par
» des ongles (comme dans le chien & le loup)
» ou par des griffes, (comme dans le lion
» & le chat). Or cette différence d'organi-
» sation entre nos mains & les pates des
» animaux, les prive non-seulement presque en
» entier du sens du tact, mais encore de l'a-
» dresse nécessaire pour faire aucune des dé-
» couvertes qui supposent des mains. 2°. La
» vie des animaux, en général plus courte
» que la nôtre, ne leur permet ni de faire
» autant d'observations, ni par conséquent
» d'avoir autant d'idées que l'homme. 3°. Les
» animaux mieux armés, mieux vêtus que nous
» par la nature, ont moins de besoins & par
» conséquent doivent avoir moins d'inventions.
» 4°. Les animaux ne forment qu'une société
» fugitive devant l'homme qui, par le secours
» des armes qu'il s'est forgées, s'est rendu
» redoutable aux plus forts d'entr'eux. 5°. En-

(y) Encyclopédie au mot *Evidence*, tom. 6, p. 155.

» fin l'homme est l'animal le plus multiplié
» sur la terre : il naît, il vit dans tous les cli-
» mats..... Or plus l'espece d'un animal sus-
» ceptible d'observations, est multipliée, plus
» cette espece d'animal a d'idées & d'esprit (z).

C'est pourquoi « si les singes, dont les pates
» sont à-peu-près aussi adroites que nos mains,
» ne font pas des progrès égaux aux progrès
» de l'homme, cela vient de ce que les hom-
» mes sont plus multipliés sur la terre. C'est
» aussi que, parmi les différentes especes de
» singes, il en est peu dont la force soit com-
» parable à celle de l'homme ; c'est que les
» singes ont moins de besoins, & par consé-
» quent moins d'inventions ; c'est que leur vie
» est plus courte, & qu'ils ne forment qu'une
» société fugitive devant les hommes, les ti-
» gres & les lions ; c'est qu'enfin la disposition
» de leur corps, les tenant comme les enfans
» dans un mouvement perpétuel, ils ne sont
» pas susceptibles de l'ennui qu'on doit re-
» garder comme l'un des principes de la per-
» fectibilité de l'esprit humain (*a*) ».

Mais si ces causes mettent de la disproportion entre les perceptions des hommes & celles des animaux, cette disproportion n'est que dans les degrés & non pas dans le genre : car, dit l'Auteur de l'*Essai physique sur l'œconomie animale*, « les animaux ont, comme nous,
» des perceptions générales, des perceptions
» particulieres, des perceptions completes,
» des perceptions incompletes ou abstraites,
» des perceptions confuses, des perceptions

(z) L. de l'Esprit, p. 2 & 3.
(*a*) Ibid.

» diſtinctes, des perceptions vagues, des per-
» ceptions déterminées, des perceptions re-
» latives; telles ſont les perceptions de l'effet
» à la cauſe, des propriétés à l'être, de la
» forme au ſujet, de la puiſſance à l'acte,
» du deſſein aux moyens, des moyens aux
» ſuccès (*b*) ».

Mais ne s'enſuit-il pas delà que les animaux auroient, comme nous, la connoiſſance des principes généraux & des axiômes, tel, par exemple, que celui-ci : *Une choſe ne peut pas être, & être en même-temps.* Oui, ſans doute, dit le même Auteur, les animaux ont ces connoiſſances en un certain degré. « Une
» brebis, par exemple, qui a apperçu un loup,
» & qui s'enfuit, eſt bien aſſurée que le loup,
» étant dans l'endroit où elle l'apperçoit, ne
» peut pas dans le même moment n'être pas
» dans cet endroit. . . . . Peut-être n'a-t-
» elle pas réduit, comme les Philoſophes,
» cette connoiſſance en axiôme. Je dis, *peut-*
» *être*, parce qu'on peut en douter : car nous
» appercevons par les actions des brutes,
» qu'elles acquierent par l'uſage des ſens, des
» connoiſſances habituelles qui leur ſervent de
» regle; ce qui eſt bien la même choſe que
» ſi elles réduiſoient ces connoiſſances en axiô-
» mes. Il paroît en effet qu'il ne manque à
» leurs maximes, que d'être rédigées en pro-
» poſitions. Au reſte cette forme eſt négligée
» non-ſeulement par les bêtes, mais encore
» par la plupart des hommes (*c*) ».

Et en effet, continue l'Auteur, « ſi nous

(*b*) Tom. 3, p. 263, 264.
(*c*) Idem, tom. 3, p. 226.

» paſſons en revue tous les principes généraux,
» ou les premieres vérités que les Philoſophes
» nous préſentent ſous le nom impoſant d'a-
» xiômes, & que l'on a mis au rang des
» vérités intellectuelles, & même au rang des
» vérités innées; nous appercevons que ce ne
» ſont que des connoiſſances que les hommes
» & les bêtes acquierent & diſtinguent par
» le ſeul ſentiment (*d*) ». Cependant les Auteurs de l'Encyclopédie placent ici une diſtinction importante : « Les hommes ignorans & les
» bêtes, diſent-ils, ſe bornent ordinairement
» à des vérités réelles, parce que leurs fonc-
» tions ſenſitives ne s'étendent pas au-delà des
» ſens : mais les ſavans, beaucoup plus livrés
» à la méditation, ſe forment une multitude
» d'idées factices & d'idées abſtraites géné-
» rales qui les égarent continuellement ; c'eſt
» pourquoi, pourſuivent ces Auteurs, on ne
» peut ramener les ſavans à l'évidence, qu'en
» les aſſujettiſſant rigoureuſement à ces vérités
» réelles (qui ſont du reſſort des bêtes); c'eſt-
» à-dire, aux ſenſations des objets, telles qu'on
» les a reçues par l'idée des ſens. Alors toute
» idée factice diſparoît, & toute idée ſom-
» maire ou générale ſe réduit en ſenſations
» particulieres (*e*) ».

Cela poſé, « la promptitude, l'étendue &
» l'exactitude du bon ſens, dépendent de la
» multiplicité des connoiſſances que l'animal
» a acquiſes, & auſſi de l'étendue & du de-
» gré de perfection de ſa compréhenſion. Le

(*d*) Ibid.

(*e*) Encyclopédie, au mot *Evidence*, tom. 6, p. 147, & 252.

» bon sens peut suffire aux bêtes & aux hom-
» mes, dans les cas qui n'excedent pas leur
» étendue, pour leur faire connoître le vrai,
» & pour les déterminer régulièrement dans
» leurs actions (f) ».

Il est vrai que les bêtes ne parlent pas : « &
» c'est un inconvénient qui les rabaisse au-
» dessous des hommes ; mais après tout, cette
» disparité entre les bêtes & l'homme, sert
» tout au plus à prouver qu'elles n'ont point,
» comme lui, les idées universelles, & qu'elles
» ne forment point, comme lui, des raisonne-
» mens abstraits (g) ». Cependant il faut convenir que si les animaux ne parlent pas de
maniere que nous les entendions, « 1°. ils
» s'entendent entre eux (h) ; 2°. qu'ils en-
» tendent quelque peu notre langage. Les ani-
» maux domestiques sur-tout sont capables de
» quelque intelligence des sons articulés (i).
» Au reste un rien empêche peut-être les bêtes
» de parler ; & ce foible obstacle sera peut-
» être un jour levé : la chose n'est pas impossi-
» ble. Si les hommes parlent, ils doivent songer
» qu'ils n'ont pas toujours parlé (k) ».

Que conclure de tout cela ? « Qu'il n'y a point
» d'animal si chétif, si vil en apparence, dont
» la vue ne diminue l'amour-propre d'un Phi-
» losophe (l) : car dans le fond, dit Lamétrie,

(f) Essai physique sur l'œcon. animale, tom. 3, p. 266.

(g) Encyclopédie, au mot *animal*, tom. 1, p. 346.

(h) Traité de l'ame, p. 154.

(i) Traité des animaux, p. 103.

(k) Les animaux plus que machine, p. 6.

(l) L'homme plante, p. 31.

« (m) tout le regne animal est composé de
» différens singes plus ou moins adroits, à la
» tête desquels Pope a mis Newton ».

Système des nouveaux Pyrrhoniens.

Les nouveaux Pyrrhoniens sont les Philosophes qui, sans s'attacher à aucun système particulier, enseignent, comme les anciens Pyrrhoniens, qu'il n'y a rien de certain dans la nature, & que tout est arbitraire dans le moral. L'Auteur du livre intitulé : *Pyrrhonisme du Sage*, expose ainsi leur doctrine. « Les hommes ne sont faits que pour le vraisemblable (n). Qu'on essaie de démontrer les vérités les plus communes, les plus évidentes, on n'y parviendra jamais (o) ». Ainsi, conclut-il, il ne faut rien admettre comme démontré, parce qu'en effet rien ne l'est (p).

N'y a-t-il pas cependant des axiômes incontestables tels que ceux-ci : *Le tout est plus grand que sa partie : Une chose ne peut pas en même-temps être & n'être pas.* Non, répond le même Auteur, « que l'homme ait des principes incontestables ; que s'il les a, il puisse les prouver...... C'est ce que je ne saurois concilier avec la confusion qui regne dans ses idées. Le principe de contradiction même, ajoute-t-il, ne seroit pas certain (q). Et

---

(m) Système d'Epicure.
(n) § 125.
(o) § 12.
(p) § 35.
(q) § 35, 110.

» qu'on ne me parle pas, dit-il encore, de
» ce qui faute aux yeux, de ce qu'on conçoit
» clairement. L'évidence est de toutes les dé-
» monstrations, celle qu'on recherche le plus ;
» & elle est la plus foible, lorsqu'on n'est pas
» prévenu (r). La raison qu'en donne l'Au-
» teur, c'est que tout ce qui est contesté, ne
» sauroit être regardé comme certain ; & qu'il
» n'y a point de sentiment, qui ne trouve des
» défenseurs & des adversaires (s) ».

En suivant ces principes, les nouveaux Pyrrhoniens ne regardent aucun fait comme prouvé, quand même on en feroit témoin oculaire ; parce que, disent-ils, les sens par lesquels on apperçoit les faits, sont trompeurs. Ils doutent même de l'existence des corps, qui ne leur paroît pas démontrée (t) : & celle de leur ame ne leur paroît guère mieux appuyée ; ensorte qu'on a vu porter l'extravagance jusqu'à dire qu'il se pourroit bien faire que tout ce que nous croyons sentir & appercevoir, ne fût qu'une illusion.

Mais il faut convenir que ce n'est pas là le sentiment du commun des nouveaux Pyrrhoniens. Le plus grand nombre ne doutent point de leur propre existence, & ne suspendent point leur jugement sur certains axiômes de la derniere évidence, ni sur certains principes & certains faits dont ils ne peuvent contester la vérité, lorsqu'ils agissent de bonne foi. Ils appréhenderoient de passer pour des

---

(r) Pyrrhonisme du Sage § 24.

(s) Ibid, § 19.

(t) Ibid, § 29 & 30 ; voyez aussi le livre de l'Esprit, pag. 6.

insensés

insensés aux yeux de la multitude ; mais ils affectent de douter de tout ce qui a été controversé parmi les hommes, & de tout ce qui a été ignoré ou obscurci dans l'esprit de plusieurs, quelque claires & évidentes que soient les démonstrations qu'on en a faites. Or comme il s'est élevé des contestations sur l'existence de Dieu, sur la Providence, sur la réalité des corps que nous appercevons, sur la spiritualité & l'immortalité de l'ame, sur sa liberté, sur la création du monde, & sur mille autres questions de dogme ou de fait, dont on a disputé dans les siecles passés, & dont on dispute encore tous les jours ; ils en concluent qu'elles ne sont point démontrées, & que par conséquent on doit suspendre son jugement sur tous ces objets. Ils doutent, par la même raison, de la vérité de toutes les Religions par lesquelles chaque peuple a prétendu honorer la Divinité : car il n'y en a aucune qui ne soit appuyée sur des faits, & qui n'ait été attaquée ou méconnue par un certain nombre de personnes. On apperçoit aisément jusqu'où un pareil système peut être poussé.

Si les nouveaux Pyrrhoniens n'affirment rien sur toutes les choses dont on vient de parler, il faut bien remarquer qu'ils n'en nient pas non plus la vérité : ils se contentent de suspendre leur jugement. Il y a plus : au milieu de cette variété de sentimens qui partagent les hommes sur des objets très-importans, ils ne poussent pas communément l'indifférence jusqu'à n'en admettre aucun. Ils se déclarent souvent pour un sentiment particulier : mais toujours attachés à leurs principes, ils n'en affirment jamais la vérité. Ils le soutiennent simplement comme probable ou vraisemblable, laissant à chacun la liberté de le croire improbable, & de soutenir le contraire comme probable. Ainsi un Pyrrhonien admettra comme probable l'existence de Dieu, la création du monde, la spiritualité de l'ame, son immortalité, sa liberté ; sans condamner un autre Pyrrhonien, qui par le même principe embrassera le sentiment contraire, comme probable ou plus probable : mais ils se réunissent pour soutenir que toutes ces questions ne sont point démontrées.

Les nouveaux Pyrrhoniens suivent le même plan par rapport à la morale : ils la considerent comme arbitraire. Il n'est pas démontré, selon eux, que ce qu'on appelle bien ou mal, juste ou injuste dans le monde, le soit effectivement. Il n'est pas même certain s'il y a des choses bonnes & justes, mauvaises & injustes en elles-mêmes : nombre de personnes le contestent. Au milieu de cette obscurité, ils veulent que chacun se conduise dans la société suivant les loix qui y sont établies pour le bien commun, sans décider si elles sont bien ou mal établies ; étant probable qu'il vaut mieux les suivre, lors même qu'elles ne nous plaisent pas, que de s'y opposer & de s'exposer à des disgraces. Et il en est de même des Religions établies dans chaque pays : il est expédient de s'y conformer, quoiqu'on ne les croie ni vraies ni démontrées. Quant à ce qui concerne la conduite particuliere des hommes dans tout ce qui est étranger à la société, les nouveaux Pyrrhoniens n'imposent aucune regle à personne : chacun peut vivre de la maniere qui lui semble probablement la meilleure. S'il lui paroît plus vraisemblable qu'il vaut mieux pour son bien-être suivre ses penchans, & que certaines personnes appellent *vice*, que de réprimer la convoitise, & de se conformer à ce qu'on appelle *vertu*, il est le maître de choisir le parti qui lui plait davantage : dans l'incertitude où il est, il n'a point d'autre regle à suivre que celle-là. Il sent qu'il est né pour être heureux ; & que parmi les hommes, ceux-ci mettent leur bonheur dans un objet, & ceux-là dans un autre ; ensorte que ce qui fait la félicité des uns, forme souvent le malheur des autres : c'est donc à lui à voir & à choisir tout ce qui peut le conduire à ce qu'il estimera probablement devoir procurer son bonheur. Mais quel bonheur ? Il est mélangé de peines & d'amertumes, dont il ne peut révoquer en doute la certitude ; & souvent quelques efforts qu'ils fasse pour se le procurer, il ne peut y réussir ; enfin, quelque desir qu'il ait d'une félicité continuelle, il ne sait ce qui doit lui arriver après la mort. L'ame est-elle immortelle ou non ? Y a-t-il une autre vie qui doive succéder à celle-ci ? ou toutes nos espérances se terminent-elles à la vie présente ? Supposé qu'il y ait une autre vie à attendre, l'homme y sera-t-il heureux ou malheureux ? Les actions de cette vie y seront-elles récompensées ou punies, suivant qu'elles auront été conformes ou non à certaines regles fixes & invariables ? Et quelles seroient ces regles ? ou bien tout sera-t-il l'effet d'une fatalité aveugle, dont nous ignorons les catastrophes ? C'est sur quoi les nouveaux Pyrrhoniens ne peuvent rien établir ; & quelque parti qu'ils prennent sur la probabilité ou l'improbabilité de tous ces objets, la fin de toutes leurs recherches se terminera à dire qu'il n'est pas même certain qu'aucune de ces choses soit probable ou improbable : & par conséquent ils ne peuvent être pendant tout le cours de leur vie, que le jouet d'une incertitude accablante, tant sur le présent que sur l'avenir; incertitude qui doit les rendre inquiets & malheureux, s'ils savent réfléchir.

XLI.

Comparaison de la Doctrine des anciens Philosophes, avec celle des Philosophes modernes.

Après l'exposé que nous venons de faire de la doctrine des nouveaux Incrédules, il est aisé de se convaincre, en la comparant avec celle des anciens Philosophes dont on a parlé d'abord, que les incrédules de nos jours, qui se décorent du titre de Philosophes, n'ont fait que renouveller les opinions absurdes de ces faux sages de l'antiquité, & qu'ils y ont même ajouté de nouvelles erreurs que les anciens Philosophes étoient très-éloignés de soutenir. Nous en exceptons les Théistes, qui s'éloignent beaucoup moins de la vérité (si ce n'est sur deux ou trois articles) que tous les autres Philosophes anciens & modernes; & qui, bien loin d'avoir renouvellé les erreurs des anciennes sectes, les ont au contraire rectifiées sur un grand nombre d'objets. Nous ne parlerons donc ici que des Déistes, des Athées purs Matérialistes, & des nouveaux Pyrrhoniens.

I. Les Philosophes de notre siecle ont renouvellé un grand nombre des erreurs des anciennes sectes; & pour commencer par les Pyrrhoniens, 1°. leur système est le même que celui des Académiciens & des anciens Pyrrhoniens. Les plus insensés suivent la doctrine de la seconde Académie fondée par Arcésilaüs, & celle de Pyrrhon qui, ne croyant rien de démontré doutoit de tout, & n'admettoit pas même de choses probables. Les plus modérés conviennent qu'il y a quelques vérités certaines & démontrées ; mais ils suspendent leur jugement sur toutes les questions qui ont été, ou qui sont encore controversées parmi les hommes; voulant néanmoins avec Carnéade, fondateur de la troisieme Académie, qu'il y ait dans ces questions des degrés de vraisemblance & de probabilité, capables de déterminer l'homme sage à choisir au moins tel ou tel parti dans la pratique de la vie civile. On a vu ci-dessus que la secte Eléatique, dont Xénophane fut le chef, avoit frayé la voie aux Académiciens & aux Pyrrhoniens ; aussi bien que Socrate (qui, selon la remarque de saint Augustin, avoit pour méthode d'agiter beaucoup de questions, & de ne rien établir), & Platon, qui nioit qu'il existât une science, & qu'il y eût de vraies démonstrations, & qui disoit en conséquence « qu'il laissoit la vérité aux Dieux & aux enfans » des Dieux, & qu'il se contentoit de recher- » cher ce qui est vraisemblable : *Id autem quod* » *sit verisimile indagare* (*v*) ».

2°. Le système de Spinosa sur l'unité de substance, est le même pour le fond que celui de la secte Ionique, de la secte Eléatique, de la secte Caballistique : c'étoit celui d'Epicure, & de plusieurs autres Philosophes particuliers, tels que Leucippe, Démocrite, &c. : c'étoit celui de Foé dans la Chine ; & c'est encore aujourd'hui celui d'une secte particuliere du Japon, & d'un grand nombre de Gentils des

---

(*v*) *Voyez* Tom. 2, pag. 56.

Indes, du Mogol & de l'Indouſtan. On trouve encore dans le huitiéme ſiecle de l'Ere Chrétienne deux ſectes, parmi les Mahométans, qui tenoient la même doctrine. (Voyez *Suprà*). Spinoſa n'a fait que développer ce ſyſtême d'unité de ſubſtance, & en faire un corps de doctrine plus ſuivi que celui des anciennes ſectes.

3°. En niant l'exiſtence de Dieu, les Athées purs Matérialiſtes n'ont fait que remettre au jour l'impiété de pluſieurs Philoſophes de l'antiquité, qui ont toujours été en exécration parmi les Païens mêmes ; tels que Stilpon, Protagoras, Prodicus, Diagoras, Théodore, Bion, &c. (Voyez *suprà*).

4°. En ſoutenant l'éternité de la matiere, & l'impoſſibilité de la création, pluſieurs d'entre les Deiſtes, & tous les Athées-Matérialiſtes, ont adopté le ſentiment de tous les anciens Philoſophes, & même de tous les Philoſophes, qui ont paru depuis Jeſus-Chriſt juſqu'au temps d'Averzoès, excepté quelques Platoniciens du troiſieme, du quatrieme & du cinquieme ſiecle. (Voyez *suprà*).

5°. Les Deiſtes & les Athées-Matérialiſtes, en établiſſant à la place de la Providence, la Fatalité & le Deſtin, ont remis en vogue les erreurs d'Ariſtote ſur ce ſujet, auſſi bien que celles de Straton, des Stoïciens, &c. C'étoit auſſi, par une conſéquence néceſſaire, la doctrine de tous les anciens Athées, & de ceux qui n'admettoient qu'une ſeule & unique ſubſtance dans l'univers. (Voy. *suprà*).

6°. En rejettant la doctrine de la ſpiritualité de l'ame, pluſieurs d'entre les Deiſtes & les Athées-Matérialiſtes ont renouvellé les écarts de Leucippe, de Démocrite, d'Epicure, de

Dicéarque, &c.; & ils ont supposé avec Platon, Aristote, &c. que la matiere pouvoit avoir des penchans, des amours, des sensations. (Voyez *suprà*).

7°. En attaquant l'immortalité de l'ame, & en enseignant qu'elle n'a rien à craindre ni à espérer après la mort, plusieurs Déistes & les Athées-Matérialistes ont ressuscité la doctrine d'Aristote sur ce sujet, celle des Stoïciens, des Epicuriens & des autres Philosophes, qui ont fait l'ame matérielle en tout ou en partie, ou qui ont donné dans l'Athéïsme, ou dans le système de l'unité de substance. (Voyez *suprà*).

8°. Sur le bonheur de l'homme, les Déistes & les Athées-Matérialistes, qui refusent de croire la spiritualité & l'immortalité de l'ame, réduisent ce bonheur, à l'exemple des Philosophes anciens dont on vient de parler, à la seule jouissance des biens de la vie présente. (Voyez *suprà*).

9°. Les Déistes & les Athées-Matérialistes, en niant la liberté, & en soumettant l'homme à l'empire de la nécessité, ont renouvellé les erreurs des Stoïciens & des Philosophes qui ont enseigné l'unité de substance, ou qui ont donné dans le pur Athéïsme; ou qui, comme Straton, Dicéarque, &c., ont établi que l'ame est matérielle. (Voyez *suprà*).

10°. Enfin, sur la morale, les Déistes & les Athées-Matérialistes ont remis en vigueur, au moins tout le fond de la morale de la plupart des Philosophes, qui n'avoit pour motif que l'amour-propre, & pour fin qu'une félicité purement temporelle. En détruisant la différence du bien & du mal, du juste & de l'injuste; du vrai & du faux, ils ont renouvellé le système horrible d'Archélaüs, de Straton, de Pyrrhon, d'Épicure, &c. En conseillant le Suicide, ils ont rappellé la doctrine meurtriere des Stoïciens. En autorisant les nudités, le concubinage & les discours licentieux, ils ont renouvellé les infamies de Diogene le Cynique, &c. Enfin, ceux d'entre les Déistes, & même des Théistes, qui professent extérieurement les différentes Religions des pays où ils se trouvent, sans rien croire de ces Religions, & même en les regardant comme de pures superstitions politiques, ont imité l'hypocrisie & la duplicité de presque tous les anciens Philosophes, qui faisoient semblant d'adorer les Idoles & les fausses Divinités du Paganisme, dont ils connoissoient la vanité ; & qui leur offroient des sacrifices, quoiqu'ils ne considérassent tout ce culte extérieur, que comme une vaine superstition fondée sur la fausseté & sur le mensonge.

11°. Les Déistes & les Athées-Matérialistes, n'ont pas seulement renouvellé toutes ces erreurs ; ils y en ont encore ajouté d'autres plus considérables, dans lesquelles la plupart des anciens Philosophes n'étoient pas tombés. Ainsi, 1°. sur l'existence de Dieu, aucune des anciennes sectes principales, telles que celles des Pythagoriciens, des Platoniciens, des Péripatéticiens, des Stoïciens & des Cyniques, n'ont attaqué cette vérité, à laquelle toute la nature rend témoignage. Xénophane, Socrate, Anaxagore, la reconnoissoient. Si les Académiciens & les Pyrrhoniens en doutoient, comme de tout le reste, ils n'avoient garde de la nier ; & si elle ne pouvoit se concilier avec le système des Épicuriens, au moins ces Philosophes admettoient-ils des Divinités formées d'Atomes, selon les uns, & spirituelles, selon d'autres. Les Athées-Matérialistes, en rejettant ce dogme capitale, sont donc tombés dans une erreur monstrueuse, dont presque tous les anciens Philosophes se sont garantis par les seules lumieres de la raison.

2°. Sur la Providence : les Déistes & les Athées-Matérialistes ne reconnoissant aucune Providence, & assujettissant à la fatalité tous les événemens qui arrivent dans l'univers, sont bien au-dessous de Platon, qui enseignoit que toutes les choses du monde sont conduites & dirigées par la seconde intelligence, premiere & principale émanation du Dieu suprême, & par les Dieux intermédiaires qui lui étoient subordonnés. Ils sont aussi plus enfoncés dans l'erreur qu'Aristote : quoique ce Philosophe fût Fataliste, & qu'il niât que la Providence s'étendît jusqu'aux individus, il admettoit au moins une Providence générale pour le gouvernement de l'univers. (Voyez *suprà*).

3°. Sur la spiritualité de l'ame : Ceux des Déistes qui la croyent matérielle, & les Athées-Matérialistes, se sont beaucoup plus égarés que le commun des anciens Philosophes ; Athénagore, Socrate, Pithagore, Platon, Aristote, les Stoïciens, &c., faisoient, à la vérité, une partie de l'ame matérielle qu'ils nommoient ψυχῆ ; & ils lui attribuoient des amours, des inclinations, des penchans, &c., mais ils n'ont jamais cru que la matiere pût penser & avoir de l'intelligence ; & c'est pourquoi ils admettoient tous dans l'ame de l'homme une portion spirituelle, ou qui n'étoit point matiere, qu'ils appelloient νοῦς *intelligence*. Ne pouvant se persuader la possibilité de la création proprement dite, ils se trouvoient obligés de dire que cette intelligence étoit dans chaque homme une émanation de la substance divine, qu'ils étoient très-éloignés de regarder comme matérielle. En cela ils étoient dans une grande erreur; mais au moins n'y tomboient-ils que parce qu'ils croyoient impossible que la matiere pût penser, & devenir un principe d'intelligence & de raison.

Nota. Quand on dit que les anciens Philosophes croyoient une portion de notre ame matérielle, il faut observer qu'il n'est pas question d'une matiere crasse & grossiere, comme celle que nous appercevons par les sens; mais de ce que Platon appelle l'ame de la matiere, c'est-à-dire, ce qu'il y a de plus subtil & de plus délié dans la matiere : & c'est pourquoi Aristote remarque que la portion de l'ame nommée ψυχή, n'est ni esprit, ni matiere. Il la fait consister dans une forme substantielle. Ce qui veut dire qu'elle n'est, ni spirituelle, ni intelligence, comme la portion appellée νοῦς; ni palpable, visible & grossiere, comme les corps que nous appercevons; mais que c'est une simple forme invisible aux sens, qui modifie quelque partie de matiere très-fine & très-déliée; & qui par conséquent est matérielle elle-même : car toute modification de matiere n'est autre chose que la matiere modifiée, la forme ne pouvant être sans sujet, selon Aristote; & c'est ce qui fait ajouter à ce Philosophe, que la portion de l'ame dont il s'agit, est corruptible & mortelle : expressions qui ne peuvent convenir qu'à la matiere & à ses modalités. Voyez ci-dessus les articles de Platon & d'Aristote, & celui de Pomponace.

4°. Tous les Philosophes dont on vient de parler, ont enseigné que la portion de substance divine, départie, selon eux, à chaque individu, étoit immortelle : mais ils ont paru se partager sur la portion qu'ils disoient matérielle. Pythagore & Platon semblent croire que cette portion matérielle de l'ame demeuroit toujours, après la mort, unie à la portion de substance divine ; qu'elle passoit, par la Métempsycose, dans une multitude de corps successifs ; & qu'après s'y être purifiée, ces deux portions, qui ne formoient qu'une même ame, jouissoient d'une béatitude souveraine. Je dis *semblent croire*, parce qu'ils ne parloient ainsi que par politique : ce n'étoit pas là leur véritable sentiment (voyez *suprà*). Ils pensoient au contraire, comme Aristote, Zenon, &c., qu'à la mort, la portion divine de l'ame se réunissoit tout de suite à la Divinité, & que la portion matérielle se corrompoit & changeoit de forme (voyez *suprà*). Mais quelque absurde que soit cette doctrine, au moins ces Philosophes soutenoient-ils tous unanimement que la portion divine, ou l'intelligence de l'homme étoit immortelle : ils ne croyoient pas, comme nos incrédules modernes, que cette intelligence ne fût qu'une modification de la matière, qui disparoissoit & s'anéantissoit à la mort de chacun des hommes.

5°. Sur la liberté humaine : quoique tous les principes de Pythagore & de Platon ne puissent subsister avec la véritable idée de la liberté de l'homme, cependant ces Philosophes ont rendu hommage à ce dogme de la liberté : ils étoient fort eloignés de le combattre, comme nos Déistes & nos Athées-Matérialistes, qui, contre l'évidence & le témoignage de la raison & de l'expérience, n'ont pas craint d'assurer que l'homme est nécessité irrésistiblement au bien & au mal dans toutes ſes actions, par une fatalité invincible. Ariſtote lui-même, dont les principes ne s'accordent pas mieux avec l'idée de la liberté, que ceux de Pythagore & de Platon, n'a nié que la Providence particuliere s'étendît aux individus, que parce qu'il s'imaginoit que cette Providence auroit détruit leur liberté ; tant cette idée de la liberté humaine lui paroiſſoit évidente & certaine ! Enfin Epicure, tout Matérialiſte qu'il étoit, étoit ſi frappé de cette vérité, qu'il en a fait un point particulier de ſon ſyſtême ; & qu'il a mieux aimé faire conſiſter la liberté humaine dans la déclinaiſon de ſes Atomes, quelque ridicule que ſoit cette idée, que de la nier.

6°. Jamais aucun des anciens Philoſophes n'a porté l'extravagance juſqu'à enſeigner, comme les nouveaux, qu'au commencement les hommes vivoient à la maniere des Sauvages & des bêtes, n'ayant ni domicile fixe, ni aucun beſoin l'un de l'autre ; enſorte qu'ils ſe rencontroient à peine deux fois dans la vie, ſans ſe connoître ni ſe parler, (voyez *ſuprà*). Ils ne ſe ſont jamais récriés contre l'union & la ſociété des hommes les uns avec les autres, ni contre l'établiſſement des gouvernemens politiques : ils ont montré au contraire les grands avantages de la ſociété, & la néceſſité de vivre ſous un gouvernement réglé. Ils étoient tous bons patriotes ; & l'on remarque même qu'Epicure, quoique Matérialiſte décidé, s'affligeoit ſenſiblement des malheurs d'Athènes où il demeuroit, & prenoit une part ſinguliere à tout ce qui intéreſſoit le Gouvernement. De même ces anciens Philoſophes, bien loin de réduire l'homme, comme les modernes, à la condition des bêtes, (voyez *suprà*) l'ont infiniment relevé au-dessus d'elles, en observant que les animaux ne se conduisent que par des instincts & des sensations aveugles, au lieu que l'homme a reçu du ciel en partage l'intelligence & la raison, dont les animaux sont absolument privés : ce qui les rend incapables de science, de raisonnement & d'invention. Voyez Cicéron dans ses livres *de Officiis*.

7°. Sur la morale. Il y a une différence énorme entre la morale des anciens & celle des nouveaux Philosophes. 1°. Selon ceux-ci, ce qu'on appelle vertu ou vice, n'est qu'une affaire de convention, de politique ou de préjugé : selon Platon, les Stoïciens, les Péripatéticiens, &c, l'idée de la vertu est l'idée même de l'ordre essentiel, qui doit régler toutes les actions des hommes, & qui est fondée sur une loi naturelle, éternelle & immuable ; loi qui leur découvre & leur fait discerner, lorsqu'ils ne ferment point les yeux à sa lumiere, ce qui est vrai, juste, honnête en soi, en tout temps, en tout pays, en toute circonstance, de ce qui est faux, injuste, déréglé & honteux. 2°. Selon nos nouveaux Philosophes, la raison n'est notre guide que dans les choses purement spéculatives, & non point dans la morale. Ce sont nos penchans, nos desirs, nos convoitises, qui forment le droit naturel de l'homme ; & la raison doit leur être subordonnée : ou, s'il est bon de suivre quelquefois la raison, lorsqu'elle nous avertit qu'en écoutant nos inclinations & nos penchans, nous nous nuisons à nous-mêmes, & nous agissons contre l'amour-propre qui est la fin de toutes nos actions, nous n'y sommes point absolument obligés ; parce que la raison, quelques avantages qu'elle nous propose, n'est point notre regle. Jamais les anciens Philosophes n'ont connu cette abominable morale : Platon, Aristote, Epicure même, & sur-tout les Stoïciens, ont tous enseigné, comme un principe fondamental, que la raison est notre guide & notre regle ; & que, bien loin de suivre nos penchans & nos convoitises, c'est un devoir indispensable de les modérer & de les réprimer, de maniere que nous les fassions toujours obéir à la raison. Et c'est ce que Cicéron, en exposant la morale des Stoïciens dans son premier livre *de Officiis* (Cap. 39), exprime très-disertement en ces termes : *In omni actione suscipienda, tria sunt tenenda. Primùm ut appetitus rationi pareat.... Horum trium præstantissimum est appetitum obtemperare rationi.*

8°. Enfin, en lisant les ouvrages des anciens Philosophes, on apperçoit aisément qu'ils cherchoient la vérité ; & que, si elle s'étoit clairement montrée à leur esprit, ils l'auroient embrassée, au moins sur certains points essentiels, & qu'ils auroient évité nombre de difficultés qui les ont fait tomber dans une infinité d'erreurs. C'est ce qu'on remarque en particulier dans plusieurs Platoniciens, des troisieme & quatrieme siecles, qui ont reconnu la possibilité & la réalité de la création : ce dogme étoit devenu populaire depuis la publication de l'Evangile. C'est ce qu'on a vu de même dans plusieurs Stoïciens, & dans d'autres Philosophes, tels que Séneque, Epictete, Plutarque, Porphyre, &c, qui, ayant lu nos livres saints, ont enseigné une morale beaucoup plus exacte & plus pure que les anciens, qui n'avoient d'autre lumiere que celle de leur raison. Un grand nombre de ces Philosophes ont même embrassé la Religion Chrétienne; & si tous ceux qui cherchoient la vérité, ne l'ont pas fait, c'est qu'ils voyoient cette Religion persécutée; ou que les préjugés dans lesquels on les avoit élevés, offusquoient tellement leur esprit, qu'ils ne pouvoient se persuader la vérité des dogmes du Christianisme, qui renversent de fond en comble toute la doctrine de leurs sectes. Au contraire, nos nouveaux Philosophes, élevés dans les maximes de cette sainte & lumineuse Religion, bien loin de s'attacher à la vérité qui se présente à leurs yeux dans toute son étendue & sans aucun nuage, ne travaillent qu'à l'étouffer, autant qu'il est en eux, pour lui substituer des erreurs grossieres & clairement démenties par l'évidence; erreurs dont la plupart des Philosophes de l'antiquité, quoique plongés dans les ténèbres, se sont garantis. Ces nouveaux Philosophes sont donc & beaucoup plus aveugles & beaucoup plus coupables que les anciens.

Sans réfuter pied-à-pied une doctrine aussi fausse & aussi absurde que celle des Philosophes modernes, dont nous avons exposé les systêmes, nous nous bornerons aux réflexions que nous croirons les plus importantes sur ces systêmes impies qui ont renouvellé les faux systêmes, & enchéri sur toutes les erreurs des faux sages de l'antiquité. Ces réflexions nous convaincront du besoin que nous avions d'une révélation surnaturelle, & nous prouveront ensuite la possibilité & l'existence de cette révélation, qui présente aux hommes les plus vives lumieres sur tous les objets que ces Philosophes, tant anciens que nouveaux, ont couverts des plus épaisses ténebres.

XLII.

Réflexions sur le systême des nouveaux Pyrrhoniens.

1°. L'homme est fait pour connoître & aimer la vérité, & non pas seulement pour la vraisemblance, comme l'enseigne l'Auteur du *Pyrrhonisme du Sage*. La preuve de cette assertion, c'est que nous cherchons perpétuellement la vérité; que nous ne sommes contens que quand nous croyons l'avoir trouvée; & que la seule vraisemblance ne nous satisfait jamais: l'incertitude nous inquiete & nous met à la gêne; & nous ne pouvons souffrir d'être trompés. Or est-il concevable que l'homme, étant fait pour la vérité, ne puisse jamais en découvrir aucune, ni par conséquent arriver au but pour lequel il existe; & que l'incertitude ne satisfaisant point le desir naturel du vrai qu'il porte dans son cœur, il soit, malgré lui, le jouet de cette obscurité désespérante pendant tout le cours de sa vie ? Une telle idée répugne, & devroit faire comprendre au Pyrrhonien, qu'il ne lui est point impossible, ainsi qu'il se l'imagine, de parvenir à la connoissance de la vérité. Il convient qu'elle existe : il veut qu'on la cherche continuellement. Mais à quoi cette recherche aboutiroit-elle, si le vrai ne peut être démontré ? Elle ne serviroit qu'à nous rendre d'autant plus malheureux, qu'elle nous feroit courir sans cesse après des chimeres, sans espérance de pouvoir enfin nous convaincre de la réalité d'aucun objet.

2°. Les Pyrrhoniens doutent de *l'existence de Dieu*, & de *celle des corps* qui nous environnent : ils ne trouvent pas ces deux vérités démontrées. Mais peuvent-ils douter de même de leur propre existence ? Ce principe de Descartes : *Je pense, donc je suis*, est de la derniere évidence. Le néant ne pense point : & dès qu'il est démontré qu'on n'est point néant, il est démontré qu'on existe. Le Pyrrhonien auroit beau dire qu'il doute s'il pense effectivement, & qu'il est porté à croire que tout ce que nous voyons n'est qu'illusion ; ce feroit une nouvelle preuve qu'il pense, & par conséquent qu'il existe : car douter si l'on pense, s'imaginer que tout n'est qu'illusion, c'est bien réellement penser. Le néant ne doute point, il ne conjecture point ; il n'imagine rien. Il est donc indubitable que le Pyrrhonien ne peut pas douter raisonnablement de son existence, & que par conséquent il est faux qu'on ne puisse démontrer les vérités les plus communes & les plus évidentes.

Or, s'il est démontré que nous existons, l'existence de Dieu, & celle des corps que nous appercevons, est pareillement démontrée : Car 1°. nous n'avons pas toujours été ; & il n'a pu y avoir une progression d'hommes, qui soit éternelle, & s'étende à l'infini. Qu'est-ce donc qui a donné l'être au premier homme & à tous ses descendans ? Ce ne sont point eux-mêmes qui se sont donné l'existence : ce n'est point non plus le hasard ; ce qui n'est point, ne peut rien produire. C'est donc un être supérieur, intelligent & puissant, qui nous a créés. Or cet Etre supérieur a-t-il reçu lui-même l'existence d'un autre ? Quand on le supposeroit, il en faudroit toujours revenir finalement à un Etre suprême & nécessaire, qui existe par lui-même de toute éternité ; Etre immense, immuable, infini, tout-puissant, doué en un mot de toutes les perfections possibles, comme on verra dans l'article suivant. La certitude & la démonstration de notre existence conduisent donc par la main à la certitude & à la démonstration de l'existence de Dieu.

2°. Celle des corps qui nous environnent, est aussi prouvée démonstrativement. Suivant la supposition de certains Philosophes, Dieu pourroit nous faire voir un monde tel que celui où nous sommes, quoique ce monde n'existât point. A la bonne heure ; mais dans ce cas, il faudroit qu'il nous fît connoître que ce monde que nous croirions voir, seroit un monde imaginaire, sans quoi il nous induiroit en erreur : ce qui est impossible. Dieu ne l'ayant point fait, mais nous donnant au contraire une idée aussi vive, aussi constante, aussi générale, que celle que nous avons de la réalité de l'existence des corps qui tombent sous nos sens, il est démontré que ces corps existent effectivement. Nous avons développé plus haut cette démonstration ; on peut consulter l'endroit.

3°. On convient que les axiômes & les principes évidens (tels que ceux-ci : *Deux & deux font quatre : Le tout est plus grand que sa partie : Une chose ne peut point être, & en même temps n'être pas*, &c.) ne se démontrent point : mais il est faux & absurde d'en conclure qu'ils ne sont point certains, & qu'on peut en douter avec raison. Leur clarté intrinsèque, & l'accord universel de tous les hommes, qui ont l'esprit sain, à les reconnoître pour tels, fait leur démonstration. Ils ne sont pas plus certains en eux-mêmes, que les choses qu'il s'agit de démontrer pour en établir la certitude : mais ils n'ont pas besoin de cette démonstration, parce qu'ils sont évidens en eux-mêmes. Or, s'il y a des axiômes & des principes certains en eux-mêmes, toutes les conséquences qui en dérivent clairement & distinctement, sont aussi certaines que ces principes ; & s'il y a des personnes qui ne voient pas ces conséquences, ou qui, par un défaut d'esprit, ne les tirent pas comme il faut, & selon les règles naturelles du raisonnement, il ne s'ensuit pas qu'elles soient fausses ou incertaines, ni que l'esprit humain soit hors d'état de distinguer entre un bon & un mauvais raisonnement, entre un sophisme & un argument en forme. Il est donc faux qu'il ne puisse y avoir de démonstrations qui prouvent la certitude des vérités : car ce qu'on appelle *démonstration*, n'est qu'un raisonnement fondé sur des principes évidens, ou dont la certitude est elle-même prouvée par quelque axiôme évident en soi ou par quelqu'autre principe clair, manifeste ou avoué. Rien n'est donc plus insensé que le système Pyrrhonien, qui prétend que rien ne peut être démontré ; & par conséquent qu'on doit suspendre son jugement, ne rien affirmer, & douter de tout. Qu'il y ait beaucoup de choses qui ne soient pas démontrées, tout le monde en convient. Il est raisonnable d'en douter jusqu'à ce qu'elles le soient, ou de ne les soutenir que comme des hypothèses & des vraisemblances : on peut aussi les négliger ou les rejetter, si elles paroissent inutiles ou fausses. Mais soutenir qu'il en est de même de toutes les questions qui s'agitent parmi les hommes, ou qu'il n'y a que très-peu de vérités démontrées, soit dans le physique, soit dans le moral, c'est une extravagance outrée.

4°. Le poste où se retranchent la plupart des nouveaux Pyrrhoniens, pour éviter ces écueils, n'est pas tenable. Ils prétendent qu'au moins tout ce qui est contesté, ne sauroit être regardé comme certain & démontré, (voyez *suprà*). Rien de plus faux que cette maxime. 1°. Il y a des axiômes & des principes si clairs, de l'aveu de ces Pyrrhoniens, qu'il faudroit être fou pour les révoquer en doute; & des absurdités si palpables, qu'il faudroit absolument renoncer à la raison pour les suivre. Cependant ces axiômes & ces principes ont été niés par un nombre de personnes ; & ces absurdités ont été défendues par d'autres. Cicéron l'a reconnu. Il n'y a rien de si évident, dit-il, qui n'ait été combattu ; ni rien de si déraisonnable, qui n'ait eu des défenseurs parmi les Philosophes & les Savans (*x*). 2°. Il est contraire au bon sens de penser qu'une doctrine est incertaine, précisément parce qu'elle a des adversaires : car cette doctrine est vraie ou fausse en elle-même. Sa certitude ou son incertitude ne dépend donc point des jugemens des hommes : mais la certitude est fondée sur l'évidence même de la doctrine, ou sur la force des preuves qui en démontrent la vérité; & son incertitude, sur le défaut d'évidence ou de preuves. Qu'il y ait des esprits faux (& combien n'y en a t-il pas !) qui combattent cette évidence & ces preuves démonstratives, reconnues pour telles par les esprits solides & justes; leur singularité ne fera jamais que ce qui est évident en soi, ou ce qui est claire-

---

(*x*) Cicéron, de divinatione, l. 2.

ment prouvé, cesse de l'être. En effet, ce seroit raisonner comme ceux qui diroient que, parce que les aveugles ne voient pas le soleil, & qu'il y a eu des sophistes, tels que George Berkeley, qui ont tâché de prouver que le soleil n'existoit point réellement, il s'ensuit que tous les hommes doivent suspendre leur jugement sur l'existence ou la non existence de cet astre : telle est cependant la maniere de raisonner de nos Pyrrhoniens sur les questions les plus incontestables.

5°. Les Pyrrhoniens veulent de même qu'on suspende son jugement, & qu'on doute, non-seulement de la vérité des faits anciens ou nouveaux qui nous sont rapportés, mais même de celle des faits dont on est témoin oculaire, & généralement de tout ce qui tombe sous les sens. La raison qu'ils en donnent, c'est que les sens sont trompeurs. Nous avons prouvé au contraire (*suprà*) que les sens, bien loin de servir à nous séduire, ne nous ont été donnés que pour nous empêcher de nous tromper dans les choses qui sont de leur ressort. Et si l'on se trompe très-souvent dans l'usage qu'on en fait, cela ne vient point de ce qu'ils nous fassent illusion, mais de ce que nous n'en usons pas de la maniere qu'il le faudroit pour découvrir la vérité ; c'est-à dire, de ce qu'au lieu d'examiner les choses avec soin, nous agissons presque toujours par préjugé & avec précipitation. Une tour carrée paroît ronde, dit-on, lorsqu'on la regarde dans un certain éloignement : donc les sens nous trompent. Fausse conséquence. Les sens dans cette distance doivent nous la représenter de la maniere qu'ils le font, c'est-à-dire, confusément ; & nous devons savoir qu'en pareil cas nous sommes ex-

posés à l'erreur, parce que les sens ne nous font point accordés pour découvrir exactement sa figure, lorsque nous en sommes éloignés. Qu'on s'approche de la tour, qu'on la considere avec attention, & qu'en même temps on jouisse du libre usage de ses sens, ils nous la feront appercevoir telle qu'elle est en effet. On peut juger, par cet exemple, de toutes les autres choses qui tombent sous les sens. Il est aisé d'en appercevoir la vérité, lorsqu'on prend toutes les mesures nécessaires pour se préserver de l'erreur. Les Pyrrhoniens eux-mêmes ne se trompent jamais dans l'usage qu'ils font de leurs sens, toutes les fois qu'ils suivent cette regle : en effet, on ne leur voit point prendre du plomb pour de l'or, de l'eau pour du vin, de l'arsenic pour du pain, &c. On ne les voit point préférer un mauvais contrat à un bon; recevoir un outrage pour un compliment, se congratuler d'une injustice criante, comme d'un avantage considérable. Et par là ils décelent eux-mêmes la fausseté de leur systême. C'est ce qu'Epictete, qui ne les pouvoit souffrir, leur objectoit agréablement. « Qui de vous
» autres, leur disoit-il, voulant aller aux étu-
» ves, est allé jamais au moulin ? Il ajoutoit :
» Si j'étois valet de ces Pyrrhoniens, je pren-
» drois plaisir à les tourmenter. Quand ils me
» diroient, *Epictete, versez de l'huile dans le*
» *bain*, je leur répandrois de la saumure sur la
» tête. Quand ils me demanderoient de la ti-
» sane, je leur apporterois du vinaigre ; &
» s'ils s'en plaignoient, je leur dirois qu'ils se
» trompent, & leur persuaderois que du vi-
» naigre est de la tisane, ou je les ferois re-
» noncer à leurs sentimens ».

Ce que nous disons ici sur l'usage des sens,

a lieu par rapport à tous les faits dont nous sommes témoins. Si nous les examinons avec beaucoup d'attention, & que nous nous précautionnions suffisamment contre toutes les surprises, nous en découvrons très-certainement la vérité: & à l'égard de ceux qui nous sont rapportés comme vrais par des témoins oculaires, ou par des personnes qui n'en sont instruites que sur le témoignage d'autrui, ou enfin par les monumens de l'histoire, lorsque ces faits sont anciens; on peut de même se convaincre de leur certitude, soit en s'assurant de la probité, de la candeur & du désintéressement de ces témoins oculaires; soit en faisant toutes les informations nécessaires pour découvrir si ceux qui racontent ces faits sur le témoignage d'autrui, n'ont pas été dans le cas d'être trompés ou surpris; soit en consultant les regles d'une sage critique dans les événemens plus anciens rapportés par l'histoire. (Nous aurons occasion dans la suite d'exposer ces regles). Lorsqu'on emploie ces moyens de discernement, & que la vérité des faits ne se présente point avec toute la clarté nécessaire, la raison dicte de suspendre son jugement: mais quand tout concourt à nous assurer de leur certitude, & que nous n'appercevons rien qui doive nous les rendre suspects, faux ou douteux; nous sommes aussi assurés de leur vérité, que si nous les eussions vus de nos propres yeux. Par exemple, qu'il y ait dans le monde une ville appellée *Rome*; que cette ville soit très-ancienne; qu'elle ait d'abord été soumise à des Rois, & ensuite au Gouvernement Républicain; que ce Gouvernement soit devenu Despotique sous un grand nombre d'Empereurs; & qu'elle soit enfin passée sous la puissance des Papes : ces faits me sont démontrés d'une maniere aussi palpable, que si j'en eusse été témoin oculaire ; parce qu'ils sont appuyés sur un concours de témoignages, dont on ne peut contester raisonnablement la vérité. Cela montre combien Voltaire abuse de la patience de ses lecteurs, lorsqu'arborant l'étendard du Pyrrhonisme, il a l'impudence d'avancer que toutes les histoires, qui ont précédé le regne de François Ier, ne présentent que des incertitudes & des fables, & qu'ainsi l'on ne doit commencer à étudier l'histoire qu'à cette époque (y). On voit bien le but que cet impie se propose par ce paradoxe : il voudroit affoiblir le témoignage des faits sur lesquels la Religion Chrétienne est appuyée. Mais, en s'applaudissant lui-même de cette belle découverte, comment n'a t-il pas vu qu'il s'exposoit à la risée de tous les savans ?

6°. Les Académiciens & les anciens Pyrrhoniens s'éleverent avec force contre tout ce que les autres sectes Philosophiques affirmoient : ils en combattoient continuellement la certitude. De même les nouveaux Pyrrhoniens ne peuvent souffrir que les Théistes, les Déistes & les Matérialistes, donnent leurs sentimens pour une doctrine certaine : ils leur demandent les preuves de tout ce qu'ils avancent, & les mettent aux mains les uns avec les autres. Mais ceux-ci, ne pouvant démontrer leurs systêmes respectifs, ni par la raison, ni par l'autorité, se trouvent obligés, la plupart du temps, de ne proposer leurs sentimens que

---

(y) Voltaire, Essai sur l'Histoire générale.

comme

comme des opinions vraisemblables. Aussi tous leurs écrits sont-ils remplis de doutes, d'incertitudes, de *peut-être*, d'hypothèses imaginaires. « Si Dieu a créé les corps, la matiere
» & les esprits, dit Rousseau, je n'en sais
» rien. . . . . . : Ce monde est-il éternel ou
» créé ? Y a-t-il un principe unique de toutes
» choses ? Y en a-t-il deux ou plusieurs, &
» quelle est leur nature ? Je n'en sais rien, &
» que m'importe (z) ? De même Voltaire : Il
» importe peu à la Religion de quelle substance soit l'ame. . . . . . C'est une horloge
» qu'on nous a donné à gouverner ; mais l'ouvrier ne nous a pas dit de quoi les ressorts
» de cette horloge étoient composés. Je suis
» corps & je pense : je n'en sais pas davantage (a) ». Mais ce n'est pas seulement pour se débarasser des difficultés qu'on leur propose, que les Déistes & les Matérialistes aboutissent presque tous au Pyrrhonisme ; ils y trouvent encore un grand avantage pour avancer les affaires de leur nouvelle Philosophie. N'osant heurter de front les principes reçus, au moins vis-à-vis de certaines personnes, ils commencent par les affoiblir & les rendre problématiques ; espérant, par ce stratagême, faire plus aisément des prosélytes. C'est ce qui fait dire au sieur Diderot, que « le Scepticisme
» est le premier pas vers la vérité, qu'il en
» est la pierre de touche, & qu'il doit être
» général (b). Il seroit à souhaiter, poursuit-
» il, qu'un doute universel se répandît sur la

(z) Emile, tom. 3, p. 77.
(a) Vingt-sixieme Lettre Philosophique.
(b) Pensées Philosophiques, n°. 31.

Tome I.   A a

» face de la terre, & que tous les peuples vou-
» lussent bien mettre en question la vérité de
» leur Religion (c) », pour vivre au hazard
selon leurs penchans, sans reconnoître aucune
Divinité, ni lui rendre aucun culte, & sans
rien craindre ni espérer pour une autre vie.
Voilà ce que ces Messieurs appellent *parvenir
à la vérité*; & c'est par le Scepticisme sur
l'existence de Dieu, sur l'immortalité de l'ame,
sur la loi naturelle & sur toutes les Religions,
qu'on se met en état d'y réussir. « Ceux, dit
» un de leurs plus fameux Auteurs, qui ont
» la force de se défaire des préjugés de l'édu-
» cation en matiere de Religion, sont les seuls
» vrais Philosophes (d) ».

7°. Mais il faut raisonner tout autrement des
Théistes, & à plus forte raison des Chrétiens;
parce que, si les Pyrrhoniens prétendent que
les uns ni les autres n'établissent pas mieux
leur doctrine que les Déistes & les Matérialistes,
cette doctrine des Théistes & des Chrétiens n'en
est pas moins prouvée; & jamais Pyrrhonien
n'en a fait voir la fausseté. Tout ce qu'il peut
opposer de plus fort, c'est qu'elle ne lui paroît
pas démontrée: mais ce jugement qu'il en
porte, n'empêche pas qu'elle ne le soit effectivement. Le Théiste prouve très-bien l'existence de Dieu, sa providence, la spiritualité
& l'immortalité de l'ame, la loi naturelle, la
nécessité de rendre un culte à la Divinité, la
différence du vice & de la vertu, la justice
des peines & des récompenses après la mort.
Il est vrai que, n'ayant d'autre lumiere pour

(c) Ibid, n°. 16.
(d) Le Philosophe, p. 173.

établir tous ces dogmes, que celle de sa raison obscurcie par les ténèbres de l'ignorance & des passions, il peut tomber, & tombe en effet dans plusieurs erreurs : mais malgré cet inconvénient, jamais le Pyrrhonien ne pourra attaquer avec succès la certitude du fond de la doctrine des Théistes. Le Chrétien est dans une position encore plus favorable. Les traits que les Pyrrhoniens lui lancent, sont incapables de l'entamer ou de l'embarasser, parce qu'il ne prouve pas seulement sa doctrine par la raison : il y joint l'autorité de la révélation, & n'emploie la raison que pour faire voir qu'il est juste & nécessaire de suivre les lumieres sûres de cette révélation, qui éclaire la raison elle-même sur tous les objets qui la concernent, & dissipe tous les nuages dont elle est environnée dans l'homme pécheur. Le Pyrrhonien ne pourra donc plus s'en tenir uniquement à ce que sa raison ténébreuse & vacillante lui suggérera vis-à-vis du Chrétien. Il lui faudra, avant toutes choses, attaquer la vérité de la révélation, & montrer qu'il n'est pas certain 1°. qu'elle soit possible. 2°. En la supposant possible, qu'il n'est pas certain qu'elle existe. Mais le Chrétien démontrera aisément qu'il y a un Dieu, & qu'il peut se manifester, comme il lui plaît, à sa créature; & le Pyrrhonien aura beau répéter sans cesse que ces propositions ne lui paroissent pas certaines, son opinion particuliere, qui n'a d'autre fondement que son imagination, n'en détruira pas la certitude : & quant au second point, c'est-à-dire, quant à l'existence de la révélation, étant appuyée sur des faits, le Pyrrhonien ne pourra pas embrouiller si facilement les questions, que s'il s'agissoit de raisonnemens métaphysiques. On le rappellera aux preuves ordinaires de la certitude des faits : & s'il les conteste, il ne le pourra faire qu'en continuant d'opposer à ces preuves ses idées particulieres, qui n'ont d'autre autorité que sa façon singuliere de penser ; & par cette maniere de procéder, qui réduit à l'incertain & à l'arbitraire les choses les plus évidentes, ou les mieux prouvées, il se rendra ridicule aux yeux de tous les gens sensés.

Nous nous bornerons à ces réflexions sur le systême des nouveaux Pyrrhoniens, qu'on peut appeller la honte de la raison & de l'humanité ; ce qui faisoit croire à Sextus-Empiricus, que les Académiciens & les anciens Pyrrhoniens ne doutoient de tout qu'en apparence, & pour disputer & exercer leurs Ecoliers. Ne pourroit-on pas dire de même des nouveaux Pyrrhoniens, qu'ils n'affectent de suspendre leur jugement sur les choses les plus claires & les mieux prouvées, que pour avoir le plaisir de contredire toute la terre, & de n'être gênés dans leur conduite par aucune regle, sous prétexte qu'il n'y a rien de démontré ? Car un vrai Pyrrhonien, s'il pouvoit y en avoir, seroit comme un homme qui, se trouvant au milieu de Paris, soutiendroit qu'il n'est pas certain que ce soit une ville, & encore moins une ville considérable : qu'il lui paroît probable que ce n'est qu'un village très-pauvre, rempli de bois, de prairies, de vergers & de méchantes masures ; & qui répondroit constamment à ceux qui le rappelleroient au témoignage des sens, à l'évidence, au sentiment universel, que les sens sont trompeurs, qu'ils représentent souvent des fantômes pour des réalités, & que d'ailleurs chacun peut penser là-dessus comme il lui plaît ;

mais que pour lui, quelque chose qu'on dise, quelque démonstration qu'on prétende faire, Paris ne lui paroît rien moins qu'une grande ville. On jugeroit d'un tel homme, qu'il badine; ou, s'il parloit sérieusement, qu'il a la tête tournée. C'est le portrait des Pyrrhoniens; & la meilleure maniere de les réfuter n'est pas de disputer contre eux (on n'y gagne rien); mais d'emprunter leur personnage, & de révoquer en doute tout ce qu'ils avancent dans le commerce de la vie, quelque clair, évident & incontestable qu'il soit; ils sentent qu'on les tourne en ridicule, & on les réduit au silence.

XLIII.

Réflexions sur le système des Athées, purs Matérialistes.

I.

Sur l'existence de Dieu.

Il n'est pas question ici d'exposer & de développer les preuves de l'existence de Dieu; ce seroit répéter inutilement ce qui est traité à fond & avec beaucoup de force & de lumiere dans un nombre considérable d'ouvrages modernes, ou l'affoiblir en l'abrégeant. On peut voir ces preuves dans Abadie, Jacquelot, Fénélon, Descartes, Mallebranche, Newton, Clarke, &c., nous observerons seulement:

1°. Que ces preuves de l'existence de Dieu sont ou *morales*, ou *physiques*, ou *métaphysiques*.

Les preuves *morales* se tirent du consentement de toutes les nations. Malgré la succession des temps, la révolution des affaires, les divers intérêts des peuples, le mélange des nations, les différentes inclinations des hommes, ce sentiment, qu'il y a un Dieu, s'est conservé chez tous les peuples. Il ne vient donc pas de la simple éducation ; mais il est fondé sur quelque proportion naturelle qui est entre cette premiere vérité & notre entendement. Cicéron reconnoît qu'il n'y a point de nation si barbare, qui n'ait eu quelque connoissance de la Divinité (e).

Qu'on remonte aux temps les plus reculés, on voit l'origine des arts & des sciences ; mais jamais personne n'a parlé de ceux qui les premiers ont établi l'existence de Dieu. A quelque degré d'antiquité qu'on s'éleve, on trouve cette croyance dans l'esprit de tous les peuples. La doctrine des deux principes, si répandue parmi les anciens, est postérieure à la croyance d'un seul agent ; & le mauvais principe fut au moins toujours regardé comme subordonné au bon. On en trouve les preuves dans l'Histoire critique de la Philosophie par M. Brucker.

Les Incrédules répondent que c'est la crainte qui a fait naître l'idée d'un Dieu. Quand cela seroit vrai, tout ce qui s'ensuivroit, c'est que cette crainte est naturelle & innée ; ce qui suppose la même chose de Dieu : mais nous voyons, par tous les monumens des premieres histoires, que ce n'est pas seulement la crainte, mais l'amour & la reconnoissance pour les biens que l'on recevoit de Dieu, & l'idée de sa grandeur, de sa puissance & de

───────────────

(e) Cicéron, in orat. pro Archiâ Poëtâ.

ses autres perfections, qui ont porté les peuples à lui rendre un culte, & à l'invoquer. Combien d'hommes ont cru l'existence de Dieu, sans rien craindre ni espérer après la mort, & sans croire la Providence ! Les Athées prétendent encore que l'idée que nous avons de Dieu, n'est fondée que sur l'éducation. Nous convenons que l'éducation s'unit pour cela avec la nature, & la nature avec l'éducation. Qui doute que la nature & l'éducation n'agissent de concert, pour obliger un pere à aimer son enfant, & l'enfant à respecter son pere ? La croyance d'un Etre suprême nous est traditionellement infuse par l'éducation ; elle est confirmée par l'habitude, fortifiée par l'exemple & par l'autorité ; mais les preuves dont elle est appuyée, ne se fondent ni sur les préjugés de l'enfance, ni sur les décisions de nos maîtres. De ce que nous avons appris une chose de nos peres, s'ensuit-il qu'elle est fausse, ou qu'on ne peut la croire que sur leur parole ? Les Athées ont encore recours à la politique des Princes. Mais qu'on examine l'histoire ; les Princes n'ont usé de politique que dans l'établissement des différens cultes de la Divinité. On n'en voit pas un seul qui, ayant trouvé un peuple d'Athées, lui ait inculqué la connoissance des Dieux ; elle étoit antérieure à tout culte ; & c'est sur cette connoissance générale, que les Princes ont bâti leur systême de politique.

Enfin les Athées ne peuvent rien conclure, contre ce consentement de toutes les nations à croire la Divinité ; de ce qu'il y a eu des hommes qui, comme eux, ont nié l'existence d'un Dieu, & des Sauvages qui ont paru n'en avoir aucune connoissance : on ne juge point de l'état du genre humain, par les sourds, les boiteux, les aveugles, mais par l'état commun des hommes. De ce que quelques Sauvages ne rendent point de culte à la Divinité, on en infere qu'ils n'en ont aucune connoissance. Ce fait, rapporté par des Voyageurs souvent trompeurs ou trompés, n'est pas constaté : mais, quand il le seroit, que s'ensuit-il ? Qu'ils n'ont pas l'idée de Dieu ? J'aimerois autant entendre dire qu'un grain de froment n'a pas le germe & la vertu d'en produire d'autres, parce qu'il n'est pas jetté dans un champ, & cultivé par le laboureur. Si ce Sauvage réfléchissoit, il découvriroit cette vérité : ou, s'il est incapable de réfléchir, il est du nombre de ces enfans au berceau, qui ne sont capables que des actions animales. Mais, dit-on, si c'est le raisonnement qui fait connoître la Divinité, cette connoissance n'est donc pas innée. C'est comme si l'on soutenoit qu'un pepin d'orange ne renferme pas le germe nécessaire pour produire un arbre de son espece, parce qu'il a besoin des élémens & du soin du cultivateur pour produire des plantes de son espece, des feuilles, des fleurs, des fruits. Il en est de même d'un homme qui réfléchit, ou qui ne réfléchit pas sur l'idée de Dieu, qu'il porte au fond de son cœur.

Ce consentement universel de toutes les nations à reconnoître l'existence d'une Divinité, emporte avec soi celui de l'existence d'une loi naturelle, commune à tous les hommes ; & c'est en effet ce que nous voyons dès l'origine des siecles. Les Païens, excepté ceux qui ont donné dans l'Athéisme, l'ont tous reconnue. Ecoutons ce qu'en a dit Cicéron : « La » loi véritable & fondamentale de toutes les

» autres, c'est la droite raison, qui convient
» si parfaitement à notre nature, qui est ins-
» pirée à tous les hommes, dont on ne peut
» assigner le commencement, qui ne se dé-
» mentit jamais, qui nous appelle à nos de-
» voirs en nous les commandant, & qui
» nous éloigne de la fraude & de l'injustice
» par la défense intérieure qu'elle nous en fait.
» Rien n'est capable de l'affoiblir, ou d'y dé-
» roger en tout ou en partie, ni l'autorité de
» ceux qui gouvernent les Empires, ni les
» clameurs & les déréglemens du peuple ne
» peuvent nous en affranchir (*f*). Quand il
» n'y auroit point eu de loi écrite à Rome
» pour défendre l'adultere, Sextus Tarquin
» n'auroit pas moins péché en violant la loi
» éternelle, lorsqu'il viola Lucrece. Il y avoit
» avant lui la raison souveraine, émanée de
» la nature même, qui nous invite à faire le
» bien, & nous détourne de ce qui est mal.
» Cette loi ne date pas du jour auquel elle
» fut écrite dans vos tables : son origine pré-
» cede celle de l'Univers : elle est aussi an-
» cienne que la Divinité (*g*) ».

(*f*) Cicéron, de leg., l. 1. Est quidem vera lex, recta ratio naturæ congruens, diffusa in omnes, constans, sempiterna, quæ vocet ad officium jubendo, vetando à fraude deterreat..... Huic legi nec abrogari fas est, neque derogari ex hâc aliquid licet, neque totâ abrogari potest, nec vero aut per senatum aut per populum solvi hâc lege possumus.

(*g*) Idem ibid., l. 2. Nec si regnante Tarquinio, nulla erat Romæ scripta lex de stupris, idcirco nec contra illam legem sempiternam Sextus Tarquinius vim Lucretiæ attulit. Erat enim ratio profecta à rerum naturâ, & ad rectè faciendum impellens & à delicto avocans, quæ non tum denique incipit lex esse cùm scripta

« Il n'y a pas moins d'extravagance à sou-
» tenir que la loi naturelle, le juste & l'in-
» juste, le vice & la vertu, dépendent de l'o-
» pinion des hommes, qu'il y en auroit à dire
» que la fertilité d'un arbre, ou la force
» d'un cheval, ne sont pas des choses atta-
» chées à leur nature, & qu'elles n'existent
» que dans l'idée de ceux qui en jugent (*h*).
» C'est le comble de la folie de croire qu'une
» chose est légitime, parce qu'elle auroit passé
» en coutume, ou même en loi parmi cer-
» tains peuples. Si les Tyrans d'Athènes eussent
» fait des loix en faveur de leur usurpation,
» & que les Athéniens les eussent adoptées,
» pouvez-vous croire que ces loix auroient
» été justes & obligatoires (*i*).....? Vous
» ne pouvez admettre ce principe, qu'en re-
» connoissant aussi que ceux qui gouvernent,
» ou même le peuple, ont le pouvoir de porter
» des loix qui ordonnent, ou du moins qui
» permettent l'homicide, le vol, l'adultere,
» les faux testamens. Dites-nous s'il est une
» doctrine plus monstrueuse & plus capable
» de bouleverser le genre humain ? Si ces pré-
» tendus Législateurs ont le droit de renverser

---

est, sed tum cùm orta est. Orta autem simul est cum
mente divinâ.

(*h*) Ibid, l. 1. Hæc autem in opinione existimare,
non in naturâ ponere dementis est. Nam nec arboris
nec equi virtus in opinione sita est, sed in naturâ.

(*i*) Jam verò stultissimum illud existimare omnia justa
esse quæ scita sint in populorum institutis & legibus.
Etiam ne si quæ sunt tyrannorum leges ; si triginta illi
Athenis leges imposuisse voluissent, aut si omnes Athe-
nienses delectarentur tyrannicis legibus, nam idcircò hæ
leges justæ haberentur ? &c. ibid.

» ainsi les impressions & les sentimens de la
» nature, pourquoi ne font-ils pas aussi des
» loix qui ordonnent que ce qui est mauvais
» & contraire à la santé, devienne à l'avenir
» bon & salutaire. Pourquoi, ayant le pouvoir
» de rendre juste ce qui est injuste, n'ont-
» ils pas également celui de faire que ce qui
» est mauvais devienne bon (k).

On retrouve les mêmes idées dans les Philosophes de l'antiquité, qui n'ont pas donné dans les écueils du Matérialisme ; tels que les Pythagoriciens, les Platoniciens, les Péripatéticiens & les Stoïciens. Il y a donc, selon les Païens mêmes, une loi universelle, immuable, éternelle, imprimée si profondément dans l'ame de l'homme, que les préjugés, le génie, l'éducation, les temps, les mœurs, la Philosophie, les loix nationales, n'ont pu ni la changer ni l'abroger, ni l'effacer entièrement, quelques efforts que les impies aient fait dans tous les temps pour l'anéantir.

Or qui est-ce qui a ainsi gravé cette loi commune & naturelle dans nos ames ? Ce n'est pas le hazard : il ne peut rien opérer. Ce ne sont pas les chefs des nations : elle subsistoit avant tous les Législateurs ; & leurs loix n'ont été approuvées, qu'autant qu'elles y étoient conformes. Ce n'est pas non plus chaque particulier : il la trouve en lui, dès qu'il commence à jouir de l'usage de sa raison : & d'ailleurs, l'homme étant continuellement le jouet de son imagination & de ses passions, cette loi ne seroit pas la même dans tous ; elle y éprouveroit mille variations. Il n'y a donc

---

(k) Cicéron, ibid.

qu'un Etre supérieur à l'homme, qui ait pu lui imposer cette loi naturelle ; & un Etre souverainement parfait & intelligent, qui soit le principe éternel & immuable de toute vérité, de tout ordre & de toute justice. Si cet Etre suprême n'existe point, il n'y a plus de loi naturelle, ni d'obligations, ni de devoirs à remplir parmi les hommes : la vertu n'est qu'une chimere, la probité qu'un vain scrupule, la bonne-foi qu'une simplicité, la conscience qu'un préjugé, le droit qu'une erreur : les liens de la société se détachent ; la fidélité disparoît ; l'ami est tout prêt à trahir son ami, le citoyen à livrer sa patrie, le fils à assassiner son pere pour jouir de sa succession : en un mot, les hommes n'auront d'autre regle que celle qu'ils s'imposeront à eux-mêmes, & qu'ils violeront sans peine, lorsqu'ils n'auront rien à craindre des autres hommes, & qu'ils le pourront faire impunément. Ces conséquences sont avouées des Athées : on l'a vu dans l'exposition que nous avons faite de leurs systêmes. Mais c'est ce qui en montre de plus en plus la fausseté : car il n'y a personne qui, en rentrant en soi-même, ne sente qu'une créature raisonnable ne peut être sans devoirs; & que ces devoirs ne peuvent être arbitraires, ni dépendans des caprices de l'homme ; mais qu'ils doivent être appuyés sur cette vérité & cette justice invariable dont nous avons tous l'idée, & dont nous ne pouvons nous écarter sans tomber dans le désordre : ce qui suppose nécessairement une loi générale & naturelle à tous les hommes, & un souverain Législateur qui nous l'impose, & auquel nous devons rendre compte de l'obéissance à cette loi suprême, ou de son infraction.

Bayle, qui trouve presque toujours qu'on réfute mal les Athées, & qui leur fournit de temps en temps des armes pour se défendre, prétend que l'Athéisme n'exclut point la connoissance du bien & du mal, ni de la différence qui est entre eux; & sa raison, c'est que les Athées peuvent conserver les idées par lesquelles on discerne cette différence, & qu'ils comprennent, aussi-bien que les Déistes, les premiers principes de la Morale & de la Métaphysique (*l*).

Pour connoître ce qu'il y a de vrai & de faux dans ce raisonnement de Bayle, il faut remonter jusqu'aux premiers principes de la Morale. On appelle *sentiment moral* cette approbation du bien, & cette horreur pour le mal, qui nous prévient antérieurement à toute réflexion sur leurs caracteres & leurs conséquences. C'est-là le premier principe qui nous conduit à la connoissance parfaite de la Morale; & il est commun aux Athées, comme aux autres hommes, quelque effort que ceux-là fassent pour l'étouffer tant qu'ils peuvent. L'homme conduit jusque-là la faculté de raisonner, qui lui est naturelle: elle le fait réfléchir sur les fondemens de cette approbation du bien, & de cette horreur pour le mal; elle lui fait découvrir que ni l'une ni l'autre ne sont arbitraires, mais qu'elles sont fondées sur *la différence qu'il y a essentiellement dans les actions des hommes.*

Mais ce n'est point assez que de sentir &

(*l*) Bayle, pensées sur la Comete, pag. 178.

de connoître le bien & le mal ; il faut joindre à ce sentiment une obligation de faire l'un & de fuir l'autre : c'est cette obligation qui forme le devoir ; & sans elle, point de devoirs, point de morale pratique ; tout se termine à la spéculation. Jusque-là & en deçà, la volonté n'est pas encore déterminée ; & elle ne peut l'être que par un troisieme principe aussi différent des deux autres, que la volonté l'est elle-même de l'entendement.

Or il n'y a qu'un seul principe qui puisse enjoindre l'observation des préceptes de morale, & leur donner par-là le caractere de devoirs. Ce principe doit être une volonté supérieure à la nôtre, c'est-à-dire, *la volonté de Dieu*, qui ne peut être connue, que l'on n'ait auparavant reconnu l'existence & les attributs de cet Etre suprême. C'est donc sur ces trois principes réunis : le *sentiment, la différence spécifique des choses, & la volonté de Dieu*, qu'est fondé tout l'édifice de la morale pratique. En effet, l'idée d'obligation suppose nécessairement un être qui oblige, & qui doit être différent de celui qui est obligé. Supposer que celui qui oblige & celui qui est obligé, sont une seule & même personne, c'est supposer qu'un homme peut faire un contrat avec lui-même ; ce qui est la chose du monde la plus absurde en matiere d'obligation : car c'est une maxime incontestable, que celui qui acquiert un droit sur quelque chose par l'obligation dans laquelle un autre entre avec lui, peut céder ce droit. Si donc celui qui oblige & celui qui est obligé, sont la même personne, toute obligation devient nulle par cela même ; ou, pour parler plus exactement, il n'y a jamais eu d'obligation. C'est-là néanmoins l'absurdité où tombe l'Athée, lorsqu'il parle de différence morale, ou autrement, d'actions obligatoires. Car quel être peut lui imposer cette obligation ? Seroit-ce la droite raison ? Mais c'est-là précisément l'absurdité dont on vient de parler. Car la raison n'est qu'un attribut de la personne obligée, & ne sauroit, par conséquent, être le principe de l'obligation : son office est de juger & d'examiner les obligations qui lui sont imposées par un autre principe. Seroit-ce la raison en général ? Mais où existe cette raison ? Elle n'est qu'une notion abstraite ; & ce qui n'existe point, peut-il obliger ce qui existe ? Seroit-ce la nature ? Mais qu'est-ce que cette nature, selon les Athées eux-mêmes, sinon une masse sourde, insensible & sans intelligence ? Seroit-ce l'énergie & la fatalité qu'ils lui attribuent ? Ces expressions pompeuses, sans un être intelligent, ne sont que de pures chimeres & des mots vuides de sens. Seroit-ce enfin les autres hommes ? Qui est-ce qui leur auroit donné cette autorité sur leurs semblables ? La nature les a tous faits égaux, si l'on en croit les Athées. S'il n'y a point de Dieu, les hommes demeurent donc sans obligation réelle, par rapport au bien & au mal moral ; ils n'auront aucune loi qui les oblige à pratiquer l'un, & à fuir l'autre. Ils pourront bien convenir entr'eux de vivre de telle ou telle maniere : mais ces conventions dépendroient uniquement de leur volonté. Elles changeroient selon les temps, les personnes, les pays, les circonstances, les intérêts ; & comme, malgré ces conventions, ils conserveroient toujours, suivant les Athées, leur liberté naturelle, ils les romproient, quand il leur plairoit, pour vivre à leur fantaisie ; & tout se réduiroit, en derniere analyse, à la loi du plus fort, qui n'a d'autre regle que les passions humaines, & qui devient infailliblement une source continuelle de troubles, d'injustices, d'oppressions, de brigandages & d'horreurs.

Une troisieme preuve morale de l'existence de Dieu, se tire de ce que notre cœur ne peut être satisfait par tous les avantages que l'on trouve sur la terre. Pourquoi tous ces biens temporels qui nous environnent, sont-ils si peu capables de remplir notre cœur, ou plutôt pourquoi en augmentent-ils le vuide lorsque nous en jouissons ? Car, s'il n'y a point de plus grand objet, ni qui soit plus digne de nos desirs, que ces biens du monde, notre cœur devroit s'en contenter ; comme l'on voit que les animaux, qui n'ont point de raison, se contentent des biens qui doivent faire leur partage. Comment la nature, après avoir mis dans le cœur de l'homme le desir du bonheur, lui donneroit-elle un cœur incapable de se satisfaire des seuls biens qui lui seroient destinés ?

Le monde ne sauroit remplir notre cœur ; il faut donc, selon les loix de cette sagesse, que nous remarquons dans toutes les parties de la nature, qu'un plus grand objet le remplisse. Mais comment ce grand objet rempliroit-il le cœur de l'homme ? Comment pourroit-il être le but invisible & caché de ses desirs ? Comment notre cœur auroit-il été formé avec une capacité infinie pour le recevoir, si ce grand objet n'existoit, & s'il n'avoit fait lui-même les biens temporels, le cœur de l'homme, & la disproportion qui est entr'eux ; voulant se consacrer lui-même notre ame pour la remplir & pour répondre par son excellence infinie à l'immensité de nos desirs.

Les preuves *physiques* de l'existence de Dieu sont fondées sur ce que la matiere n'est point un être nécessaire & subsistant par lui-même, sur ce que le mouvement qui la met en action, ne peut lui être communiqué que par un être étranger, & sur ce que le Méchanisme de l'Univers annonce une sagesse & une puissance infinie.

La matiere n'existe point nécessairement & par elle-même. Car tout être est déterminé à exister, ou par cela même que c'est un être, de maniere qu'il soit essentiel à tout ce qui existe, d'exister nécessairement; ou il est déterminé à exister par un principe extérieur qui le fait être ce qu'il est; ou enfin il est déterminé à exister par l'éminence de sa nature, parce qu'ayant toutes les perfections, il doit avoir celle d'exister nécessairement.

La matiere n'est point déterminée à être, parce qu'elle est; c'est-à-dire, que de ce qu'elle est dans ce moment, il ne s'ensuit pas qu'elle ait été dans cet autre, ou qu'elle doive être dans celui qui suivra : ces momens d'existence n'ont aucune connexion essentielle & naturelle. Au contraire, la contingence est renfermée dans son idée : car elle peut être conçue non existente, non-seulement dans le tout, mais dans chaque partie.

On objecte, que tout être est déterminé à exister, par cela même que c'est un être; comme le néant est déterminé à n'exister pas, parce que c'est le néant. Ce principe est faux. Le néant étant une simple négation, n'a besoin de rien pour ne pas exister; au lieu que l'être étant quelque chose de positif, n'existe qu'autant que subsiste le principe de son existence, qui n'est point la qualité générale d'être; (car il y a des êtres qui n'existent pas toujours tels, par exemple, que la pensée, l'amour, l'action, &c); mais qui doit être, ou une cause efficiente qui lui ait tout donné, ou l'éminence de ses perfections, qui le mette hors d'état de rien recevoir.

Ce n'est point par l'éminence de ses perfections, que la matière existeroit nécessairement; puisque, bien loin d'avoir toutes les perfections, elle n'en a presque point en soi. Elle acquiert tout, & n'a rien. En un mot, c'est un être purement passif : car elle est divisible, figurable, mobile, &c. ou divisée, mue, figurée, &c; qualités passives qui marquent seulement qu'elle peut être diversement modifiée par un agent étranger, ou qu'elle l'est effectivement. Or, ce qui est passif, doit être fait & produit : il n'existe point par lui-même, il n'est point un être nécessaire. D'ailleurs, toutes les propriétés de la matière ne peuvent être considérées que comme des effets de quelque cause. (Ces propriétés sont, sa grandeur, sa figure, sa situation, sa solidité, son mouvement, son inertie): Car, qu'est-ce qu'une grandeur finie, sinon une masse arbitrairement & contingemment déterminée? Or, nous ne pouvons la concevoir telle, sans cause déterminante, distinguée d'elle-même : car elle ne se donne point à elle-même les propriétés dont on vient de parler.

Un être qui est infini, & qui a toutes les perfections, doit avoir celle d'exister nécessairement & par lui-même. Un être qui existe nécessairement, a aussi toutes les perfections : cela est réciproque. Si un être infini n'existoit pas nécessairement, il seroit faux qu'il eût toutes les perfections. Il n'auroit point la principale, qui est d'être essentiellement par lui-même, & de n'avoir pas besoin des autres pour exister. Si un être, qui existe nécessairement, n'avoit point toutes les perfections, il faudroit qu'il fût borné : & s'il étoit borné, que quelque principe le bornât ; & s'il avoit un principe, qu'il ne fût point par lui-même : ce qui détruit la supposition. En effet, s'il n'a point reçu ses perfections, mais s'il les tire de lui-même ; il y a autant de raison qu'il les ait toutes, qu'il y en a qu'il en ait une ; & qu'il les ait dans un degré infini, que non pas dans un degré limité : car, puisqu'il n'a point de principe de son existence, il n'a point de principe aussi, qui ait pu limiter à dix degrés son excellence & ses perfections. D'où viendroient les bornes de son excellence, dans une essence qui est par elle-même ce qu'elle est ? La matiere n'est point par elle-même ; il faut donc reconnoître une cause souveraine qui lui ait donné l'existence.

Si l'existence de la matiere ne nous paroît pas nécessaire, son mouvement nous le paroîtra encore moins. Il faut de deux choses l'une, ou qu'il soit essentiel à la matiere de se mouvoir, ou qu'il ait un Dieu qui ait imprimé le mouvement dans la matiere : ce mouvement doit être attaché à la nature de la matiere, ou venir d'un principe étranger. Il n'y a point de milieu. S'il est essentiel à la matiere de se mouvoir, il faut que toutes ses parties soient dans une nécessaire & continuelle agitation, comme celle de la flamme, & que le repos détruise la matiere ; ce qui est contraire à l'expérience & à la raison : car qui ne sait que la matiere, dans ce qu'elle a de propre & d'essentiel, est une chose étendue, mesurable, divisible, qui est, à la vérité, nécessairement susceptible de mouvement; mais qui de soi n'est pas plus déterminée au mouvement actuel qu'au repos. Quoique la divisibilité soit renfermée dans l'idée de la matiere, & conséquemment la capacité de recevoir le mouvement, il y a loin de la divisibilité à la division actuelle. Il est certain même que la matiere, demeurant dans son état naturel, se reposera, & qu'elle attendra une impulsion qui vienne de dehors pour se mouvoir. Epicure lui-même, qui tient que les Atomes se meuvent naturellement, sera obligé de reconnoître que du moins les parties qui composent les Atomes, conservent un mutuel repos; puisque, si le mouvement étoit essentiel à ces parties qui composent l'Atome, & aux parties de ces parties, l'Atome ne seroit pas moins corruptible & moins divisible que les autres parties de l'Univers, ayant en soi le principe de la corruption, qui est le mouvement. D'ailleurs, comme les parties de l'Atome, & les parties de ces parties seroient agitées par un mouvement nécessaire; on ne voit pas qu'elles pussent former ce tout solide & indivisible, que les Philosophes appellent *Atome*; & l'on conçoit par conséquent que le mouvement, au lieu de conserver la nature, la détruiroit.

Mais quand le mouvement sortiroit des principes mêmes de la matiere, & qu'il lui seroit essentiel; outre qu'il ne s'ensuivroit point delà qu'elle existât nécessairement, pourquoi falloit-il que la matiere se mût dans le degré & dans la détermination, qui étoient précisément nécessaires pour former un monde, plutôt qu'un chaos? Car s'il y a une infinité de degrés possibles dans le mouvement, & si ce mouvement a pu être déterminé en plusieurs manieres différentes : pourquoi la matiere se meut-elle précisément dans le degré, & avec la détermination qu'il falloit, pour produire un nombre presqu'infini de corps, qui sont formés avec une régularité si admirable, & pour faire de tant de corps différens, ce merveilleux assemblage où nous ne voyons rien d'inutile, & où tout nous surprend & nous ravit?

Ainsi, la matiere d'elle-même ne nous paroît pas plus déterminée à exister qu'à n'exister pas. Qui est-ce donc qui lui a donné l'existence ? Elle n'est pas plus déterminée à se mouvoir qu'à ne se mouvoir pas, supposé qu'elle existe. Qui est-ce donc qui lui a donné son mouvement ? Elle n'est pas plus déterminée à se mouvoir dans ce degré que dans un autre, supposé qu'elle se meuve : Qui est-ce donc qui a réduit son mouvement à la juste mesure, qui étoit nécessaire pour former le monde, ou pour l'entretenir & le conserver pendant si long-temps ? Enfin, quoiqu'elle se meuve précisément dans ce degré, elle n'est pas plus déterminée à se mouvoir de ce côté que d'un autre. Qui est-ce donc qui a donné à ses parties ces déterminations particulieres, qui font que chaque chose tend à son centre, & que le monde subsiste par ce moyen ?

Est-ce une nécessité naturelle & essentielle, qui a produit tous ces effets ? Non : car ce n'étoit pas une nécessité à la matiere, d'exister ; Ce n'est pas une nécessité à la matiere qui existe, de se mouvoir : ce n'étoit pas une nécessité à ce mouvement, d'être dans un tel degré, ou dans une telle mesure; & ce n'étoit pas une nécessité à ce degré de mouvement, d'avoir toutes ces déterminations particulieres, sans lesquelles le monde ne pourroit être.

Puis donc que ce n'est point une nécessité de

nature & d'essence, qui fait que les choses sont ainsi, il faut que ce soit le hazard ou Dieu. Mais en quoi consiste ce hazard dont on parle tant? Est-ce quelque chose, ou n'est-ce rien? Si c'est quelque chose, il faut qu'il soit un être créé ; & alors il faudra demeurer d'accord qu'il y a un Créateur, comme nous le prétendons : ou c'est un être incréé ; & alors il faudra concevoir le hazard comme une chose distincte de la matiere, éternelle, incorruptible, qui est nécessairement, & par elle-même, & par conséquent, le hazard sera précisément ce que nous appellons un Dieu. Que si le hazard n'est rien ; si c'est un défaut & une privation de cause, plutôt qu'une cause véritable & effective ; il s'ensuit qu'on nous trompe, lorsqu'on nous dit, que c'est le hazard qui a produit le monde : car le néant ne peut être cause de l'être. Ce qu'on appelle hazard, n'est, à parler exactement, que notre ignorance, laquelle fait qu'une chose qui a en soi des causes nécessaires & déterminées de son existence, ne nous paroît pas en avoir, & que nous ne saurions dire pourquoi elle est de cette maniere plutôt que d'une autre. Le hazard n'est donc qu'un mot vuide de sens ; & il ne doit point nous empêcher de conclure que, puisque ce n'est point par une nécessité naturelle & essentielle, que le monde subsiste tel qu'il est, il faut nécessairement qu'il y ait un Dieu qui l'ait formé.

Mais, si cette vérité se prouve, 1°. de ce que la matiere ne subsiste point par elle-même ; 2°. de ce qu'elle ne peut se communiquer le mouvement ; les merveilles sans nombre dont le monde est rempli, mettent le comble à ces preuves, & nous rendent palpables cette sagesse

& cette puissance infinies, qui non-seulement ont formé le monde, mais qui le gouvernent d'une manière admirable. Il suffit pour s'en convaincre, de considérer les cieux & les astres, leur beauté, leur lumière, leur grandeur, leurs proportions, leur perpétuel mouvement, & ces révolutions qui les rendent si justes & si constans dans leurs changemens divers. Il suffit de considérer l'étendue & les productions de la mer, les minéraux, les plantes, la production des arbres & des fruits, chacun selon son espèce, l'instinct des animaux, la structure de nos corps, &c. Et en effet, comme tous les hommes, qui m'ont appris qu'il y a une ville de Rome, ne peuvent s'accorder à se jouer de ma crédulité; il est de même impossible que toutes les parties de la nature conspirent à me tromper, en me montrant les caractères d'une sagesse & d'une puissance qui n'existeroient point réellement : & même cette dernière preuve a cet avantage sur la première, que tous les hommes ont en eux des principes d'erreur & d'imposture, au lieu que les parties de la nature n'en ont point.

La sagesse emporte deux choses; un dessein, & le choix de certains moyens qui se rapportent à ce dessein; & la puissance, une force qui les fasse réussir. Or, n'y a-t-il aucun dessein dans les ouvrages de l'Univers? N'y paroît-il aucune cause qui agisse pour une fin, & qui la fasse réussir? Il faudroit se boucher les yeux pour en douter. N'est-il pas évident que, si nous avons des yeux, c'est pour voir; des oreilles, pour entendre; un odorat, pour sentir; une voix, pour nous faire entendre; des pieds, pour marcher; les plantes des pieds plates, pour pouvoir nous tenir debout; un cœur, pour former ou pour recevoir le sang ; des veines, pour le contenir ; des esprits, pour le faire mouvoir, &c. ? Et quand nous voyons que nos yeux ne sont point dans nos pieds, d'où ils ne pourroient pas voir les objets ; que notre bouche a une communication avec notre estomac, sans laquelle nous demeurerions privés de nourriture ; peut-on croire raisonnablement que tout cela soit sans dessein ? On s'apperçoit par-tout de cette sagesse répandue dans l'Univers, soit qu'on examine un seul corps, soit qu'on jette les yeux sur l'assemblage de toutes les choses corporelles. Considérez la lumiere : ce n'est pas sans raison qu'elle se trouve réunie en certains globes, qui la répandent sans cesse, & ne s'épuisent jamais ; que ces globes sont à une distance de la terre, si juste & si réglée ; & qu'ils paroissent toujours se mouvoir, sans que ce mouvement réel ou apparent, trouve aucun obstacle qui l'arrête.

Descendons plus bas, & considérons les usages de l'air. Il porte jusqu'à nous la lumiere & les influences des astres : il se charge de ces nuées qui font la fertilité de la terre, & l'abondance de nos moissons. Il porte les sons jusqu'à nos oreilles, & les couleurs jusqu'à nos yeux. Il fait notre respiration & le mouvement de nos poulmons ; la force & l'agitation de la flamme, la végétation des plantes, la vie des animaux.

Voyons ensuite comment cet air & cette lumiere s'unissent avec les organes du corps humain : car sans l'œil de l'homme, la lumiere n'est que ténèbres ; & sans la lumiere, l'œil de l'homme n'est qu'aveuglement.

Considérons ces dépendances admirables, qui font que les Cieux, roulant ou paroissant rouler dans

dans le vaste sein du monde, procurent le bien de l'homme, qui jouit de toutes ces merveilles, dont la grandeur est si disproportionnée à la sienne, & qui possede ce que les cieux & les astres paroissent avoir de plus précieux, caché, comme il est, dans le coin d'un globe, qui n'est qu'un point en comparaison des autres parties de l'Univers.

Qui est-ce qui a appris à l'air, aux vents, aux pluies & aux autres météores, qu'ils devoient contribuer à rendre la terre fertile ? Pourquoi le soleil fournit-il pour cela sa chaleur & sa lumiere, les astres leurs influences, la mer ses vapeurs, & les nuées qui en viennent, l'air sa rosée & sa fraîcheur ? Comment la terre tire-t-elle d'un sein stérile & flétri tant de plantes si admirables dans leurs vertus & dans leurs productions, d'arbres excellens & de fruits exquis ? Pourquoi faut-il que ces fruits soient propres à se changer en la substance des animaux, & à conserver leur vie ? Comment la faim & la soif leur apprennent-elles, à point nommé, qu'il est temps de prendre des alimens qui sont destinés à leur nourriture ? Et comment le dégoût & le rassasiement leur enseignent-ils, au contraire, qu'ils en ont assez pris pour le bien de leur nature ; & cela par une loi qui ne peut être violée que par les maladies qui troublent l'économie naturelle de leur tempérament ?

A quoi serviroient tous les fruits de la terre, s'il n'y avoit des animaux pour s'en nourrir ? Et que feroient ces animaux sans les fruits de la terre ? Comment les especes d'animaux se conserveroient-elles, sans l'inclination que le mâle a pour la femelle ? & à quoi étoit nécessaire cette inclination, s'il n'avoit fallu que

Tome I.   B b

la propagation des animaux se fît par ce moyen, &c.?

On ne peut donc se dispenser, quoi qu'on fasse, de reconnoître que les parties de la nature ne sont pas ainsi enchaînées sans quelque dessein. La terre ne seroit pas située comme elle l'est; le soleil n'éclaireroit pas les deux hémisphères tour à tour avec autant de régularité; la mer ne respecteroit pas ses bords; l'air ne se seroit pas venu placer précisément entre la terre & les astres, pour nous faire jouir de leur chaleur & de leur lumiere, tempérées par cet éloignement; les saisons ne se trouveroient pas si réguliérement partagées; le corps humain formé avec une symétrie si parfaite, &c, s'il n'y avoit une intelligence souveraine qui agît puissamment dans l'Univers. Et c'est en vain que l'Athée objecte que, s'il y a des traits de sagesse & de puissance dans le monde, il y a aussi beaucoup de choses qui ne paroissent pas bien ordonnées. Pourquoi, dit-il, le tonnerre gronde-t-il dans des déserts inhabités? Pourquoi la grêle tombe-t-elle sur des rochers & des précipices? Quelle est la destination des insectes? A quoi sont bonnes les mouches, les grenouilles, les chenilles, les vers, &c? Car il faut bien remarquer que la cause physique des loix de la nature, n'en exclut point la fin; comme s'imaginent grossiérement ceux qui prétendent, par exemple, que le tonnerre n'est point destiné à effrayer les hommes, parce qu'il a des causes aussi nécessaires en soi, que le mouvement de la poudre & du salpêtre lorsqu'on y met le feu. C'est raisonner comme celui qui diroit qu'on tire le canon sans dessein, parce que cette action a une cause physique. Si l'on demande pourquoi il est nécessaire que la foudre gronde, je répondrai qu'elle est comme le langage de Dieu, lorsqu'il veut nous faire penser à ce qu'il est & à ce que nous sommes. On peut ajouter qu'il faut qu'il y ait des monstres, des serpens & des bêtes venimeuses, pour menacer les hommes, & leur faire mieux connoître la justice de Dieu ; qu'on tire des serpens les plus venimeux d'excellens remedes ; que les Abeilles nous fournissent le miel ; que les mouches & les araignées purifient l'air ; que les insectes ramassent la corruption de la terre ; la vermine celle du sang, &c. Mais, quand même nous ne pourrions pas découvrir la fin de certaines choses dans la nature, il seroit ridicule & extravagant de s'imaginer qu'elles en manquent pour cela ; parce que ce seroit supposer que nous connoissons toutes choses. C'est encore une mauvaise objection, que d'opposer, avec l'Athée, que nous ignorons la maniere dont se fait la production des choses naturelles ; & que, si ces mysteres de la nature nous étoient bien connus, nous n'y trouverions peut-être rien qui nous contraignît de reconnoître une cause premiere : car ce n'est pas ce que nous ignorons des merveilles de la nature, mais ce que nous en connoissons, qui nous y fait reconnoître la sagesse & la puissance de Dieu. Nous pouvons juger d'un tableau, & conclure, en le voyant, qu'il ne s'est pas fait lui-même sans connoître à fond les regles de la peinture. Il n'est pas question de savoir ce que j'ignore dans les secrets de la nature ; mais il est clair que la connoissance que j'en ai, quelle qu'elle soit, est suffisante pour me convaincre qu'il y a une sagesse & une puissance infinie qui agit dans le monde.

Ces preuves de l'existence de Dieu, & surtout la derniere, que nous venons d'exposer, sont d'autant plus considérables, qu'elles se trouvent à la portée de tout le monde, & même des plus simples. C'est ce qui fait dire à saint Paul (Rom. I.), que « les perfections » invisibles de Dieu, sa puissance éternelle & » sa divinité, sont devenues visibles depuis la » création du monde, par la connoissance que » les créatures nous en donnent » : D'où il conclut que ceux qui n'ont pas reconnu l'existence de Dieu, sont *inexcusables*. L'Auteur du Livre *de la Sagesse*, (c. 13), avoit dit de même, long-temps auparavant, que « la gran- » deur & la beauté de la créature font con- » noître, & rendent visible le Créateur ». Et en effet l'Athée lui-même, qui se mocque du Théiste, lorsque celui-ci enseigne que la machine du monde, si immense & si compliquée, doit être l'ouvrage d'une cause intelligente, traiteroit de fou un homme qui avanceroit qu'une montre, une maison, une ville, &c, chétifs ouvrages auprès de l'Univers, se sont fabriquées, arrangées & montées d'elles-mêmes.

Telle est l'inconséquence des Athées : ils la sentent eux-mêmes ; & pour tâcher d'y remédier, ils ont imaginé ce qu'ils appellent l'énergie de la nature & la fatalité, & ils leur ont attribué toute cette sagesse & cette puissance que l'on remarque dans la construction & le Gouvernement de l'Univers. La force ou l'énergie de la nature, ont-ils dit, donne la forme à tout, & la fatalité regle tout. (Voy. *suprà*, p. 520 & suiv.) Mais ces deux termes, dans la bouche de ces impies, ne sont que des mots vuides de sens, & de purs êtres de raison : Car que peuvent-ils entendre par *force* &

fatalité, pris ainsi abstractivement ? La force n'est que l'opération d'un être, ou d'une cause qui produit son effet avec beaucoup de puissance & d'énergie. Anéantissez la cause, vous anéantissez la force : ce n'est plus alors qu'un pur abstrait, un effet sans cause, une chimere. Or, selon les Matérialistes, ce qu'ils appellent la force & l'énergie de la nature, n'est point l'effet de la nature, qui est une matiere sourde, passive & insensible : elle n'est point l'effet ni l'opération d'aucun autre être distingué de la nature, puisqu'à les entendre, il n'y en a point, & il ne peut y en avoir. C'est donc une opération sans un être qui agisse ; c'est un effet sans cause, & par conséquent une pure imagination. J'en dis autant de la fatalité : c'est elle, disent les Matérialistes, qui regle tout ; ses loix sont immuables ; elle les exécute continuellement ; personne, la nature même entiere, ne peut s'y soustraire : mais ni les loix, ni leur exécution ne peuvent exister sans un être qui les porte, qui les publie, qui les fasse exécuter. Une loi n'est autre chose que la volonté & le commandement d'un Supérieur, d'un Maître, d'un Chef. Cependant, de l'aveu des Matérialistes, la fatalité n'est point un être : car il n'y en a point d'autre que la nature, & elle n'en fait point partie ; elle en est indépendante. Ce n'est point, à plus forte raison, un être supérieur : il n'y en a point, disent ces Athées, au-dessus de la nature ; & néanmoins la nature est soumise à la fatalité ; & quoiqu'elle y soit soumise, elle est cependant, ajoutent-ils, maitresse de toutes choses, sans pouvoir porter aucune loi, ni se soustraire à celles de la fatalité. (*Voy. suprà*, p. 476 & suiv.) Quel tissu de contradictions ! quel galimathias ! Cette fatalité, ce destin, auquel on donne une si grande force, n'étant point un être, ni une portion de matiere, ni une intelligence, n'est donc, dans la vérité, qu'une chimere, aussi folle que celle de l'énergie dont on vient de parler. Ce sont deux êtres de raison, que les Matérialistes mettent à la place de Dieu & de sa Providence, dans le Gouvernement de l'Univers. Mais, en tombant dans cette impiété, ils donnent eux-mêmes, contre leur intention, une preuve évidente de son existence : car en convenant que la nature ne peut agir par elle-même, mais qu'elle est sujette à des loix qui en reglent tous les mouvemens, c'est supposer nécessairement une intelligence souveraine qui la met en action, & qui dirige toutes ses opérations ; & quoiqu'ils affectent de substituer à cette intelligence deux êtres de raison, plutôt que de lui rendre hommage, cela ne montre autre chose que la perversité de leur esprit & de leur cœur, qui, ne pouvant résister à l'évidence, s'efforce au moins de l'obscurcir par un paradoxe aussi extravagant qu'imaginaire. Aussi remarque-t-on dans tous leurs Livres, qu'ils personnifient la nature, & qu'ils la revêtent de tous les attributs d'un être intelligent. Ils ont beau nous prévenir qu'ils ne le font que pour abréger leurs expressions, il est clair que ce n'en est point-là la véritable raison. Effacez de leurs Ouvrages le mot de *nature*, & substituez-y la *matiere*, la *combinaison* & les *mouvemens* que nous voyons dans l'Univers ; & vous verrez que tous leurs Ouvrages ne sont qu'un *non-sens* perpétuel, & qu'ils ressembleront plutôt aux rêves d'un homme malade, qu'aux raisonnemens d'un Philosophe.

Il leur faut nécessairement *une personne* pour dire quelque chose d'intelligible, & pour parler un langage humain. Ainsi, en niant l'existence de Dieu, ils divinisent la nature, ils lui attribuent des intentions, de la bonté, de l'impartialité, quoiqu'en même-temps il la définissent une *masse lourde & insensible*. Ils lui adressent même de ferventes prieres. Nous avons rapporté (*suprà*, p. 472) une de ces prieres tirée de l'Ouvrage impie du *Systême de la Nature*. On y demande, entr'autres choses, à la nature & à ses filles, la raison, la vertu, la vérité, qu'elles apprennent à l'homme, ce qu'il doit faire pour obtenir le bonheur, qu'elles le réchauffent de leur feu bienfaisant, qu'elles l'éclairent, qu'elles conduisent ses pas incertains, qu'elles bannissent l'erreur, la méchanceté, le trouble ; qu'elles fassent régner la science, la bonté, la sérénité ; qu'elles confondent l'imposture, qu'elles écartent les fantômes hideux de la superstition, qu'elles renversent l'empire du prestige & du mensonge, &c. Mais dans le systême de l'Auteur, c'est demander à la nature ce qu'elle ne peut faire ni entendre, & par conséquent se mocquer d'elle, & faire illusion au Lecteur. Car, comment une *machine lourde, insensible, sans intelligence*, pourroit-elle produire tous ces effets, qui supposent de l'esprit, de la combinaison, de la puissance, de l'agilité ? On lui demande de détruire le mensonge, l'imposture, la superstition, &c. Cela ne dépend point d'elle, selon le même Auteur, mais du destin, qui est aussi bien le principe de tous ces désordres, que de la raison, de la vertu, de la vérité, de la bienfaisance, &c. La nature est si peu la maitresse d'arranger toutes ces choses, comme il lui plaît, qu'elles dépendent de l'ordre immuable du destin, qu'elle ne peut déranger. Elle ne *peut elle-même, se soustraire à cet ordre* ; elle n'y peut rien changer : *Elle y est nécessairement soumise comme tout le reste.* La priere qu'on lui fait ici, est donc illusoire. C'est une inconséquence marquée dans le système de l'Auteur ; & c'est ainsi que l'erreur & l'absurdité se confondent elles-mêmes.

Cet Auteur, qui attribue tout à l'énergie de la nature & à la fatalité, (qui néanmoins ne font point partie de la nature), ne laisse pas d'ajouter, par une autre inconséquence, que le mouvement est essentiel à la matiere : mais il ne le prouve point. Au contraire, il se contredit : car, après avoir avancé que le mouvement est essentiel à la matiere, il ajoute que ses mouvemens sont acquis. En effet, si le mouvement étoit essentiel, le repos seroit contradictoire & inintelligible : Elle n'y seroit jamais dans aucune de ses parties. Mais cela est contraire à l'expérience ; & c'est pourquoi l'Auteur se trouve obligé de convenir que ses mouvemens sont acquis, & de détruire d'une main ce qu'il avoit tâché d'établir de l'autre. Le mouvement ne découle, ni de l'étendue, ni de la pesanteur, ni de l'impénétrabilité ni de la figure. Donc, quand on supposeroit que tout est en mouvement, cela prouve l'existence du mouvement, mais non pas qu'il est essentiel à la matiere. Disons plus : quand le mouvement lui seroit essentiel, il ne s'ensuivroit point qu'elle existât nécessairement & par elle-même. C'est néanmoins ce que l'Auteur auroit dû prouver ; & en ne le prouvant pas, tout son édifice s'écroule. Son plus grand argument, c'est que « tout est nécessaire dans l'Univers », & par conséquent le mouvement, « parce que, » dit-il, tout y est lié. Il y a une liaison » constante entre les causes & les effets ». Mauvais raisonnement. Il y a une très-grande différence entre liaison constante, & liaison nécessaire. Le défaut de l'Auteur, dans tout son ouvrage, c'est qu'il y confond perpétuellement la nécessité méchanique, avec la nécessité absolue. Tout ce qu'il dit de la nécessité méchanique, est vrai ; & ce qu'il dit de la nécessité absolue, est faux. Les mouvemens que produit le ressort d'une montre, sont nécessaires, depuis qu'une certaine lame d'acier a été placée par l'Horloger dans les circonstances requises, pour une machine qui doit mesurer le temps : mais pour prouver que l'action d'un ressort de montre est d'une nécessité absolue, il faut prouver qu'il est impossible que ce morceau d'acier, dont il est fait, se soit trouvé dans d'autres rapports & dans d'autres circonstances. Or c'est ce que l'Auteur fera aussi peu, relativement aux ressorts de la montre, que relativement aux diverses parties de l'Univers. Depuis que les grands corps qui composent le système planétaire, sont arrangés de la maniere que nous voyons, tous les phénomenes célestes sont d'une nécessité méchanique ; mais il n'est pas vrai que l'arrangement lui-même, que nous nommons proprement l'ordre du système, soit necessaire, c'està-dire, le seul possible

Nous ne connoissons les loix du mouvement qu'*à posteriori*, ou par l'expérience. Personne n'a pu encore les déduire géométriquement de l'essence de la matiere. Les Philosophes, qui ont voulu les établir *à priori*, se sont vus démentis par l'expérience ; tandis que les plus grands Mathématiciens, après les avoir étudiées toute leur vie, n'en ont pu trouver la raison suffisante, que dans la volonté d'un premier moteur. Il ne suffit pas d'assurer qu'un effet est nécessaire; il faut, pour le prouver, démontrer que le contraire est impossible.

On peut défier l'Auteur de nommer aucun grand Physicien Athée; les Newton, les Sgravesande, les Muschembroeck, les Haller, les Buffon, &c. n'ont jamais fait la moindre découverte contraire à l'existence de Dieu ; & bien loin de la rendre douteuse, le résultat de tous leurs travaux n'a fait que la confirmer. Ces Physiciens, voyant que tous les mouvemens sont communiqués, pensent qu'il est absurde de dire, comme l'Auteur, que le mouvement est essentiel à la matiere. Trouvant de la contradiction à admettre une suite infinie d'effets sans cause, ils remontent à un premier moteur. La régularité des Phénomenes, les rapports directs de toutes les choses, l'unité du dessein qu'ils observent dans toute la nature, ne les laissent pas douter de l'intelligence, du pouvoir & de la sagesse de la premiere cause.

Quoique nous ne concevions point comment un être immatériel a pu communiquer le mouvement à la matiere, il est néanmoins impossible qu'il lui soit essentiel. Figurez-vous un Atome de matiere; & supposez qu'il soit de son essence de tendre continuellement à changer de place. Une tendance sans direction étant une contradiction dans les termes, je demande en quel sens votre Atome tend à se mouvoir; en haut ou en bas, à droite ou à gauche? Vous ne me direz point que cette tendance se dirige également vers tous les côtés, puisque cela est encore contradictoire. Un être qui tend vers tous les côtés, ne tend proprement vers aucun. Les tendances opposées s'entredétruisent; & le corps reste dans un repos éternel. Votre Atome a-t-il une tendance vers un objet déterminé ? Supposons que par sa nature il tende d'aller vers la gauche, il se se remuera donc de lui-même, par un mouvement spontané, vers ce côté; mais l'Auteur ne veut point de mouvement spontané dans la nature.

Il prétend dans un endroit, qu'à strictement parler, tout mouvement est une gravitation relative, ou une tendance vers un centre. Cela ne se peut point. Si les Planetes, outre la tendance vers le centre, n'avoient pas en même-temps une tendance pour s'en éloigner, elles ne pourroient faire aucune révolution autour du soleil. On le prouve dans les élémens de la méchanique. L'Auteur ajoute que Newton a trouvé la cause du mouvement des corps célestes dans la gravitation des uns sur les autres. Ce n'est point le système de Newton. (Voy. *suprà*, p. 403).

Pourquoi les Planetes se mouvent-elles toutes d'Occident en Orient, dans des orbes à peu-près circulaires, & presque dans le même plan ? L'Auteur répond que c'est une suite nécessaire des loix de la matiere, & n'en donne d'autre preuve que sa parole. Mais les Cometes, qui parcourent le Ciel dans toutes les directions, me prouvent sans réplique, qu'il n'est point de l'essence de la matiere de se mouvoir d'Occident en Orient, ou de se mouvoir dans un plan peu éloigné de celui de l'Ecliptique. La matiere étant indifférente à toutes les directions & à tous les dégrés de mouvement, ce n'eſt pas dans elle qu'on doit ou qu'on peut chercher la cauſe de ce Phénomene.

Enfin l'Auteur raiſonne très-mal, lorſqu'il définit l'ordre eſſentiel des choſes de la nature, un enchaînement uniforme de cauſes & d'effets ; car les loix du mouvement ſont les mêmes, ſoit qu'elles operent dans le chaos d'Epicure, ſoit qu'elles agiſſent dans un ſyſtême bien arrangé ; la percuſſion, l'attraction, la répulſion, ſe font, ſelon les mêmes regles, dans la confuſion & dans l'ordre.

C'eſt donc contre l'évidence & le bon ſens, & par un aveuglement déplorable, que cet Auteur avance impudemment, qu'en admettant la Divinité, c'eſt multiplier les êtres ſans néceſſité. Pitoyable reproche ! Eſt-ce donc multiplier les êtres ſans néceſſité, que d'attribuer un chef-d'œuvre de méchanique à un Méchanicien ; de dire que l'intelligence ne peut venir de la non-intelligence ; de ſoutenir que le mouvement d'une matiere inerte, ſuppoſe un premier moteur ; d'aſſigner enfin une premiere cauſe à une ſérie d'effets, dont aucun ne renferme en ſoi la raiſon ſuffiſante de ſon exiſtence ?

Si l'on portoit une montre à un Sauvage, il ne pourroit s'empêcher de reconnoître que c'eſt l'ouvrage d'un être intelligent. L'ordre ſenſible de l'Univers annonce de la même maniere à tout homme non-prévenu, une intelligence ſuprême ; & il ne parviendra jamais à étouffer ce ſentiment, qu'à force de fauſſe Métaphyſique.

L'Auteur paroît embarraſſé de cette objection ; & il ſe borne à répondre que la nature est très-puissante & très-industrieuse. Mais 1°. il est impossible d'avoir la moindre idée de la puissance & de l'industrie de la nature; c'est-à-dire, *d'un assemblage de matiere, de ses différentes combinaisons, & de ses différens mouvemens* : Autant vaudroit-il dire qu'un monceau de sable est puissant & industrieux. 2°. Il est faux que nous appelions industrieux, comme le prétend l'Auteur, seulement les ouvrages que nous ne saurions faire nous-mêmes; nous donnons ce nom à tout ce qui porte l'empreinte d'un plan ou d'un dessein. Le Sauvage est étonné de la montre, & l'Horloger ne l'est pas; mais tous les deux l'attribuent à un Ouvrier intelligent, & ne se persuaderont jamais qu'elle pourroit être le résultat de je ne sais combien de causes aveugles.

L'Auteur demande pourquoi, au lieu du soleil, des étoiles, &c, Dieu n'a point écrit au Ciel, d'une façon non-sujette à dispute, son nom, ses attributs, ses volontés, en caracteres ineffaçables. Outre que l'ordre du monde est encore plus clair que ces caracteres, comment ne voit-il pas que les Athées pourroient dire également que ces caracteres sont le résultat Physique du concours nécessaire de certains élémens; qu'ils ne prouvent autre chose, sinon que dans la nature il y a des particules de lumiere propres à s'unir, s'arranger, se coordonner, de maniere à représenter, dans la voûte des Cieux, une certaine suite de caracteres; qu'être surpris qu'ils se rapportent exactement l'un à l'autre, c'est être surpris qu'ils existent.

Il s'ensuit de toutes ces preuves morales & physiques sur l'existence de Dieu, 1°. que la création, non-seulement est possible, mais encore que son existence est démontrée ; 2°. Qu'il y a une Providence qui regle tout dans le monde avec une souveraine sagesse.

En effet, si la matiere, comme on l'a démontré, n'est point un être nécessaire qui subsiste par lui-même ; si le mouvement ne lui est point essentiel, mais qu'il faille absolument qu'elle le reçoive d'un être étranger, sans quoi elle demeureroit perpétuellement dans l'inaction ; il est clair qu'elle n'est point éternelle, & qu'elle a passé de la possibilité d'exister, à l'existence actuelle : or, c'est ce que l'on appelle création. Et c'est très-mal répondre, que d'opposer, avec les anciens Philosophes & nos Matérialistes, que *rien ne se fait de rien*. Nous en convenons en ce sens, que le *néant* ne peut être la cause de *l'être* : mais une puissance infinie peut faire qu'une chose finie, qui n'existoit point, existe. Car une puissance infinie renferme l'idée d'une faculté capable de faire tout ce qui ne répugne point : or il ne répugne point qu'il existe une substance finie & imparfaite. L'objection des Athées & de Lucrece, leur pere, est qu'ils ne conçoivent pas comment une substance peut être produite de rien : nous ne comprenons pas non plus comment le mouvement & nos pensées se forment. Un aveugle-né ne conçoit pas les couleurs & les perspectives : s'en suit-il qu'elles n'existent point, ou qu'elles ne peuvent exister ?

Il ne faut pas confondre l'esprit & l'imagination. Il est aisé de convaincre l'esprit, que des êtres limités sont contingens, c'est-à-dire, que leur existence n'est point nécessaire, & qu'on n'en peut trouver la raison que dans un être dont l'existence soit nécessaire : mais pour l'imagination, elle ne conçoit point la manière dont Dieu a produit l'Univers, soit dans le temps, soit dans l'éternité; & il n'est pas nécessaire non plus qu'elle le conçoive.

D'ailleurs, dire qu'un être, qui est en soi le principe de toute réalité, est le principe de toute réalité limitée, ce n'est pas dire que l'Univers a été fait de rien.

Ceux des Matérialistes, qui admettent l'éternité du monde, disent que peut-être il y a eu de toute éternité des hommes sur la terre; mais qui, en différentes périodes, ont été détruits, ainsi que leurs monumens & leurs sciences: Ceux, ajoutent-ils, qui survécurent à ces révolutions, formerent à chaque fois une nouvelle génération; & celle-ci retira peu à peu de l'oubli les inventions des races premieres. Mais comment ces prétendus Philosophes n'ont-ils pas vu qu'une suite infinie, qui augmente encore continuellement, est contradictoire? Un nombre infini implique autant contradiction qu'un quarré triangulaire, parce que tout nombre, par sa nature, est susceptible d'augmentation. S'il y avoit eu des hommes sur la terre de toute éternité, le nombre de ceux qui auroient vécu avant nous, seroit un nombre actuellement infini; & le nombre des ancêtres de nos ancêtres, à quelqu'époque de l'antiquité qu'on s'arrête, l'auroit toujours été également. Voilà donc, non-seulement un nombre infini, mais encore une infinité d'infinités, dont l'une est toujours plus grande ou plus petite que l'autre. Quoi de plus absurde!

En effet tous les nombres, toutes les étendues, & en général toutes les quantités sont finies, ou assignables, parce qu'elles sont, par leur nature, susceptibles d'augmentation jusqu'à l'infini. Une série peut aller à l'infini; mais elle ne sera jamais infinie, parce que la possibilité d'y ajouter de nouveaux termes, ne peut jamais cesser : mais une série qui viendroit de l'infini, c'est-à-dire, qui seroit une infinité actuelle, implique contradiction ; parce que le nombre de ses termes seroit le plus grand possible, & qu'il ne peut y avoir un nombre qui soit le plus grand possible.

La seconde conséquence qui coule des preuves, tant morales que physiques, de l'existence de Dieu, dont on a parlé, c'est qu'il y a une Providence divine, qui regle & conduit tout dans le monde avec beaucoup de sagesse & de puissance. Cette Providence éclate de toutes parts, d'une maniere palpable, dans la beauté, la constance, l'ordre & le dessein qu'on y apperçoit ; & elle suppose nécessairement une intelligence qui est le principe. En effet, si cette intelligence souveraine, qui a créé le monde, ne le gouvernoit pas, cela ne pourroit venir que de ce qu'elle ignoreroit ce qui s'y passe, ou de ce qu'elle ne pourroit prendre les rênes de son Gouvernement, ou enfin de ce qu'elle ne le voudroit pas. Or, Dieu ayant une science infinie, rien ne peut lui être caché ; Dieu étant tout-puissant, rien ne peut l'empêcher de gouverner l'Univers ; Dieu étant souverainement bon, ne peut renoncer au soin de ses créatures. Et comment auroit-il voulu y renoncer ? Tout seroit retombé dans le chaos. Car, si Dieu ne prenoit pas soin du monde, qu'est-ce qui le gouverneroit ? Seroit-ce le hazard & la fatalité ? Nous avons déja vu que ce sont des chimeres & des mots vuides de sens. Seroit-ce les hommes ? Mais ne sentent-ils pas eux-mêmes qu'ils ne conduisent point l'Univers, qu'ils n'ont aucune part à l'ordre admirable qui regne dans le méchanisme qu'on y voit, & qu'ils ne peuvent régler les événemens comme il leur plaît ? Enfin, le monde iroit-il tout seul ? Ne subsistant point par lui-même, ne pouvant se communiquer le plus foible mouvement, étant de plus sans intelligence, la chose est impossible. Or, quand on dit que Dieu gouverne tout par sa Providence, cela ne regarde pas seulement les causes nécessaires, mais encore les causes libres. Etant le Créateur de l'homme, il tourne son esprit & son cœur comme il lui plaît, sans blesser sa liberté, & sans que cette liberté puisse jamais empêcher, arrêter, ou suspendre les desseins du Tout-puissant. Nous ne nous étendrons pas sur cette matiere qu'on a traitée à fond dans un nombre d'Ouvrages modernes. on peut voir entr'autres, le Livre intitulé l'*Action de Dieu sur la Créature* (m) : On y trouvera tous les éclaircissemens nécessaires, & les solutions des difficultés qu'on oppose au dogme de la Providence divine. Nous remarquerons seulement le ridicule d'une objection que les Athées ont continuellement à la bouche. S'il y a un Dieu, disent-ils, qui est souverainement parfait, il seroit indigne de Sa Majesté de se rabaisser jusqu'au gouvernement de choses aussi viles & aussi éloignées de sa grandeur, que celles du monde. Mais comment ne sentent-ils pas qu'il n'est pas plus indigne de Dieu de se mêler des choses du monde, que de l'avoir créé ? Croyent-ils que la splendeur du soleil soit dégradée, en répandant ses rayons sur la chau-

___

(m) L'Ouvrage entier prouve la Providence : Voy. en particulier.

miere du pauvre, comme fur les palais des Princes? Le monde ne pourroit fubfifter fans l'influence continuelle de la Divinité, qui le conferve par une création perpétuelle; & cette influence, qui donne l'action à tout ce qui arrive dans l'Univers, & qui en regle tous les événemens, bien loin de rabaiffer la grandeur de Dieu, contribue à fa gloire, en manifeftant continuellement au-dehors fon exiftence, fa fageffe, fa puiffance & fes autres perfections.

Si les Athées faifoient attention à la marche naturelle de l'efprit humain, ils verroient facilement que l'homme ne peut fe défendre de juger qu'un arrangement eft fait à deffein, lorfqu'il y trouve de l'ordre, de l'harmonie, de la conftance, des rapports directs & manifeftes : il leur faut de grands efforts de métaphyfique pour s'oppofer à cette voix de la nature, qui fe fait également entendre à l'homme du peuple & au Philofophe. La même difpofition naturelle de l'efprit, d'après laquelle la maifon annonce un Architecte ; le tableau un Peintre; la montre un Horloger, indique à l'homme ému par le fpectacle de l'Univers, l'exiftence d'une caufe premiere, intelligente, fage & libre. Qu'on nomme populaire, fi l'on veut, cette maniere de conclure, elle l'eft effectivement, puifqu'elle eft, pour ainfi dire, inhérente à notre nature : il y a cette feule différence, que le peuple n'héfite pas d'y acquiefcer entiérement ; & que les Philofophes cherchent encore d'autres argumens, pour prouver l'exiftence d'un Etre fuprême.

Ces argumens font ceux qu'on appelle *Métaphyfiques*, & qui font au-deffus de la portée du commun des hommes. Il nous refte à donner une idée succincte de cette troisieme espece de preuves de l'existence de Dieu.

1°. Il existe dans la nature un être nécessaire : or, l'être nécessaire est infiniment parfait. La majeure est avouée : la mineure est aisée à prouver. 1°. Ou l'être nécessaire est nécessairement fini & imparfait, ou il est infini & parfait. Or, le fini & l'imparfait n'est nullement nécessaire : car ce qui est multiplié & varié, & ce qui renferme dans son idée une détermination arbitraire & contingente, ne peut pas être dit nécessaire ; mais seulement ce qui est simple, ce qui est un, ce qui ne renferme dans son idée rien d'arbitraire ni de contingent. Or, le fini & l'imparfait est multiplié, varié, arbitraire & contingent : au contraire, l'être infini & parfait est un, simple ; il n'est ni contingent, ni arbitraire. Il n'y a donc qu'un être infini & parfait, qui soit nécessaire. 2°. L'être nécessaire renferme dans sa nature la nécessité d'exister : Or l'être infini est le seul qui renferme cette nécessité d'exister ; car l'existence nécessaire n'est point renfermée dans la notion de chaque être fini & imparfait. 3°. L'être nécessaire est celui dont l'existence consiste dans une nécessité absolue & antécédente, essentielle à sa nature ; il n'est pas nécessaire, parce qu'il existe de toute éternité ; mais il existe de toute éternité, parce qu'il est nécessaire. Or un tel être ne peut être fini & imparfait, parce que cette nécessité absolue & antécédente d'exister n'a point de bornes : elle exige toute réalité, tout degré de perfection, toute plénitude de l'être. Donc, 4°. L'Etre nécessaire est unique ; donc il est infiniment parfait : car il a toutes les perfections possibles ; & ces perfections possibles sont infinies.

2°. Une seconde preuve métaphysique de l'existence de Dieu, se tire de l'idée de l'Etre infini & parfait. Nous avons tous cette idée : car nous distinguons par la pensée le fini de l'infini, l'imparfait du parfait. Or nous ne pourrions pas les distinguer, si nous n'en avions pas l'idée. En effet, les choses qui ne se perçoivent ni par les sens, ni par l'idée, & qui ne peuvent ni être comparées entr'elles, ni être distinguées, sont, à notre égard, comme si elles n'existoient pas. Quand elles peuvent être comparées & distinguées, il est clair que nous en avons ou le sentiment, ou l'idée. Et on auroit tort d'objecter que nous ne concevons pas l'infini : car avoir l'idée d'un être infini, c'est avoir l'idée d'un être dont les perfections n'ont point de limites ; & il n'est pas nécessaire pour cela que nous comprenions son essence & toutes ses perfections : nous ne les connoissons pas même dans les êtres finis, dont certainement nous avons l'idée.

Or cette idée ne peut venir que d'un être infiniment parfait : car 1°. elle ne peut pas venir directement & immédiatement des sens ; cette idée étant infiniment éloignée en elle-même de toute qualité sensible, (telle que les couleurs, les sens, le goût, &c.) de même que de tout ce qui peut accompagner ces qualités sensibles, (comme l'extension, le mouvement, la figure, l'inertie, la divisibilité). Tout ce qu'il y a de réalité & de perfection dans une chose, est formellement ou éminemment dans sa cause premiere & adéquate ; autrement l'effet tireroit son existence du néant : d'où il suit que la réalité objective de l'idée de l'être parfait, c'est-à-dire, toute perfection, n'est point renfermée dans les objets sensibles. Donc

2°. cette idée de l'être parfait n'est point formée dans notre ame de l'assemblage de toutes les perfections finies, & de la progression par laquelle on les ajouteroit l'une à l'autre jusqu'à l'infini, comme l'ont cru Gassendi, Lock, Abadie, &c. : car il n'est pas possible que toutes les perfections finies puissent former l'infini ; & d'ailleurs, ce n'est que par l'idée de l'infini, que nous appercevons que ces perfections sont finies. 1°. Personne ne sent que cette idée de l'infini ait jamais été formée par son esprit : c'est une idée simple que nous avons persévéramment, & que nous ne pouvons pas plus changer ni rejetter, que cet axiôme, 2 & 2 font 4 : elle est donc naturelle & innée. L'ame est trop foible & trop imparfaite pour pouvoir se former cette notion de l'infini. Qu'elle rassemble l'idée de toutes les perfections qu'elle apperçoit par les sens, qu'elle rassemble toutes celles qu'elle connoît par l'esprit, & qu'elle les ajoute les unes aux autres ; ce ne sera toujours qu'une idée factice, bien différente de la notion de l'infini & du parfait, qui est une idée simple, que nous ne pouvons ni former, ni décomposer, ni anéantir. 2°. L'ame ne forme point ces idées simples, & elle ne les tire point des images qui se présentent à elle, comme le pensoit Aristote : mais elle les reçoit toutes formées ; c'est-à-dire, qu'elle en a la perception par un sentiment intérieur & inné. Or, cette idée de l'infini & du parfait est très-simple : elle n'est point susceptible de composition ; car l'infinité ou la perfection est un être absolument sans bornes : d'où il s'ensuit que l'idée de l'infini ne peut être, ni augmentée, ni diminuée, ni divisée, comme les idées factices. Donc, &c.

Abadie qui, comme Gassendi & Lock, fait de l'idée que nous avons de Dieu, une idée factice, emploie cinq ou six Ouvriers à composer cette idée. L'*imagination*, si on l'en croit, en fournit *les matériaux, par la variété infinie d'images* de toute espece, qu'elle *entasse* les unes sur les autres ; *le raisonnement les corrige & les purifie ; l'intelligence les compose ; l'esprit les étend, & l'entendement les accommode.*

On peut dire que c'est-là un de ces sentimens, qu'il suffit d'avoir exposés, pour les avoir réfutés. J'en atteste la conscience de ceux qui sont le plus persuadés de l'existence de Dieu; & je les prie de dire s'ils se sont jamais apperçus qu'ils ayent ainsi fabriqué son idée. Rien n'est moins uniforme, plus inégal, ni plus variant, que les idées composées & artificielles ; sur-tout si elles sont de la façon de l'imagination, ou si elle s'en mêle, comme prétend Abadie : car étant très-différente en différens hommes, & très-différente d'elle-même en différens temps, ses ouvrages doivent tenir de cette Divinité. Si donc l'idée de Dieu est un ouvrage d'imagination, rien ne doit être plus inégal, ni plus variable que cette idée, ni rien de plus équivoque que le terme de *Dieu*. Il est cependant certain que les hommes n'ont guere d'idée plus uniforme que celle-là, ni de termes plus univoques. Saint Augustin assure en plusieurs endroits, que tout le monde convient à attacher à ce terme l'idée de l'être le plus excellent & le plus parfait que l'on puisse concevoir. *Hoc omnes Deum consentiunt esse quod cæteris rebus omnibus anteponunt..... ita cogitatur ut aliquid quo nihil meliùs sit atque sublimis illa cogitatio conetur attingere.* (Liv. I. de Doct. Christ. c. 6 & 7).

On reconnoîtra sans doute que les idées de la façon de l'imagination ou de l'esprit humain varient, lorsqu'elles ne sont pas formées d'après un modele commun : mais on prétendra que, dans l'exécution de l'idée de Dieu, on suit un modele commun & unanime. Cela est aisé à dire : mais quel est ce modele commun & uniforme ? C'est, dira-t-on, que l'on sait que Dieu doit être un être infiniment parfait. Mais d'où sait-on cela, si ce n'est de ce que l'idée d'une perfection infinie est présente à l'esprit de tous les hommes : & si cette idée est ainsi présente à tous les esprits, n'est-il pas visible qu'ils n'ont pas besoin de s'en faire une autre, & qu'ils prennent pour un ouvrage de leur façon, ce que l'Auteur de la Nature a eu soin de leur fournir sans leur travail.

« L'imagination, continue Abadie, entasse » un nombre infini d'images », dans cette formation de l'idée de Dieu. Mais l'imagination n'a pour objet, que ce qui est fini & déterminé ; & nulle imagination n'a reçu un nombre infini d'images : elle ne sauroit même s'en représenter nettement qu'un fort petit nombre. En vain l'Auteur ajoute que ces images sont « corrigées, purifiées, étendues & accommo- » dées par le raisonnement, par l'esprit, par » l'intelligence, par l'entendement ». A quoi bon cette correction, cette purification, cette extension ? C'est, dira-t-on, que ces images sont trop grossieres, & trop matérielles pour entrer dans l'idée de Dieu. Mais qui a dit à toutes ces facultés, que Dieu n'est rien de matériel, si elles n'ont nulle idée de Dieu, avant qu'elles l'ayent fabriquée. Sur quoi prennent-elles leurs mesures pour rendre ces images propres à représenter Dieu, & pour les rendre dignes d'entrer dans son idée ? Ou elles ont donc l'idée de Dieu pour leur servir de direction dans leur travail ; & alors ce travail est parfaitement inutile : ou elles n'ont nulle idée de Dieu ; & alors leur travail est aveugle, insensé, téméraire.

Abadie suppose par-tout, que l'entendement & la raison, qui sont occupés à la formation de l'idée de Dieu, & à la réformation des images de l'imagination, savent que Dieu a des perfections infinies. Mais d'où le savent-ils, s'ils n'ont nulle idée de Dieu avant leur travail? Que s'ils en ont une qui le représente comme un être qui a des perfections infinies, que leur faut-il davantage ? N'est-ce pas le concevoir comme *l'être infiniment parfait* ? Ce sentiment est donc si faux & si mal concerté, qu'il se détruit lui-même.

Mais l'Auteur se contredit encore en une autre maniere : car il suppose ici que l'entendement sait, ou connoît que Dieu a des perfections infinies ; & il prétend peu après, que nous n'avons point d'idée qui nous représente cette infinité de perfections : « Si nous avions
» cette idée, dit-il, nous connoîtrions Dieu
» comme Dieu se connoît lui-même, & notre
» entendement seroit capable de voir l'infini
» tout-à-la-fois ; ce qui est extrêmement éloigné
» de sa portée & de sa condition ».

Ce passage enferme tout ensemble la vérité de ce que nous avons avancé, & une objection ; & cette objection comprend une fausse supposition, & une équivoque qu'il faut démêler.

La fausse supposition consiste à nous attribuer de prétendre avoir une idée de Dieu, qui nous représente clairement le détail de ses perfections, & nous mette en état de comprendre
l'essence

l'essence divine. Or c'est ce que personne n'a jamais prétendu : ce qu'on prétend uniquement, c'est que l'idée que nous avons de Dieu, nous fait voir clairement qu'il doit avoir une infinité de perfections, quoique nous n'en connoissions point le détail. Et ainsi, il faut exactement distinguer entre *concevoir* ou *appercevoir* & *comprendre*. Nous appercevons l'infini qui est en Dieu ; mais nous ne le comprenons pas.

L'équivoque est en ces termes : *L'entendement seroit capable de voir l'infini tout à-la-fois*. Car si, par *voir l'infini tout à-la-fois*, Abadie entend qu'on le comprenne ; il est vrai que cela n'est point de la portée d'un entendement fini : que si le *voir tout à-la-fois* exclut simplement *voir par parties & par diverses reprises*, on lui soutient qu'en ce sens l'entendement *voit l'infini tout-à-la-fois* ; c'est-à-dire, que, par une seule & simple perception, il apperçoit tout l'infini, & ce qui fait le formel & l'essence de l'infini : je veux dire, non-seulement qu'il ne voit point de bornes dans les perfections de Dieu, mais même qu'il voit clairement qu'il ne peut pas en avoir. On peut voir cette question traitée plus amplement dans l'ouvrage du Pere Lamy, Bénédictin, *De la connoissance de soi-même*, tom. 3, traité 3, sect. I, chap. 1, pag. 11.

3°. Tout ce dont on a la perception claire & distincte, ou l'idée, est, ou peut être. Or, si l'être parfait peut exister, il existe effectivement : autrement il seroit en même-temps possible & impossible. Il seroit possible, selon l'hypothèse ; & il seroit en même-temps impossible ; soit parce que, de ce qu'il n'existeroit point, il seroit nécessaire qu'il n'existât point; soit parce qu'il ne pourroit jamais exister. Il ne pourroit point exister *à se*, nulle chose ne pouvant se donner l'existence : il ne pourroit point exister *ab alio*, parce que l'infini & le parfait ne peut être produit par l'imparfait & le fini. Argument invincible, quelle qu'on suppose l'idée de Dieu, ou positive ou négative.

4°. Nous concevons la vérité comme une chose infinie, éternelle, universelle, nécessaire & immuable. Donc cette vérité, quant à son principe & son essence, ne peut être que dans une intelligence infinie, éternelle, universelle, nécessaire & immuable : donc cette intelligence existe. Car tout ce qui est réel & positif, ne peut être qu'une substance ou un mode de substance. La substance qui est le principe & l'essence de toute vérité, est donc éternelle, infinie, nécessaire & immuable. Car elle est de même nature que la vérité dont nous avons l'idée, & cette idée ne peut venir que d'elle; nous ne pouvons la tirer de nous-mêmes, ni d'aucun autre être créé : car une substance finie, contingente & muable, ne peut être le principe d'une chose éternelle, universelle, nécessaire & immuable. Et en effet, si les vérités dont nous avons l'idée, étoient produites par un principe fini & muable, elles seroient elles-mêmes muables, finies, contingentes : elles pourroient par conséquent être sujettes au changement, & même anéanties; car toutes les choses finies & contingentes peuvent l'être. Or la vérité ne peut ni changer ni être anéantie. Donc, l'idée de vérité que nous avons, démontre invinciblement une intelligence infinie, & son existence.

On voit par-là, dans quel aveuglement est tombé le fameux Buffon, lorsqu'il avance que ce qu'on appelle *vérité*, est une chose vague, dont on ne peut donner de définition; & qu'il ajoute que les vérités, même mathématiques, consistent dans des définitions & des suppositions *arbitraires* & *relatives*. (Hist. Naturelle, tom. I, pag. 53 *in-*4°.) Rien, au contraire, de plus réel ni de plus fixe, que cette idée de vérité, dont le principe & l'essence est Dieu même : elle est la regle immuable de tous nos jugemens; en sorte que, si cette idée ne nous étoit pas présente antérieurement à toute réflexion, il nous seroit impossible de juger de la vérité, ou de la fausseté d'aucun objet. Abandonnés à nos ténébres, tout nous paroîtroit arbitraire; & chacun n'auroit d'autre boussole, dans ses jugemens & sa conduite, que les fausses lueurs d'un esprit égaré, qui nous précipiteroient d'erreurs en erreurs.

Avant d'aller plus loin, il faut observer que tout ce que nous venons de dire sur l'idée de Dieu, ne doit pas s'entendre dans le sens de M. Descartes, qui a cru que *tous les hommes, en venant au monde, avoient une idée de Dieu naturellement imprimée dans l'esprit*. L'idée de Dieu, suivant ce Philosophe lui-même, ayant quelque chose d'infini, & représentant l'infini, ne peut être une *impression;* ou, ce qui est la même chose, une maniere d'être d'une substance finie, telle qu'est l'ame.

En effet, lorsque je pense à Dieu, je vois l'infini; & je ne le puis voir, ou qu'en lui-même, ou en quelque créature qui le représente. Or, ce ne peut être en une créature qui le représente, puisque rien de fini ne peut représenter l'infini : je ne puis donc le voir qu'en lui-même. Il n'y a dans ce raisonnement, qu'une seule proposition qui puisse être sujette à contestation ; savoir, que *rien de fini ne peut représenter l'infini* : mais il n'est pas difficile d'en éclaircir la vérité.

Il ne faut pour cela que remarquer qu'il n'en est pas de représenter l'infini dans une idée, comme de représenter un homme dans un tableau. Quoiqu'un tableau ne contienne que les traits extérieurs d'un homme, l'on dit néanmoins qu'il représente tout l'homme ; parce que, par ces dehors, il donne lieu à l'esprit de suppléer le reste de ce qui lui manque ; & qu'ainsi l'on ne voit pas simplement ce qui est dans le tableau, on voit encore, par ce qui y est, ce qui n'y est pas.

Mais il n'en est pas de même de ce que nos idées nous représentent. Nous ne voyons que ce qu'elles enferment : Rien ne suppléé à ce qui leur manque : On peut bien à la premiere idée en ajouter une seconde ; mais cette seconde n'est rien de ce que représente la premiere. En un mot, nos idées ne représentent pas plus de perfection que ce qu'elles en enferment, ou que ce qu'elles en expriment formellement : & ainsi, afin qu'une idée me représente l'infini, il faut que je le puisse appercevoir dans cette idée ; & afin que je l'y puisse appercevoir, il faut qu'il y soit, & qu'elle l'exprime formellement. Car je ne puis y voir que ce qui y est. S'il n'y est donc point, je ne puis l'y voir : si elle ne l'exprime pas formellement, je ne puis l'y découvrir. Or il est évident que l'infini ne peut être contenu dans un être fini : il est visible qu'un être borné & limité ne peut exprimer formellement l'être universel & indéterminé.

Concluons donc que, puisqu'en pensant à Dieu, nous voyons l'infini, c'est Dieu même qui est alors présent à notre esprit, en qualité d'objet

& d'idée ; & que, comme cette idée se trouve en nous sans notre travail, elle nous est naturelle ; mais non pas dans le sens de Descartes, qui veut que cette idée soit une maniere d'être de notre ame, une impression, & comme le *caractere que le grand Ouvrier a mis à son ouvrage.*

Il est étrange que Descartes n'ait pas vu que la même raison, qui lui faisoit conclure l'existence de Dieu sur l'idée d'un être infiniment parfait, commune à tous les hommes, devoit beaucoup plus l'obliger à conclure que cette idée ne pouvoit être une modification de notre ame : car cette raison a été, que la *perfection objective de cette idée renferme ou exprime toutes les perfections possibles*, en un mot, une infinité de perfections ; & qu'ainsi cette idée ne peut avoir pour sa cause qu'un être infiniment parfait, qui doit par conséquent exister. Mais cette même raison prouve encore plus clairement & plus directement, que cette idée ne peut être une maniere d'être de l'esprit humain : car, & la perfection objective de cette idée, & cette idée elle-même, n'étant que des créatures, n'ont rien que de fini. Or il est de la derniere évidence, que rien de fini ne peut ni renfermer, ni exprimer une infinité de perfections.

Et c'est en vain que l'on diroit, que l'idée de Dieu est différente, selon la diversité des esprits ; comme il paroît par l'idolatrie du Paganisme, qui consistoit à donner une perfection à un Dieu, une autre à un autre, sans que les Païens en reconnussent aucun à qui ils les attribuassent toutes.

Bien loin que cela fasse voir que ces Païens n'eussent pas l'idée de la Divinité, au contraire, rien ne prouve mieux qu'ils en étoient pleins, puisque ce qu'ils attribuoient à leurs Dieux, étoit toujours quelque perfection dont ils les regardoient comme la source; & puisqu'ils estimoient celui-là le plus grand, qui en avoit un plus grand nombre. Ce partage de perfections prouve donc simplement que ces Païens faisoient un mauvais usage & de mauvaises applications de cette idée qu'ils avoient de la Divinité. En effet, on peut dire que l'idée de l'infini, ou d'une infinité de perfections, leur étant toujours présente à l'esprit, comme quelque chose de tout divin; sitôt qu'ils en remarquoient quelque vestige considérable en quelque créature, ils la prenoient pour la Divinité, & s'en faisoient effectivement un Dieu qu'ils honoroient sous la nouvelle idée de cette perfection, dont ils avoient d'abord été frappés.

Mais, poursuivra-t-on, est-ce avoir l'idée de la Divinité, que de partager ainsi ses perfections? Je réponds que c'est en faire un mauvais usage, mais qu'il ne s'ensuit pas que ce soit n'en point avoir: autrement, il faudroit dire que la plupart des Chrétiens mêmes n'ont point cette idée; puisqu'il y en a peu qui ne la mêlent de quelque fantôme & de quelqu'image sensible, & qui n'attribuent à Dieu des affections, des dispositions & des manieres d'agir toutes humaines. Cela fait voir que la corruption du cœur répand sur l'esprit, des ténèbres capables d'obscurcir, d'altérer, ou même de corrompre l'idée de Dieu; mais cela ne prouve pas qu'il ne l'ait point: au contraire, pour l'altérer ainsi, il faut l'avoir. « La » lumiere, dit saint Augustin, (Liv. 3 de » Symb. ad Catéch. c. 3), brille même au

» milieu de ces ténébres ; mais ces esprits té-
» nébreux ne la pénétrent pas. Est-ce qu'il
» n'y a point de soleil, parce qu'un aveugle
» ne le voit pas ». *Lux lucet in tenebris ; sed
tenebræ eam non comprehenderunt : numquid,
quia cæcus non videt, ideò lux non est?*

2°. Les Athées & Matérialistes connoissent ces trois especes de preuves de l'existence de Dieu, dont nous avons donné une idée succinte. Qu'opposent-ils à ces preuves ? De pures pétitions de principes, ou des difficultés, qui ne touchent point le fond de la question. Qu'on parcoure leurs Ouvrages ; & l'on se convaincra soi-même que bien loin, je ne dis pas de renverser, mais même d'entamer cette foule d'argumens, dont l'évidence est palpable, ils ne font que les éluder, & opposer de purs sophismes, qui ne servent qu'à manifester de plus en plus leur foiblesse & leur perversité. Cependant le fameux Auteur du *Systême de la Nature*, entreprend, dans le quatrieme Chapitre & les suivans de sa seconde partie, de réfuter les preuves que Descartes, Mallebranche, Newton & Clarke ont données de l'existence & des attributs de Dieu ; & comme celles de Clarke (*) sont plus détaillées, il

---

(*) Clarke, Anglois, étoit Curé de la Paroisse royale de S. Jacques de Londres. Il fut long-temps, même étant curé, dans le parti des Ariens, c'est-à-dire, qu'il ne reconnoissoit point la Divinité de Jesus Christ. A ce titre, il étoit odieux aux Protestans, & par la même raison, grand ami de la Reine Caroline, femme de Georges II, dernier Roi d'Angleterre, mort en 1760. Cette Reine jouoit l'esprit fort, pour faire croire qu'elle avoit beaucoup d'esprit. Une de ses Dames d'honneur, fatiguée des instances qu'elle lui faisoit de renoncer au Catholicisme, promit d'embrasser la doctrine de la Reine,

se propose de suivre ce Philosophe pied à pied, pour montrer que ses preuves sont peu concluantes, que ses principes sont peu fondés, & que ses prétendues solutions ne sont propres à rien résoudre. Voyons s'il y a réussi; ou plutôt, montrons qu'il n'a pas même effleuré la matiere.

Premiere proposition de Clarke. *Quelque chose a existé de toute éternité.* Il ne s'agit point de savoir dans cette proposition quelle est cette chose qui a existé de toute éternité; on le recherchera dans la suite.

Seconde proposition: *Un être indépendant &*

---

si on lui prouvoit que le Verbe n'est pas Dieu. Elle pria M. Hooke de lui procurer une conversation, entre M. Clarke & un Théologien Catholique, où l'on discuteroit la matiere. M. Hooke lui amena le Docteur Hawarden, de la Faculté de Douai, qui commença la Conférence par demander à M. Clarke, s'il croyoit que le *Verbe de Dieu pût être anéanti*. » *S'il le peut*, ajouta-t-il, *il est au rang des simples créatures : s'il ne le peut pas, il est donc consubstantiel à son Pere.* M. Clarke fut tellement embarrassé & interdit de la question, qui alloit droit au fait, qu'il ne put pas répondre une seule parole. Comme il étoit de bonne-foi, dès-qu'il eut reconnu l'erreur, par sa propre défaite, il l'abjura: il eut même la droiture de chanter la palinodie dans les sermons ou lectures qu'il fit en chaire, pour concourir au prix de cinquante livres sterling, fondé par M. Boile, en faveur de ceux qui prouveroient mieux la vérité de la Religion Chrétienne contre les Athées, les Déistes, les Païens, les Juifs, les Mahométans & les autres Incrédules. Digne fondation d'un homme tel que M. Boile, qui produit tous les ans d'excellens ouvrages en Angleterre, & qui méritéroit d'avoir des imitateurs en France. Clarke prêcha donc dans l'Eglise de S. Jacques, dont il étoit Curé, ses fameux sermons de controverses, dont il composa ensuite ses Traités sur l'existence & les attributs de Dieu, & sur la vérité de la Religion Chrétienne.

immuable a existé de toute éternité. Une succession infinie d'êtres dépendans & sujets au changement, sans cause originale & indépendante de leur existence, est impossible : ce seroit supposer un assemblage d'êtres, qui n'auroient ni cause intérieure, ni cause extérieure de leur existence ; des êtres qui, considérés séparément, auroient été produits par une cause, & qui, considérés conjointement, auroient été produits par rien. Puis donc que ce progrès infini est absurde, il ne reste à admettre qu'un être, qui a existé de toute éternité indépendamment de tout autre ; c'est-à-dire, un être existant sans cause extérieure, & en vertu d'une nécessité absolue, inhérente à sa nature. On ne peut donc concevoir dans cet être d'autre cause que la nécessité d'exister, laquelle, étant toujours la même, exige qu'il soit aussi toujours le même, c'est-à-dire, immuable.

Troisieme Proposition. *Cet être immuable & indépendant, qui existe de toute éternité, existe par lui-même*. C'est une conséquence nécessaire de la proposition précédente.

Quatrieme Proposition. *L'essence de l'être qui existe par lui-même, est incompréhensible*. L'incompréhensibilité de Dieu ne fait aucun tort à la certitude de son existence, comme on le verra dans la suite : la substance ou l'essence de toutes les autres choses nous est entiérement inconnue, sans en excepter même celle des objets que nous touchons, & que nous croyons le mieux connoître.

Cinquieme Proposition. *L'être qui existe nécessairement par lui-même, est nécessairement éternel*. Quoique l'essence de l'être qui existe par lui-même, soit incompréhensible, on peut cependant démontrer plusieurs de ses attributs essentiels : telle est 1°. l'éternité, dont l'idée est intimement liée avec celle de l'existence par soi-même. Si l'être nécessaire n'étoit pas éternel, il auroit eu un commencement : or il n'en peut avoir. De qui l'auroit-il ? D'un autre être ? Il subsiste par lui-même : il est le premier être. De lui-même ? Nul être ne se peut donner l'existence.

Sixieme Proposition. *L'être qui existe par lui-même, doit être infini & présent par-tout.* Lorsqu'un être existe par lui-même, d'une nécessité absolue, il faut qu'on ne puisse concevoir sa non-existence sans contradiction. Si, sans cette contradiction, je puis concevoir un être absent d'un lieu ; je puis sans contradiction aussi le concevoir absent d'un autre lieu, & puis d'un autre encore, & enfin de tout lieu. Puis donc que la non-existence de l'être qui existe par lui-même, ne peut pas être conçue sans contradiction, il s'ensuit qu'il doit être présent par-tout. Il est vrai que le mot *infini* est négatif ; mais cela n'empêche pas que son idée ne soit très-positive. Il faut soigneusement distinguer les négations qui ne sont fondées que dans la langue, de celles qui résultent de la nature des choses : l'idée d'un être fini est, à cet égard, beaucoup plus négative que celle d'un être infini.

Septieme Proposition. *L'être existant par lui-même, est nécessairement unique.* Il y a une contradiction manifeste à supposer deux ou plusieurs natures différentes, qui existent par elles mêmes nécessairement & indépendamment. Donc l'être existant par lui-même est unique, quoiqu'il existe, hors de lui, des êtres contingens.

Huitieme Proposition. *L'être existant par lui-même, est nécessairement intelligent.* Cette proposition se démontre, entr'autres preuves, par l'intelligence dont plusieurs êtres finis sont doués, & par la beauté, la variété, l'ordre & la symétrie, qui regnent dans l'Univers. L'Auteur du Systême de la Nature déraisonne pitoyablement sur ce point. « Pour avoir des » idées, dit-il, il faut être doué d'organes ». C'est une pure pétition de principe. Cet Auteur ne prouve pas cette étrange proposition : il la suppose vraie. Il ajoute que l'intelligence est une qualité humaine : mais que veut-il dire par-là ? Une intelligence infinie seroit-elle impossible, parce que les hommes sont doués d'une intelligence bornée ? Il faudroit alors prouver que l'homme possede l'intelligence exclusivement. Il s'ensuit que l'être nécessaire n'est point étendu, mais simple : car s'il étoit étendu, il auroit des parties ; & chacune de ces parties seroit autant d'êtres intelligens, dont il seroit composé : il seroit en même-temps corporel ; car il seroit figuré, divisible, impénétrable, &c : ce qui détruiroit la nature de l'être souverainement parfait, unique & nécessaire.

Neuvieme Proposition. *L'être nécessaire & existant par lui-même, est un être libre.* 1°. Une intelligence sans liberté est contradictoire : 2°. Si la premiere cause n'étoit pas libre, tous ses effets seroient d'une nécessité si absolue, qu'on ne pourroit les concevoir autrement sans contradiction : 3°. Puisqu'il y a des causes dans l'Univers, qui agissent pour de certaines fins, il s'ensuit que la cause premiere est un agent libre : 4°. Si la cause premiere étoit un agent purement nécessaire, il seroit impossible qu'aucun effet de cette cause fût une chose finie : 5°. Si la cause suprême n'est pas libre, chaque effet suppose nécessairement un progrès de causes à l'infini. L'Auteur du Système de la Nature prétend qu'un être, qui ne peut pas faire des choses incompatibles avec sa propre essence, n'est pas libre : cela ne mérite pas de réponse.

Dixieme proposition. *La cause suprême de toutes choses possede une puissance infinie.* Elle n'exclut point les causes secondes & subordonnées. On la nomme *cause premiere*, 1°. parce qu'elle a tiré toutes choses du néant; 2°. parce que toutes les causes distinguées d'elle, tiennent d'elle-seule leur pouvoir, lui sont subordonnées, & sont pour cela appelées, *causes secondes*.

Onzieme proposition. *L'Auteur de toutes choses doit être infiniment sage.* Cette proposition est une suite de toutes les précédentes ; & d'ailleurs elle est évidente.

Douzieme proposition. *La cause suprême doit nécessairement posséder une bonté, une justice, une véracité infinie, & toutes les autres perfections qui conviennent au Gouverneur & au souverain Juge du monde.*

L'Auteur du *Système de la Nature* examine toutes ces propositions de Clarke ; mais cet examen est unique dans son espece. Depuis la premiere jusqu'à la douzieme proposition, il ne donne aucun signe d'avoir seulement lu les Ouvrages de cet Auteur, ne répondant à aucune de ses preuves, & ne faisant que répéter des objections expressément alléguées & réfutées par Clarke lui-même. Tout ce prétendu examen consiste à appliquer à la matiere tout ce que le Philosophe Anglois attribue à l'être nécessaire ; sans égard, ni à la méthode, ni à ce que Clarke dit contre cette application. On ne voit qu'après la douzieme proposition, lorsque l'Auteur cite quelques passages de Clarke, qu'il doit effectivement avoir feuilleté l'ouvrage de son Antagoniste. Voilà comment les Matérialistes démontrent leur système, & réfutent leurs adversaires.

L'Auteur du Système de la Nature examine ensuite les preuves de l'existence de Dieu données par Descartes. « J'entends par le mot » de Dieu, dit Descartes, une substance in- » finie, éternelle, immuable, indépendante, » qui sait tout, qui peut tout, & qui a produit » tout ce qui existe. Aucun être fini n'a pu » me fournir cette idée ; & je ne l'ai pas non » plus puisée dans moi-même, puisqu'elle ren- » ferme des réalités que je ne possede point. » Elle suppose donc hors de moi un être qui en » est la cause ; & il est évident que dans chaque » cause il doit y avoir au moins autant que » dans son effet. Il faut donc conclure que » Dieu existe. De toutes les autres idées » claires & distinctes qui se trouvent en nous, » on ne peut conclure que l'existence possible » de leurs objets : L'idée seule de l'être parfait » renferme une existence nécessaire ». Voyez les Méditations de Descartes, troisieme & cinquieme.

L'Auteur du Système de la Nature attribue d'abord à Descartes d'avoir dit qu'une chose existe, dès que nous en avons l'idée ; mais rien n'est plus faux. Car Descartes dit formellement (ibid.) que, quand même il n'existeroit point d'animaux, il pourroit composer l'idée d'un animal, de ce qu'il trouveroit en lui-même & en d'autres objets corporels : il s'explique encore plus clairement là-dessus dans une lettre au Père Mersenne. « Il semble, lui dit-il, que vous m'attribuez cet axiôme : *Tout ce que nous concevons clairement, existe.* Je suis bien loin de l'avoir jamais enseigné. Voilà ce que j'ai dit : *Tout ce que nous concevons clairement, est vrai ; & il existe, dès que nous concevons que sa non-existence est impossible. Son existence est seulement possible, quand nous ne la concevons que comme telle* ». L'Auteur ajoute : « Nous dirons à Descartes, qu'il est impossible qu'il ait une idée positive & véritable du Dieu dont il veut prouver l'existence : 2°. nous dirons à Descartes, qu'il est impossible que l'homme ait aucune idée positive & réelle de la perfection, de l'infini, de l'immensité, & des autres attributs de Dieu ». Mais ces deux propositions supposent ce qui est en question. D'ailleurs, l'Auteur entend toujours par le mot *idée*, une représentation matérielle ou un fantôme de l'imagination : Descartes y comprend les notions de l'entendement pur. Pour lui montrer l'impossibilité d'avoir une idée de Dieu, il auroit fallu prouver que sa définition de Dieu est contradictoire, ou dépourvue de sens. L'idée d'un être n'est impossible, que lorsque quelques-unes de ses qualités nient ce qui est affirmé par les autres : or toutes les qualités qui entrent dans la définition de Descartes, sont compatibles. L'Auteur du Système de la Nature n'a pas prouvé le contraire.

Cet Auteur s'étoit encore engagé d'examiner les preuves de l'existence de Dieu, données par le Père Mallebranche; mais il n'en rapporte aucune, & se borne à mettre sur le compte de ce Philosophe plusieurs expressions semblables au langage de Spinoſa, mais qui, d'ailleurs, ne regardent point les endroits des Ouvrages de Mallebranche, où il prétend avoir trouvé ces expreſſions, qui ſont diamétralement oppoſées au ſyſtême connu de ce Philoſophe.

A l'égard de Newton, ce grand Phyſicien, ſuppoſe dans tous ſes Ouvrages l'exiſtence de Dieu, comme une vérité démontrée, & n'en parle jamais autrement que par occaſion : il paroît cependant avoir été plus touché des preuves tirées de la contemplation de l'Univers, que des argumens d'une Métaphyſique tranſcendante. L'Auteur du Syſtême de la Nature l'attaque comme les autres, mais par des raiſons miſérables. Il dit, par exemple, que le Dieu de Newton eſt un deſpote ; qu'avant la création, c'étoit un Souverain ſans ſujets ; qu'en diſant qu'il eſt intelligent, ſage, juſte, &c, on lui donne des qualités humaines. Il dit encore, que ſi Dieu remplit tout, il faut qu'il ait de l'étendue. Mais Newton ne dit point que Dieu remplit l'eſpace : il ſuppoſe l'exiſtence de l'Etre ſuprême, & en déduit cette conſéquence néceſſaire, qu'il eſt toujours, & partout, en ajoutant que la maniere de ſa préſence nous eſt inconnue.

Enfin, Platon ayant dit que « ceux qui » n'admettent que ce qu'ils peuvent voir & » manier, ſont des ſtupides & des ignorans ». L'Auteur du Syſtême de la Nature en prend occaſion d'invectiver ce Philoſophe, de le nommer un *Créateur de chimeres*, un *fantaſte*. Cependant Lock, dont il aime à ſe prévaloir, parle des Matérialiſtes, à peu-près comme Platon, & va même plus loin. Il prétend que l'existence de Dieu est aussi certaine qu'aucune vérité géométrique ; que nous la connoissons avec plus de certitude que l'existence de toute autre chose qui existe hors de nous ; il nomme stupide l'opiniâtreté des Athées, & approuve un passage de Cicéron, où ils sont nommés des gens follement arrogans *stultè arrogantes*.

Il faut qu'il y ait un être nécessaire ou éternel, un être qui renferme en lui la raison suffisante de tout ce que nous voyons. Voilà une proposition sur laquelle l'Athée s'accorde avec nous. Suivant l'Athée, cet être nécessaire est la nature, l'Univers visible ou corporel. Suivant nous, c'est un être intelligent, que nous appelons *Dieu* ; sans cet être intelligent, nous ne pouvons nous rendre aucune raison, ni de notre propre intelligence, ni de l'arrangement admirable du monde, ni des fins vers lesquelles nous voyons tendre toutes les parties de l'Univers. L'existence de cet être intelligent, une fois posée, les qualités que nous lui attribuons, découlent nécessairement de son essence. Pour nous réfuter, il faut montrer, ou que la notion de l'être nécessaire intelligent est chimérique, ou montrer que nos preuves sont caduques, ou que nous tirons de fausses conséquences de nos principes : or l'Athée ne fait ni l'un, ni l'autre. Aux yeux de l'Auteur du Système de la Nature, & des autres Matérialistes, Dieu n'existe pas ; parce qu'ils ont posé en fait, contre l'évidence, que tout être immatériel est chimérique : mais ne le pouvant pas, leur prétention n'est plus qu'une grossière pétition de principe ; & leur système n'est qu'un tissu de contradictions & d'absurdités.

Les seules raisons qu'ils tâchent de faire

valoir, le mieux qu'ils peuvent, pour montrer que les attributs de Dieu sont chimériques, c'est, disent-ils, parce qu'on les exprime en termes négatifs, & que d'ailleurs ils sont incompréhensibles.

Mais 1°. nous leur demanderons à notre tour, pourquoi ils disent eux-mêmes que la nature est *éternelle*, c'est-à-dire, qu'elle n'a ni commencement ni fin, ou qu'elle existe depuis un temps infini ? Pourquoi ils nous parlent si souvent dans leurs ouvrages, d'élémens *indivisibles*, *indestructibles*, *immuables* ? Enfin, pourquoi ils se servent de termes négatifs, pour désigner des choses très-réelles ? Il faudroit donc aussi conclure que la Nature & les Atomes ne sont rien, puisque leurs attributs ne sont que des négations. La vérité est qu'il faut chercher l'affirmation ou la négation dans les idées, & non dans les termes, qui sont très-accidentels. Si la notion d'un être infini, éternel ou immuable, est contradictoire, il faut qu'elle renferme des idées, dont l'une affirme ce qui est nié par l'autre : il faudroit montrer cette contradiction ; & les Matérialistes ne le font pas. Il est clair que, quand on parle d'une réalité infinie, cela ne s'entend pas seulement *négativement*, c'est-à-dire, en ce sens, qu'on ne voye ni fin, ni terme, ni bornes ; mais aussi *positivement*, en ce qu'on voit bien qu'elle n'en peut avoir, parce qu'elle renferme actuellement tout ce qui marque perfection, quoiqu'on ne voye pas tout le détail de ce qu'elle enferme.

2°. De ce que la Divinité est incompréhensible à notre esprit, les Matérialistes ont tort d'en conclure qu'elle est imaginaire. Un être est imaginaire, lorsque les qualités qu'on lui attribue, s'entredétruisent, & non lorsqu'il est incompréhensible. Tous les Déistes, Théistes, Chrétiens, s'accordent sur l'incompréhensibilité de Dieu : mais aucun Matérialiste n'a encore tenté même de prouver que les attributs dont nous revêtons l'Etre suprême, sont incompatibles. Il est vrai que l'Auteur du Système de la Nature a cent fois promis cette preuve : mais il n'est pas moins vrai qu'elle ne se trouve point dans tout son Ouvrage.

Dans un certain sens, on a très-bien dit de Dieu, que, *pour savoir ce qu'il est, il faut être lui-même*. Nous ne connoissons aucune substance d'une maniere parfaite & adéquate : notre propre nature est au-dessus de notre portée ; au lieu que Dieu, qui sait tout, doit nécessairement savoir ce qu'il est lui-même. Il n'est pas le seul être incompréhensible à l'homme : tous les êtres le sont. Dieu est le seul qui ne soit pas un mystere à ses propres yeux : mais il n'est pas nécessaire d'être Dieu pour se convaincre qu'il existe nécessairement un être éternel, & que cet être est souverainement parfait.

Il y a autant de différentes opinions, autant de questions & de réponses destituées de sens, sur la nature de la matiere, que sur celle de Dieu. Aristote (Meta. Liv. 7, c. 3.) donne de la matiere une définition qui ne signifie rien, & qu'à peine on peut traduire. « C'est, » dit-il, ce qui est par soi-même, & qui n'est ni » quoi, ni combien, ni rien de tout ce qui » détermine un être ». λέγω δὲ ὕλην ἡ καθ᾽ αὑτην, μήτε τί, μήτε ποσὸν, μήτε ἄλλα μηδὲν λέγεται οἷς ὥρισαι τὸ ὄν. Cependant cette définition, toute inintelligible qu'elle eft, a été défendue, commentée, méditée prefque jufqu'à nos jours. Nous nous en mocquons aujourd'hui; non que nous expliquions mieux ce que c'eft que la matiere; mais parce qu'il n'eft plus d'ufage de vouloir l'expliquer. Mais a-t-on conclu delà qu'elle n'exifte point, & qu'il eft infenfé de s'occuper de fes qualités, même effentielles, que nous pouvons connoître avec certitude?

Tous les hommes qui croyent l'exiftence de Dieu, avouent en même-temps qu'ils le connoiffent d'une maniere fort imparfaite: c'eft le cas de toutes nos connoiffances. Il faut être Philofophe, pour fentir combien peu nous favons. Si le défaut de l'idée, diftincte de la nature d'une chofe, m'autorife à en nier l'exiftence, il n'exifte point de corps pour moi; parce que je comprends le mot de matiere, auffi peu que celui d'efprit.

La meilleure méthode, pour prouver les chofes qu'on peut connoître par la raifon, eft celle des Géometres. Ils pofent des principes dont l'évidence eft reconnue par tous les gens fenfés: ils vont enfuite de propofition en propofition; & fans s'embarraffer des conféquences & de l'imagination, leur unique foin eft de voir fi chaque Théorème eft bien lié avec ce qui précede. Toutes les difficultés imaginables ne fauroient renverfer une preuve directe: les objections embarraffantes, prouvant que nous avons des idées fort incompletes de la chofe démontrée, nous montrent les bornes de notre efprit, mais non la fauffeté de la preuve. Dois-je ne point admettre le dogme de l'exiftence de Dieu, parce que j'y trouve des chofes incompréhenfibles? Je ne le puis, sans renoncer à toutes les notions lumineuses sur lesquelles il est établi, & qui sont enchaînées aux premiers principes de ma raison. Et qu'est-ce que les Matérialistes m'offrent en échange ? Un système mille fois plus inintelligible, des mots pour des idées, & des contradictions sans nombre, comme on le peut voir dans une excellente brochure, intitulée *l'Incrédulité dévoilée & convaincue de leze-Majesté divine & humaine.*

Les Pyrrhoniens doutent de l'existence des corps, & les Idéalistes la nient positivement. Faut-il en conclure que l'Univers n'est effectivement rien de réel ? L'Idéaliste en me disant : *il n'y a point de corps*, veut que je ne fasse aucun cas du témoignage de mes sens : le Matérialiste, en me disant : *il n'y a point de Dieu*, veut que je renonce à l'usage de ma raison. Le premier ne veut pas croire ce qui est palpable ; & l'autre ne croit que ce qu'il peut palper : le sage tient le milieu.

Il est vrai que les Théologiens & les Philosophes disputent sur la meilleure méthode de prouver l'existence & les attributs de Dieu ; mais que les uns aient critiqué les démonstrations des autres, cela ne prouve point que Dieu n'existe pas. Les Mathématiques, la plus simple & la plus certaine des sciences, ont eu le même sort : mais qui doute pour cela de la vérité de ses propositions ? Le résultat des différentes preuves qu'on a données de l'existence de Dieu, est toujours le même : l'un rentre dans l'autre ; & la plupart des disputes sur cette matiere n'ont été que des disputes de mots, ou des effets de la jalousie :

la diversité n'a été que dans la méthode, & non point sur le fond de cette vérité.

Au reste, les disputes des hommes sur la nature même de Dieu, ne prouveront jamais qu'il n'existe pas. S'il n'y a plus de vérité dès qu'il y a diversité de sentiment, il n'y a point de vérité du tout : il faut cesser de raisonner, parce qu'il y a des gens qui déraisonnent.

L'Auteur du systême de la nature prétend que par le nom de *Dieu*, nous ne désignons que la cause la plus cachée & la plus inconnue des effets qui affectent nos sens; & que nous ne faisons usage de ce mot, que quand le jeu des causes naturelles cesse d'être visible pour nous : ce n'est point du tout sur de tels fondemens que nous établissons l'existence de Dieu. Nous désignons par ce mot un Etre nécessaire & intelligent, de qui dépendent tous les autres Etres; la cause premiere, non-seulement des changemens de la nature, mais aussi de son existence & de ses propriétés. Nous ne disons point que Dieu est l'Auteur d'un tel événement, parce que nous ne saurions l'expliquer naturellement : il est l'Auteur de tout, & la cause des causes même les plus connues.

Il suffit que nous puissions saisir la Divinité par le raisonnement ; & nous n'avons pas besoin, comme prétend le même Auteur, du témoignage des sens, pour nous convaincre de l'existence d'un être nécessaire. Il en est tout autrement de la matiere : étant essentiellement étendue, & n'existant pas nécessairement, elle ne sauroit nous avertir de son existence, que par les impressions faites sur les organes de nos sens,

Les preuves de l'existence de Dieu, établies par les plus grands génies, par l'ordre merveilleux de l'Univers, par le sentiment intérieur, & par le témoignage presque unanime du genre humain, font que l'on ne peut concevoir qu'un homme puisse être Athée avec pleine & entiere conviction de ne se pas tromper. Joignez à cela que les argumens des Athées paroissent si foibles & si précaires, qu'on a de la peine à croire qu'ils les regardent eux-mêmes comme des difficultés solides.

En effet, sans l'existence de Dieu, tout est destitué de raison. L'Univers est un effet sans cause : l'harmonie ou les rapports qu'ont entre elles toutes les parties de ce vaste édifice, sont l'ouvrage, ou du hazard, ou d'une aveugle fatalité ; mots également vuides de sens : je ne trouve l'origine du mouvement que dans l'infini ; ce qui dit en d'autres termes, que je serois éternellement à le chercher : je suis obligé de dériver l'intelligence de la non intelligence, la vie de ce qui est inanimé : je ne puis rendre aucune raison de l'organisation, des pensées & des facultés des hommes : je ne puis savoir ni d'où je suis, ni à quoi je suis destiné. Que dis-je ? dans une nature brute, il n'y a point de destination du tout : l'idée même en est contradictoire. Les notions claires d'*intelligence*, de *bonté*, de *puissance*, de *dessein*, sont remplacées par deux mots inintelligibles, qui ne portent aucune idée dans l'esprit ; par les mots *Nature* & *Nécessité*.

Plaignons donc ces Athées qui vivent sans Dieu, & ne peuvent trouver aucun appui dans la nature aveugle, qu'ils ont mise à la place de l'Etre suprême. Leur système a brisé tous les ressorts de leur ame : il a anéanti pour eux le plus grand bien de l'homme : l'espérance, ce baume souverain de tous les maux : des idées lugubres offrent sans cesse des peintures affligeantes à leur imagination : le monde n'est pour eux qu'un effroyable désert ; & manquant de force pour s'acheminer vers l'immortalité, ils traînent une vie malheureuse vers le néant, que leur système leur montre, & que leur ame désolée ne regarde qu'avec horreur.

F I N.

TABLE DES ARTICLES

CONTENUS DANS CE VOLUME.

Pages.

I. Plan qu'on se propose dans cet Ouvrage. 1
II. ANTIQUITÉ DES PHILOSOPHES. 3
III. DUALISME, le premier & plus ancien système philosophique. 5
IV. Exposition du système du Dualisme chez les Caldéens, les Medes & les Perses. 6
V. ZOROASTRE, réformateur du Magisme chez les Perses. 8
VI. Système des premiers Grecs sur la Divinité & l'origine du monde. 21
VII. SECTE IONIQUE. THALÈS, Fondateur de cette secte. 25
ANAXIMANDRE. 29
ANAXIMENE. 31
DIOGENE D'APOLLONIE. 33
ANAXAGORAS. 35
ARCHELAUS. 41
VIII. SECTE ITALIQUE. PYTHAGORE, Fondateur de cette secte. 42
Philosophes des Indes ou Gymnosophistes. 53
IX. SECTE ÉLÉATIQUE. XENOPHANE, Fondateur de cette secte. 58
X. PARMENIDE, ZENON D'ÉLEE, & MELISSUS. 62
XI. SECTE DES MÉGARIENS. EUCLIDE, Fondateur de cette secte. 67
XII. STILPON, & les autres principaux Athées de l'Antiquité. 69

PROTAGORAS.

DES ARTICLES.

PROTAGORAS. 71
PRODICUS. 72
DIAGORAS. ibid.
THÉODORE. 73
BION. 74
SIMONIDE. ibid.
XIII. HÉRACLITE. 76
XIV. LEUCIPPE & DÉMOCRITE. 77
MÉTRODORE DE CHIOS. 80
ANAXARQUE. 81
XV. SOCRATE. 82
XVI. SECTE CYRÉNAIQUE. *ARISTIPPE*, fondateur de cette secte. 89
XVII. SECTE DES CYNIQUES. *ANTISTHENE*, fondateur de cette secte. 91
DIOGENE. 92
XVIII. SECTE PLATONICIENNE, OU PREMIERE ACADÉMIE. *PLATON*, fondateur de cette secte. 94
XIX. *De la Magie de ZOROASTRE, & de la Théurgie des Philosophes Grecs.* 119
XX. *Successeurs de PLATON dans la régence de la première Académie, & en particulier de XENOCRATE.* 131
XXI. SECONDE ACADÉMIE. *ARCESILAUS*, fondateur de cette nouvelle secte. 134
XXII. TROISIEME ACADÉMIE. *CARNEADES*, fondateur de cette troisieme secte. 136
XXIII. SECTE DES PYRRHONIENS. *PYRRHON*, fondateur de cette secte. 143
XXIV. SECTE DES PÉRIPATÉTICIENS. *ARISTOTE*, fondateur de cette secte. 149
XXV. *Disciples & successeurs d'ARISTOTE dans le Licée.* 167
DICÉARQUE. 169
XXVI. SECTE DES STOICIENS. *ZENON*, fondateur de cette secte. 170

Tome I. D d

XXVII. *Disciples & successeurs de* ZENON *dans le Portique.* 183
DENIS HÉRACLÉOTE. *ibid.*
ARISTON. 184
CLÉANTHE & CHRYSIPPE. *ibid.*
DIOGENE *le Stoïcien.* 192
XXVIII. SECTE DES EPICURIENS. EPICURE, *fondateur de cette secte.* 193
XXIX. *Réflexions générales sur la doctrine des Philosophes que l'on vient d'exposer.* 209
Examen de ce que les Philosophes ont pensé du dogme des peines & des récompenses d'une autre vie. 211
Les Philosophes ont tous reconnu l'utilité de ce dogme. *ibid.*
Les Philosophes n'ont rien cru du dogme des peines & des récompenses d'un état futur. 214
Nouvelle preuve que les anciens Philosophes n'ont rien cru de ce dogme, tirée de leurs sentimens sur la nature de Dieu. 227
Autre preuve tirée de leurs sentimens sur la nature de l'ame. 232
XXX. *Etat de la Philosophie depuis la fin du cinquieme siecle des Olympiades jusqu'au regne d'Auguste, c'est-à-dire, à-peu-près pendant trois cents ans.* 217
PYTHAGORICIENS. 218
PLATONICIENS. 219
ACADÉMICIENS. 220
PYRRHONIENS. *ibid*
PÉRIPATÉTICIENS. 221
CYNIQUES. 248
STOICIENS. *ibid*
EPICURIENS. 249
XXXI. ECOLE D'ALEXANDRIE. *Etat de la Philosophie à Rome.* 253
CICÉRON. 255

DES ARTICLES.

VIRGILE. 257
XXXII. SECTE ÉCLECTIQUE. POTAMON, fondateur de cette secte. 261
XXXIII. Etat de la Philosophie chez les Juifs, les Chinois, les Japonois, les Indiens, &c. 262
Secte des Sadducéens chez les Juifs. ibid.
Systême philosophique des Chinois. 266
Secte particuliere dans la Chine, établie par FOÉ. 269
Systême philosophique du Japon. 273
Systême philosophique du Mogol, de l'Indoustan, &c. 276
Opinion singuliere dans le royaume de Siam. 278
XXXIV. Etat de la Philosophie chez les Grecs & les Romains dans les trois premiers siecles de l'Ere Chrétienne. 280
Philosophes qui ont fait un mélange de la doctrine de l'Evangile avec celle de leurs sectes. 281
GNOSTIQUES. ibid.
MANÈS ou MANICHÉE. 285
Philosophes qui dans les trois premiers siecles de l'Ere Chrétienne ont rejetté l'Evangile, & sont demeurés dans les ténebres du Paganisme. 298
PYTHAGORICIENS. 299
APOLLONIUS DE TYANES. ibid.
PLATONICIENS. 302
APULÉE. ibid.
AMMONIUS. 306
PLOTIN. 312
AMELIUS. 319
LONGIN. 320
PORPHYRE. 321
JAMBLIQUE. 326
ACADÉMICIENS & PYRRHONIENS. 330
PÉRIPATÉTICIENS. ibid.
CYNIQUES. 332
STOICIENS. 334

Séneque.	334
Epictete.	337
Plutarque.	340
Epicuriens.	342
Les deux Celses.	ibid.
Lucien.	343
Diogene-Laerte.	344

XXXV. *Vicissitudes de faveurs & de disgraces que les anciens Philosophes ont éprouvées dans les trois premiers siecles e l'Ere Chrétienne.* 345

XXXVI. *Etat de la Philosophie pendant les quatrieme, cinquieme, sixieme & septieme siecles de l'Ere Chrétienne, & sa décadence.* 351

Platoniciens.	ibid.
Eunape.	352
Hiérocles.	ibid.
Péripatéticiens.	355
Thémistius.	ibid.
Ammonius.	358
Secte de MASDEK dans la Perse.	360

XXXVII. *Etat de la Philosophie depuis le septieme siecle de l'Ere Chrétienne jusqu'au douzieme.* 363

Secte des Parlans parmi les Arabes.	ibid.
Autres sectes parmi les Mahométans.	364
Progrès de la Philosophie d'ARISTOTE.	365
AVICENNE & AVERROÈS, Philosophes Arabes.	366

XXXVIII. *Vicissitude de bonne & de mauvaise fortune qu'ont éprouvés les écrits & la Philosophie d'ARISTOTE, depuis le douzieme siecle jusqu'au dix-septieme.* 371

Dispute de POMPONACE & de NEPHUS.	376
Sociniens.	383

XXXIX. *Décadence de l'autorité & de la Philosophie d'ARISTOTE dans le dix-septieme siecle. Vraie méthode de traiter cette science.* 385

DES ARTICLES.

GALILÉE. 386
GASSENDI. 387
DESCARTES. 389
XL. *Nouveaux Philosophes incrédules & impies, qui ont renouvellé les faux systêmes, & même enchéri sur les erreurs & les absurdités des anciens.* 404
BENOIT DE SPINOSA. 405
Réflexions sur l'hypothèse de SPINOSA. 408
Autres réflexions plus étendues sur l'hypothèse de SPINOSA. 410
Systême des Philosophes Théistes. 433
Systême des Déistes. 449
Systême des Athées purs Matérialistes. 465
Systême des nouveaux Pyrrhoniens. 527
XLI. *Comparaison de la doctrine des anciens Philosophes avec celle des Philosophes modernes.* 532
XLII. *Réflexions sur le systême des nouveaux Pyrrhoniens.* 544
XLIII. *Réflexions sur le systême des Athées purs Matérialistes.* 557
I. *Sur l'existence de Dieu.* ibid.

FIN de la Table du premier Volume.

APPROBATION.

J'AI lu par ordre de Monseigneur le Garde des Sceaux, un Manuscrit intitulé, *Exposition succinte, & comparaison de la Doctrine des anciens & des nouveaux Philosophes*. Je pense que l'impression en sera très-utile. A Paris, le 4 Mars 1785.

CAMUS.

PRIVILÉGE DU ROI.

LOUIS, PAR LA GRACE DE DIEU, ROI DE FRANCE ET DE NAVARRE : A nos amés & féaux Conseillers les Gens tenans nos Cours de Parlement, Maîtres des Requêtes ordinaires de notre Hôtel, Grand-Conseil, Prévôt de Paris, Baillifs, Sénéchaux, leurs Lieutenans-Civils, & autres nos Justiciers qu'il appartiendra : SALUT. Notre bien amé le sieur * * * Nous a fait exposer qu'il désireroit faire imprimer & donner au Public un Ouvrage de sa composition, intitulé : *Exposition succinte, & comparaison de la Doctrine des anciens & des nouveaux Philosophes*; s'il nous plaisoit lui accorder nos Lettres de Privilége pour ce nécessaires. A CES CAUSES, voulant favorablement traiter l'Exposant, nous lui avons permis & permettons de faire imprimer ledit Ouvrage autant de fois que bon lui semblera, & de le vendre, faire vendre par tout notre Royaume ; Voulons qu'il jouisse de l'effet du présent Privilége pour lui & ses hoirs à perpétuité, pourvu qu'il ne le rétrocede à personne; & si cependant il jugeoit à propos d'en faire une Cession, l'Acte qui la contiendra sera enregistré en la Chambre Syndicale de Paris, à peine de nullité, tant du Privilége que de la Cession; & alors, par le fait seul de la Cession enregistrée, la durée du présent Privilége sera réduite à celle de la vie de l'Exposant, ou à celle de dix années, à compter de ce jour, si l'Exposant décede avant l'expiration desdites dix années; le tout conformément aux articles IV & V de l'Arrêt du Conseil du 30 Août 1777, portant Réglement sur la durée des Priviléges en Librairie. FAISONS défenses à tous Imprimeurs, Libraires & autres personnes, de quelque qualité & condition qu'elles soient, d'en introduire d'impression étrangere dans aucun lieu de notre obéissance; comme aussi d'imprimer ou faire imprimer, vendre, faire vendre, débiter ni contrefaire ledit Ouvrage, sous quelque prétexte que ce puisse être, sans la permission expresse & par écrit dudit Exposant, ou de celui qui le représentera, à peine de saisie & de confiscation des Exemplaires contrefaits, de six mille livres d'amende qui ne pourra être modérée pour la premiere fois, de pareille amende & de déchéance d'état en cas de récidive, & de tous dépens, dommages & intérêts, conformément à l'Arrêt du conseil du 30 Août 1777, concernant les contrefaçons. A la charge que ces Présentes seront enregistrées tout au long sur le Registre de la Communauté des Imprimeurs & Libraires de Paris, dans trois mois de la date d'icelles; que l'impression dudit Ouvrage sera faite dans notre Royaume, & non ailleurs, en beau papier & beau caractere, conformément aux Réglemens de la Librairie, à peine de déchéance du présent privilége; qu'avant de l'exposer en vente, le manufcrit qui aura fervi de copie à l'impreſſion dudit Ouvrage, fera remis dans le même état où l'Approbation y aura été donnée, ès mains de notre très-cher & féal Chevalier Garde des Sceaux de France le Sieur Hue de Miromesnil, qu'il en fera enfuite remis deux Exemplaires dans notre Bibliotheque publique, un dans celle de notre Château du Louvre, & un dans celle de notre très-cher & féal Chevalier, Chancelier de France le fieur de Maupeou; & un dans celle dudit fieur Hue de Miromesnil, le tout à peine de nullité des Préfentes : du contenu defquelles vous mandons & enjoignons de faire jouir ledit Expofant & fes hoirs pleinement & paifiblement, fans fouffrir qu'il leur foit fait aucun trouble ou empêchement. Voulons que la copie des Préfentes, qu'il fera imprimée tout au long au commencement ou à la fin dudit Ouvrage, foit tenue pour duement fignifiée, & qu'aux copies collationnées par l'un de nos amés & féaux Confeillers-Secrétaires, foi foit ajoutée comme à l'original. Commandons au premier notre Huiſſier ou Sergent fur ce requis, de faire pour l'exécution d'icelles, tous actes requis & néceſſaires, fans demander autre permiſſion, & nonobſtant clameur de Haro, charte Normande, & Lettres à ce contraires : Car tel eſt notre plaiſir. Donné à Paris, le neuviéme jour de Février, l'an de grace mil fept cent quatre-vingt-fix, & de notre regne le quatriéme. Par le Roi en fon Confeil.

Le Begue

Regiſtré fur le Regiſtre XX de la Chambre Royale & Syndicale des Libraires & Imprimeurs de Paris, No. 3151, fol. 506, conformément aux difpofitions énoncées dans le préſent Privi-

lége, & à la charge de remettre à ladite Chambre les neuf Exemplaires prescrits par l'Arrêt du Conseil du 16 Avril 1785. A Paris, ce 25 Février 1786.

Signé, KNAPEN, Syndic.

J. CH. DESAINT, IMPRIMEUR,
RUE SAINT-JACQUES.

www.ingramcontent.com/pod-product-compliance
Lightning Source LLC
Chambersburg PA
CBHW071200230426
43668CB00009B/1028